# 주제별 대표기도문

주제별 대표기도문

초판 1쇄 인쇄 | 2025년 3월 29일
초판 1쇄 발행 | 2025년 3월 29일
지은이 | 노진향
펴낸 이 | 정신일
펴낸 곳 | 크리스천리더
편　집 | 홍소희
교　정 | 성주희
일부 총판 | 생명의 말씀사 (02) 3159-7979
등　록 | 제 2-2727호(1999. 9.30)
주　소 | 부천시 성주로 96번지 제일빌딩 6층
전　화 | (032) 342-1979
팩　스 | (032) 343-3567
도서 출간 상담 | E-mail:chmbit@hanmail.net
Homepage | cjesus.co.kr

ISBN : 978-89-6594-379-2(03230)
정가 : 18,000원

저자와의 협약 아래 인지는 생략되었습니다.
이 출판물은 저작권법에 의해 보호받는 창작물이므로, 무단 복제와 무단전재를 할 수 없습니다.

■ 잘못된 책은 구입하신 곳에서 바꿔드립니다.

평신도를 위한 주제와 상황에 따른 예배 대표기도문

# 주제별
# 대표기도문

노진향 목사

크리스천리더

# 머리말

교회력에 맞춘 대표기도문에 이어 주제별 대표기도문을 펴낼 수 있도록 인도하신 하나님께 감사와 영광을 돌립니다. 우리 주위에 기도하는 법에 관한 책은 이미 오래전부터 발간되어 왔고 또한, 많은 그리스도인들이 참고하기도 하고 적용해 보기도 했을 것입니다. 그러나 이 책이 발간될 당시에는 오직 대표기도만을 위해서 출간된 책은 필자가 집필한 사계절 대표기도문 외에는 만나보지를 못했었습니다. 대표기도문이라는 책명으로 기도문을 출판하게 된 책은 필자가 낸 책이 처음이 아닌가 싶습니다.

이 책은 일반 기도문은 제외하고 오직 대표기도문만을 엄선하여 주제별로 엮은 것입니다. 여전히 필력이 부족한 탓으로 문장이 매끄럽지 못한 곳이 있지만, 개 교회에서 대표기도를 준비하시는 평신도들에게 조금이나마 도움이 되었으면 하는 바람을 갖습니다. 대표기도문을 집필하면서 최대한 평신도의 입장에서 써보려고 노력했습니다. 그러나 막상 한 권의 책으로 완성해 놓고 보니 넉넉하게 헤아리지 못한 부분이 많다는 것이 또 다른 아쉬움으로 자리 잡습니다. 부족한 부분은 이 책을 참고하시는 독자분들이 채우셔야만 할 소중한 몫이라는 것을 조심스럽게 생각해 봅니다.

독자분들이 이 책을 참고로 하여 하나님의 뜻을 담아내는 감동적인 기도문을 작성해 보며 실제로도 적용해 보실 수 있기 바랍니다. 혹 잘못된 표현이 발견되면 너그럽게 봐주시고 바르고 정확한 표현으로 교정하셔서 사용하시기 바랍니다. 그리고 조금은 귀찮고 번거로울지라도 제게도 알려주시면 저를 아끼고 사랑하는 마음인 줄 알고 감사함으로 받겠습니다.

이 책의 뒷부분에 신앙생활에 도움이 될 만한 내용들을 몇 가지 선정해서 첨부했습니다. 참고하셔서 더 나은 영적인 풍요를 누리시고 하늘 보좌를 움직일 수 있는 기도의 사람이 되시기 바랍니다.

끝으로 연약한 종을 위하여 기도로 협력해 주신 교우들과 사모에게 감사를 드리며, 출판계의 어려운 사정에도 불구하고 이 책의 출판에 힘쓰신 민태근 집사님께도 진심으로 감사드립니다. 이 일을 시작하게 하시고 이루게 하신 하나님께 다시 한번 영광을 돌리며…

반달마을에서 저자 노진향 識

## 차례

머리말 · 4

**|제1부|  대표기도에 대한 짤막한 상식**

1. 대표기도란 무엇인가? · 14
2. 대표기도는 언제 하는가? · 15
3. 대표기도는 어떻게 드리는가? · 16
4. 대표기도는 누가 하는가? · 18
5. 대표기도는 어떻게 준비 해야 하는가? · 19
6. 대표기도의 자세와 태도 · 19
7. 대표기도시 주의해야 할 것들 · 21
8. 대표기도의 잘못된 형태 · 25
9. 대표기도 중에 틀리기 쉬운 말들 · 27

**|제2부|  교회력과 기념 주일에 대한 짤막한 상식**

1. 교회력 · 30

대림절(Advent) | 성탄절(Christmas) | 현현절(Epiphany) | 사순절(Lent)

성회수요일(AshWednesday) | 종려주일(Palm Sunday) | 고난주간(Passion WeeK)

세족목요일(Maundy Thursday) | 성금요일(Good Friday) | 부활절(Easter)

성령강림절(Whitsuntide)

2. 기념주일 · 36

어린이주일(Children's Day) | 어버이주일(Parents Day)

맥추감사절(Feast of Harvest) | 종교개혁주일(Reformation Sunday)

추수감사절(Thanksgiving Day) | 성서주일(Bible Sunday)

## | 제3부 | 월별에 맞춘 공예배 대표기도문

1월에 맞춘 기도문 · 42 | 2월에 맞춘 기도문 · 48
3월에 맞춘 기도문 · 54 | 4월에 맞춘 기도문 · 60
5월에 맞춘 기도문 · 66 | 6월에 맞춘 기도문 · 72
7월에 맞춘 기도문 · 78 | 8월에 맞춘 기도문 · 84
9월에 맞춘 기도문 · 90 | 10월에 맞춘 기도문 · 96
11월에 맞춘 기도문 · 102 | 12월에 맞춘 기도문 · 108

## | 제4부 | 교회력에 맞춘 공예배 대표기도문

현현(주현)절에 맞춘 기도문 · 116

산상 변모일에 맞춘 기도문 · 118

사순절에 맞춘 기도문 · 120

종려주일에 맞춘 기도문 · 122

고난주간에 맞춘 기도문 · 124

성금요일에 맞춘 기도문 · 126

부활주일에 맞춘 기도문 · 128

부활절기간에 맞춘 기도문 · 130

성령강림주일에 맞춘 기도문 · 132

오순절기간에 맞춘 기도문 · 134

삼위일체주일에 맞춘 기도문 · 136

왕국절에 맞춘 기도문 · 138

대강(림)절에 맞춘 기도문 · 140

성탄절에 맞춘 기도문 · 142
성탄절기간에 맞춘 기도문 · 144

| 제5부 | **절기와 공공기념일에 맞춘 공예배 대표기도문**

신년감사주일에 맞춘 기도문 · 148 | 설날에 맞춘 기도문 · 150
삼일절기념 주일에 맞춘 기도문 · 152 | 기상의 날에 맞춘 기도문 · 154
어린이주일에 맞춘 기도문 · 156 | 어버이주일에 맞춘 기도문 · 158
스승의 날에 맞춘 기도문 · 160 | 성년의 날에 맞춘 기도문 · 162
현충일에 맞춘 기도문 · 164 | 6.25상기주일에 맞춘 기도문 · 166
맥추감사주일에 맞춘 기도문 · 168 | 제헌절에 맞춘 기도문 · 170
광복절기념 주일에 맞춘 기도문 · 172 | 추석에 맞춘 기도문 · 174
국군의 날에 맞춘 기도문 · 176 | 노인의 날에 맞춘 기도문 · 178
종교개혁주일에 맞춘 기도문 · 180 | 추수감사절에 맞춘 기도문 · 182
성서주일에 맞춘 기도문 · 184 | 송구영신예배에 맞춘 기도문 · 186

| 제6부 | **헌신예배에 맞춘 공예배 대표기도문**

제직헌신예배에 맞춘 기도문 · 190
남전도(선교)회 헌신예배에 맞춘 기도문 · 192
여전도(선교)회 헌신예배에 맞춘 기도문 · 194
선교헌신예배에 맞춘 기도문 · 196
청년회헌신예배에 맞춘 기도문 · 198
중, 고등부헌신예배에 맞춘 기도문 · 200
교사헌신예배에 맞춘 기도문 · 202
찬양대헌신예배에 맞춘 기도문 · 204
구역(속회)헌신예배에 맞춘 기도문 · 206

| 제7부 | 일반 주제에 맞춘 공예배 대표기도문

직분임명에 맞춘 기도문 · 210 | 성전신앙에 맞춘 기도문 · 212
주일성수와 대 심방에 맞춘 기도문 · 214
하나님나라 확장에 맞춘 기도문 · 216 | 예 회복에 맞춘 기도문 · 218
사탄 대적에 맞춘 기도문 · 220 | 기관과 부서에 맞춘 기도문 · 222
그리스도인의 의무에 맞춘 기도문 · 224 | 복음전도에 맞춘 기도문 · 226
봉사에 맞춘 기도문 · 228 | 섬김에 맞춘 기도문 · 230
헌신에 맞춘 기도문 · 232 | 겸손에 맞춘 기도문 · 234
교회의 정체성에 맞춘 기도문 · 236 | 조국 통일과 안녕에 맞춘 기도문 · 238
경제 회복에 맞춘 기도문 · 240 | 사순절 기간에 맞춘 기도문 · 242
십자가 사랑에 맞춘 기도문 · 244 | 성례식에 맞춘 기도문 · 246
성찬식에 맞춘 기도문 · 248 | 가정의 달에 맞춘 기도문 · 250
복받는 가정에 맞춘 기도문 · 252 | 승리의 신앙에 맞춘 기도문 · 254
여름행사에 맞춘 기도문 · 256 | 수재민에게 맞춘 기도문 · 258
구역 부흥에 맞춘 기도문 · 260 | 직분 감당에 맞춘 기도문 · 262
노회(지방회) 주간에 맞춘 기도문 · 264 | 수능시험에 맞춘 기도문 · 266
기관총회에 맞춘 기도문 · 268 | 한 해의 마무리에 맞춘 기도문 · 270

| 제8부 | 행사에 맞춘 대표기도문

예배당 정초(상량)식 기도문 · 274 | 예배당 입당식 기도문 · 276
예배당 헌당식 기도문 · 277 | 학교 건물 정초식 기도문 · 278
전교인 야외 예배 기도문 · 279 | 전교인 체육대회 기도문 · 280
전교인 수련회 기도문 · 281 | 심령 부흥회 기도문 · 282
총동원 전도 주일 기도문 · 284 | 특별새벽 기도회 기도문 · 286
교회 설립 기념주일 기도문 · 288 | 여름성경학교를 위한 기도문 · 290
수료(졸업) 예배 기도문 · 292

## 제9부 | 기도회, 회의, 모임에 맞춘 대표기도문

금요 기도회에 맞춘 기도문 · 294 | 새벽 기도회에 맞춘 기도문 · 296

수능시험 기도회에 맞춘 기도문 · 297 | 공동의회(사무총회)에 맞춘 기도문 · 298

제직회에 맞춘 기도문 · 300 | 월례회에 맞춘 기도문 · 301

연합구역(속회)예배에 맞춘 기도문 · 302 | 성경공부모임에 맞춘 기도문 · 304

전도 모임에 맞춘 기도문 · 305 | 남전도(선교)회 모임에 맞춘 기도문 · 306

여전도(선교)회 모임에 맞춘 기도문 · 307

## 제10부 | 부서예배에 맞춘 대표기도문

대학(청년)부 예배에 맞춘 기도문 · 310

학생회 예배에 맞춘 기도문 · 312

어린이 예배에 맞춘 기도문(1) · 314

어린이 예배에 맞춘 기도문(2) · 315

어린이 예배에 맞춘 기도문(3) · 316

## 제11부 | 헌금, 식사, 기타예배에 맞춘 대표기도문

주일예배에 맞춘 헌금기도문(1) · 318 | 주일예배에 맞춘 헌금기도문(2) · 319

헌신예배에 맞춘 헌금기도문 · 320 | 구역(속회)예배에 맞춘 헌금기도문 · 321

어린이 예배에 맞춘 헌금기도문 · 322 | 학생회 예배에 맞춘 헌금기도문 · 323

청년(대학)부 예배에 맞춘 헌금기도문 · 324 | 식사에 맞춘 기도문(1) · 325

식사에 맞춘 기도문(2) · 326 | 식사에 맞춘 기도문(3) · 327

가정예배에 맞춘 기도문(개인) · 328 | 가정예배에 맞춘 기도문(전가족) · 329

사업장 예배에 맞춘 기도문 · 330

## 제12부 | 구역(속회, 셀)모임에 맞춘 대표기도문

새해에 맞춘 기도문 · 332 | 봄에 맞춘 기도문 · 333
여름에 맞춘 기도문 · 334 | 가을에 맞춘 기도문 · 335
겨울에 맞춘 기도문 · 336 | 사순절에 맞춘 기도문 · 337
고난주간에 맞춘 기도문 · 338 | 부활주일에 맞춘 기도문 · 339
성령강림절에 맞춘 기도문 · 340 | 감사절에 맞춘 기도문 · 341
성탄절에 맞춘 기도문 · 342

## 제13부 | 심방에 맞춘 대표기도문

대심방-일반가정 · 344 | 대심방- 믿음이 신실한 가정 · 345
등록심방-초신자 가정 · 346 | 등록심방- 기신자 가정 · 347
축하심방-출생한 가정 · 348 | 축하심방- 백일(돌)을 맞은 가정 · 349
축하심방-생일(어른)을 맞은 가정 · 350
축하심방-수연, 고희, 산수를 맞은 가정 · 351
축하심방-입주, 이사한 가정 · 352 | 축하심방-개업(사업)하는 가정 · 353
위로심방-실직한 가정 · 354 | 위로심방- 사업에 실패한 가정 · 355
위로심방-면회(교도소) · 356 | 위로심방- 불신남편이 있는 가정 · 357
위로심방-상처받은 가정 · 358 | 위로심방- 낙심한 가정 · 359
위로심방-생활이 힘든 가정 · 360 | 권면심방- 이단에 미혹된 가정 · 361
권면심방-주일성수를 못하는 가정 · 362 | 권면심방-불평이 많은 가정 · 363
권면심방-시험에 든 가정 · 364 | 권면심방- 헌금에 시험 든 가정 · 365
권면심방-기도를 잊은 가정 · 366

| 제14부 | **환자의 치유에 맞춘 대표기도문**

병문안했을때 · 368 | 장기입원중일 때 · 369 | 극기와 조절로 치료중일 때 · 370
절단수술을 할 때 · 371 | 불치병, 당뇨병을 앓고 있을 때 · 372 | 수술할 때 · 373
중풍을 앓고 있을 때 · 374 | 자녀가 아플 때 · 375 | 자녀가 수술할 때 · 376

| 제15부 | **장례와 추모식에 맞춘 대표기도문**

임종을 맞은 자리에서 · 378 | 장례식장의 자리에서 · 379
자녀를 잃은 자리에서 · 380 | 어린이장례식 자리에서 · 381
어른장례식 자리에서 · 382 | 입관식 자리에서 · 383
발인식 자리에서 · 384 | 하관식의 자리에서 · 385
화장의 자리에서 · 386
장례를 마친 후 위로예배 · 387 | 가정추모예배 · 388

| 부록 | **부록**

주기도문 강해 · 390
신앙의 위험 신호는 어떻게 오는가? · 422
교회 선택의 십계명 · 428

# 1부
# 대표기도에 대한 짤막한 상식

## 1. 대표기도란 무엇인가?

대표기도는 공중 예배, 예식, 모임 등에서 한 사람이 전체 회중이나 모인 사람들을 대표하여 하나님께 올리는 기도를 말합니다.

목회가 권위적인 목회 방향으로 흐르고 있던 과거에는 목회자의 위상 때문에 예배나 예식 및 모임에 관한 모든 것을 목회자가 직접 인도하고 주관하였습니다. 그러나 오늘날에는 목회의 패러다임이 바뀌면서 목회자의 일방적인 주도보다는 평신도 참여율을 높이는 방향으로 크게 바뀌어가고 있는 것을 볼 수 있습니다. 단적인 예(例)로 교회의 예배나 예식, 모임 등에서 행해지는 모든 순서에 대표기도 순서를 평신도에게 맡기는 것이 그것입니다.

또한 모임의 성격도 다양화됨으로 평신도가 회중이나 모인 사람을 대표하여 기도하는 경우도 과거에 비해 많아진 것을 볼 수 있습니다. 기도의 성격도 공중 예배의 경우 과거에는 목회 기도의 성격을 띠고 있었기 때문에 교회와 주님의 양 떼들을 위하여 드리는 중재적 기도로서 목사가 직접 인도했지만, 지금은 회중 가운데 한 사람이 대표하여 기도하는 형식으로 바뀜으로써 기도의 성격 또한 감사와 회개와 간구와 설교자를 위한 기도, 예배나 모임의 참여자를 위한 기도로 바뀐 것을 보게 됩니다. 기도의 형식과 성격이 어떻게 바뀌었든지 기도의 본질은 변함이 없습니다. 기도의 본질은 주 예수 그리스도의 이름으로 아시고, 이해하시며, 염려하시고, 응답하시는, 사랑하는 아버지의 목전에 우리의 무력함과 다른 사람의 무력함을 펼쳐놓는 것입니다. 또한 기도는 하나님께 드리는 산 제물이요 죄 많은 인간이 그분의 은혜가 없이는 살 수 없음을 고백하는 행위입니다. 그리고 하나님께서는 우리의 기도를 통하여 그 영으로 우리에게 내려오시고 우리는 기도로 말미암아 그분에게 올라가는 것을 경험하는 것입니다. 그렇기 때문에 기도는 어떠한 필요에 의하여 부르짖는 것 이상으로, 그리스도인들에게 영적 생활을 유지하기 위하여 주어진 놀라운 특권이라고 볼 수 있습니다(헤럴드 프릴리).

그렇다면 우리는 대표기도를 어떻게 이해하고 있는 것이 바람직할까요?

첫째, 대표기도는 회중 한 사람이 전체를 대표하여 하나님께 드리는 기도이기 때문에 회중 모두가 기도의 주체자라는 것을 잊지 말아야 합니다. 둘째, 대표 기도자 한 사람이 기도를 하겠지만 회중을 대표하여 기도하는 것이니만큼 공동체의 관심과 문제를 파악할 수 있어야 하고, 기도의 성격과 내용상 개인과 관련된 기도 내용으로 흘러가지 않도록 주의해야만 합니다. 셋째, 회중 전체로 하여금 예배에 집중하도록 인도하며 기도의 방향을 제시해 줄 수 있어야 합니다. 개인 또는 교회가 감당해야만 할 책임감에 대하여 자각할 수 있도록 해야 하고, 관심을 가질 수 있도록 기도의 방향을 제시할 수 있어야만 합니다.

넷째, 대표기도는 회중 전체를 대표하여 기도하고, 공동체 전체의 입장을 대변하는 마음으로 기도하기 때문에 중보기도(intercessional prayer)의 형태를 띤 기도라고 볼 수 있습니다.

## 2. 대표기도는 언제 하는가?

대표기도는 앞에서도 언급했듯이 일반 공적인 예배에서, 또는 교회의 예식이나 일반 예식에서, 또는 교회에서의 모임이나 기타 신앙 모임에서 하게 되는데 그 종류를 나열해 보면 다음과 같습니다.

1) 예배
   ① 주일오전예배 ② 주일오후(저녁)예배 ③ 각종절기예배 ④ 각종 헌신예배 ⑤ 주일(교회)학교예배 ⑥ 학생회예배 ⑦ 대학, 청년부예배 ⑧ 가정예배 ⑨ 심방예배 ⑩ 사업장에서의 예배 등

2) 기도회
   ① 수요예배 ② 금요기도회 ③ 새벽기도회 ④ 특별기도회 등

3) 모임
① 구역(속회, 셀)모임 ② 성경공부모임 ③ 공동의회(사무총회) ④ 당회
⑤ 제직회 ⑥ 월례회 ⑦ 각종 친교 모임 등

4) 예식
① 성례식 ② 성찬식 ③ 결혼식 ④ 장례식 등

5) 행사
① 교회 입당 및 헌당 감사예배 ② 임직 감사예배 ③ 여름성경학교
④ 전 교인(부서)수련회 ⑤ 야외 예배 ⑥ 전교인 체육대회 ⑦ 찬송가
경연 대회 ⑧ 성경 퀴즈대회 등

6) 기타
① 돌 ② 생일 ③ 수연(육순), 고희(칠순), 희수(팔순) 등


## 3. 대표기도는 어떻게 드리는가?

하나님께 드리는 모든 기도의 형태가 그렇듯이 대표 기도의 형태도 찬양과 감사, 죄에 대한 고백, 회중 전체의 염원과 소망을 담은 간구, 기도를 들어주실 것에 대한 신뢰와 확신, 예수님의 이름으로 아멘. 하며 끝을 맺습니다. 이것을 자세히 구분하여 살펴보면 다음과 같습니다.

**1) 찬양과 감사** 대표 기도도 개인 기도와 마찬가지로 먼저 하나님께 대한 찬양과 감사로 시작됩니다. 그 이유는 온 우주 만물의 창조주가 되시고, 죽을 수밖에 없는 죄인인 우리를 구속하여 주시며, 거룩한 자녀로 삼아 주시고, 지금도 우리와 함께 하시는 주님의 은혜와 사랑을 찬양하고 감사하며 영광 돌리는 것이 지극히 당연한 것이기 때문입니다. 예수님께서 제자들에게 가르쳐 주신 주기도문을 봐도 하나님께 대한 찬양과 영광이 서두

에 나와 있습니다. 그러므로 하나님의 은혜와 사랑에 감사하며 그 이름을 높이는 기도가 우선 되어야만 합니다.

**2) 고백과 회개** 하나님께 무엇을 기도하기 전에 먼저 선행되어야 할 것은 하나님과의 관계를 바르게 확립하는 것입니다. 그중에서도 제일 중요한 것이 죄에 대한 고백과 회개입니다. 허물 많고 죄 많은 우리가 거룩하신 하나님 앞에 서있으면서 죄에 대한 깨달음이 없고서야 우리가 어떻게 하나님의 사랑과 용서와 십자가의 그 크신 은혜를 깨닫고 있는 주님의 자녀라고 말할 수 있겠습니까? 우리는 "하나님이 구하시는 제사는 상한 심령이라 하나님이여 상하고 통회하는 마음을 주께서 멸시치 아니하시리이다."(시 51:17)라고 고백한 시편 기자의 회개에 귀를 기울여야만 합니다. 회개가 이루어지지 않고는 하나님과의 정당한 관계를 회복하기란 매우 불가능한 일입니다.

**3) 간구** 간구는 말 그대로 원하는 바를 하나님께 아뢰고 도움을 구하는 것입니다. 기도의 형식이 대표성을 띠고 있는 만큼 간구하는 내용도 개인의 소망이나 염원이 아니라, 회중 전체의 염원과 소망에 초점을 맞춰야 할 것입니다. 예컨대 성도들의 영육 간에 강건함을 위해, 교회의 부흥과 성장을 위해, 나라의 안녕을 위해, 가정과 어려움을 당하는 이웃을 위해, 질병을 앓고 있는 교우들을 위해, 목회자를 위해, 교회의 직분을 맡은 자와 기관을 위한 것들에 간구의 초점을 맞춰야만 합니다. 그리고 무엇보다 중요한 것은 이기적인 간구가 아니라 하나님께서 기뻐하시는 것을 구해야 한다는 것입니다.

**4) 예수님의 이름으로** 우리는 거룩하신 하나님 앞에 결코 나아갈 수 없는 죄인이지만, 예수 그리스도의 보혈의 공로로 하나님의 은혜의 보좌 앞으로 나아가게 되는 특권을 갖게 되었습니다. 예수님께서 우리의 중보자가 되지 않으셨더라면 우리는 결코 하나님 앞에 설 수 없는 존재들입니다. 그러므로 예수님이 우리와 하나님 사이에 가로막혀 있던 죄악의 담을 허

시고 우리의 중보자가 되셨기 때문에, 예수님의 이름으로 기도해야만 예수님께서 기도의 영이신 성령을 통하여 우리의 연약함을 도와주시고, 하나님 앞에 우리가 드리는 기도가 상달될 수 있도록 이끌어 주십니다. 그러므로 예수님의 이름은 우리의 기도가 상달되는 조건입니다. 성경에 보면 예수님께서도 자신의 이름으로 구할 것을 친히 말씀하셨습니다. "내 이름으로 아버지께 무엇을 구하든지 다 받게 하려 함이라"(요 15:16) "지금까지는 너희가 내 이름으로 아무것도 구하지 아니하였으나 구하라 그리하면 받으리니 너희 기쁨이 충만하리라"(요 16: 24)

5) 아멘. 아멘의 뜻은 "그렇게 될지어다."입니다. 복음서에는 "진실로"라고 자주 번역됩니다. "아멘."이란 믿음과 소원의 표현입니다. 우리의 강한 열망을 표현하며 하나님의 권능과 진실하심에 대한 우리의 확신을 표현하는 신앙고백이 "아멘."입니다. 그러므로 우리는 기도할 때 응답의 풍성함을 확신하고 기대하며 "아멘." 할 때, 하나님께서는 우리의 기도에 응답하여 주실 것입니다.

## 4. 대표기도는 누가 하는가?

앞에서도 언급했듯이 공적기도, 특히 주일 오전 예배는 목회 기도라 하여 목사가 했습니다. 그러나 오늘날은 평신도의 대표자인 장로가 하는 것이 보통이고, 그리고 예배에 따라서는 안수집사 또는 권사가 할 수도 있습니다. 그리고 주일 오전 예배 외에 다른 공적 예배나 기도회 같은 경우는 교회에서 직분과 직책을 맡은 자들이 할 수 있고, 직분을 받지 않은 평신도라 할지라도 모임의 성격상 대표기도를 할 수 있다면 얼마든지 기도를 할 수 있습니다. 그러나 가정예배, 장례, 결혼 같은 예배와 예식의 경우는 교회 지도자의 위치에 있는 사람이 하는 것이 신앙의 질서와 덕을 세우는 일이며 그 가정의 형편과 사정을 밝게 알고 있는 사람으로 하여금 기도하게 함이 바람직할 것입니다.

## 5. 대표기도는 어떻게 준비해야 하는가?

　교회의 공식 예배의 경우 사전에 대표기도를 준비할 수 있도록 한 달 전 또는 한 주 전에 주보에 대표기도 순서자를 기재해 놓습니다. 그러므로 자신이 대표기도 순서자라는 것을 알고 그때부터 준비하면 되겠지만, 교회의 직분자라면 언제라도 대표기도를 할 수 있다는 것을 생각할 때 항상 대표기도를 준비하는 습관을 갖는 것이 바람직할 것입니다. 그리고 무엇보다도 기도생활을 꾸준히 지속해 나가는 것이 대표기도를 은혜롭게 할 수 있는 비결입니다. 은혜로운 대표기도를 하기 위하여 몇 가지 준비해야 할 사항들을 생각해 보겠습니다.

1) 예배시간 전에 미리 나와서 충분히 기도하며 준비했는가?
2) 몸가짐을 단정히 준비했는가?
3) 기도 제목의 방향과 핵심을 잘 맞추고 있는가?
4) 기도의 내용으로 회중들에게 일치된 관심과 소망을 불러일으킬 수 있는가?
5) 목사님의 설교하실 설교 제목과 어느 정도 조화를 이루고 있는가?
6) 절기 또는 특별행사, 교회 행사는 없는가?
7) 기도의 영이신 성령님을 의지하고 있는가?

## 6. 대표기도의 자세와 태도

　성격상 예배이든지 모임이든지 모인 사람을 대표하여하는 기도는 모두 대표기도라고 말할 수 있습니다. 모인 사람이나 모인 회중을 대표하여 기도하는 것이니 만큼 기도자는 다음과 같은 자세와 태도로 하나님께 기도를 드려야 할 것입니다.

1) 대표기도가 무슨 공식행사나 발표가 아님을 생각할 때 회중을 대표

하여 기도에 임할 때 자신의 정체성에 대한 분명한 자각을 가지고 하나님께 대한 경외와 신뢰 가운데 진실 된 마음으로 기도드려야합니다.

2) 대표기도는 개인기도와는 달리 어느 정도 일정한 형식이나 격식을 지니고 있기 때문에 기도자 자신이 자신의 지식이나 신앙을 드러내려 하거나 지나치게 회중을 의식하여 상투적이고 형식적인 기도를 하지 않도록 주의하여야 합니다.

3) 대표기도는 회중이 대표기도의 주체자이기 때문에 대표 기도자는 홀로 기도하는 것이 아니라 그리스도 안에서 한 몸 된 지체들과 함께 공동으로 하나님 앞에 서는 것이라는 마음을 가져야만 합니다. 그러므로 다른 지체들을 비판하거나 공격하는 형식의 기도 태도를 삼가해야만 합니다.

4) 대표기도는 회중을 대표하여 하나님께 드리는 기도이기 때문에 중언부언하지 말아야 하고 기도의 내용이 선명해야 하며, 헛된 공명심에 사로잡히면 안 됩니다.

5) 대표기도는 무엇보다도 성령님을 의지하여 성령 안에서 기도해야 합니다. 왜냐하면 대표 기도자가 성령이 충만할 때 하나님 앞에서 가장 진실되고 영광이 되는 기도를 드릴 수 있기 때문입니다.

## 7. 대표기도 시 주의해야 할 것들

### 1) 길게 하지 말아야 합니다.

이.엠 바운즈(E.M.Bounds)는 "개인 기도는 길면 길수록 은혜롭지만 대표기도는 간결할수록 좋다."라고 했습니다. 대표기도를 할 때 길게 하면 믿음이 좋아 보이는 것 같이 생각하기 쉬우나 대표기도가 길어지면 예배시간의 전체적인 조화가 깨지기 쉽고, 회중이 지루해지고 설교시간을 침범하기 쉽습니다. 그리고 기도가 길어지면 성도들로 하여금 설교를 들을 마음을 상실케 하기 쉬우므로 기도는 짧게 하는 것이 은혜롭습니다.

### 2) 탄원과 원망과 원성이 섞인 기도는 피하는 것이 좋습니다.

대표기도 시간을 이용하여 교회에 대한 불만과 불평을 늘어놓는 경우가 종종 있는데 이것은 하나님께로 향하여 있는 성도들의 마음을 막아버릴 뿐만 아니라 자신도 하나님 앞에 범죄 하는 행위나 다름없습니다.

### 3) 개인기도로 착각하지 말아야 합니다.

대표기도를 하기는 하되 기도의 내용을 보면 회중을 대표하는 기도라기보다는 개인기도와 관련된 제목들을 가지고 기도를 하는 경우가 있습니다. 그러므로 자신이 기도하는 내용이 대표기도의 성격을 띠고 있는지 아니면 개인기도로 치우치고 있는지 잘 분별하여 기도할 수 있어야 합니다.

### 4) 설교식으로 하지 말아야 합니다.

오늘날 대표기도를 하는 사람들을 보면 하나님께 올리는 기도인지, 혹은 사람에 대한 설교나 광고인지 분간하기 어려운 기도를 하는 경우가 종종 있습니다. 이 같은 기도는 성도들을 지루하게 하고 따분하게 할 뿐만 아니라, 하나님도 듣지 않으시는 기도를 하는 것이므로 각별히 주의해야 합니다.

### 5) 상투적인 용어를 쓰지 말아야 합니다.

호칭의 남발이나, 앞뒤의 연결성이 결여된 반복이나, 의미 없이 인용하는 성경이나 인물 등은 기도를 맥없이 만드는 요인이 됩니다.

### 6) 가성을 사용하지 말아야 합니다.

　기도생활을 많이 하고 영적으로 충만하다는 것을 드러내 보이려고 일부러 쉰 소리나 쇳소리 같은 가성을 내며 기도하는 경우가 있는데, 이것은 아직도 대표기도의 성격을 제대로 파악하고 있지 못한 무지한 행동에 불과할 따름입니다.

### 7) 어려운 문자를 쓰지 말아야 합니다.

　대표기도를 하는 자는 될 수 있으면 온 회중이 쉽게 알아들을 수 있는 평범한 언어를 사용하는 것이 바람직합니다. 그래야만 온 회중이 그 기도에 한마음으로 참여하며 하나님께 영광을 돌릴 수 있습니다.

### 8) 격한 어조로 기도하지 않는 것이 좋습니다.

　대표기도를 하는 사람 중에 시종 우는 듯한 음성으로 기도하는 사람도 있고, 웅변을 하듯이 기도하는 사람도 있습니다. 예배에 참석한 사람들 중에는 사업이 잘되고 승진하고 기쁘고 즐겁고 밝은 마음으로 예배에 참석한 사람들도 있고, 반대로 괴로움과 슬픔과 좌절 가운데 잠겨 있는 사람도 있기 때문에 처음부터 끝까지 격한 어조로 기도하는 것은 하지 말아야 합니다.

### 9) 축복이란 말은 사용하지 않는 것이 좋습니다.

　축복은 한 사람이 다른 사람을 위해서 하나님께 복을 달라고 기도하는 것이고(즉, 목사가 하나님께 기도하여 성도들에게 복을 비는 것은 축복이다) 복은 친히 하나님께서 내려주시는 것입니다. 그러므로 기도 가운데 하나님께 축복하여 달라는 말은 기도자가 하지 않는 것이 바람직합니다.

### 10) 기도의 습관적인 잘못된 말버릇은 고쳐야 합니다.

　사람마다 그 사람에게 독특한 말버릇이 있어서 어떤 사람은 "에….", "그런데….", "그리고….", 이렇듯 기도하는 데에도 좋지 못한 말버릇이 섞여 나오는 경우가 많이 있습니다. 이를테면 "아버지 하나님"이란 말은 하나님을 아버지로 고백하고 부르는 매우 은혜로운 말이지만 말끝마다 "아버지 하나님"을 연발하는 이런 기도 습관은 결코 바람직하지 않습니다. 또한 "주여…" 하면서 한숨을 내쉬듯 하는 버릇은 듣는 이로 하여금 짜증스러움을 유발할 수 있으므로 은혜로운 기도가 되기 위해서는 이런 습관적인 말버릇은 빨리 고쳐야만 합니다.

### 11) 개인적이기보다는 일반화시킨 대명사를 사용하는 것이 좋습니다.

예컨대 '제가'는 '저희로', '내가'는 '우리로' 일반화시킨 대명사를 사용할 수 있어야 합니다.

### 12) 하나님 또는 예수님에 대하여 "당신"이라는 단어는 사용하지 않는 것이 좋습니다.

"당신"이라는 말이 상대방을 향한 극존칭이기는 하나, 하나님을 향해서 "당신"이라고 부르는 것은 좋은 언어적 습관이라고는 볼 수 없습니다. 그리고 하나님을 향하여 "당신"이라는 단어를 사용하면 하나님을 격하시키는 것이 되고 무례함을 범하는 것이 될 수도 있습니다.

### 13) 자랑하듯이 기도하지 말아야 합니다.

기도는 어디까지나 기도 그 자체에서 벗어나서는 안 됩니다. 어떤 경우에 보면 기도 시간이 성경 암송 시간인 듯 착각하게 되는 경우도 있습니다. 신구약 성경의 여러 구절들을 언급하면서 모든 성경을 훤히 알고 있는 것처럼 자랑하는 듯한 인상을 주는 경우가 있는데 기도 시간에 여러 성경 구절을 자주 인용하여 성경 해석을 하는 식으로 기도하는 것은 아주 좋지 못한 기도 습관입니다.

### 14) 대표기도를 할 때 "지금은 처음 시간"이라는 말을 하지 말아야 합니다.

사회자가 예배의 시작을 알리면 이미 예배는 시작된 것입니다. 그 후에 사회자가 기도를 하고, 찬송을 부르고, 성시교독하고, 신앙고백을 한 후 찬송 부르고 나서 대표기도를 하는데 대개의 경우 대표 기도자들은 자기의 기도하는 그 시간이 예배가 시작되는 첫 시간으로 착각을 하는 경우가 있습니다. 그래서 "지금은 처음 시간이오니 마치는 시간까지"라고 기도합니다. 이것은 대단히 잘못된 것이고 "예배의 시종을 주님께 의탁한다"거나 "이미 예배가 시작되었다"라는 식으로 말을 바꿔야만 합니다.

### 15) 기도의 성격을 잘 알아야 합니다.

주일 오전 예배인지, 오후 예배인지, 구역예배인지, 식사 감사 기도인지 기도의 성격을 잘 알아야만 하고 거기에 맞는 기도를 드려야 할 것입니다. 어떤 이는 설교 후의 기도를 하면서 이제 예배를 시작하는 것 같은 착각을 일으키게 만들기도 하며, 식사 기도를 하면서 예배 기도를 하듯이 길게 하는 경우도 있는데, 기도의 성격을 잘 파악하여 그에 맞는 기도를 하는 것이 중요합니다.

### 16) 중언부언하지 말아야 합니다.

중언부언은 "타라르 게네테"라는 말인데 이것은 히브리어 "파트파트"라는 단어에서 비롯된 것입니다. 이 단어의 뜻은 어린아이들이 어른에게서 말을 배울 때 그 뜻도 알지 못하고 부모를 따라 발음하는 데서 이 단어가 생겨났습니다. 그러므로 중언부언이란 말은 마음에도 없는 단어의 기계적인 반복이며 마음의 간절함 없이 길기만 하고 말만 많은 나열일 뿐입니다.

## 8. 대표기도의 잘못된 형태

대표기도를 할 때에 충분히 있을 수 있는 잘못된 기도의 형태를 가상으로 편집해 보았습니다. 가급적이면 이런 기도가 되지 않도록 철저히 준비하는 것이 필요할 것입니다.

**예문1)** 우리의 세세무궁토록 살아계셔서 천천만 천군 천사들과 네 영물들과 이십사 장로들과 따위에 태어나서 예수 믿다가 죽임을 당한 순교자의 영혼들이 여호와 앞에 엎드려 금 면류관 바쳐 주께 드리는 이 한 시간에도 70억이 넘은 이 지구 상에 있는 인간들 중에 대한민국에 태어나서 살아가는 저들 가운데, 천에 하나 만에 하나 구별하여 빼내어 주신 사랑하는 저 양 무리들과 함께 주의 제단에 모여 이 한 시간에 경배할 수 있는 이 은혜를 주셨으니 감사를 드립니다. 어리석은 내 조상 내 민족이 보내신 의인들을 무참하게 피 흘려 죽이지 않았습니까? 의인의 피 값을 지고 태어났기에 30년의 쓰라린 일제의 압박과 서러움도 겪었사옵고, 동족의 가슴에 총칼을 겨누어 피 흘려 죽이려 하였던 6.25 사변도 우리는 경험하고 체험하였습니다.

위의 기도문은 주일오전예배 대표기도의 시작 부분입니다. 한마디로 기도의 형식이 전혀 갖추어져 있지 않음을 발견할 수 있고, 무엇을 이야기하고자 하는 것인지 종잡을 수가 없을 뿐만 아니라, 너무나 긴 문장이기에 연결성이 결여되어 있습니다.

**예문2)** 도피성이 되신 주님 앞에 피할 길 없는 멸망의 잔인한 성에서 믿음으로 예수 그리스도 안에서 우리의 영원한 거처가 되신 주님 안에서 찬송할 수 있는 특권과 힘을 저희에게 주셨습니다. 주님의 사랑 베푸시는 은혜가 너무 커서 말로 다 할 수가 없습니다. 하지만 사는 모습은 너무 부족하고 주님 안에서 너무 송구스럽습니다. 하지만 사랑하는 주님의 자녀들이 한자리에 모였습니다. 이 교회가 설립 10주기를 지나면서 복음화의 지름길을 달리기 위해서 지도자의 면류관을 바라보면서 힘껏 뛰고 있습니다. 그런 중에서 오늘 저희 교회는 오늘 성례식도 행하여지고, 또한 추수감사주일도 지키게 됩니다. 특별한 은혜의 계절에 부담을 가지고 육신적인 삶으로 인해서 욕심부리지 않게 하시고, 받은 은혜 보답할 길이 없는 하나님의 자녀의 뜨거운 감사가 심령마다 솟구치게 하여 주시기를 바랍니다.
　이 기도는 보고식 또는 설명식의 표현이라고 할 수 있습니다. '하고 있다' 또는 '형편이 이렇다'하고 설명하는 식의 기도입니다. 그리고 찬양이나 영광 돌림이 표현상 미숙한 기도라고 볼 수 있습니다.

　**예문3)** 만일 하나님께서 살아계시지 아니하고 부활도 없고, 내세 소원이 없다면 우리는 평생을 예수 믿고 하나님을 의지하여 살아왔는데 얼마나 불쌍한 존재들입니까? 그러나 우리는 부활을 믿고, 내세를 믿고, 전능하신 하나님을 믿고 의지하기 때문에 지금까지 하나님을 의지하여 살아왔고, 주님 부르시는 그날까지 우리는 가장 귀한 것 바쳐 주께 영광 돌리는 간절한 마음이 저희들에게 있습니다. 독자 이삭을 바치라 할 때 서슴없이 아브라함이 바친 것 같이 하나님이 우리에게 바라고, 구하고, 하는 것이 또 무엇인지 저희들은 우둔하고 미련하여 알지를 못합니다. 아버지, 아나니아와 삽비라 같이 되지 않게 하시고, 삼손같이 되지 않게 하시고, 요나 같이 되지 않게 하시고, 발람같이 되지 않게 해 주셔서 하나님을 바라볼 때 우리가 하나님을 향해서 두 손 모아 기도할 때 우리의 기도를 어느 곳에라도 응답할 수 있는 우리 성도님들이 되게 하여 주시기만을 간절히 빕니다.
　이 기도는 신구약 성경의 인물들을 고루 인용한 것은 대단하기는 하나, 아무런 의미나 감화를 주지 못하고 있습니다. 그리고 그 인물들을 한 마디로 언급하여 그 사람처럼 되지 않게 해 달라든지, 또는 그 사람처럼 되게 해 달라는 표현이 너무 추상적입니다.

　**예문4)** 아버지여! 입으로만 주여, 주여 하오며 또한 주 앞에 나와서 형식적으로 되기만 하면 무슨 소용이 있겠습니까? 아버지 하나님이여! 말씀 앞에 겸손히 엎드러지며, 죄인임을 깨닫게 하여 주시기를… 흉악한 죄인, 빌고 원하옵니다.(울음) 아버지 하나님! 죄인들은 할 수 없습니다. 연약합니다. 실패합니다. 넘어집니다. 주께서 함께하시지 아니하시면 주어진 사명 감당할 수도 없고, 주의 자녀로서의 본분도 못 지켜 주의 영광을 가릴 수밖에 없는 죄인들입니다. 우리의 연약함을 아시고, 추하고 더러운 죄인 됨을 아시면서 무조건 사랑으로 십자가의 보혈의 공로로 씻음을 받아 주의 것으로 삼으셨사오니(울음), 아버지 앞에 서는 그날까지 주어진 사명을 잘 감당할 수 있도록 도와주시옵소서. 지금까지 죄인들을 용서하여 주신 것은 당신의 영광을 위해서 참으신 줄 아오니 내가 주님이여, 잘나서가 아니라(울음) 주님이 다시 기회를 주신 줄 알며 주여, 감사합니다.

이 기도는 시종일관 죄인 의식에 눌린 상태에서 드려지는 기도입니다. 마음이 위축되고, 오그라드는 감을 느끼게 하는 기도입니다. 부정적이고 어두운 표현의 기도이며, 일반화시킨 대명사가 아닌 개인적인 대명사들을 사용한 것을 볼 수 있습니다.

## 9. 대표기도 중에 틀리기 쉬운 말들

### 1) '당회장'은 '담임목사'로
당회장이란 호칭은 당회가 있을 시에만 사용하는 호칭이지, 평소 때에 일반적으로 사용하는 호칭이 아닙니다. 그러므로 대표기도 할 때에 담임목사에 대하여 '당회장님', '당회장 목사님', '당회장 사자 목사님'이란 호칭을 사용하는 것은 적합하지 않습니다. 그냥 '담임목사님', '말씀을 전하시는 목사님'으로 호칭을 사용하는 것이 적합합니다.

### 2) '수요 기도회'는 '수요일 예배로'
엄밀히 말해서 수요일에도 하나님께 예배를 드리기 위해서 교회에 모이는 것이지, 단지 기도회를 갖기 위한 목적으로 모이는 것이 아닙니다. 그러므로 수요 기도회로 부르는 것은 잘못된 표현입니다. 수요일 예배로 부르는 것이 정확한 표현법이라고 할 수 있습니다.

### 3) '제단'은 '교회'로
흔히 교회를 제단이란 말로 종종 바꾸어서 사용하게 되는데 제단이란 말은 십자가 밑에 성경을 놓아두는 촛대를 둔 곳을 말합니다. 그러므로 교회를 이야기하려고 할 때는 가급적 제단이란 말은 피하고 교회라는 명칭을 사용하는 것이 바람직합니다.

### 4) '새신자'는 '교우'로

성도(Saints)라는 명칭은 원래 초대 교회 때 순교한 교인들이나 사도들에게 붙인 호칭입니다. 그리고 교인 전체를 부를 때에 '성도'라고 말합니다. 따라서 교회에 등록한 지 얼마 되지 않은 사람을 성도라고 부르는 것은 너무 지나친 표현이 될 수도 있다는 것을 간과해서는 안 됩니다. 이럴 때는 가급적이면 '교우'라고 부르는 것이 적합합니다.

### 5) '예배보다'는 '예배드리다'로

예배를 보는 것과 예배를 드리는 것은 그 의미가 엄격히 다릅니다. 본다는 것은 내가 무엇인가를 구경할 때 쓰는 말이고, 드린다는 것은 내가 무엇인가를 할 때 쓰는 말입니다. 그러므로 '예배를 본다.'는 말은 구경한다는 의미가 강하게 느껴지므로 '예배드린다.'는 말로 사용하는 것이 바람직합니다.

### 6) '대예배'를 '낮 예배' 또는 '오전 예배'로

주일 오전 예배를 대예배로 부르는 것은 아마도 주중에 가장 큰 예배일 것이기 때문입니다. 그런데 주일 오전 예배를 대예배라고 부르는 것은 조금 문제가 있습니다. 왜냐하면 주일 오전 예배가 대예배가 된다면 주중에 드려지는 다른 예배는 소예배로 격하시켜 버리는 것이 되기 때문입니다. 하나님이 보시기에는 그분께 드려지는 모든 예배는 다 소중하게 보시고, 동일하게 보십니다. 그러므로 대예배라는 말보다는 '오전 예배' 또는 '낮 예배'로 부르는 것이 적합합니다.

### 7) '우리'를 '저희'로

대표기도는 하나님께 드리는 기도입니다. 그러므로 '우리'라는 말은 낮추는 말이 아니므로 '저희'로 고쳐 쓰는 것이 바람직합니다.

# 2부

교회력과 기념주일에 대한

## 짤막한 상식

# 1. 교회력

### 1) 대림절(Advent)

교회는 성탄절 전 4주간을 대림(강)절이라 하며 그 의미는 '오심'이라는 뜻입니다. 세상에서 가장 중요한 손님, 예수 그리스도의 오심을 기다리는 때입니다. 대림절은 예수님께서 '오셨음', '오심', '오실 것이다'라는 세 가지 의미의 오심을 포함하고 있습니다. '오셨음'은 과거적인데 성탄절에 오셨던 예수님을 말하고 있습니다. 하나님의 아들로서 세상을 만드시고, 이 세상에 아기로 오셔서 성장하고 또 어른이 되어서는 모든 사람을 구원하시고자 자기 목숨을 주시러 오셨습니다. '오심'은 현재에 속하는데 누구든지 예수님을 영접하고 믿기만 하면 우리의 마음속에 오시기 때문입니다. '오실 것임'은 미래에 오실 예수님을 이야기하고 있습니다. 미래의 어느 날 예수님께서는 힘이 없는 작은 아기의 모습으로서가 아니라 세상을 심판하실 만왕의 왕으로서 오실 것입니다. 그러므로 대림절은 옛 베들레헴에서 태어나셨던, 현재 우리 마음속에 계시는, 앞으로 오시는 예수님을 기다리는 계절입니다.


### 2) 성탄절(Christmas)

크리스마스란 뜻은 그리스도(Christ)와 마스(Mass)의 두 낱말이 합하여 된 합성어입니다. 그리스도란 구약 히브리어 메시아(Messiah)에 해당하는 헬라어로서 '하나님께로부터 기름 부음을 받은 자'란 뜻이고 '마스'란 가톨릭의 '미사' 혹은 '예배'를 뜻하는 말입니다. 그러므로 크리스마스란 그리스도의 탄생을 축하하고 예배한다는 뜻이 됩니다.

왜 우리가 그리스도를 예배해야 하는 것입니까? 그 이유는 2000년 전 유대 베들레헴에서 그분이 유대인으로 태어나셨다는 사실 때문만은 아닙니다. 단순한 '나심'의 사건에 연결 짓는다면 예수라는 역사적 인물을 성자로 모시고 그의 생일을 기념하는 날이 될지언정 그가 예배의 대상이 될 수는 없습니다. 예배의 근거는 '나심'(자연인의 탄생) 때문이 아니요 '오심'의 사건, 곧 성육신(Incarnation)에 있습니다. 하나님의 구속의 경륜 속에서 인간 구원을 위해 그의 '오심'의 사건을 알려주는 칭호는 '그리스도'이십니다. 그러므로 그리스도 오심의 사건은 구속적 의미를 지니게 됩니다.

(1) 예수 그리스도의 오심은 하나님께는 영광을, 이 땅 위에 있는 모든 민족과 국가 간에는 온전한 평화를 이루기 위함이었습니다(눅 2:14).
(2) 성육신하셔서 영원자, 구원자로 오셨습니다(빌 2:6~11).
(3) 인간에게 자유를 주시기 위해서 오셨습니다(눅 4:18,19).
(4) 죄의 어둠과 실패와 좌절의 어둠을 이기는 빛으로 오셨습니다(요 1:45).
(5) 복을 주시고 더욱 풍성하게 하시기 위해 오셨습니다(요 10:10).

### 3) 현현절(Epiphany)

현(主)현절의 성경적인 근거로는 마태복음 2장 1~12절의 내용으로 봅니다. 그 내용은 먼저 그리스도의 탄생의 복음으로 보며, 동시에 생명의 빛으로서 이방의 세계로 오는 것입니다. 동방교회에서는 마태복음 3장 13~17절에 근거하여 이날을 예수님의 수세 후 그 출현을 기념하고 축하하는 날로 보고 있으며, 독일의 루터교회나 로마 가톨릭도 현현 후 첫 주일을 예수의 세례 받으심의 축하일로 보고 있습니다. 날짜로는 사순절 전까지 여섯 번 주일을 포함한 46~47일간으로 보고 있으며, 유동적인 부활절의 날짜 결정에 따라 현현절의 날짜도 유동적입니다. 현재 교회력을 지키는 교회는 현현절이 처음에는 그리스도의 세례를 기념하다가 후에는 그리스도께서 이방인에게 나타나신 것을 기념하는 의미로 현현절을 지켰기 때문에, 이것을 따르고 있는 것으로 보고 있습니다.

### 4) 사순절(Lent)

사순절은 교회력에 있어서 성탄절과 마찬가지로 신자들에게 중요한 절기 중의 하나입니다. 사순절은 부활절을 위한 신앙의 성장과 회개를 통한 영적 준비의 시기이며, 교회력 중에서 주님의 수난과 죽음에 초점이 맞추어지는 때입니다. 이 절기는 특별한 회개일인 속죄일(Ash Wednesday:성회 수요일)에서 시작되어 성금요일(Good Friday)의 슬픔과 비극 가운데 끝이 납니다. 이 기간에는 금식하면서 자기 회개의 기회로 삼기도 하였으며, 구제와 사회봉사를 강화하여 신앙훈련 기간으로 삼기도 하였습니다.

사순절은 부활주일로부터 주일을 뺀 40일 전입니다. 주일을 사순절에서 제외한 이유는 주일이 초대교회 때부터 '작은 부활절'로 지켜 오면서 모든 절기보다 우선하는 절기가 되어왔기 때문입니다. 그래서 월요일부터 토요일까지 금식을 하다가도 주일에는 금식을 하지 않았습니다.

40은 여러 가지 의미가 있는데 40일간의 예수님의 금식, 시내 산에서의 40일간의 모세의 사건, 무덤 속에 40시간 동안 계신 예수, 부활에서 승천까지의 40일을 의미합니다.

사순절의 근원은 초대 교인들이 성찬식을 지켰던 일이 있습니다. 이스라엘 백성들이 유월절 준비를 위해서 금식했던 것처럼 기독교인도 성찬식 전에 금식했었습니다.

"사순절"의 역사적 출현을 살펴보면 A.D. 325년 니케아 회의에서 정한 교회의 규칙에 40일간의 사순절이 언급되어 있고, 몇 년 후 아다나시우스의 목회서신에서도 사순절과 부활절에 대한 준비의 말씀이 있습니다. 그러나 이때까지는 사순절이 일정하지 않았습니다.

사순절을 지키는 의미를 보면, 중세기에는 주로 회개의 시기로 지켰는데 종교 개혁자들도 이 사상을 받아들여서 공중 기도문 중의 사순절 기도문의 주제를 "회개"로 삼기도 하였습니다. 이 기간에는 예배자들도 검정색 옷을 입었으며, 오르간 연주 등 축하 성결의 집회는 하지 않았습니다.

사순절을 거룩한 주간(Holy Week)이라고도 하며 위대한 주간(Great Week)이라고도 일컫습니다.

### 5) 성회 수요일(Ash Wednesday)

사순절은 언제나 수요일에 시작되는데 이날을 '재의 수요일 성회'라고도 합니다. 재는 전년도 종려주일에 사용되었던 종려 가지의 숯을 사용해 신자들의 이마에 십자가 상징을 그리는 데 사용하기도 했는데, 성경에서 재는 슬픔과 죄에 대한 회개의 상징으로 표현되고 있습니다. 예수님의 생애 가운데 수난과 죽으심이라는 깊은 어두움의 순간이 다가오고 있음을 보여주는 상징으로 사용되기 때문에 사순절을 시작하면서 재의 수요일이라고 불립니다.

### 6) 종려주일(Palm Sunday)

종려주일은 사순절의 여섯 번째 주일이 됩니다. 한때 이 주일은 "호산나 주일"(Dominica Hosanna)이라고 불리기도 하였으며 예수님의 예루살렘으로의 입성을 축하하는 주일이며, 고난주간의 시작이기도 합니다. 종려주일이란 명칭은 1928년 이후에야 영국 국교 의식에서 나왔습니다. 팔마룸(Palmarum)이라고도 불리는데 이 뜻은 '종려의'라는 뜻이며 종려 가지에 대한 축사와 그다음에 오는 행전 의식을 말합니다.

이 주일은 그리스도를 모르는 모든 사람들에게 그리스도의 비밀을 공적으로 알려주는 절기로서 그 가치를 가지고 있습니다. 또한 이날은 왕으로 오시는 예수님을 기쁨으로 영접하는 예수님의 고난의 시작과 십자가의 죽음을 생각하며 정결하게 일주일을 시작해야 하는 날이기도 합니다.

### 7) 고난주간(Passion WeeK)

예수님이 로마군에 붙잡혀 빌라도의 재판을 거쳐 십자가에서 사형을 받기까지 지상에서 겪은 고난을 기념하는 한 주간입니다. 부활 주일 전 한 주간을 고난주간 또는 수난주간(受難週間)이라고도 하며, 사순절의 마지막 한 주간을 가리킵니다.

## 8) 세족목요일(Maundy Thursday)

Maundy는 라틴어의 율법이란 의미를 나타내는 mandatum으로부터 나온 말로 이날은 예수님께서 유월절 목요일 다락방에서 제자들에게 "새 계명을 너희에게 주노니 서로 사랑하라"(요 13:34)는 가르침을 주심을 기념하는 것입니다. 이날은 성목요일이라 불리기도 하며 교회에서는 이날에 성찬식을 거행하거나 세족식을 거행하기도 합니다.

## 9) 성금요일(Good Friday)

성금요일은 하나님께서 인간을 구원하시기 위해 예수 그리스도를 죽음에서 생명으로 이끄신 놀라운 사랑이 나타난 날이라고 해서 성금요일이라고 합니다. 부활절 전 금요일로서 예수께서 십자가에 못 박히신 슬픈 날이지만 하나님께서 그리스도의 생애를 통하여 인간을 위한 그의 사역을 성취하셨기에, 또한 부활 사건 전체를 기쁘게 받으셨기에 Good Friday라고 합니다. 또 다른 설에 의하면 God's Friday에서 Good Friday가 되지 않았는가 보기도 합니다.

## 10) 부활절(Easter)

부활절은 기독교 축일 중에서 가장 오래된 것이고 교회력에서 다른 축일의 근원이 됩니다. 다른 축일과 절기가 해마다 바뀌게 되는 것은 부활절의 날짜에 따라 정해지고 있기 때문입니다. 이 주간의 첫날에 예수님이 죽은 자 중에서 다시 살아나셨기 때문에 이 절기는 기독교의 절정이라고 할 수 있습니다. 동방교회에서는 부활절이 교회력의 시작이 됩니다.

부활절의 옛 이름은 유월절을 뜻하는 파스컬(Paschal)이라는 히브리말이었습니다. 즉 부활절은 오늘의 하나님의 백성들에게 새로운 유월절, 즉 죽음의 노예 상태로부터의 해방을 이루었다는 뜻을 부여받은 것입니다. 또한 부활절이란 명칭 '이스터'(Easter)는 앵글로색슨 사람의 봄의 여신 '이오스터'(Eoster)에서 나온 것입니다. 이오스터의 축일은 해마다 춘분에 왔습니다.

부활절의 날짜에 대하여 일치를 보지 못하고 있던 교회는 주후 325년 니케아 회의 때에 와서야 이 문제를 해결한 듯합니다. 모든 그리스도인들이 "봄의 첫날인 3월 21일 또는 그 이후인 만월 후의 첫 주일, 또는 만월이 주일인 경우 그다음 주일"을 받아들이도록 명령을 받았습니다.

부활절의 기쁨과 승리는 현대 그리스도인들이 알거나 되찾기 어려우리만큼 초대교회의 정신을 지배하였습니다. 부활은 초기 설교자들의 전도활동의 원동력이었으며 설교의 핵심이기도 하였습니다.

예수는 그의 부활을 통하여 그의 죽으심이 패배나 비극이 아니라 승리임을 보여주고 계십니다. 예수 그리스도의 부활의 승리는 단순히 그리스도의 승리뿐만 아니라 모든 그리스도인의 승리이기도 합니다.

기독교가 타 종교와 비교될 수 없는 측면은 예수의 부활과 그로 인해 생겨난 믿는 자의 부활에 있습니다. 그러므로 이 진리를 믿고 소유할 수 있도록 그리스도인들은 최선의 노력을 다하여야 할 것입니다. 예수 그리스도의 부활은 기독교의 생명입니다.

### 11) 성령강림절(Whitsuntide)

성령강림은 오순절에 이루어졌습니다(행 2장). 그리스도께서 승천하신 후에 약속하신 대로 예루살렘을 떠나지 않고 기다리는 무리들에게 임하신 날입니다(요 16:7, 행 1:4). 오순절은 성령강림하신 날의 공식적인 명칭입니다. 영어의 Pentecost는 50을 뜻하는 헬라어 펜테코스테(Pentecoste)에서 나온 말인데 부활절에서 50일 후라는 뜻입니다.

오순절은 27주일이나 계속되는 교회력에서 가장 긴 절기입니다. 교회력의 전반부가 그리스도의 삶을 가리키는 것이라면, 후반부는 성령의 역사와 은사 및 열매를 통한 교회의 삶과 연관되어 있습니다.

성령강림절 중 주일은 영어로 Whitsunday라고 하는데 이 단어는 White sunday의 축약형입니다. 이 말은 세례에 참여하는 사람들 자신이 성령에 의해 깨끗해졌다는 것을 나타내기 위해 이날 흰옷을 입은 데서 불려졌습니다. 그리스도인의 오순절은 유대인의 오순절과 관계가 있습니다. 유대인에게는 유월절로부터 7주 후에 오는 칠칠절(출 34:22, 신 16:10, 레 23:15~22)이 있었습니다. 이것은 율법의 선포와 이스라엘의 건국을 의미합니다. 마찬가지로 그리스도인들은 성령을 받고 새 이스라엘을 세운 날로서 오순절을 축하합니다.

예수님의 제자들을 비롯하여 성도들은 열흘 동안 흩어짐 없이 합심하여 말씀을 묵상하며 기도하는 중에 성령을 받아 모든 신앙생활을 이상적으로 해왔으며 이때부터 드디어 증인이 되었습니다.

## 2. 기념주일

### 1) 어린이 주일(Children's Day)

국가적으로 어린이날을 공휴일로 정한 나라는 전 세계에서 일본과 한국 두 나라뿐인 것으로 알고 있습니다. 교회에서도 어린이날을 전후하여 어린이 주일을 지키고 있는데, 어린이 주일은 다른 말로 꽃주일이라고도 합니다. 어린이 주일은 여러 해 동안 프로테스탄트 교회학교 달력에서 널리 준수되어 오고 있고, 한국에서는 5월 첫째 주일(미국에서는 보통 6월 둘째 주일)에 지키며 이날은 교회생활에서 특별히 어린이의 중요성을 강조하는 시간으로 되어왔습니다.

교회적으로 어린이 주일의 준수가 언제 어떻게 기원되었는지 결정하는 것이 매우 불가능하며, 아주 초기 때부터 많은 목회자들이 어린이를 위한 특별한 봉사 및 어린이의 중요성에 대해 각별한 강조를 해온 것이 사실입니다. 교회에서 지키는 어린이주일의 본래 목적은 어린이들의 헌신과 부모들의 재 헌신에 있었으나 지금은 어린이와 함께하는 행사 속에서 그들에 대한 관심을 표현하는 날로 바뀐 것을 볼 때 본래 목적과는 많이 빗나가 있음을 발견하게 됩니다.

한국교회에서는 1883년 장로회 총회가 감리교회와 같은 결의를 하여 교회 행사에 넣었으며, 이어서 그 밖의 모든 교파에서도 이것을 결의하였습니다.

어린이 주일을 꽃주일이라고 한 것은 과거 교회들이 어린이 주일날 들과 숲에서 가져온 꽃들로 교회를 아름답게 장식하였는데 여기서 '꽃주일'이라는 말이 생겨났습니다.

### 2) 어버이 주일(Parents Day)

어머니날 운동은 '어머니날의 어머니'라고 불리게 된 자비스 부인(Mrs. Ann M. Jarvis)에게서부터 시작되었습니다. 이것이 국제적 세력으로 확대된 것은 그의 딸 안나 자비스의 활동 때문입니다. 그는 특정한 날을 택하여 어머니날로 정하고 또한 어머니날 국제협회를 설립하였습니다. 이날은 가정과 모성을 존경하기 위하여 축하하는 것인데 역사상에 있었던 중요한 사건의 기념일과 같은 국경일의 하나로 정해서 전국적으로 지키자는 것이 그 근본 취지입니다. 한국에서는 1930년 6월 15일 가정단에 의해 최초로 어머니 주일이 실시되었으며, 그 후 한국 교회가 어머니 주일을 지켰고, 이후 어머니날이 아버이날로 바뀌면서 교회에서도 어버이 주일로 명칭을 바꾸어서 지키고 있습니다.

### 3) 맥추감사절(Feast of Harvest)

이스라엘 백성들은 맥추절을 아주 성대하게 지키며 다채로운 행사를 통하여 큰 축제를 벌였습니다. 맥추절은 이스라엘의 3대 절기 중 두 번째 절기이기도 합니다. 유월절로부터 시작되는 절기 주기의 종결로서 간주되는 절기가 맥추절입니다. 이 절기의 다른 명칭은 칠칠절 혹은 초실절이라고도 불립니다. 약 7주간에 걸쳐 보리와 밀을 거두어들이는 추수가 하나님의 보호로 성공적으로 끝마치게 된 데 대한 기쁨과 감사를 격식을 차려 표현한 것이 요제로 드려진 것입니다.

맥추절에 일어났던 일이 구약 교회와 신약 교회에 각각 중요한 사건으로 나타나 있습니다. 바로 맥추절에 모세가 십계명을 받게 되었고, 그 후 이스라엘 백성들은 맥추절을 지킬 때마다 십계명을 주신 하나님께 감사를 더하게 되었습니다.

신약교회에 있어서는 아버지의 약속하신 성령을 기다리는 성도들에게 강림하는 역사가 오순절이었는데 이날이 바로 칠칠절 그다음 날이었으며 칠칠절이 바로 맥추절입니다.

오늘날 한국교회들은 성령강림절과 맥추절을 따로 구분하여 지키고 있는데 아마도 한국교회가 지키고 있는 맥추절은 추수감사절과 같은 차원에서 지킨다고 보는 것이 타당할 것입니다. 계절적으로 가을의 추수감사절은 1년 동안의 마지막 추수에 대한 감사주일이듯이 맥추감사절은 1년의 첫 추수에 대한 감사절로 지키고 있다고 보는 것이 오순절과 구분할 수 있는 이유가 됩니다.

### 4) 종교개혁주일(Reformation Sunday)

종교개혁은 1517년 10월 31일 마틴 루터(Martin Luther)가 비텐베르그(Wittenberg) 대학 게시판에 95개 조항을 써 붙이면서 시작되었습니다. 이 95개 조항은 주로 면죄부 판매의 부당성에 관한 것인데, 이것이 종교개혁의 도화선이 되었습니다.

루터는 첫째, 오직 믿음으로(Sola Fide) 둘째, 오직 성경으로(Sola Scriptura) 셋째, 오직 은혜로(Sola Gratia)라는 슬로건을 종교개혁의 3대 원리로 삼았습니다. 당시 로마 가톨릭교회는 인간의 구원은 '오직 믿음으로'가 아니라 인간이 율법을 지킨다든가, 선행을 한다든가 하는 행위에 의해 가능함을 강조했습니다. 이것은 성경에서 벗어난 구원 교리이며, 이러한 잘못된 성경해석으로 인해서 면죄부를 판매하는 해괴한 일이 생겨났던 것입니다. 이것을 예리하게 간파한 루터는 '속죄와 구원은 인간의 행위에 의해서 얻는 것이 아니고 믿음으로 말미암아 가능하다'고 했습니다. 이러한 루터의 주장은 로마 가톨릭교회 편에서 볼 때는 대단한 도전이요 반항이었습니다.

또 그 당시 로마 가톨릭교회는 성경을 제쳐놓고 교회의 제도와 전통을 만들고 성경에 근거하지 않는 교회의 말을 더 강조하니 교회는 타락할 수밖에 없었습니다. 그래서 루터는 우리 그리스도인들은 오직 성경대로 살아야 한다고 주장하고 교황 무오설에 정면으로 도전하는 성경 무오설을 주장했습니다. 또 루터는 교회의 권위는 교황으로부터 나오는 것이 아니라 성경으로부터 나온다고 주장했습니다. 또 그 당시 로마 가톨릭교회는 인간의 죄를 교황이 용서해 줄 수 있고, 교황만이 하나님과 인간 사이의 중보자라고 생각했습니다. 그러나 루터는 "우리의 죄를 용서해 주시는 중보자는 오직 예수 그리스도다."라고 했습니다. 이것 역시 교황 편에서 볼 때 대단한 도전이 아닐 수 없었습니다. 다시 말하면 인간의 죄 용서는 예수 그리스도를 통한 하나님의 은혜에 의해서만 가능하다고 했습니다. 이런 주장들로 인해서 루터는 교황으로부터 파문당했으나 조금도 굴하지 않고 자기주장을 당당히 펴나갔고, 오늘의 교회가 종교개혁주일을 지키는 것은 이러한 루터의 종교개혁 정신을 다시 한번 되새겨 보자는 뜻에서 지키게 된 것입니다.

### 5) 추수감사절(Thanksgiving Day)

칼빈을 따르는 청교도들이 영국 국교도들에게 심한 박해를 받게 되었는데, 그들은 자신들의 순수한 신앙을 지키기 위해 1620년 9월 영국 플리머스 항에서 아메리카 신대륙으로 떠나게 되었습니다. 102명의 청교도들은 메이플라워호라는 목선에다 몸을 싣고 63일 동안 대서양을 횡단하여 그해 12월 21일 미국의 메사추세츠 주에 있는 플리머스 항에 도착하게 되었습니다. 자신들이 떠나온 항구의 이름을 따서 도착한 곳의 이름을 플리머스라고 부른 것입니다. 그들은 맨 처음에 교회를 짓고 하나님께 예배를 드린 후에 자기들의 집을 지었고 경작하고 곡식을 심어서 그 다음 해에 처음 거둔 농산물을 하나님 앞에 감격스러운 마음으로 드렸는데 그것이 추수감사절의 유래가 된 것입니다.

한국교회의 추수감사절은 1904년부터 장로교 단독으로 지키다가 1914년 각 교파 선교부의 회의를 거쳐 미국인 선교사가 처음으로 조선에 입국한

날을 기념한 11월 셋째 주일 후 수요일을 감사절로 지키다가, 다시 셋째 주일로 변경하여 지키게 된 것이 지금까지 한국교회가 지키고 있는 추수감사절입니다.

### 6) 성서주일(Bible Sunday)

성서주일을 언제부터 지켰는지에 대한 정확한 기록은 없습니다. 성서주일이 특별히 강조된 것은 마틴 루터가 종교개혁을 일으킨 후부터입니다. 종교개혁 이후 각 교회에서는 말씀을 주신 하나님께 감사하고 이 말씀을 더 열심히 읽고 전파하겠다는 서약으로 성서주일을 지켜왔습니다. 내용보다는 형식으로 치우치고, 말씀보다는 의식에 기울어지는 로마 가톨릭에 대하여, 성서의 권위를 바로 세우고 성서에 대한 바른 이해를 가지고 말씀으로 굳게 무장하는 개신교의 개혁 정신을 더욱 새롭게 하기 위하여 성서주일을 지키는 것이 더욱 큰 의미가 있다고 볼 수 있겠습니다. 성서주일은 강림절 두 번째 주일로 지키기 때문에 일반 달력이 교회력과 일치하지 않으므로 12월 첫째 주가 되기도 하고, 둘째 주가 되기도 합니다.

# 3부

월별에 맞춘
## 예배 대표기도문

# 1월에 맞춘 대표기도문 1

"너의 행사를 여호와께 맡기라 그리하면 네가 경영하는 것이 이루어지리라."(잠 16:3)

"사람의 마음에는 많은 계획이 있어도 오직 여호와의 뜻만이 완전히 서리라."(잠 19:21)

**찬양과 감사|** 우주 만물을 말씀으로 창조하시고 역사를 섭리하시고 주장하시는 하나님 아버지!
저희들에게 생명을 연장시켜 주셔서 다사다난했던 한 해를 보내고 다시금 희망찬 새해를 다시금 맞이하게 하시니 진심으로 감사합니다. 저희들을 사랑하시는 주님의 사랑을 온몸으로 느끼며 이 시간 예배할 수 있게 하시니 저희들은 다만 주님의 섭리하심에 감격할 뿐입니다. 주님 앞에 겸손한 마음으로 엎드려 마음과 정성을 다하여 예배드리기를 원하오니 이 예배가 우리 주님이 기쁘게 열납 하시는 예배가 되게 하시고, 주님의 영광이 저희들 가운데 가득하게 임하는 예배가 되게 하옵소서.

**고백과 회개|** 자비로우신 하나님 아버지! 주님의 은혜와 사랑을 마주하고 있으니 여전히 저희 심령이 정결하지 못함을 깨닫습니다. 이제껏 주님의 자녀답게 살지 못하고, 주님을 앞세우지 못한 삶을 살아감으로 세상에 온갖 더러운 것들로 더럽혀진 저희들의 모습입니다. 이 시간, 정결하지 못했던 저희 자신을 돌아보며 죄에 대한 통곡이 있게 하시고, 치유하시는 주님의 긍휼을 덧입을 수 있는 시간이 되게 하여 주옵소서. 속된 저희들을 거룩하게 하시기를 원합니다. 온전한 주님의 자녀로 이끌어 주시옵소서.

**간구|** 은혜로우시고 사랑이 넘치는 하나님 아버지! 올해는 그 어떤 환경과 여건을 만난다 할지라도 믿음으로 살아가려고 힘쓰는 모습이 있게 하시고, 빛 되신 주님을 좇아갈 수 있는 발걸음이 되게 하여 주옵소서. 죄악의 어둠 속에서 서성이는 일이 없게 하시고, 성령의 인도함을 받는 복 있는

삶이 되게 하여 주옵소서. 삶의 위기를 만났을 때 언제나 주님의 뜻 안에서 바른 결단을 할 수 있게 하시고, 주님의 나라와 그 의를 구하는 한 해가 되게 하여 주옵소서.

섭리하시고 인도하시는 하나님 아버지!
저희들이 새해를 맞이하여 계획하고 소망하는 일들이 있습니다. 저희들이 그 어떤 계획을 세우든지 생각과 마음을 주관하시고, 이끄시는 이는 우리 주님이시오니, 저희들이 언제나 주님의 뜻 안에서 모든 것을 이루어 갈 수 있도록 섭리하시고 이끌어주옵소서. 혹여, 계획하던 일들이 뜻대로 되지 않는다 하여 감정을 앞세우지 않게 하시고, 자기 동정이나 자기 연민에 빠지지 않게 하시며, 합력하여 선을 이루시는 하나님의 뜻을 끝까지 바라볼 수 있는 저희들 되게 하여 주옵소서. 계획하는 일들이 잘 되든지, 안되든지, 감사를 잃지 않게 하시고, 환난을 겪어도 기뻐하고, 고난 중에도 즐거워하며, 병들어도 주님을 찬양할 수 있는 저희들 되게 하여 주옵소서. 오직 주님의 주님 되시는 것으로만 만족하며 살아갈 수 있는 한 해가 되게 하여 주옵소서.

새해를 맞이하여 교회도 각 기관마다 새로이 사업 계획들을 세웠습니다. 서로 사랑으로 연합하여 주님의 뜻을 높이고 이루는 기관들이 되게 하시고, 주님의 몸 된 교회에 유익이 되는 복되고 선한 열매를 풍성하게 맺을 수 있도록 인도하여 주옵소서. 다툼이나 분쟁이 일어나지 않기를 원합니다. 시기와 질투하는 모습들이 없기를 원합니다. 서로 이해하고, 사랑으로 연합하여 주님의 의를 드러낼 수 있는 기관들이 되게 하시고, 하나님의 은혜를 아는 자들답게 모든 것을 은혜롭게 이루어 나갈 수 있도록 도와주시옵소서.

**예수님의 이름으로** 새해를 맞이하여 주님의 복된 진리의 말씀을 들고 단 위에 서신 목사님을 성령의 능력으로 붙드셔서 주님의 말씀을 듣고자 하는 모든 성도들에게 소망이 넘치는 말씀이 되게 하여 주옵소서. 예배의 시종을 주님께 의탁하오며 예수 그리스도의 이름으로 기도합니다. 아멘.

# 1월에 맞춘 대표기도문 2

"그러므로 누구든지 그리스도 안에 있으면 새로운 피조물이라 이전 것은 지나갔으니 보라 새 것이 되었도다." (고린도후서 5:17)

자비로우신 하나님 아버지! 새해 첫 주일을 맞아 저희를 예배의 자리로 이끄신 주님의 은혜를 감사드립니다. 새날을 맞이하여 설레는 마음을 가지고 주님 앞에 나왔지만, 여전히 저희의 마음이 깨끗하지 못함을 고백합니다. 지금까지 죄를 멀리하는 삶을 살기에 게을렀던 저희들을 용서하여 주시고, 깨끗함과 진실함으로 주님의 영광을 대할 수 있도록 정결한 마음을 허락하여 주옵소서.

주님! 올해는 항상 새로움으로 거듭나는 한 해가 되기를 원합니다. 저희만 아니라, 하나님을 섬기는 이 나라의 신실한 주의 백성들이, 겸손히 주님의 나라와 의를 구하는 한 해가 되게 하옵소서. 지난날 교회와 이웃을 위하여 기도하지 못한 것과, 봉사하지 못한 것과, 복음을 증거하는 일에 게을렀던 잘못들을 다시는 반복하는 일이 없게 하옵소서. 주님이 기뻐하시는 것들에 온 맘과 정성을 쏟을 수 있는 한 해가 되게 하옵소서. 또한, 이 민족이 주님의 보호하심 가운데 자유와 평화를 누릴 수 있게 하시고, 이 나라의 권력을 가진 모든 자들이 하나님을 두려워하며 주님의 정의를 나타낼 수 있는 일꾼들이 되게 하옵소서.

주님! 새해를 맞이하여 교회의 새로운 일꾼들도 임명되었사오니, 부름받은 모든 일꾼들이 맡은 직책에 충성과 헌신을 다할 수 있게 하옵소서. 주님의 희생 사역이 있으셨기에 저희가 일꾼으로 부름받게 된 것을 항상 생각하며, 교만과 나태함으로 주님의 영광을 가리는 일이 없게 하옵소서.

특별히 주님의 몸 된 교회를 위하여 애쓰시는 목사님과 모든 교역자분들을 주님의 강하신 손으로 붙드셔서 영육 간에 피곤함이 없게 하시고, 성령의 능력을 더하셔서 주님이 맡기신 양 무리를 보살피기에 조금도 부족함이 없게 하옵소서. 올해의 첫걸음을 주님께로 향하게 하신 은혜를 다시 한번 감사하오며, 예수 그리스도의 이름으로 기도합니다. 아멘.

# 1월에 맞춘 대표기도문 3

"너희는 세상의 빛이라 산 위에 있는 동네가 숨겨지지 못할 것이요." (마5:14)

사랑의 하나님, 은혜의 주님! 잠시 교회를 떠나 있던 저희들을 다시금 주님을 경배하는 예배의 자리로 이끄심을 감사합니다. 이 시간, 저희들을 긍휼히 여기셔서 세상의 것으로 냄새나는 곳곳을 주님의 보혈로 씻어주시고 크신 은혜로 가득히 채우시옵소서.

오늘도 저희들이 예배를 드리기 위하여 주님 앞에 겸손히 머리를 조아렸지만, 온전한 정성이 담기지 않은 채 예배드리게 된 것을 매우 부끄럽게 생각합니다. 너무나 낯 뜨겁고 부끄러운 저희들이지만, 주님을 가까이하는 자들을 거절하지 않으시는 주님의 사랑을 의지하여 예배드리기 원합니다.

주님만이 홀로 영광을 받으시고, 주님의 선하심과 인자하심을 다시금 경험하는 시간이 되게 하옵소서.

사랑의 주님! 여전히 소돔과 고모라와 같은 세상이기에, 곳곳에 주님의 사랑을 나타내고 섬겨야 할 곳이 많다는 것을 깨닫습니다.

저희들이, 주님의 사랑 베풀기에 인색하지 않도록 강팍한 마음을 녹여주시고, 주님의 사랑을 온전히 실천할 수 있는 사랑의 도구가 되게 하옵소서. 선한 사마리아 사람같이 진실한 마음으로 이웃을 사랑하며 섬길 수 있는 사랑의 심부름꾼이 되게 하옵소서.

긍휼이 풍성하신 주님! 저희의 믿음이 연약하여 주님의 도우심을 바라는 간구를 드리지 않을 수 없습니다. 일어나 빛을 발하는 인생으로 살 수 있도록 힘을 주시고 능력을 더하여 주시기 원합니다. 고통 가운데 깊이 빠질지라도 주님의 피 묻은 십자가를 생각할 수 있는 믿음이 되게 하옵소서. 절망이 엄습할지라도 새로운 심령으로 거듭나게 하시는 주님의 능력을 의지할 수 있게 하옵소서. 오늘도 예배를 인도하시는 목사님을 성령의 강하신 능력으로 붙드시고, 부족한 저희들이 예배 순서마다 동참할 때, 저희 가운데 성령님이 운행하고 계심을 경험하는 시간이 되게 하옵소서. 사랑이 풍성하신 예수 그리스도의 이름으로 기도합니다. 아멘.

# 1월에 맞춘 대표기도문 4

"오직 여호와를 앙망하는 자는 새 힘을 얻으리니 독수리가 날개 치며 올라감 같을 것이요 달음박질하여도 곤비하지 아니하겠고 걸어가도 피곤하지 아니하리로다." (사 40:31)

살아계신 하나님! 인생에게 행하시는 주님의 기이한 일로 말미암아 찬송과 영광을 돌립니다. 사모하는 자를 만족게 하시고, 주린 영혼에게 좋은 것으로 채워주시는 주님의 그 크신 사랑을 생각할 때, 거짓되고 부정한 입술로 주님을 찬송함이 너무 부끄럽습니다. 하지만, 부패한 인생을 바른길로 인도해 주시기 위하여 오늘도 예배의 자리로 불러주신 주님의 사랑을 의지하여 찬양과 영광을 돌리오니 기쁘게 받아주시옵소서.

주님! 삶 가운데 주님을 사모하는 마음과 순종하는 마음이 없었던 저희들입니다. 사람의 겉모양만 남아, 피리를 불어도 춤추지 않고 애곡하여도 가슴을 칠 줄 모르는 저희들이었습니다. 이 시간, 저희들의 감각 없는 마음을 불같은 성령으로 녹여주시고, 애통하며 회개하는 마음을 갖게 하셔서 주님의 긍휼을 입고 주님을 뵈올 수 있는 시간이 되게 하옵소서. 영적으로 어두웠던 눈도 뜨이게 하셔서 주님의 주권을 고백하며 올곧은 믿음으로 사는 인생이 되게 하옵소서.

주님! 새해를 맞이했지만, 아직도 저희들에게는 묵은 고통들이 그대로 있음을 솔직히 고백하지 않을 수 없습니다. "너희는 먼저 그의 나라와 그의 의를 구하라"라고 말씀하신 주님의 가르침을 너무나 잘 알고 있지만, 떠나지 않는 고통으로 인하여 늘 경직된 삶을 살 수밖에 없는 연약함을 불쌍히 여기시기를 원합니다. 모든 죄악된 습관들을 믿음으로 물리치게 하시고, 모든 어려움을 믿음으로 극복하게 하시며, 믿음의 주요 온전하게 하시는 이인 예수님만 바라보고 살아가는 인생이 되게 하옵소서. 달음박질하여도 곤비치 아니하고, 걸어가도 피곤함을 모르는 인생이 되게 하옵소서. 오늘도 예배를 통해서 주님의 음성을 듣게 하시고, 갈급한 영혼들이 성령의 위로하심을 받는 시간 되게 하옵소서. 예수님의 이름으로 기도합니다. 아멘.

# 1월에 맞춘 대표기도문 5

"너희 마음에 그리스도를 주로 삼아 거룩하게 하고 너희 속에 있는 소망에 관한 이유를 묻는 자에게는 대답할 것을 항상 준비하되 온유와 두려움으로 하고." (벧전 3:15)

저희를 흑암의 권세에서 건져내셔서 빛의 나라, 생명의 나라로 옮기신 주님! 지난 한 주간도 저희를 사랑과 은혜와 보호 가운데서 살게 하시고, 이 시간에 다시금 주님의 거룩하신 임재 앞에 엎드려 예배하게 하시니 감사와 영광을 돌립니다. 그러나 그동안도 주님의 은혜를 외면한 채 저희 인생이 온통 저희 자신의 것인 양 생각하며 마음대로 즐기고 함부로 생활을 해왔습니다. 인생을 만드신 주님께서 이와 같은 저희의 모습을 보시고 가증히 여겨 넘어뜨릴까 두렵사오니 불쌍히 보시고 용서하여 주옵소서.

사랑이 많으신 주님! 저희가 세상에 살면서 걱정과 두려움이 많이 있습니다. 육신의 피로도 감당키 어려울 때가 있습니다. 때로는 괴로움 속에서 주님을 원망할 때도 있습니다. 이웃사람이 짜증스러울 때도 있습니다. 경건된 생활이 아니라, 방탕하고 나태할 때가 너무나 많습니다. 주님! 크신 사랑으로 다시 한번 저희 영혼을 보듬어주셔서 주님이 주시는 힘으로 삶의 멍에를 기꺼이 짊어지게 하옵소서. 진실한 마음과 강한 믿음으로 힘 있게 살아가게 하옵소서.

은혜의 주님! 이번 주에는 민족의 명절인 설날이 있습니다. 많은 성도들도 부모님과 일가친척이 있는 고향을 찾아 떠날 것입니다. 오고 가는 발걸음을 지켜 주시고, 행여나 불미스러운 일이 발생하지 않도록 불꽃같은 눈동자로 보살펴 주옵소서. 온 가족의 모든 대화를 말없이 듣고 계시는 주님이심을 깨닫습니다. 서로 간에 어떤 대화를 나누든지 말없이 듣고 계시는 주님을 생각하며 대화를 나눌 수 있게 하시고, 거친 대화와 다툼이 오고 가지 않도록 함께 하시옵소서. 특별히 주님의 계명을 어기는 범법이 없기를 원합니다. 우상에게 절을 하거나 동조하는 일이 없게 하시고, 믿음을 굳게 지킬 수 있도록 도와주옵소서. 오늘도 주의 말씀을 전하시는 목사님을 기억하옵소서. 생명의 말씀을 전하시기에 조금도 부족함이 없도록 큰 능력으로 채워 주옵소서. 예배의 시종을 주님께 의탁하오며 예수 그리스도의 이름으로 기도합니다. 아멘.

# 2월에 맞춘 대표기도문1

"서로 친절하게 하며 불쌍히 여기며 서로 용서하기를 하나님이 그리스도 안에서 너희를 용서하심과 같이 하라." (엡 4:32)

"마지막으로 말하노니 너희가 다 마음을 같이하여 동정하며 형제를 사랑하며 불쌍히 여기며 겸손하며" (벧전 3:8)

**감사와 찬양|** 살아계셔서 변함없는 사랑으로 저희들을 돌보시는 하나님 아버지! 주님의 은혜로 한 주간을 살게 하시다가 거룩한 주일을 맞이하여 주님의 전에 나와서 예배하게 하시니 감사합니다. 고달픈 삶으로 인하여 육신이 곤고할지라도 주님의 약속하신 축복과 은혜를 기다리며 예배자의 모습으로 주님 앞에 서게 되니 저희들의 영혼은 날로 새로움을 느끼지 않을 수 없사옵니다. 이 시간, 저희들이 주님께 드리는 예배를 흠향하여 주시고, 사랑으로 감싸안아주시며, 저희들의 심령이 주님의 품 안에서 기뻐하는 심령들이 되게 하여 주옵소서.

**고백과 회개|** 사랑의 하나님! 지난 한 주간을 돌이켜봅니다. 삶에 부딪치는 다양한 상황 속에서 진리의 편에 서기보다는 순간적인 편안함과 만족을 위해 거짓과 위선과 욕심을 내세운 적이 많았습니다. 주님의 뜻대로 살겠다고 다짐하면서도 늘 넘어지는 저희들을 긍휼히 여겨주시고, 저희의 깨지기 쉬운 양심과 인격을 강건하게 하셔서 주님의 삶을 본받아 사는 모습이 되게 하옵소서. 말씀과 진리로 날마다 바르게 성장하게 하시며, 믿음의 과실을 풍성하게 맺는 생활이 되게 하여 주옵소서.

**간구|** 은혜 주시기를 즐겨 하시는 하나님 아버지!
아직도 동장군이 기승을 부리고 있는 2월입니다. 모든 만물이 꽁꽁 얼어 있는 이때에 저희들의 신앙도 얼어붙을까 두렵사오니 성령의 불로 저희의 심령을 뜨겁게 지펴주셔서 계절을 타지 않는 불붙는 신앙생활을 할 수 있도록 이끌어 주옵소서. 동면을 취한 짐승들처럼 잠만 자는 신앙인이 되지 말게 하시고, 항상 깨어서 주님 맞을 준비를 하는 신앙이 되게 하여 주옵소서. 새해를 맞이하여 각오는 새롭게 하였지만, 한 달이 지난 지금의 저희의 모습 속에서 그때나 지금이나 별반 차이점을 발견하지 못하겠나이다. 세월을 아껴야 함에도 불구하고 시간의 소중함을 깨닫지 못하고 열심을 내지 못했던 저희들의 연약한 모습을 긍휼히 여겨주셔서, 힘을 다하여 주님을 섬기며 새해에 다짐했던 모든 것들을 열과 성의를 다하여 이루어 나갈 수 있도록 도와주시옵소서.

  자비로우신 하나님 아버지! 추운 날씨에 추위와 싸워가는 가련한 이웃들이 많이 있습니다. 돈이 없어서 냉방에서 지내야 하는 이웃들, 먹을 것이 없어서 얼음물로 허기진 배를 채워야만 하는 이웃들, 겨울옷이 없어서 얇은 옷을 그대로 입고 있어야 하는 이웃들, 일할 곳이 없어서 공원이나 길거리를 서성거려야만 하는 이웃들... 주님! 가난한 이웃들을 불쌍히 여겨 주시고, 그들에게도 주님의 따뜻한 사랑이 전달되게 하옵소서. 주님의 몸 된 교회가 가련한 이웃을 헤아릴 수 있는 교회가 되게 하시고, 주님의 사랑으로 저들의 얼은 발과 얼은 손, 얼은 마음까지도 녹일 수 있는 따뜻한 교회가 되게 하옵소서.

  특별히 노숙자들을 기억하시기를 원합니다. 저들 한 사람, 한 사람마다 가슴 아픈 사연이 있음을 압니다. 차마 집에 들어갈 수 없어서 거리를 헤매며, 차가운 거리를 안식처로 삼아야 하는 저들의 안타까운 모습을 불쌍히 여기셔서, 이 나라가 속히 경제적인 안정을 되찾음으로 저들도 희망을 갖고 살 수 있는 사회가 되게 하옵소서.

**예수님의 이름으로** 오늘도 주님의 말씀을 전하실 목사님을 기억하시고 성령의 두루마기를 입혀 주셔서 저희의 얼어붙은 신앙에 불을 지피는 말씀이 되게 하여 주옵소서. 예배를 돕는 여러 손길들을 기억하시고, 저들의 수고가 더하여질 때마다 심령으로 파고드는 주님의 따뜻한 사랑을 경험하게 하옵소서. 예배의 시종을 주님께 의탁하오며 저희들의 심령을 늘 따뜻한 사랑으로 채워주시는 예수 그리스도의 이름으로 기도합니다. 아멘.

# 2월에 맞춘 대표기도문2

"여호와께 가까이 함이 내게 복이라 내가 주 여호와를 나의 피난처로 삼아 주의 모든 행적을 전파하리이다." (시73:28)

언제나 가까이 계시는 사랑의 주님! 죄로 말미암아 주님의 형상을 잃어버린 저희들을 추하게 여기지 않으시고 예배할 수 있도록 사랑을 베푸시니 무한 감사합니다. 인류의 빛으로 오시고, 저희의 죄를 도말하신 주님을 생각할 때, 오늘도 감격할 수밖에 없음을 깨닫습니다.

그러나 이 시간에 차마 말로 다 고백하기 어려운 무수한 죄들을 주님께 가지고 나왔음을 시인합니다. 주님의 피 묻은 십자가의 은혜로 깨끗하게 씻어주옵소서. 그리고 죄의 권세를 이기고 주님의 영광을 나타낼 수 있는 성령의 사람이 될 수 있도록 긍휼을 베풀어 주옵소서.

은혜의 주님! 교회도 위기의식을 절감하지 않을 수 없습니다. 사랑이 식어져 가고 있고, 굳어진 마음들을 애써 감추며, 형식화된 예배만 힘겹게 드리는 교회들이 점차 늘어가고 있습니다. 간구하오니, 주님의 권세와 능력을 잃어가는 교회를 불쌍히 여기시고 회복시켜 주옵소서. 병들고 아픈 세상을 진정으로 치유할 수 있는 교회로 거듭나도록 은총을 내려 주옵소서.

주님! 주님을 의지하는 이 순간에도 여전히 온갖 염려로 고통과 슬픔에 잠겨 있는 성도들이 있습니다. 사랑의 주님께서 친히 그들의 상처를 싸매어 주시고 위로하여 주옵소서. 주님 안에서 참된 안식과 평안을 누리며, 주님을 의지하는 믿음으로 살아갈 수 있도록 그들을 더 믿음으로 강화시켜 주옵소서. 주님께 예배드리는 이 복된 시간, 성령님께서 친히 저희 가운데 운행하여 주시고, 하나님을 가까이하는 인생이 얼마나 복된 것인지를 깨달아 알게 하옵소서. 예배를 수종 들기 위하여 몸과 마음을 드리는 손길들에게도 함께하셔서 수고가 더해지는 만큼 주님의 크신 은혜도 더하여지게 하옵소서. 오늘도 생명의 말씀을 전하시는 목사님을 특별히 붙드셔서 권세 있는 능력의 말씀을 선포하게 하실 것을 믿사옵고, 예배의 시종을 주님께 의탁하오며, 생명이신 예수 그리스도의 이름으로 기도합니다. 아멘.

# 2월에 맞춘 대표기도문 3

*"서로 사랑하라 내가 너희를 사랑한 것 같이 너희도 서로 사랑하라"* (요한복음 13:34)

 고마우신 하나님 아버지! 지난 한 주간을 믿음 안에서 살아가도록 인도하시고, 거룩한 주일을 맞이하여 주님 앞에 나와 예배할 수 있게 하시니 감사합니다. "하나님께 가까이함이 내게 복이라"는 시편 기자의 노래와 같이, 복 있는 삶이 주님으로부터 나오기에 약속하신 주님의 은혜를 사모하며 교회에 모였습니다. 부족한 입술로 경배 드리며, 감사함으로 드리는 예배를 기쁘게 받으시옵소서.
 주님! 저희들이 주님의 은혜와 보호 가운데 살면서도 여전히 이생의 자랑과 안목의 정욕에 사로잡혀 살았음을 고백합니다. 주님 주시는 은혜를 저버리고 산 것을 회개하오니 용서하여 주옵소서. 더 이상, 주님 주신 은혜를 가볍게 여기는 죄를 짓지 않도록 성령으로 충만하게 하옵소서.

 고마우신 주님! 간절히 바라옵기는, 저희 모두를 사랑의 은사로 충만하게 채워주옵소서. 그리하여 주님을 더욱 사랑하며, 서로가 사랑으로 하나가 되기에 힘쓸 수 있게 하옵소서. 주님의 몸 된 교회를 섬길 때에도 사랑의 동기로 행할 수 있게 하옵소서. 봉사와 충성과 헌신을 통하여 오직 사랑만이 드러날 수 있게 하옵소서. 주님의 분부하신 전도와 선교에도 영혼을 사랑하는 간절한 마음만 담아낼 수 있게 하옵소서. 그리하여 구원받기로 작정된 자들이 주님께로 돌아올 수 있는 은혜를 누릴 수 있게 하옵소서.
 주님! 주님의 몸 된 교회가 사랑과 진리와 섬김의 공동체가 되게 하셔서, 은혜와 평강과 기쁨을 주는 교회로 더욱더 든든히 서갈 수 있게 하옵소서. 가정들도 주님의 사랑 안에서 세워져 감으로 주님의 아름다운 덕을 선전하는 복된 가정들이 되게 하옵소서. 특별히 교회를 섬기시는 목사님과 함께하셔서 영육 간에 신령함과 강건함을 더하여 주시고, 강단에서 전하시는 말씀마다 생명을 살리고 건지는 복된 말씀이 되게 하옵소서. 예배를 위하여 수고하는 손길들에게도 성령의 위로하심이 있게 하실 것을 믿사오며, 사랑이 많으신 예수 그리스도의 이름으로 기도합니다. 아멘.

# 2월에 맞춘 대표기도문4

"서로 사랑하라 내가 너희를 사랑한 것 같이 너희도 서로 사랑하라." (요13:34)

천지를 주관하시는 우리 주 하나님! 주님의 지극히 높으신 위엄을 찬양합니다. 저희들이 항상 주님의 밝은 빛을 받으며 살고 있으면서도 그 빛을 피하여 어둠의 그림자들을 친구 삼아 죄의 소리에 귀를 기울이면서 살았습니다. 저희의 마음을 비추시는 주님 앞에 떨리는 마음으로 죄 짐을 내려놓사오니 긍휼을 베푸시옵소서. 앞으로는 좀 더 빛이신 주님을 드러낼 수 있는 삶이 되기를 원합니다. 영광의 빛이신 주님을 나타낼 수 있는 삶이 될 수 있도록 저희의 마음에 꿈틀거리는 죄들을 주님의 강하신 빛으로 태워주옵소서.

은혜로우신 주님! 온 세상이 죄에 눌려 중병을 앓고 있습니다. 탄식 소리가 점점 더 높아지고 있고, 갈 길 몰라 방황하며 비틀거리는 영혼들이 곳곳에 넘쳐나고 있습니다. 이런 때에 주님의 교회가 영혼 때문에 몸부림치고, 영혼 때문에 울 수 있는 교회가 되게 하옵소서. 죄악에 찢겨 몸부림치는 영혼들을 주님의 따뜻한 사랑으로 감싸안게 하시고, 치유할 수 있는 교회가 되게 하옵소서. 그들에게 구원의 복된 소식을 힘써서 외칠 수 있는 교회가 되게 하옵소서.

주님! 이 자리에 주님의 도우심을 바라보며 떨리는 마음으로 머리 숙인 성도들을 위하여 기도합니다. 여러 가지 어려움으로 믿음이 흔들리는 일이 없게 하시고, 사랑이 식어지거나 누구를 미워하는 일들이 없게 하옵소서. 오직 주님만 바라보며 모든 어려움을 이겨 갈 수 있는 성도들이 되게 하옵소서. 오늘도 영생의 말씀을 전하시는 목사님을 성령의 능력으로 붙들어 주시고, 말씀을 귀 기울여 듣는 성도들마다 주님의 은혜를 깨닫는 시간이 되게 하옵소서. 주님의 몸 된 교회를 위하여 자신들의 몸을 아끼지 않고 주님 앞에 죽도록 충성하는 일꾼들에게 우리 주님이 위로해 주시고 크신 복으로 갚아 주옵소서. 예배의 시종을 주님께 의탁하오며, 거룩하신 예수 그리스도의 이름으로 기도합니다. 아멘.

# 2월에 맞춘 대표기도문5

"수고하고 무거운 짐 진 자들아 다 내게로 오라 내가 너희를 쉬게 하리라." (마 11:28)

구원의 하나님! 모든 인류의 죄를 사하시려고 이 땅에 주 예수 그리스도를 보내주심을 감사합니다. 하나님의 아들이 저희의 죄를 대신 지시고 죽임을 당하심으로, 저희에게 평화와 고침이 있게 되었음을 믿습니다. 이 은혜에 감사하며 예배드리오니 기쁘게 받으시옵소서.

사랑의 주님! 십자가를 지신 주님을 생각한다 하면서도, 사랑이 필요한 곳에 사랑을 베풀지 못하고 살았던 저희들이었습니다. 저희들이 진정 주님을 본받는 삶을 사는 선택된 주의 백성인지 저희 자신을 돌이켜보지 않을 수 없습니다.

용서의 주님! 저희의 죄를 따라 처벌하지 않으시며, 저희의 죄악을 따라 갚지 않으시는 인애하신 주님을 앙망하며 회개하오니, 저희들이 좀 더 자신을 부인하고 주님을 따르는 제자의 삶을 살아가도록 성령의 충만함을 허락하여 주옵소서.

주님! 교회와 성도를 위하여 간구합니다. 주님의 고귀한 피로 세워진 주님의 교회입니다. 죄악이 관영한 이때에 세상에 동화됨이 없이, 더욱더 진리의 빛을 비출 수 있는 거룩한 등대가 되게 하여 주옵소서.

또한, 세상의 여러 가지 고민과 근심 가운데서 힘든 생활을 하는 성도들이 있습니다. 그들의 형편을 돌아보셔서 인생의 무거운 짐들을 대신 맡아 주시는 주님의 은총 속에서 안식과 쉼을 얻을 수 있게 하옵소서.

원치 않는 질병으로 힘겨운 나날을 보내는 성도들도 있습니다. 만병의 의원이신 주님께서 친히 안수하셔서 그들이 다시금 육체의 강건함을 얻을 수 있게 하옵소서. 오늘도 말씀을 전하시는 목사님을 주님의 강하신 팔로 붙드셔서 권세 있는 말씀과 심령을 기경하는 말씀이 되게 하옵소서. 예배를 위하여 여러 모양으로 섬기는 성가대와 봉사위원들을 기억하실 것을 믿사오며, 예배를 통하여 영광을 받으시는 예수 그리스도의 이름으로 기도합니다. 아멘.

# 3월에 맞춘 대표기도문1

"눈물을 흘리며 씨를 뿌리는 자는 기쁨으로 거두리로다." (시 126:5)

"나는 참포도나무요 내 아버지는 농부라 무릇 내게 붙어 있어 열매를 맺지 아니하는 가지는 아버지께서 그것을 제거하시고 무릇 열매를 맺는 가지는 더 열매를 맺게 하려 하여 그것을 깨끗하게 하시느니라 (요 15:1~2)

**찬양과 감사 |** 모든 계절을 통하여 저희들에게 기쁨을 주시고 은혜를 베푸시는 하나님 아버지! 이 시간도 저희들에게 한량없는 은혜를 베풀어 주셔서 주님 앞에 나와 예배할 수 있게 하시니 감사합니다. 계절이 바뀐 이때에 저희들의 모든 것이 새로운 모습으로 변화되는 시간이 되게 하시고, 변화되는 방향이 소망이 넘치는 모습이 되게 하여 주옵소서.

**고백과 회개 |** 자비로우신 하나님 아버지! 지난 시간을 돌이켜 보건대 실수도 많았고, 실언도 많았고, 진실한 것 같이 하면서도 거짓과 속임수도 많았습니다. 이 시간, 모든 것을 주님 앞에 내려놓고 용서받기를 원합니다. 긍휼히 여기시셔서 용서해 주시고, 잘못이 다시는 되풀이되지 않도록 이끌어 주옵소서.

**간구 |** 3월입니다. 엄동설한이 지나고 봄이 왔습니다. 바싹 마른 고목에 따사로운 햇살이 내리는 봄입니다. 마른 나뭇가지마다 연둣빛 고운 새싹이 손을 내밀듯, 저희들의 고목 같은 심령에도 성령의 따뜻한 꽃바람이 일어나게 하옵소서. 미움으로 응어리진 마음들이 사랑으로 꽃 피게 하시고, 형제의 실수와 잘못을 용납 못 하는 굳은 마음들이 부드러운 마음으로 변화되게 하옵소서. 골짜기처럼 어둡고 협소한 마음들이 바다같이 넓고, 꽃밭에 내리는 햇살같이 밝고 찬란하게 하옵소서.

만물이 소생하는 봄을 맞이하여 농촌을 위하여 기도합니다. 씨를 심는 농민들에게 축복하셔서 그들의 수고가 가을에 많은 열매를 맺게 하여 주옵소서. 공업화의 물결에 휩쓸려 매년 줄어드는 우리의 농촌을 보호하시고, 우리나라가 도시뿐만 아니라 농촌도 윤택하게 되어 균형 있는 발전을 할 수 있게 도와주옵소서.

  3월에, 각 학교에 새로 입학한 학생들과 새 학년에 올라간 학생들을 위하여 기도합니다. 저들은 저희들의 희망이요 보람이오니, 저들이 새로운 희망을 가지고 앞날을 내다보면서 열심히 공부하여 커다란 진보가 있게 하여 주옵소서. 저들의 키가 자라면서 지혜도 자라고 모든 사람들에게 덕을 끼치는 훌륭한 사람들이 될 수 있도록 인도하여 주옵소서.

  구원의 하나님 아버지! 3월을 맞으면서 사순절 기간을 생각하지 않을 수 없습니다. 주님께서 저희들을 위해 고난당하시고 십자가를 지신 것이, 오직 저희들을 죄에서 구원하시기 위함이라는 것을 생각할 때, 주님의 무한하신 사랑 앞에 저희들은 감격할 뿐이옵니다. 주님께서 고난받으신 것은 전적으로 저희들의 죄 때문이었기에 방관자의 모습으로 구경만 하는 저희들이 되지 말게 하시고, 주님의 고난받으심을 마음 깊숙이 안타까워하며 주님의 고난의 십자가를 바라보게 하옵소서.

  주님의 교회는 주님의 피 묻은 십자가를 상실한 교회가 되지 말게 하시고, 교회 곳곳에 피 묻은 십자가의 정신과 복음이 깊게 깊게 스며들게 하셔서 교회를 찾는 모든 심령들이 십자가의 사랑을 만날 수 있게 하시고, 가슴을 찢는 회심과 영적 부흥이 있게 하옵소서.

  **예수님의 이름으로!** 오늘도 봄날을 맞이하여 생명의 복음을 증거하시기 위하여 단 위에 서신 목사님을 기억하시고, 심령을 내어 쏟는 마음으로 말씀을 선포하실 때 새 생명의 기쁨이 샘솟는 저희들이 되게 하옵소서.

  예배의 시종을 주님께 의탁합니다. 찬양으로, 안내로, 헌금으로, 예배를 수종 드는 손길들을 기억하시고 크신 은혜와 복으로 함께 하시옵소서. 이 시간, 성령께서 친히 예배 가운데 운행하심을 믿사옵고 예수 그리스도의 이름으로 기도합니다. 아멘.

# 3월에 맞춘 대표기도문 2

"너희는 강하고 담대하라 두려워하지 말며 그들 앞에서 떨지 말라 이는 네 하나님 여호와 그가 너와 함께 가시며 결코 너를 떠나지 아니하시며 버리지 아니하실 것임이라."
(신31:6)

천지의 주재이신 주님! 이 땅의 구속 사역을 완성하시기 위해 이 땅에 오심을 감사드립니다. 십자가의 보혈로 구원을 얻은 저희가 그 은혜를 힘입어 이 전에 모였습니다. 주님의 피 묻은 십자가를 바라볼 때마다 새로운 감동이 솟아오르고, 그 기쁨으로 인하여 변화되어 가는 것을 깨닫사오니 진심으로 감사드립니다. 영원토록 주님 안에 거하는 저희들이 되게 하옵소서. 하나님 아버지! 주님 안에 거하며 주님과 함께 일한다 하면서도 스스로의 생각을 앞세웠으며, 주님의 뜻을 멀리하는 시간들이 많았습니다. 저희의 부족함을 용서하여 주옵소서. 부끄러움을 무릅쓰고 하나님 앞에 내어놓는 잘못들을 십자가의 보혈로 씻어 주시고 소멸해 주옵소서. 주님의 크신 은혜로 저희를 새롭게 하여 주옵소서.

주님! 오늘은 특별히 일제의 침략과 잔인한 착취에 항거하여 자유와 평화의 깃발을 높이 들었던 삼일절을 기념하며 예배드립니다. 무력하고 나약하였기에, 이방 민족에게 주권을 빼앗기는 설움을 당했으나, 그럼에도 불구하고 민족의 정기를 잃지 않고 분연히 일어설 수 있도록 인도하여 주신 주님께 감사와 찬양을 돌리지 않을 수 없습니다. 비굴하게 노예 되기를 거부하고, 빼앗긴 나라와 이 민족의 주권을 위하여 투쟁하다 쓰러진 순교자들의 피가 저희 가슴에서 사라지지 않게 하시고, 다시는 치욕과 슬픔의 역사가 없게 하시며, 번영과 영광만이 가득한 조국으로 성장되게 하시며, 모든 백성들이 주님의 복음을 믿고 섬기는 복된 나라가 되게 하옵소서.
나라를 이끌어 가는 대통령을 비롯한 위정자들이 하나님을 두려워할 줄 아는 마음을 갖게 하셔서 이 나라의 백성을 진실 되게 섬길 수 있는 수종자들이 되게 하옵소서. 말씀을 전하시는 목사님께 큰 능력을 더하시고 예배를 위하여 섬기는 손길들도 주의 오른손으로 붙드시옵소서. 예배의 시종을 주님께 의탁하오며, 예수 그리스도의 이름으로 기도합니다. 아멘.

# 3월에 맞춘 대표기도문3

"여호와의 말씀에 너희는 이제라도 금식하며 울며 애통하고 마음을 다하여 내게로 돌아오라 하셨나니" (요엘 2:12)

 십자가의 사랑을 보여주신 주님! 사순절을 맞이하여 사십 일 동안 계속하여 무릎 꿇고 회개하는 기회를 주시니 감사합니다. 오만하고 자고 하였던 마음이 하나씩 깨어져 가는 것을 경험합니다. 주님의 피 묻은 십자가를 바라볼 때마다 죽음같이 강하신 주님의 사랑을 가슴으로 느낍니다. 그 크신 주님의 사랑 앞에서 언제나 부끄럽지 않은 삶을 살아갈 수 있게 하시고, 영원토록 십자가의 은혜 안에만 거하는 삶이 되게 하옵소서.

 사랑의 주님! 저희들이 주님의 놀라운 십자가 사랑과 구속하신 은혜를 경험했음에도 불구하고, 여전히 저희는 옛사람의 구습을 따라 썩어져 가는 세상을 좇아 살려고 하는 욕구들 속에 갇혀 있습니다. 이처럼 세상의 유혹 앞에 힘없이 빨려 들어, 주님이 주신 십자가 은혜를 쉽게 던져버리는 저희들을 주님의 크신 능력으로 붙잡아 주셔서, 항상 세상을 이기는 능력의 삶이 되게 하옵소서. 주님! 저희들이 주님의 고난을 생각하는 사순절을 지나면서, 마지막 피 한 방울까지도 아낌없이 쏟으셨던 주님의 사랑과, 제자들의 발을 씻기신 주님을 본받기 원합니다. 오늘 저희 모두도 십자가의 사랑으로 이웃을 부요케 하는 삶이 되도록 이끌어 주옵소서. 주님! 주님의 교회도 세속적인 것으로 배불러가는 교회가 되지 않기를 원합니다. 주님이 자신을 위하여 그 무엇도 취하거나 챙겨두지 않으셨던 것처럼, 오늘의 교회도 탐심에서 벗어나 모든 것을 내어줌으로써, 영적으로 가난한 자들을 부요케 하는 십자가 정신이 배어있는 교회가 되게 하옵소서.

 주님! 아직도 교회 주변에는 배도의 길을 걸으며, 탕자와 같은 삶을 사는 백성들이 많습니다. 그들이 죄 사함의 축복을 받고 주님께로 돌아올 수 있게 하여 주옵소서. 주님의 교회도 그들이 하나님 아버지를 만날 수 있는 축복의 길을 활짝 열어 놓는 교회가 되게 하옵소서. 이 시간 목사님이 말씀을 증거하실 때, 피 묻은 십자가에서 영혼들을 불쌍히 여기시는 주님의 사랑을 다시금 깨닫게 하실 것을 믿사옵고, 예수 이름으로 기도합니다. 아멘.

# 3월에 맞춘 대표기도문 4

"내가 그리스도와 함께 십자가에 못 박혔나니 그런즉 이제는 내가 사는 것이 아니요 오직 내 안에 그리스도께서 사시는 것이라." (갈2:20)

겸손과 섬기심으로 이 땅에 평화를 가져오신 사랑의 주님! "호산나 다윗의 자손이여 찬송하리로다 주의 이름으로 오시는 이여 가장 높은 곳에서 호산나"(마 21:9)라고 외치던 많은 군중들처럼, 이 시간 저희들도 소리 높여 외치며 찬양을 드립니다. 오늘은 특별히 평화의 왕으로 오신 주님을 생각하며 종려주일로 지킬 수 있도록 은혜를 베푸심을 감사합니다. 또한, 주님께서 이천 년 전에 어린 나귀를 타시고 예루살렘에 입성하심으로써, 진정한 승리는 힘의 정복에 의한 것이 아니라, 겸손과 봉사로 이 세상을 섬겨야 하는 것임을 깨닫게 하여 주시니 감사드립니다.

자비로우신 주님! 섬기는 종으로 오신 주님을 믿노라 하면서도, 오히려 섬김을 받으려 하고, 귀족같이 대접받기에만 힘썼던 저희들은 아니었는지 돌이켜봅니다. 섬김의 삶을 살지 못한 저희를 꾸짖어 주시고, 십자가에 달리시기까지 철저히 낮아지기를 원하셨던 주님처럼, 저희들도 끊임없이 낮아지는 주님의 자녀가 되도록 은혜를 베푸시옵소서.

주님! 주님의 피로 사신 교회도 주님을 본받아 더욱더 섬기는 공동체가 되게 하시고, 주님을 철저히 닮기 위하여 최선을 다하는 교회가 되게 하옵소서. 주님의 나라는 말에 있지 아니하고 능력에 있다고 하였사오니, 말만 무성하여 주님의 나라를 어지럽히는 교회가 되지 말게 하시고, 이웃에게 십자가의 사랑을 보여줌으로써 주님의 나라가 얼마나 아름다운지를 나타낼 수 있는 교회가 되게 하옵소서. 특별히 저희를 사랑하셔서 주님이 쓰시는 귀한 목사님을 단 위에 세우셨사오니, 평화의 복음을 선포하실 때에 저희들 모두가 귀담아들으며 아멘으로 화답할 수 있게 하옵소서.

이름 없이 빛도 없이 교회를 섬기는 성도들이 있습니다. 그들의 섬김을 통하여 주님의 십자가 사랑만 증거 될 수 있게 하옵소서. 예수 그리스도의 이름으로 기도합니다. 아멘.

# 3월에 맞춘 대표기도문5

"그는 실로 우리의 질고를 지고 우리의 슬픔을 당하였거늘 우리는 생각하기를 그는 징벌을 받아 하나님께 맞으며 고난을 당한다 하였노라." (사53:4)

　구원의 주님! 주님의 수난으로 저희가 새 생명을 얻게 됨을 감사드립니다. 주님께서 고난의 쓴잔을 받지 않으셨더라면 저희들은 여전히 죄에게 종노릇 하며 마귀의 자식으로 살았을 것입니다. 하지만, 저희 대신 주님이 질고를 지시고, 징벌을 받으시고, 찔림과 상함을 받으셨기에, 저희가 나음을 입었고 죄 사함 받고 구원을 소유한 축복된 자녀로 살게 되었음을 믿나이다. 십자가에 달리셨던 주님을 기억하고, 주님의 그 위대하신 사랑 앞에 늘 감격하며 주님을 사모할 수 있는 저희들이 되게 하옵소서. 주님! 오늘은 특별히 종려 주일이지만, 동시에 주님께서 고난의 쓴 잔을 받으신 고난주간이 시작되고 있습니다. "호산나, 호산나" 외치며 주님을 찬양하던 무리들이, 결국 주님을 십자가에 못 박은 배반자들이 되었듯이, 오늘 저희들도 주님을 찬양하던 입술로 주님을 부인하고 저주하는 일이 생길까 두렵습니다.

　오! 주님, 저희 속에 있는 죄악의 쓴 뿌리들을 제거시켜 주시고, 주님을 위해 옥합을 깨뜨려 향유를 쏟아부은 마리아처럼, 온 마음으로 주님을 찬양하는 저희 모두가 되게 하옵소서. 주님의 피 묻은 십자가를 언제나 사랑하게 하시고, 주님께서 받으셨던 고난의 쓴잔을, 이제 저희가 받을 수 있게 하옵소서.
　주님! 주님이 피로 값 주고 사신 교회도 종교적인 겉치레들로만 가득 찬, 외식하는 교회가 되지 말게 하시고, 진정으로 주님의 이름을 드높이고 죄악의 사슬을 풀어 생명과 자유를 주신 주님을 힘껏 찬양할 수 있는 교회가 되게 하옵소서. 무엇보다도 갈 길 몰라 방황하는 영혼들이, 자유와 평화를 주시기 위해서 오신 주님을 만날 수 있게 하시고, 그들에게 천국 복음이 임함으로 주님의 복된 소식을 깨달을 수 있게 하옵소서. 목사님이 말씀을 전하십니다. 듣는 이들 모두가 십자가의 능력을 다시 한번 체험하고 험한 십자가를 붙드는 말씀이 되게 하옵소서. 예배의 시종을 주님께 맡기오며, 예수 그리스도의 이름으로 기도합니다. 아멘.

# 4월에 맞춘 대표기도문1

"우리가 아직 죄인 되었을 때에 그리스도께서 우리를 위하여 죽으심으로 하나님께서 우리에 대한 자기의 사랑을 확증하셨느니라."(롬 5:8)

"사랑은 여기 있으니 우리가 하나님을 사랑한 것이 아니요 오직 하나님이 우리를 사랑하사 우리 죄를 속하기 위하여 화목제로 그 아들을 보내셨음이라."(요일 4:10)

**찬양과 감사|** 고난의 십자가를 지시기 위하여 이 땅에 오셔서 십자가 위에서 피 흘리시고 죄인들을 죽음의 자리에서 구원하여 주신 사랑의 주님! 또한, 죄악을 이기시고 죽음의 권세를 깨뜨리시고 부활하심으로 저희들에게 부활의 소망으로 함께해 주시는 은혜의 주님!

주님의 그 크신 은혜와 사랑을 저희들이 기억하며 이 시간 예배하오니 저희의 예배를 받아 주시옵소서. 이 시간, 더욱더 저희들을 대신하여 고난 받으신 주님의 은혜에 감격하며 예배드릴 수 있는 저희들이 되게 하시고, 죄와 죽음에서 승리하심으로써 저희들에게 영원한 소망과 죽지 않는 영원한 삶을 갖게 하신 것을 진심으로 감사하며 예배드릴 수 있는 저희들이 되게 하여 주옵소서.

**고백과 회개|** 사랑의 주님! 저희들이 구속의 은혜를 받은 자들이면서도 주님이 노여워하시는 것들만 일삼으며 방만한 삶을 살았던 것을 고백하지 않을 수 없나이다. 주님이 구하시는 제사는 상한 심령이요, 상하고 통회하는 자들을 멸시치 아니하신다고 말씀하셨사오니, 저희의 허물을 사하여 주시고 용서하여 주시기를 원합니다. 이 시간, 주님 안에 있는 생명의 성령의 법이 저희를 죄와 사망의 법에서 해방시키시는 은총을 경험하게 하옵소서. 주님이 주시는 생명은 죄로 인하여 죽어가는 영혼에 불을 피워주고, 의미 없는 삶에 가치를 주시는 생명이심을 확신합니다.

핍박 속에서도 끝까지 섬김의 삶을 실천하셨던 그 낮아지심을 본받기를 원합니다. 수치와 모욕을 당하시면서도 끝까지 분노를 쏟지 않으셨던 주님의 그 인자하심을 본받기를 원합니다. 오직 십자가의 사랑을 이루시기 위해서 모진 고통과 멸시를 감내하셨던 십자가의 길이 이 자리에 모인 저희들에게도 특권 중에 특권이 되게 하여 주옵소서.

　온 땅에 생명이 움트는 따사로운 봄날입니다. 주님께서 창조하신 이 아름다운 봄날을 보며 저희들도 신앙의 새봄을 가꾸는 믿음이 되게 하시고, 모든 사람들을 주님의 사랑으로 따뜻하게 할 수 있는 믿음들이 되게 하여 주옵소서. 또한 자신의 죄를 뉘우치고 새로운 삶을 다짐하는 강도에게도, 질병과 투쟁하여 몸부림치는 환자에게도, 끼니를 잇지 못해 허덕이는 걸인에게도, 가정과 사회로부터 냉대와 멸시를 받는 부랑아에게도 주님의 따사로운 사랑을 전할 수 있는 저희들 되게 하여 주옵소서.
　지금 농촌의 들판에는 씨앗을 뿌리고 파종하는 농부의 손길들로 분주합니다. 복음의 씨앗을 뿌리는 주님의 일꾼 된 저희들도 이 좋은 봄날에 힘써서 복음의 씨앗을 뿌릴 수 있게 하시고, 악하고 게으른 종이 되지 않도록 힘써서 주님을 증거할 수 있는 주님의 충성된 종들이 되게 하여 주옵소서. 이른 봄에 힘써서 밭을 기경하고 씨앗을 뿌리지 않으면 가을의 풍성함을 기대할 수 없듯이, 영적인 열매의 풍성함을 위하여 땀 흘리며 열심을 다할 수 있는 저희들 되게 하여 주옵소서.

　**예수님의 이름으로** 저희는 이 시간에도 주님의 말씀에 귀를 기울입니다. 말씀을 증거하시는 목사님을 성령의 능력으로 강하게 붙들어 주시고, 주님의 말씀을 듣는 저희 모두가 새 힘과 새 능력으로 충만해지는 시간이 되게 하셔서 생동감을 가지고 천국 건설에 앞장서는 일꾼들이 되게 하옵소서.
　예배를 섬기는 모든 손길들 위에도 함께 하셔서 그들의 수고가 더해질 때마다 주님이 주시는 위로와 기쁨이 넘치게 하옵소서.
　알파와 오메가 되시고, 처음과 나중이 되시며, 언제나 변함이 없으신 은혜와 사랑으로 함께 하시는 예수 그리스도의 이름으로 기도합니다. 아멘.

# 4월에 맞춘 대표기도문 2

"찬송하리로다 우리 주 예수 그리스도의 하나님 곧 자비의 아버지께서 예수 그리스도를 죽은 자 가운데서 부활하게 하심으로 말미암아 우리를 거듭나게 하사 산 소망이 있게 하시며." (벧전 1:3)

만물을 새롭게 하시는 주님! 죽음을 이기고 부활하신 주님을 구주로 믿는 저희들이, 이 거룩한 성전에 모여 할렐루야 찬송하며 예배드리게 하심을 감사드립니다. 이 자리에 모인 저희 모두가 주님의 승리하심을 진정으로 기뻐하고 있습니다. 부활의 주님! 이 기쁘고 영광스러운 날에 부끄럽게도 저희의 약한 모습을 먼저 내놓습니다. 이제껏 주님의 부활하심을 의심하여 널리 증거하지 못했던 저희들입니다. 연약한 믿음 때문에 일어난 모든 잘못들을 용서하시고, 주님의 은혜 가운데 새로운 인생길을 걸을 수 있게 하옵소서. 부활하신 주님의 뒤를 따라, 죽었어도 다시 살아서 영원히 주님 나라에서 영생할 것을 믿으며, 소망 중에 고통을 이기며, 환난을 극복하며, 주님처럼 승리하며 살게 하옵소서. 주님! 의혹과 암흑의 시대를 살고 있는 사람들도, 죄로 말미암아 죽을 수밖에 없는 인생임을 깨닫게 하셔서 부활하신 주님을 만나게 하옵소서. 죄 사함 받고 구원받아, 영원한 소망을 주시는 주님을 모시고 기쁨과 소망으로 살게 하옵소서.

주님! 주님이 사랑하시고 친히 세우신 교회도 부활의 소망으로 넘쳐나는 교회가 되게 하옵소서. 이 교회를 찾는 자마다 부활의 주님을 만나게 하는 교회가 되게 하옵소서. 오늘 이 시간, 다시 사신 부활의 주님을 찬양하며, 주님 앞에 드리는 이 예배에도 주님이 함께 하실 것을 믿습니다. 부활의 첫 열매가 되셔서 저희에게 산 소망을 주신 주님을 경험하는 시간이 되게 하옵소서. 부활의 기쁜 소식을 증거하시기 위하여 단 위에 서시는 목사님을 성령님께서 친히 붙드시고, 저희 모두가 부활과 구원과 소망이 넘치는 시간이 되게 하옵소서. 찬양으로 영광의 주님을 높이는 성가대와, 예배를 위해 섬기는 모든 성도들을 주님의 크신 은혜와 복으로 채워주실 것을 믿사오며, 사망 권세를 이기신 예수님의 이름으로 기도합니다. 아멘.

# 4월에 맞춘 대표기도문3

"그리스도께서 죽은 자 가운데서 살아나사 잠자는 자들의 첫 열매가 되셨도다." (고전15:20)

　부활의 주님! 오늘 부활절을 맞이하여 주님의 부활을 기념하는 예배를 드릴 수 있게 하심을 감사드립니다. 주님의 부활로 온 세계 만민들이 기뻐하는 날이었습니다. 죄와 죽음을 이기신 일이 분명한 역사적 사건임을 믿습니다. 이 시간 저희 모두가 다시 한번 환희와 소망으로 주님을 찬양합니다. 홀로 영광을 받으시옵소서.
　부활의 주님! 돌이켜보건대 저희들은 너무 겁쟁이였습니다. 부활의 주님이 저희와 함께하심에도 불구하고, 사소한 일에도 평안을 잃고, 때로는 부활하신 주님을 의심하고 죽음에 대한 두려움까지 있었습니다.
　믿음이 부족한 것을 불쌍히 여겨 주옵소서. 부활의 확신으로 이제 저희 모두 일어나 의심과 두려움을 떨쳐버리고 부활의 증거자로 나설 수 있게 하옵소서.

　자비로우신 주님! 주님의 부활의 터 위에 세우신 이 교회도 부활하신 주님의 권능을 온 세상에 증거할 수 있게 하옵소서. 악한 세력들을 깨뜨리고, 죽음과 질병과 공포와 절망으로 살아가는 영혼들에게 위로와 새로운 소망과 용기를 주는 교회가 되게 하옵소서. 이 민족도 부활의 주님을 만남으로 신실하고 정직한 백성들이 넘쳐나게 하옵소서.

　주님! 교회에 세우신 각 기관과 모든 직분을 맡은 자들에게도 함께 하시기 원합니다. 부활의 산 신앙을 갖고 능력 있게, 맡은 역할을 잘 감당할 수 있게 하시며, 맡은 자에게 구할 것은 오직 충성밖에 없음을 기억하게 하옵소서. 부활의 복된 소식을 대언하시기 위하여 단 위에 서신 목사님을 성령님께서 친히 붙드시고, 권세 있는 말씀으로 온 심령에 불을 붙이게 하옵소서. 예배를 위하여 수고하는 손길들을 더욱 복 있게 하실 것을 믿사옵고, 예배의 시종을 주님께 의탁하오며, 산 소망이 되신 예수 그리스도의 이름으로 기도합니다. 아멘.

# 4월에 맞춘 대표기도문4

"예수 그리스도는 어제나 오늘이나 영원토록 동일하시니라." (히13:8)

언제나 동일하신 주님! 저희를 지금까지 사랑과 은혜로 보호하여 주시고 인도하심을 감사드립니다. 은혜의 주님께서는 이토록 변함이 없으시건만, 저희들은 바람에 흔들림같이 이리저리 요동하며 변하는 세월을 보냈습니다. 주님의 형상을 닮아가지 못하고 있는 저희들이, 얼마나 추한 모습을 하고, 주님을 반역했던가를 생각하면 감히 고개를 들 수도 없습니다. 오직 부활의 주님만 의지하고 여기 나왔습니다. 저희들을 긍휼히 여기셔서 받아 주옵소서.

존귀를 받으시기에 합당하신 주님! 주님을 믿고 따르는 모든 자들이, 세상 속에서 부활하신 주님의 명령을 지킬 수 있도록 힘을 주시옵소서. 부활하신 주님과 날마다 영적인 교제를 나누기에 부족함 없게 하시고, 이생의 자랑과 육신의 정욕에 이끌려 좌초하는 인생이 아니라, 능력의 주님께 매여 사는 복된 인생들이 되게 하옵소서. 저희 교회도 사망 권세를 이기신 부활의 주님을 드높이고 온전히 주님의 영광을 드러내는 교회가 되기를 원합니다. 승천하신 주님이 영광 중에 재림하시는 그날까지, 주님의 몸 된 교회로서 부활의 주님을 나타내기에 부족함이 없는 교회가 되게 하옵소서. 신앙의 수고가 늘 동반됨으로써, 순종과 사랑의 욕구를 충족하며, 구원의 기쁜 소식을 전파하는데 힘쓰는 교회가 되게 하옵소서.

주님! 교회 안에 주님의 교회를 온전케 하기 위하여 세워진 기관들이 있습니다. 각 기관마다 더욱 축복하셔서, 주님의 영광을 드러내기에 부족함이 없는 기관으로 쓰임 받게 하옵소서. 항상 충성과 봉사와 섬김이 넘쳐나는 기관들이 되게 하옵소서. 이 시간, 말씀을 들고 단 위에 서시는 목사님을 성령의 능력으로 강하게 붙드실 것을 믿습니다. 마음을 다하여 예배를 섬기는 이들에게도 크신 위로와 은혜를 더하여 주옵소서. 길과 진리와 생명이신 예수 그리스도의 이름으로 기도합니다. 아멘.

# 4월에 맞춘 대표기도문 5

"여호와는 너를 지키시는 이시라 여호와께서 네 오른쪽에서 네 그늘이 되시나니."
(시121:5)

　창조주이신 주님! 저희들에게 안식의 복을 허락하심을 감사드립니다. 주무시지도 졸지도 않으시며, 저희를 눈동자같이 아끼고 지켜주신 하나님의 은혜를 감사하며 찬양과 영광을 드립니다. 이 어두운 세상에서 승리하며 살 수 있는 길은, 오직 빛과 생명이 되시는 주님을 믿고 따르는 방법밖에 없음을 알기에 이 전에 나왔습니다. 저희의 어지러운 마음을 깨끗하게 하시고, 착잡한 심정을 정리하여 주시고, 의심에 찬 심리를 튼튼한 확신으로 바꾸어 주시며, 소망의 밝은 빛을 비춰 주옵소서.

　사랑의 주님! 상한 갈대처럼 늘 넘어지기 쉬운 이 험한 세상에서, 주님이 성별하여 세워주신 믿음의 자녀로 살 수 있도록 인도하여 주옵소서.
　주님을 섬기는 귀한 일꾼으로 쓰임 받으며 살 수 있도록, 저희의 삶의 전 영역을 붙들어 주옵소서. 주님의 피 값으로 세우신 교회도 사랑과 진리 안에서 언제나 부흥하고 성장하게 하시며, 낙심과 좌절에 빠져 있는 영혼들을 치유하고, 고통 중에 괴로워하는 영혼들에게 은혜와 평강과 소망을 주는 교회가 되게 하옵소서.

　주님! 교회 주변에 상처받은 이웃들이 많습니다. 주님의 밝은 빛을 그들에게 비추시옵소서. 그들의 신음 소리가 변하여 주님의 은혜를 찬양하는 소리가 되게 하시고, 영원히 주님만을 섬기면서 영생의 복을 누리는 복된 삶이 되게 하여 주옵소서. 주님의 교회와, 참된 예배를 드리기 위하여 몸을 드려 충성하는 손길들이 있습니다. 그들의 수고를 주님께서 받아주시고, 거센 풍랑과 세파 속에서도 결코 부족함 없는 삶이 될 수 있도록 인도하여 주옵소서. 말씀을 전하시는 목사님께 성령의 두루마기를 입혀 주옵소서. 전하시는 말씀이 듣는 이들에게 큰 울림과 깨달음이 되게 하여 주옵소서. 예배의 시종을 주님께 의탁하오며, 생명의 주가 되시는 예수 그리스도의 이름으로 기도합니다. 아멘.

# 5월에 맞춘 대표기도문1

"할렐루야 여호와를 경외하며 그의 계명을 크게 즐거워하는 자는 복이 있도다 그의 후손이 땅에서 강성함이여 정직한 자들의 후손에게 복이 있으리로다 부와 재물이 그의 집에 있음이여 그의 공의가 영구히 서 있으리로다." (시 112:1~3)

**찬양과 감사|** 언제 어디서나 늘 저희들과 함께하시는 주님! 슬플 때나 기쁠 때나 쉴 때에도 함께 하시고, 주님의 선하신 뜻대로 이끌어 주심을 감사합니다. 온 세상에 주님이 주신 은총으로 생명이 있는 것마다 왕성하게 움직이고 활동하는 아름다운 계절입니다. 1년 중 가장 아름다운 계절인 5월을 맞이하여 모든 식물들이 꽃봉오리를 터뜨리어 아름다운 꽃을 피우며 향기를 뿜듯이, 저희들도 더욱 생명력이 넘치는 믿음의 꽃을 피우고 그리스도의 향기를 뿜어낼 수 있는 삶이 되게 하여 주옵소서.

**고백과 회개|** 자비와 은혜의 주님! 푸르고 울창한 숲들도 가까이 접하고 보면 죽어서 쓰러져 있는 나무들이 발견되듯이, 저희 자신을 돌아볼 때 살아있는 믿음 같아 보이나 실상은 죽은 믿음 그대로였음을 고백하지 않을 수 없나이다. 행함이 없는 믿음은 죽은 믿음이라는 야고보 선생의 말대로, 저희의 믿음에도 행함이 결여되어 있었기 때문에 죽은 믿음이었음을 솔직히 시인하지 않을 수 없나이다. 주님! 긍휼히 여겨주셔서 용서하여 주시기를 원합니다. 성령의 능력으로 강하게 붙들어 주셔서 행함이 넘치는 믿음이 되게 하시고, 주님의 향기를 발하고 주님을 나타낼 수 있는 믿음이 되도록 이끌어 주옵소서.

**간구|** 사랑의 주님! 5월은 가정의 달입니다. 저희들이 이 땅을 살아가면서 불평불만 없이 살아갈 수는 없겠으나, 가정의 달을 맞이하여 이제껏 기억조차 하지 않던 주위의 많은 사람들을 기억할 수 있는 저희들이 되게 하시고, 내 중심 내 가족 중심만이 아니라, 함께 더불어 살며 기쁨을 찾을 수 있는 저희들 되게 하여 주옵소서. 저희들의 가정도 사랑을 쏟아부어 주시는 주님의 은혜를 더욱 깊이 깨닫는 5월이 되게 하시고, 언제나 주님이 저

희 가정의 호주가 되셔서 축복된 가정으로 이끄시고 보호하고 계심을 깨닫고 감사하는 저희들이 되게 하여 주옵소서.

특별히 간구하옵기는 가정마다 든든히 서가는 가정들이 되기를 원합니다. 사회가 어려워지고, 시대가 험악해질수록 가정마다 깨지고 금이 가는 가정들이 점차 늘어가고 있습니다. 행복한 가정을 가꾸기에 힘쓸 수 있도록 도와주시옵소서. 더욱이 주님만 모시고 사는 믿음의 가정을 유산으로 물려줄 수 있는 부모들이 되게 하여 주옵소서.

핍박받는 어린이들도 점차 늘어 가고 있습니다. 미래의 꿈나무들을 잘 양육할 수 있도록 부모 된 자들에게 지혜를 주옵소서. 부모를 버리는 자식들도 있습니다. 낳으시고, 길러주신 부모님을 학대하는 패륜적인 행동을 하지 않도록 생각과 마음을 이끌어 주시고, 살아계실 때 효성을 다하는 자녀들이 되게 하여 주옵소서.

이 사회도 경제침체로 인하여 슬픔과 두려움 속에 잠겨 있사오니, 어서 속히 주님의 은혜로 건져 주시고, 생명이 약동하는 봄날의 기운과 같이, 생기가 넘치는 사회가 될 수 있도록 회복시켜 주옵소서. 주님의 교회도 말과 혀로만 사랑을 외치는 교회가 되지 말게 하시고, 사회와 가정의 문제와 아픔들을 감싸안고 치유할 수 있는 교회가 될 수 있도록 이끌어 주옵소서.

**예수님 이름으로** 오늘도 주님의 말씀으로 신령한 만나를 준비하신 목사님을 성령의 능력으로 붙들어 주셔서, 주님의 말씀을 사모하며 귀 기울여 듣는 심령들마다 주님의 음성을 들을 수 있는 은혜가 있게 하옵소서. 예배를 섬기는 손길들도 주의 성령으로 붙드셔서, 몸을 드려 충성할 때마다 샘솟는 기쁨과 신령한 은혜로 충만해질 수 있도록 그 심령들을 주장하여 주시옵소서. 예배의 시종을 주님께 의탁하옵고 홀로 영광 받으시기에 합당하신 예수 그리스도의 이름으로 기도합니다. 아멘.

# 5월에 맞춘 대표기도문 2

"예수께서 이르시되 어린 아이들을 용납하고 내게 오는 것을 금하지 말라 하나님의 나라가 이런 자의 것이니라." (마9:14)

　사랑의 주님! 오늘 저희에게 따뜻한 봄날을 주시고, 저희의 심령이 주님의 밝은 빛을 받으며, 성령의 인도하심 속에서 말씀과 교훈을 기다리게 하시니 감사드립니다. 이 시간, 정성이 담긴 예배를 드릴 수 있도록 저희들의 마음에 진실함을 주시고, 영과 진리 안에서 예배를 드릴 수 있도록 성령님이 주장하여 주옵소서. 주님께는 큰 영광이 되게 하시며, 저희에게는 큰 은혜의 시간이 되게 하여 주옵소서.
　오늘은 특별히 어린이주일로 지키고 있습니다. 간절히 기도하는 것은, 저희들도 주님의 나라를 어린아이처럼 받들게 하셔서, 그 순수함과 겸손함, 깨끗함을 인하여 하늘의 영광을 바라보게 하옵소서. 어린아이를 사랑하신 주님! 이 땅에 사는 모든 어린이들을 축복하여 주옵소서. 어린 마음속에 믿음을 간직하고 하나님을 경외하는 법을 배우며 자라게 하시며, 세상에 잘못 돋아난 독버섯 같은 존재들이 되지 않도록 진리의 말씀으로 강하게 붙들어 주시옵소서. 모든 어린이들이 주님의 날개 아래서 세상을 밝게 비추는 등불이 되게 하시고, 그 어떤 불의와도 타협하지 아니하며, 심지가 곧은 사람으로 성장하기에 부족함이 없도록 이끌어주옵소서.

　자비로우신 주님! 어린 자녀를 양육하고 있는 부모들을 위해서 기도합니다. 자녀들이 신앙적인 분위기 속에서 자랄 수 있도록 신앙의 모범을 보이는 부모들이 되게 하옵소서. 특별히 주님의 교회에서 아이들의 신앙교육을 전담하는 주일학교를 기억하옵소서. 아이들을 교육하는 교사들에게 지혜와 능력을 더하셔서, 백지와 같은 어린 영혼들을 주님을 닮아가는 아이들로 든든히 세워갈 수 있게 하옵소서. 어린 영혼들에게 믿음을 심어주는 막중한 책임이, 주님이 그들에게 맡겨주신 귀한 사명이란 것을 잊지 말게 하옵소서. 말씀을 전하시는 목사님을 붙들어 주셔서, 주님의 음성을 담아낼 수 있는 말씀을 전하실 수 있게 하옵소서. 예배의 시종을 주님께 의탁하오며, 예수 그리스도의 이름으로 기도합니다. 아멘.

# 5월에 맞춘 대표기도문 3

"너희는 세상의 빛이라 산 위에 있는 동네가 숨겨지지 못할 것이요." (마5:14)

저희들을 빛으로 인도하여 주신 주님! 주님의 따사로운 빛을 온 누리에 가득하게 하신 주님, 자연의 아름다움을 인하여 감사와 찬양을 드립니다. 온 누리에 향하신 주님의 은총이 충만하듯이, 저희들의 심령을 주님의 크신 사랑의 은총으로 충만하게 채워 주옵소서. 주님이 보시기에, 저희들에게 아름답지 못한 것으로 가득 차 있음을 발견합니다. 이 시간, 주님을 대하기에 저희들의 모습이 너무 부끄럽사오니, 불쌍히 여기시고 용서하여 주옵소서. 만물들이 주님께서 부족함 없이 채워주시는 은총으로 노래하며 찬양하듯이, 저희들도 우리에게 향하신 주님의 크고 놀라우신 은총으로 즐겁게 노래하며 찬양할 수 있는 삶이 되게 하옵소서.

사랑의 주님! 산 소망이 끊긴 채, 하루하루를 살아가고 있는 사람들을 불쌍히 여기시서 기쁨과 소망이 넘치는 복된 생활이 될 수 있도록 인도하여 주옵소서. 무엇보다도 구원의 주님을 만날 수 있도록 은총을 더하셔서, 주님을 믿음으로 새 생명과 새 평안을 누리게 하시고, 하늘의 소망을 갖고 복된 삶을 살아갈 수 있게 하옵소서.

살아계신 주님! 이제 이 땅과 교회에 주신 복을 곤고한 형제들과 나눌 수 있도록 은혜 베푸시기를 원합니다. 이그러지고, 깨지고, 찢어져 상처 입은 영혼들을 주님의 능력으로 치유하고 위로해 주는 교회가 되게 하시고, 강건한 삶으로 이끌어줄 수 있는 복된 교회가 되게 하옵소서.

수많은 어려움과 아픔에 휩싸여 있는 이 나라도, 하루라도 빨리 주님 앞으로 돌아와 주님 안에서 풍성한 생명을 누리는 민족이 되게 하여 주옵소서.

예배를 섬기는 수종 위원들을 붙들어 주시고, 그들의 몸을 드리는 순종을 통해서 주님이 더욱 기뻐 받으시는 복된 예배가 되게 하옵소서. 오늘도 말씀을 전하시는 목사님을 기억하셔서, 기쁨과 소망이 넘치는 말씀을 전할 수 있게 하옵소서. 말씀을 듣는 이마다 삶에 기적을 일으키는 생명의 말씀이 되게 하옵소서. 예수 그리스도의 이름으로 기도합니다. 아멘.

# 5월에 맞춘 대표기도문 4

"내 아들아 네 아버지의 훈계를 들으며 네 어머니의 법을 떠나지 말라." (잠1:8)

　사랑의 주님! 저희에게 어버이 주일을 주심을 감사합니다. 이 시간, 저희 모두가 감사의 예배를 드리기 원하오니 기쁘게 받아 주옵소서. 저희에게 복된 가정을 주신 주님! 그러나 저희는 부모와 자녀로서의 책임을 다하지 못하고 있음을 고백합니다. 주님 앞에서 언제나 부끄러운 죄인들입니다. 늘 내 이익과 안일을 위하여 고집을 부립니다. 땀 흘리는 수고도 싫어합니다. 주님이 주시는 깊은 사랑을 외면할 때가 많습니다. 용서하여 주옵소서. 믿음과 사랑과 봉사를 먼저 내 가정에서 베풀 수 있도록 도와주옵소서.

　인자와 자비가 풍성하신 주님! 자녀들을 위해 평생을 희생하시고 수고하신 부모님들께 위로와 평안을 주옵소서. 자녀들이 잘 되기만을 기도하며 사신 부모님들을 축복하셔서 영육 간에 강건함을 주시고, 바라시는 모든 소원들이 주님의 뜻 안에서 이루어지게 하옵소서. 아직 주님을 영접하지 못한 부모님들께는 먼저 된 저희들이 간곡한 기도와 신앙의 본을 보임으로써, 주님을 영접하고 영생을 얻게 하는데 자녀의 본분을 다할 수 있게 하옵소서. 특별히 노령에 계신 분들께 건강의 복을 허락하셔서, 세상에서 주님이 맡겨주신 일을 다 마칠 때까지 맑은 정신과 튼튼한 기력으로 주님을 섬길 수 있게 하옵소서.

　은혜의 주님! 부모님을 모시고 있는 자녀들을 위하여 기도합니다. 부모님을 사랑하고, 순종하며, 공경하는 복된 마음을 주옵소서. 부모님의 은혜에 조금이라도 보답하겠다는 심정으로 부모님을 따뜻하게 모시며, 부모님의 말씀에 귀를 기울이며, 잘 순종할 수 있게 하옵소서. 주님의 몸 된 교회도 부모 공경의 본을 보여, 이 사회의 썩어짐을 막고, 주님의 사랑의 빛을 펼치는 교회가 되게 하옵소서. 말씀을 전하시는 목사님께도 큰 능력으로 함께하시옵소서. 고생하신 부모님께는 위로의 말씀이 되게 하시고, 자녀들에게는 다시 한번 부모 공경의 축복을 깨닫는 시간이 되게 하옵소서.
　예수 그리스도의 이름으로 기도합니다. 아멘.

# 5월에 맞춘 대표기도문5

"너희가 짐을 서로 지라 그리하여 그리스도의 법을 성취하라." (갈6:2)

　언제나 충만하게 채워 주시는 주님! 저희들에게 주님의 사랑과 은혜를 충만하게 채워주셔서 주님을 찬양하고 경배할 수 있는 축복된 삶을 살게 하심을 감사합니다. 항상 가득 차고 흘러넘침으로써, 주님을 찬양하고, 주님의 뜻을 좇아 사는 것에 부족함이 없도록 이끄실 것을 믿습니다. 주님의 일을 감당하는데도 피곤함이 없게 하시고, 기쁨으로 충성할 수 있는 저희 모두가 되게 하옵소서. 저희는 때때로 신앙생활에서 실족할 때가 많이 있습니다. 죄악과 허탄한 것에 매인 바 되어 주님의 자녀 된 모습을 잃어버리고 사는 저희들입니다. 긍휼히 여기시고 용서하여 주옵소서.

　사랑의 주님! 항상 주님 앞에서 경건한 생활의 모습이 되게 하옵소서. 저희가 어떠한 일을 하든지 먼저 주님을 생각할 수 있게 하셔서, 주님께 인정받고 칭찬받으며, 축복을 받는 주님의 자녀가 되게 하옵소서. 회개하고 뉘우치는 마음마다 은혜로 채우시기 원합니다. 주님의 은혜를 흠뻑 받아서 사랑과 찬양을 힘차게 할 수 있게 하시고, 직장과 가정과 일터와 생활의 전 영역을 통해서 주님의 뜻을 담아낼 수 있는 삶이 되게 하옵소서.

　신실하신 주님! 인생의 무거운 짐을 지고 고달파하는 성도들을 기억하옵소서. 긍휼히 여기셔서 주님 안에서 쉼을 얻을 수 있도록 축복하시고, 주님의 크신 은혜를 맛보아 알 수 있도록 인도하시옵소서.
　특별히 5월은 가정의 달입니다. 가정마다 주님의 귀한 은총을 넘치도록 부으셔서 건강한 가정, 밝고 소망에 찬 생활이 계속될 수 있도록 이끌어주옵소서. 주님의 몸 된 교회도 주님이 성령으로 세우신 가정임을 잊지 말게 하셔서, 주님의 지체를 이룬 서로서로가, 더욱 아끼고 사랑하며 붙들어 줄 수 있는 믿음의 가족이 되게 하옵소서. 이 시간, 생명의 말씀을 전하시는 목사님을 기억하옵소서. 주님께서 능력의 오른팔로 붙드심으로 피곤함이 없게 하시고, 말씀을 듣는 자들에게 능력의 통로가 되는 말씀이 되게 하옵소서. 예수 그리스도의 이름으로 기도합니다. 아멘.

# 6월에 맞춘 대표기도문1

"그때에 나나 내 형제들이나 내 종들이나 나를 따라 파수하는 사람들이나 우리 모두는 옷을 벗지 아니하였으며 물을 길으러 갈 때에도 각각 병기를 잡았느니라."(느 4:23)

"여호와의 계획은 영원히 서고 그의 마음의 생각은 대대에 이르리로다 여호와를 자기 하나님으로 삼은 나라, 곧 하나님의 기업으로 선택된 백성은 복이 있도다."(시 33:11~12)

"여호와여 우리가 주를 바람이여 주의 인자하심을 우리에게 베푸소서."(시 33:22)

**찬양과 감사|** 사랑의 하나님 아버지! 금년도 어느덧 반년이 흘러 6월의 문턱에 들어섰습니다. 들녘에는 곡식들이 푸른색을 띠며 왕성하게 자라고 있고, 산천에는 신록이 우거져 마치 성장을 경쟁이나 하는 듯 비치고 있습니다. 농부들의 땀방울이 풍요로운 가을을 약속하는 듯 하오며, 단비를 촉촉이 받아먹는 대지는 더욱 신록을 우거지게 하기에, 이러한 자연의 푸르름이 하나님의 은혜를 연상케 하오니 감사하지 않을 수 없나이다. 이 시간, 주님의 사랑과 축복을 온몸에 담고 주님 앞에 예배드리게 하시니 다시 한번 감사합니다. 이른 봄에 심은 씨앗들이 어느덧 제 모습을 갖추며 성장을 더해가듯, 저희들의 신앙도 성장을 거듭할 수 있도록 축복하옵소서.

**고백과 회개|** 사랑의 하나님! 예배를 드리기에 앞서 한 주간 동안 있었던 저희들의 삶을 돌이켜 봅니다. 주님의 뜻을 따라 사는 향기로운 생활이 되지 못했음을 솔직히 고백하지 않을 수 없나이다. 저희는 많은 위선과 거짓 속에서 지낼 때가 많았고, 연약함과 추한 모습 속에서 괴로워할 때가 많았습니다. 주님께 이끌림을 받기보다 주위의 환경에 이끌림을 받을 때가 많았습니다. 주님께 감사하는 생활이 되기보다는 불평과 불미스러움을 가득 품은 채 하루하루를 살아갔나이다. 오, 주님! 이 시간 주님의 십자가의 보혈의 공로를 의지하여 회개하오니 긍휼히 여기셔서 용서하여 주옵소서.

**간구** 자비로우신 하나님! 생명 있는 모든 것들이 향기를 발하고, 성숙을 향하여 왕성하게 발돋움하고 있는 이때에, 저희의 심령을 더욱 성령으로 충만하게 하셔서 죄에 이끌려 살기보다는 굳센 믿음을 소유하기 위해서 더욱 힘 있게 발돋움할 수 있게 하옵소서. 내게 능력 주시는 자 안에서 무엇이든 할 수 있다는 신앙으로 힘 있게 전진할 수 있는 저희들이 되게 하여 주옵소서. 낙심할 만할 일들이 많다고는 하지만 낙심하지 않게 하시고, 주님을 온전히 의지함으로 굳세게 살아갈 수 있는 저희들 되게 하여 주옵소서. 슬픔이 저희들을 짓누르지 못하게 하시고, 역경이 저희들을 실망시키지 못하게 하시고, 주님의 음성을 듣고 날마다 소생하는 믿음이 되게 하여 주옵소서.

은혜로우신 하나님! 6월을 맞이할 때마다 저희들이 이 민족의 백성으로서 결코 잊지 못할 뼈아픈 지난날을 회상하지 않을 수 없나이다. 20세기가 지나가고 21세기를 살아가고 있지만, 이 강토가 피로 물들고, 삶과 죽음의 통곡소리가 하늘과 땅에서 진동하던 그날을 어찌 우리가 잊을 수 있겠습니까? 이제 다시는 이 나라에 피비린내 나는 전쟁이 발발하지 않도록 능력의 주님께서 막아 주시고, 동족상잔의 비극이 다시는 되풀이되지 않도록 이 민족을 불쌍히 여겨 주옵소서. 아직도 이 민족은 6.25 전쟁 발발 이후 남과 북으로 분단된 채 화합하지 못하고 대립하고 있나이다. 이 민족이 어서 속히 평화 가운데 하나가 될 수 있도록 인도하여 주옵소서. 주님의 교회들도 구원의 복음이 이 민족에 편만하여 새로운 역사가 있기까지 끊임없이 기도하는 공동체가 되게 하시고, 주님의 말씀과 성령의 능력이 이 땅에 충만하기까지 영적인 공동체로 사명을 다할 수 있는 교회가 되게 하옵소서.

**예수님의 이름으로** 오늘도 말씀을 듣고 단 위에 서시는 목사님께 말씀의 권세를 더하여 주셔서 힘 있고 권세 있는 말씀, 치료와 안식을 선포하는 말씀이 되게 하여 주옵소서. 예배의 시종을 주님께 의탁합니다. 예배드리는 이 시간 성령께서 저희들 가운데 친히 운행하셔서 저희의 연약함을 도와주실 것을 믿사옵고 거룩하신 예수 그리스도의 이름으로 기도합니다. 아멘.

# 6월에 맞춘 대표기도문 2

"오직 성령이 너희에게 임하시면 너희가 권능을 받고 예루살렘과 온 유대와 사마리아와 땅 끝까지 이르러 내 증인이 되리라 하시니라." (행1:8)

언제나 동일하신 주님! 오순절 기간을 맞이하여 성령님의 함께하심으로 교회와 저희들을 인도하시니, 그 은혜가 크고도 큼을 피부 깊숙이 느낍니다. 오늘도 주님의 날을 맞이하여 예배의 자리로 나왔사오니, 저희들이 드리는 예배를 기쁘게 받아 주옵소서.

영원한 소망이 되시는 주님! 오늘도 저희는 이 세상의 삶에 취하여 정신없이 살다가 주님 앞에 나왔습니다. 한 주간 동안 저희는 가치 없는 것에는 바쁘게 왕래하면서도 주님의 나라에는 열망이 없었습니다. 주님의 말씀에 귀를 기울이기보다는 세상의 욕심을 더욱 채우려고 안간힘 썼음을 고백합니다. 오! 주님, 아직도 헛된 것을 좇아 헤매는 저희들을 꾸짖어 주시고, 주님의 손으로 선택하신 것들로 바꾸어 잡게 하옵소서. 또한, 부족하고 무지한 저희들의 영안을 밝게 하셔서 주님의 말씀을 밝히 보게 하시고, 오묘하신 뜻을 깨달아 죽도록 충성하고 순종하는 저희들이 되게 하여 주옵소서. 주님의 말씀이라면 무엇이라도 순종하고 행할 수 있는 산 믿음의 소유자들이 되게 하여 주옵소서.

교회의 머리 되신 주님! 주님께서 택하시고 세우신 몸 된 교회에 성령의 큰 은사와 능력으로 함께 하시옵소서. 주님의 이름으로 놀라운 역사가 일어나며, 상한 심령이 위로와 평안을 얻고, 온갖 질병에 시달리는 영혼들이 치료함을 받는 주님의 은혜가 나타나게 하옵소서. 특별히 교회를 섬기는 각 기관과 부서의 제직들과 함께 하시옵소서. 맡겨진 일에 충성을 다할 수 있도록 성령의 능력으로 붙드시고 하늘의 지혜로 충만하게 채워주옵소서.

오늘도 말씀을 전하시는 목사님을 성령의 능력으로 붙들어 주옵소서. 귀 기울여 듣는 자 모두가 은혜의 소낙비를 경험하는 시간이 되게 하옵소서. 예배를 위하여 수종 드는 손길들을 기억하셔서, 그들의 섬김이 주님의 나라에서는 해 같이 빛나게 하옵소서. 예배의 시종을 주님께 의탁하오며, 예수 그리스도의 이름으로 기도드립니다. 아멘.

# 6월에 맞춘 대표기도문3

"항상 기뻐하라 쉬지 말고 기도하라 범사에 감사하라 이것이 그리스도 예수 안에서 너희를 향하신 하나님의 뜻이니라." (살전5:16-18)

성령을 통하여 저희의 연약함을 이끄시는 주님! 거룩한 성일을 맞이하여 주님의 은혜와 사랑을 기억하며, 주님 앞에 예배드릴 수 있도록 인도하시니 감사드립니다. 보잘것없는 저희들이지만, 겸손히 머리 숙여 예배할 때에 저희들과 함께하시고, 성령으로 충만하게 하셔서 은혜를 받을 수 있는 마음이 형성되는 은총이 있게 하옵소서.

새롭게 하시는 주님! 저희들은 근심 많고 유혹 많은 세상에 살면서, 주님의 자녀이면서도 주님의 이름을 제대로 부르지도 못했던 바보였습니다. 부끄러운 마음으로 주님의 십자가 보혈을 의지하오니, 저희들의 못난 모습을 용서하여 주시고 긍휼을 베풀어 주옵소서.

주님! 저희가 이 세상 살아가는 동안 시험과 환난을 통해서라도 주님을 망각하는 일이 없도록 깨닫게 하여 주옵소서. 영적으로 건강하게 하여 주셔서 육체적인 건강이 전부가 아님을 느끼게 하여 주옵소서. 또한 물질적인 부가 전부가 아님을 알게 하셔서 믿음으로 부요해지는 것을 좇을 수 있게 하시고, 주님을 아는 지식으로 충만하여짐으로 지혜롭고 겸손하여서 주님을 닮아갈 수 있게 하옵소서. 또한 높아질수록 겸손하여지고, 가질수록 더 큰 사랑을 베풀 수 있는 저희들 되게 하여 주옵소서.

주님! 주님이 친히 세우신 교회들을 붙드셔서 기도의 불이 꺼지지 않는 교회가 되게 하옵소서. 이 민족의 하나 됨을 위하여 힘써서 기도할 수 있게 하시고, 이 나라에 진정한 평화가 오기까지 주님의 긍휼하심을 구하는 교회들이 되게 하여 주옵소서. 또한 주님의 형상을 드러내기 위하여 사랑의 수고와 봉사를 아끼지 않는 교회가 되게 하옵소서. 이 시간, 말씀을 전하시는 목사님을 성령의 권능으로 붙드셔서 주님이 친히 목사님의 입을 통하여 들려주시는 말씀이 되게 하옵소서. 예배를 섬기는 손길들에게도 더욱 크신 은혜로 함께하셔서, 섬기면 섬길수록 더 섬기고 싶은 욕구만 있게 하여 주옵소서. 예수 그리스도의 이름으로 기도합니다. 아멘.

# 6월에 맞춘 대표기도문4

"내가 네게 명령한 것이 아니냐 강하고 담대하라 두려워하지 말며 놀라지 말라 네 하나님 여호와가 너와 함께 하시느니라 하시니라." (수1:9)

모든 권세의 주관자가 되시는 주님! 저희가 이렇게 신앙의 자유가 보장된 땅에서 주님께 예배드릴 수 있음을 감사드립니다. 주님께서 이 분단된 나라와 겨레를 사랑하셔서 정치적인 안정, 경제적인 성장, 군사적인 평온을 유지할 수 있게 하심을 감사드립니다. 지난날, 이 민족의 주의 백성들이 6.25 동란으로 큰 환난을 당했으나, 지금까지 남겨 놓으셔서 나라를 지키게 하시고, 하나님의 나라를 건설하는 역군이 되게 하심을 감사드립니다.

주님! 저희 모두가 6.25를 통해 얻은 뼈아픈 교훈을 되새기며, 남은 자로서의 책임을 다할 수 있기를 원합니다. 이웃 간에 서로 사랑하고 나라와 겨레를 사랑하여, 세계를 향하여 선진조국을 빛내고, 정의와 자유가 보장되는 이상 국가를 건설하는 데 책임을 다하는 국민이 되게 하옵소서.

능력의 주님! 오랜 공산정권의 압제 하에 영육 간에 기갈에 처한 북한 동포들을 기억하여 주옵소서. 잘못된 정권과 잘못된 이데올로기를 어서 속히 소멸시켜 주시고, 종교의 자유도 다시 회복됨으로 우렁찬 기도 소리와 찬송이 북녘땅 곳곳에 울려 퍼질 수 있게 하여 주옵소서.

은혜의 주님! 남한의 모든 교회도, 북한의 동포들을 위하여 항상 기도할 수 있게 하시고, 이 나라의 통일을 위하여 더욱 힘써서 부르짖을 수 있게 하옵소서. 이 민족 전체가 복음화되기까지, 구령의 열정이 불꽃처럼 타오를 수 있는 교회가 되게 하옵소서. 이 시간, 말씀을 전하시는 목사님을 주님의 능력의 오른팔로 붙드셔서, 권세 있는 말씀을 선포하게 하시고, 듣는 자의 마음마다 살아 운동력 있는 주님의 말씀을 경험하게 하옵소서. 예배를 위하여 섬기는 손길들을 기억하셔서 그들의 수고와 봉사에 주님의 은혜가 가득 넘치게 하여 주옵소서. 예배의 시종을 주님께 의탁합니다. 성령께서 저희들의 연약함을 도우실 것을 믿사오며, 예수 그리스도의 이름으로 기도합니다. 아멘.

# 6월에 맞춘 대표기도문 5

"여호와를 바라는 자는 새 힘을 얻으리니 독수리가 날개 치며 올라감 같을 것이요 달음박질하여도 곤비하지 아니하겠고 걸어가도 피곤하지 아니하리로다." (사40:31)

사랑이 풍성하신 주님! 세상 유혹이 만연하고 더운 날씨로 인한 게으름이 주님 만나 뵙는 길을 가로막았으나, 이것을 이기게 하심을 감사드립니다. 오늘 저희는 구원의 잔을 들고 은혜의 하나님을, 귀한 이름인 여호와를 소리 높여 부르기 원합니다. 저희가 드리는 예배를 받아 주시옵소서.

자비하신 주님! 저희들은 오늘도 주님 앞에 나올 때, 허물과 죄악의 짐을 지고 주님 앞에 나왔습니다. 이 시간, 십자가의 은혜를 통하여 씻어 주시고 새롭게 변화시켜 주옵소서.

소망과 능력의 주님! 주님 안에서 믿음을 지키고 사명을 감당하느라 피곤하고 지친 성도들이 있습니다. 그들을 말씀으로 위로하시고, 그들의 심령 속에 새 소망과 새 능력을 더하여 주옵소서. 그리하여 다시 일어나게 하시고, 맡겨주신 사명을 끝까지 잘 감당하는 주님의 백성들이 되게 하옵소서. 주님이 택하신 백성들에게는 결코 절망이 있을 수 없음을 깨닫게 하셔서, 어렵고 힘들 때마다 십자가에 달리셨던 주님을 생각하며 끝까지 이겨 나갈 수 있는 용기를 갖게 하옵소서.

은혜의 주님! 이 시간 육신의 무거운 짐을 지고 주님의 전을 찾은 성도들도 있습니다. 무거운 짐을 지고 힘들어하는 성도들에게 새 힘을 허락하여 주시고, 갈 길 몰라 방황하는 성도들에게는 길 되신 주님께서 가야 할 길을 가르쳐 주옵소서.

사랑의 주님! 사랑을 잃어버린 성도들도 있습니다. 그들이 강퍅해지지 않도록 주님의 온유하신 사랑을 그들에게 심어 주시옵소서. 외로움을 겪는 성도들도 있습니다. 주님께서 친히 그들의 벗이 되어 주셔서, 혼자가 아니라 주님이 곁에 계심을 느낄 수 있게 하여 주옵소서. 말씀을 전하시는 목사님을 성령의 능력으로 붙드시옵소서. 주님의 마음을 담아내는 말씀을 전하심으로 듣는 이들이 새 힘을 얻게 하여 주옵소서. 예수 그리스도의 이름으로 기도합니다. 아멘.

# 7월에 맞춘 대표기도문1

"주의 날이 밤에 도둑 같이 이를 줄을 너희 자신이 자세히 알기 때문이라. 그러나 형제들아 너희는 어두움에 있지 아니하매 그 날이 도둑 같이 너희에게 임하지 못하리니."
(살전 5:2, 4)

"그러나 주의 날이 도둑 같이 오리니 그 날에는 하늘이 큰 소리로 떠나가고 물질이 뜨거운 불에 풀어지고 땅과 그 중에 있는 모든 일이 드러나리로다."(벧후 3:10)

**찬양과 감사|** 오늘도 저희의 생명을 연장하여 주시고 건강을 지켜주심을 감사합니다. 또한, 만민 중에서 택하여 주셔서 하나님의 자녀로서의 긍지를 가지고 살게 하심을 감사합니다. 또한, 시대와 환경이 변하여 황금만능과 과학만능의 세상에서도 변치 않으시는 주님의 진리 안에서 승리하여 살게 하시니 감사합니다. 이 시간, 경배와 찬양을 주님께 드리오니 계신 곳 하늘에서 홀로 영광을 받으시옵소서.

**고백과 회개|** 자비하신 하나님 아버지! 7월을 맞이하여 지나간 6개월을 회고해 봅니다. 하나에서 열까지 모든 것이 주님의 사랑과 자비의 결과임을 피부 깊숙이 느낍니다. 그러나 저희들은 연약한 인간이라서 주님의 말씀을 사랑하며 주님의 뜻대로 살지 못하고, 주님의 마음을 아프게 해 드린 경우가 너무 많았음을 고백합니다. 회개하오니, 허물 많고 죄 많은 저희들을 용서하여 주옵소서. 오직 주님의 능력으로 사는 저희들이 될 수 있도록 성령으로 충만하게 하시고, 한 발치라도 주님의 말씀을 벗어나서 사는 일이 없도록 주님의 권능의 오른손으로 붙들어 주옵소서.

**간구|** 사랑의 하나님 아버지! 7월이 오면 이 나라에는 경제적으로 어려운 형제들이 많습니다. 구제는 연말에 한번 형식적으로 하는 것에 그치지 말게 하시고, 어렵고 외로운 형제들이 주님의 자녀인 저희들을 통하여 주님의 참사랑을 느낄 수 있게 하옵소서. 그 뜨거운 이웃사랑의 불길이 7월의 태양처럼 뜨겁게 타올라서 강퍅한 인간들의 마음도 녹일 수 있게 하시

고, 사회의 모든 불의와 악한 것들도 한 줌의 재가 되게 하는 역사가 있게 하옵소서.

은혜로우신 하나님 아버지! 7월이 되면 성도들의 신앙에 적색 신호등이 켜지기 쉬운 계절입니다. 계절적으로 무더운 여름 날씨에 육신이 지치고 피곤하여 신앙생활이 게을러지기 쉽사오니, 더욱 열심 있는 신앙생활을 할 수 있도록 이끌어 주옵소서. 이 여름에 수많은 사람들이 바다와 산으로 자연이라는 주님의 품에 안기는 기회를 가지게 될 것입니다. 그들의 여정을 지켜 주시고, 육신의 피로와 마음의 때를 씻어 버리며, 나가서는 영혼의 눈도 맑아질 수 있는 좋은 기회가 되게 하여 주옵소서.

지나칠 정도로 놀이와 휴식에 젖어들지 말게 하시고, 삶의 리듬이 깨지지 않도록 휴식의 조절을 잘할 수 있는 지혜를 주옵소서. 범죄 또한 극성을 부리는 계절입니다. 신앙인들도 죄악 세상에 빠지기 쉬운 계절입니다. 소돔과 고모라 성과 같은 죄악이 이 땅에 넘실거리지 않도록 성령의 화염검으로 막아 주시고, 주님의 사랑하는 백성들은 조금도 나태해지지 않으며 믿음으로 승리하는 7월이 되게 하여 주옵소서.

교회는 여름을 맞이하여 기관마다 여름행사를 갖고 있습니다. 주님의 음성을 듣고 신앙의 도약을 할 수 있는 다시없는 기회가 되게 하옵소서. 오늘 이 자리에 나온 성도들 중에 원치 않는 고통에 시달리는 심령들이 있습니까? 주님의 도우심이 절대적으로 필요한 심령이 있습니까? 주님의 안식과 평안이 필요한 성도들이 있습니까? 이 시간을 통하여 신앙의 새 힘을 얻게 하시고, 새 능력을 공급받게 하옵소서.

**예수님의 이름으로!** 오늘도 주님의 말씀을 듣고 단 위에 서신 목사님을 기억하시고, 성령의 능력으로 붙드셔서 이 자리에 참석한 모든 성도들이 날 선 검 같은 주님의 말씀이 심령 골수를 쪼개는 체험을 하게 하옵소서. 예배를 섬기는 손길들에게 위로를 더하시며, 마음을 다하여 준비한 찬양대의 찬양도 기쁘게 받으시옵소서. 예배의 시종을 주님께 의탁하오며 의의 태양이신 예수그리스도의 이름으로 기도합니다. 아멘.

# 7월에 맞춘 대표기도문 2

"범사에 감사하라 이것이 그리스도 예수 안에서 너희를 향하신 하나님의 뜻이니라."
(살전 5:18)

　때를 따라 은혜의 단비를 내려주시고 보살펴 주시는 주님의 사랑을 찬양하며 감사드립니다. 특별히 오늘은 저희들에게 맥추기를 허락하셔서 맥추감사주일로 지킬 수 있도록 은혜를 베푸시니 감사드립니다. 주님은 해마다 풍성한 열매로 저희를 채우셔서 저희로 궁핍한데 처하지 않도록 이끌어주시니 얼마나 감사한지요. 하오나, 저희는 욕심에 눈이 어두워 자기중심적으로 살 때가 너무도 많았습니다. 철부지 어린아이와 같이 마음이 원하는 대로 산 저희를, 우리 주님께서 은혜와 사랑으로 덮고 계시기에, 오늘 저희들이 이 복된 자리에 있게 된 줄을 믿습니다. 이제는 철든 신앙인이 되어서 주님께 감사하며 자녀의 본분을 다하는 삶이 되게 하여 주옵소서.

　주님! 오늘 저희가 맥추감사주일로 지키면서 형식적으로 물질만 드리지 않기를 원합니다. 지금까지 지내온 모든 것이 주님의 은혜와 사랑의 흔적임을 고백하며, 저희의 온 맘을 다 바쳐 주님을 기쁘시게 하는 시간이 되게 하여 주옵소서. 오늘뿐만이 아니라, 매일의 삶 속에서 주님을 향한 진정한 감사가 묻어 나올 수 있기를 원합니다. 저희의 심령을 복되게 하여 주셔서 생활의 감사제가 늘 주님께 드려질 수 있게 하옵소서.
　자비로우신 주님! 맥추감사주일이지만 참된 평안을 얻기를 소원하는 교우가 있습니까? 이 시간 평안을 얻게 하여 주옵소서. 치유를 원하는 교우가 있습니까? 이 시간, 주님의 피 묻은 손으로 안수하여 주셔서 회복시키시는 주님의 은혜에 감사할 수 있게 하옵소서. 기쁨을 잃어버린 교우에게는 샘솟는 기쁨이 충만하게 채워지는 시간이 되게 하시고, 감사를 잃어버린 교우에게는 범사에 감사할 수 있는 은혜를 발견하는 시간이 되게 하옵소서. 오늘도 말씀을 전하시는 목사님을 한결같은 능력으로 붙드셔서 힘 있고 권세 있는 말씀을 증거하실 수 있게 하여 주옵소서. 예배를 섬기는 손길들도 권능의 손으로 붙드셔서, 섬길수록 더 귀한 주님을 느끼게 하옵소서. 예수 그리스도의 이름으로 기도합니다. 아멘.

# 7월에 맞춘 대표기도문3

"너희 염려를 다 주께 맡기라 이는 그가 너희를 돌보심이라"(벧전5:7)

　천지의 대 주재이신 하나님 아버지! 영광과 존귀를 홀로 받으시옵소서. 인생들을 창조하시고, 기르시고, 보호하시는 주님, 햇빛과 비와 바람을 주셔서 이 땅에 풍성한 첫 열매를 허락하심을 감사드립니다.
　자비하신 하나님! 지나간 6개월을 회고하니 하나에서부터 열까지, 다 주님의 사랑과 자비의 결과임을 피부 깊숙이 느낍니다. 하지만 저희들은 주님의 말씀을 사랑하며, 주님의 뜻대로 살지 못하고, 주님의 마음을 아프게 해 드린 경우가 너무나 많았음을 고백하지 않을 수 없습니다. 허물 많은 저희들을 용서하여 주시고, 오직 주님의 능력으로 사는 저희들이 되게 하여 주시며, 한 발치라도 주님의 말씀을 벗어나 살지 않도록 이끌어 주옵소서. 저희들에게 비뚤어진 마음과 미련한 생각들이 있다면 바로잡아 주시고, 항상 주님으로 말미암아 기뻐하고 즐거워하며, 주님이 걸어가신 길을 좇을 수 있는 순종의 삶이 될 수 있도록 이끌어 주옵소서.

　사랑의 주님! 이제 여름을 맞이하여 교회 부서마다 여름행사들을 계획하고 있습니다. 이 모든 행사와 계획들이 주님의 뜻을 담아낼 수 있는 일들이 되게 하시고, 주님의 사랑과 은혜를 전하고, 증거하며, 열매를 많이 맺어 주님께 큰 영광을 돌릴 수 있게 하옵소서.
　은혜의 주님! 오늘 주님께 참 마음으로 예배드리기 원하면서도 세상의 온갖 염려와 근심으로 인하여 무거운 마음으로 예배드리는 성도들도 있는 줄 압니다. 예배드리는 동안에 그들의 답답한 마음들이 주님의 평안으로 채워지게 하시고, 주님의 말씀으로 위로받게 하시며, 신앙의 힘을 얻어서 소망이 넘치는 생활이 되게 하여 주옵소서.
　주님의 계시된 말씀을 듣고 단 위에 서신 목사님을 기억하셔서 성령의 능력으로 붙들어 주옵소서. 저희 모두가 말씀을 들을 때에 시냇가를 걷는 기쁨이 있게 하옵소서. 예배의 시종을 주님께 의탁하오며, 예수 그리스도의 이름으로 기도합니다. 아멘.

# 7월에 맞춘 대표기도문4

"여호와는 나의 목자시니 내게 부족함이 없으리로다." (시23:1)

    참 좋으신 주님! 무더운 날씨 속에서도 저희들이 해야 할 일들을 할 수 있게 하시고, 이 시간 주님의 전을 찾아 예배할 수 있게 하시니 감사합니다. 이 더위에도 지쳐 쓰러지지 않는 힘을 더하여 주셔서 은혜의 자리를 찾을 수 있게 하여 주시니 얼마나 감사한지요. 하지만, 주님의 뜻을 좇아 살려고 몸부림쳤지만 어느새 죄가 저희 심령으로 파고들어와 죄에게 끌려갈 때가 많았습니다. 연약한 믿음을 고백하며 회개하오니 용서하여 주옵소서.

    주님! 무덥고 뜨거운 여름이지만 뜨거운 신앙으로 주님을 섬길 수 있기를 원합니다. 저희들에게 여름의 계절을 허락하신 것은 주님을 향한 뜨거운 신앙을 잃지 말 것을 교훈하시기 위함임을 깨닫습니다. 피곤하고 지칠지라도 주님을 향한 뜨거움으로 아름다운 은혜의 열매를 맺어갈 수 있게 하옵소서. 그 은혜의 열매들이 혹은 백배, 혹은 육십 배, 혹은 삼십 배의 결실로 나타날 수 있게 하옵소서.

    주님! 무더운 여름이지만 하절기를 맞이하여 교육부서에서 여름행사를 준비하며 진행하고 있습니다. 특별히 여름성경학교를 개강한 주일학교를 기억하셔서, 성경학교를 통하여 어린이들과 선생님들이 하나가 되며, 말씀을 통하여 예수 그리스도를 더 깊이 만나는 귀한 시간이 되게 하옵소서.

    매년 하고 있는 여름 행사라고 하여, 틀에 박힌 행사가 되지 말게 하시고, 어린 심령들을 통하여 천국의 지경이 확장되는 축복의 행사가 되게 하옵소서. 여름행사를 위하여 도움의 손길을 주는 성도들도 있습니다. 어린 심령들은 사랑을 먹고 크는 존재들임을 기억하여서 아이들을 지극히 사랑하는 마음으로 봉사할 수 있게 하시고, 섬김과 봉사를 통하여 천국의 기쁨을 누릴 수 있게 하옵소서. 오늘도 말씀을 전하시는 목사님을 붙드시옵소서. 계절에 맞는 영의 양식이 되는 말씀을 증거하시게 하옵소서. 이미 예배가 시작되었습니다. 주님만이 홀로 영광 받으실 것을 믿사옵고 예수 그리스도의 이름으로 기도합니다. 아멘.

# 7월에 맞춘 대표기도문5

"너희가 먹든지 마시든지 무엇을 하든지 다 하나님의 영광을 위하여 하라." (고전 10:31)

영광을 받으시기에 합당하신 주님! 예수 그리스도께서는 불의한 죄인을 대속하시기 위해, 쓰리고 아픈 십자가에 달리셔서 양손과 양발에 못이 박히고 보배로운 피를 흘려주셨습니다. 이보다 더 큰 사랑이 세상에 어디 있고, 이보다 더 큰 은총이 어디에 있겠습니까? 오늘 그 사랑과 그 은총을 받은 저희들이 주님의 전에 모였습니다. 주님을 찬양하며 예배하기를 원하오니 오직 주님만 영광을 받으시옵소서.

사랑의 주님! 받은 은총이 크면 사명도 큰 것임을 깨닫습니다. 저희 모두가 맡은 일에 충성을 다할 수 있게 하시고, 하나님 나라의 확장을 위해 아낌없이 쓰임 받을 수 있는 도구가 되게 하옵소서. 건강도, 지식도, 물질도, 주님의 것임을 고백하며, 헌신과 희생의 욕구를 충족시킬 수 있는 저희 모두가 되게 하옵소서.

주님! 유혹의 물결이 여기저기 넘실대며 춤을 추고 있는 계절입니다. 육신의 안일을 위해 죄의 욕구를 충족시키는 계절이 되지 않게 하시고, 하나님의 자녀로서 마땅히 행할 바를 행하므로, 주님을 기쁘시게 할 수 있는 복된 계절을 보낼 수 있게 하옵소서. 더위가 모든 것을 지치게 하여도 언제나 주님의 말씀만큼은 놓치지 않을 수 있게 하시고, 계절을 타지 않는 전천후 믿음을 보여드릴 수 있는 저희의 생활이 되게 하옵소서. 여름행사가 계속되고 있습니다. 주님이 늘 동행하시고 인도하여 주심으로 안전하고 은혜로운 여름행사가 되게 하시고, 앞에서 인도하는 자나 참여하는 자 모두가 한결같은 주님의 사랑과 은혜를 다시금 경험하는 시간이 되게 하옵소서.

주님! 사회가 어려울수록 일자리를 갖지 못한 사람들이 많습니다. 그들에게 수고의 떡을 먹을 수 있는 은총을 내려주시고, 힘든 때일수록 사람이 떡으로만 사는 것이 아님을 깨닫게 되는 지혜를 얻게 하옵소서. 이 시간, 말씀을 전하시는 목사님을 크신 권능으로 함께 하실 것을 믿사오며, 예수 그리스도의 이름으로 기도합니다. 아멘.

# 8월에 맞춘 대표기도문1

"이러므로 우리에게 구름 같이 둘러싼 허다한 증인들이 있으니 모든 무거운 것과 얽매이기 쉬운 죄를 벗어버리고 인내로써 우리 앞에 당한 경주를 하며."(히 12:1)

"이는 너희 믿음의 시련이 인내를 만들어 내는 줄 너희가 앎이라. 인내를 온전히 이루라 이는 너희로 온전하고 구비하여 조금도 부족함이 없게 하려 함이라."(약 1:3~4)

**찬양과 감사|** 주님을 앙망하고 의지하는 자에게 새 힘을 주시는 능력의 하나님! 지난 한 주간도 저희들을 주님의 은혜로 지켜 보호하여 주시고, 오늘 이렇게 거룩한 주일을 맞이하여 주님의 백성들이 한자리에 모여 주님을 예배할 수 있도록 이끌어주신 은혜를 감사합니다.

믿음의 행위가 나태해지기 쉬운 계절이지만 주님께서 불꽃같은 눈동자로 저희들을 지켜주시고 믿음의 뜨거움이 식지 않도록 인도하여 주셔서 오늘도 뜨거운 마음으로 예배할 수 있게 하시니 감사합니다. 저희의 예배를 기쁘게 받으시옵소서.

**고백과 회개|** 긍휼이 풍성하신 하나님! 한 주간의 삶을 돌이켜 보건대 더위에 지쳐 세상에 빛을 발하는 삶을 살기보다는 오히려 어둠에 휩싸이고 불의와 부패 앞에 무력했음을 고백하지 않을 수 없나이다. 잘못된 저희들의 행위를 주님의 그 크신 긍휼로 용서하여 주시고 말씀에 순종할 수 있는 믿음과 말씀대로 실천할 수 있는 용기를 갖게 하여 주옵소서. 오곡백과가 탐스럽게 익는 것을 보면서 저희들도 주님이 바라시는 열매를 맺어갈 수 있는 믿음이 되게 하여 주옵소서.

**간구|** 자비로우신 하나님! 이번 태풍과 홍수로 인하여 농민들의 가옥과 가축이 떠내려가고 인명까지도 비참하게 앗아갔사오니, 그 상처가 참혹하여 비명이 하늘까지 사무치고 있습니다. 비통함에 울부짖는 수재민들을 불쌍히 여기셔서 위로하여 주시고, 그들의 상처가 아물 수 있도록 은총을 베풀어 주옵소서. 슬픔에 잠긴 이웃을 위하여 선한 사마리아 사람처럼 온

정의 손길을 보내는 따뜻한 손길을 기억하시고, 고통을 함께 나누고 사랑을 베푸는 삶이 얼마나 아름답고 기쁘고 즐거운 것인지를 마음 가득히 깨닫는 계기가 되게 하여 주옵소서.

　은혜로우신 하나님! 9월을 주신다는 소망을 간직하고 이 무더운 여름을 잘 인내할 수 있도록 도와주시옵소서. 또한 저희들에게 깨달음을 주셔서 성령의 선물은 기쁨만을 선사함이 아니라, 모든 사람들을 섬기며 봉사하도록 강권하신 것을 알게 하옵소서. 그러한 직분을 감당하도록 놀라운 능력도 주심을 알게 하시고, 저희의 마음속 깊이 침전되어 있는 주님을 향한 열망의 불을 불붙게 하셔서 거룩하게 타오르도록 하실 수 있는 분은 오직 주님 한 분이심을 확신하게 하옵소서.
　사랑의 하나님! 어려운 경제난으로 인하여 신앙적으로 넘어지는 성도들이 많습니다. 고통에도 하나님의 뜻이 계신 줄 믿고 더욱더 믿음으로 정진할 수 있는 성도들이 되게 하시고, 주님을 높이는 생활이 될 수 있도록 이끌어 주옵소서.
　여름행사를 진행 중인 주일학교와 부서들을 붙들어 주시고, 이번 행사를 통하여 영원한 가치와 비전이 주님께 있음을 분명히 깨닫는 계기가 되게 하여 주옵소서. 교회에 속한 기관들이 있습니다. 이 무더운 여름에 나태하거나 연약해지는 기관이 없게 하시고, 풍요로운 열매를 거두는 복된 기관들이 될 수 있도록 인도하여 주옵소서.

　**예수님의 이름으로|** 오늘도 주님의 말씀을 듣고 단 위에 서신 목사님을 성령의 능력으로 강하게 붙드셔서 선포하시는 말씀이 나태해진 저희의 심령에 불을 붙이는 말씀이 되게 하여 주옵소서.
　안내로, 식당 봉사로, 차량봉사로, 주차안내로, 예배를 섬기는 손길들을 기억하셔서 주님의 몸 된 교회를 섬기는 것이 천국의 기쁨으로 결실되게 하옵소서.
　찬양대의 찬양도 기쁘게 받으실 것을 믿사옵고 예배의 시종을 주님께 의탁하오며, 예수그리스도의 이름으로 기도합니다. 아멘.

# 8월에 맞춘 대표기도문 2

"너희가 진리를 알지니 진리가 너희를 자유롭게 하리라." (요8:32)

저희를 지극히 사랑하시는 주님! 죄 때문에 멸망 받아 마땅한 인간들을 사랑하셔서 독생자를 통한 대속의 은총을 베푸시고, 희망 없던 인간들이 그 은혜를 인하여 소망의 삶을 누리게 하시니, 감사함으로 찬양과 경배를 드립니다. 주님! 예배를 드리면서 지난 한 주간 동안, 하나님과 이웃들에게 무례하게 행하고 미워했던 것들을 회개합니다. 나 혼자만 선한 것으로 생각했고, 다른 사람을 악하고 어리석다고 여겨 왔던 잘못들을 고백하오니 용서하여 주옵소서.

위로와 소망이 되시는 주님! 주님의 택함 받은 자녀로서, 그 어떤 시련이 닥쳐온다 할지라도 언제나 주님의 크신 사랑과 능력을 신뢰하며 살아갈 수 있게 하옵소서. 저희와 함께하시는 그 능력의 손을 항상 붙드는 삶이 되게 하옵소서.

목자이신 주님! 지금도 이 세상에는 목자 없는 양같이 유리방황하는 영혼들이 많이 있습니다. 구원과 심판이 무엇인지도 모르고, 천국과 지옥이 무엇인지도 모른 채, 눈앞에 보이는 먹이만을 뜯기 위하여 몸부림치는 영혼들이 있습니다. 그들의 영혼을 불쌍히 여기셔서 주님을 알 수 있는 지혜를 허락하여 주옵소서. 이제껏 추구하며 살던 모든 것이 헛된 것임을 깨달아, 주님 앞으로 돌아올 수 있는 은혜가 있게 하옵소서. 주님을 믿고 따르는 것이 얼마나 복된 것인지를 피부 깊숙이 느낄 수 있도록 은총을 내려주옵소서.

주님! 아직도 여름행사가 진행 중에 있습니다. 수련회를 진행 중인 학생회 및 청년대학부를 기억하셔서, 가슴 벅찬 주님의 은혜를 경험할 수 있는 수련회가 되게 하옵소서. 이 시간, 생명의 말씀을 전하시는 목사님을 주님의 능력의 오른손으로 붙드셔서 피곤치 않게 하실 것을 믿습니다. 예배를 위하여 봉사하는 손길들에게도 동일한 은혜를 더하여 주옵소서. 예배의 시종을 주님께 의탁하오며, 예수 그리스도의 이름으로 기도합니다. 아멘.

# 8월에 맞춘 대표기도문3

"나 여호와가 말하노라…내가 너를 치료하여 네 상처를 낫게 하리라." (렘30:17)

　사랑의 주님! 예수 안에 있는 생명의 성령의 법으로 죄와 사망의 법에서 해방시켜 주심을 감사드립니다. 이 시간, 주님께서 친히 값 주고 사신 백성들이 한자리에 모여 예배하게 하시니 진실로 감사드립니다. 주님만이 영광을 받으시옵소서. 은혜의 주님! 저희들이 늘 주님의 뜻대로 산다고 다짐하면서도, 죄악된 길에서 벗어나지 못하고 세상에 동화된 채 죄를 지으며 살았습니다. 주님의 궁휼하심을 바라보며 회개하오니 용서하여 주시고 저희 속에 정한 영을 새롭게 하여 주옵소서. 진리를 깨달아 알 수 있는 눈을 열어주시고, 그 말씀 앞에 겸손히 머리 숙이며, 진리의 길을 따라 살 수 있는 용기와 의지를 주옵소서.
　저희 마음의 소원을 아시는 주님! 오늘도 저희들의 형편과 처지를 되돌아보며 안타까운 마음으로 간구합니다. 험난한 세상을 살면서 피할 수 없는 상처와 아픔을 많이 겪고 있습니다. 인생들의 죄 짐을 홀로 지시고 피 흘려 돌아가신 주님을 생각하면, 지금 겪고 있는 상처와 아픔이 엄살로밖에 보이지 않는 것 같아 너무나 부끄럽습니다.

　주님! 어머니 품속에 있는 갓난아이처럼 주님을 의지합니다. 치료하시는 주님께서 상처 난 부분을 싸매 주시고, 뼛속 깊숙이 자리 잡은 아픔들을 성령의 불로 녹여 주셔서, 주님을 의뢰하는 인생이 얼마나 행복한지를 깨달을 수 있게 하옵소서. 주님! 이 사회가 여러 가지 문제로 어수선합니다. 어서 속히 안정을 찾을 수 있도록 도와주시옵소서. 특히, 위정자들을 붙들어 주셔서 국민을 생각하는 마음이 그들에게 넘쳐나게 하시고, 나라를 생각하는 마음이 그들에게 넘쳐나게 하여 주옵소서. 오늘도 주님의 계시된 말씀을 전하시는 목사님을 친히 붙드시고 그 입술을 주장하셔서, 듣는 자로 하여금 주님의 음성을 직접 듣는 것 같게 하시고, 영혼에 단비와 같은 말씀이 되게 하옵소서. 예배의 시종을 주님께 의탁하오며, 예수 그리스도의 이름으로 기도합니다. 아멘.

# 8월에 맞춘 대표기도문 4

"오직 여호와를 앙망하는 자는 새 힘을 얻으리니 독수리가 날개 치며 올라감 같을 것이요 달음박질하여도 곤비하지 아니하겠고 걸어가도 피곤하지 아니하리로다." (사 40:31)

새 힘을 주시는 주님! 지치기 쉬운 계절에 힘을 주셔서 주님의 전을 찾을 수 있도록 이끄심을 감사드립니다. 저희가 주님의 전을 찾을 수 있게 된 것은, 저희를 도우시는 성령님이 이끌어 주셨기 때문임을 믿습니다. 예배할 때에 성령의 단비를 내리셔서 메마른 영혼들이 생기를 얻게 하옵소서.

주님! 한 주간의 삶을 돌이켜 보건대 빛의 자녀로서 살지 못했음을 고백합니다. 불의 앞에서 비굴함을 보일 때도 있었고, 성령의 전인 심령을 거짓으로 더럽힐 때도 있었습니다. 죄를 은근슬쩍 용납할 때도 있었습니다. 용서하여 주옵소서. 주님! 이제 오곡백과가 무르익는 계절이 다가오고 있습니다. 오곡백과가 탐스럽게 익어가는 자연 앞에서 신앙의 아무런 열매를 맺지 못한 부끄러운 모습이 되지 않기를 원합니다. 이제 무더운 계절로 말미암아 다소 느슨해졌던 신앙을 다시 추슬러서 열매 맺는 믿음의 길을 달려갈 수 있는 저희 모두가 되게 하옵소서.

주님! 수확의 시기가 되어도 수확할 것이 없어 빈둥대기만 하는 저희 모습이 되지 않기를 원합니다. 주님이 허락하신 귀한 시간들을 허비하기만 한 인생이 되지 않기를 원합니다. 이유만 무성하고, 핑계만 무성한 게으른 신앙인이 되지 않기를 원합니다. 심지 않은 데서 열매를 바랐던 악한 종이 되지 않기를 원합니다. 오곡백과가 탐스럽게 익어가는 것을 보면서 저희들도 주님 나라를 풍요롭게 하는 영적인 열매를 맺어갈 수 있는 주의 자녀들이 될 수 있게 하옵소서.

주님! 아직도 나라의 경제가 회복되지 않고 있습니다. 날로 빈부격차는 심해지고 있고, 최저의 생계비마저 보장받지 못하여 아픔을 겪는 가정들이 늘어나고 있습니다. 이 나라를 불쌍히 여기시고 주의 크신 회복이 있게 하옵소서. 오늘도 생명의 말씀을 전하시는 목사님을 붙드시옵소서. 느슨해진 저희의 심령에 불을 붙이는 말씀이 되게 하옵소서. 예수 그리스도의 이름으로 기도합니다. 아멘.

# 8월에 맞춘 대표기도문5

"평강의 하나님이 신이 너희를 온전히 거룩하게 하시고 또 너희의 온 영과 혼과 몸이 우리 주 예수 그리스도 강림하실 때에 흠 없이 보전되기를 원하노라." (살전5:23)

언제나 새로운 역사로 저희와 함께 계시는 주님! 흑암의 세계에서 헤매던 저희들에게 정한 마음을 주시고, 정직한 성령을 허락하여 주시오니, 그 은혜를 감사드립니다. 저희의 심령을 날마다 새롭게 하셔서 주님의 영광을 대할 수 있는 맑은 마음이 되게 하옵소서. 또한, 만물을 새롭게 함같이 교만으로 굳어진 저희의 마음을 부드럽게 해 주시고, 불평불만으로 무거운 마음을 가볍게 해 주시며, 공적도, 아성도 무너지게 하옵소서.

주님! 이 시간 주님이 예비하신 은혜를 마음의 문을 열어놓고 기다리오니, 하늘 문을 여셔서 아낌없이 채워주시옵소서. 용서와 치료의 은총을 내려 주옵소서. 그리하여 저희의 심령에 새로운 기쁨과 소망으로 채워지게 하셔서 영원한 천국을 바라보며 힘 있게 달음질할 수 있게 하여 주옵소서.

주님! 속박과 슬픔과 고통이 있는 땅에 자유와 위로를 허락하시며 평화를 더하셔서, 인생들이 서로를 믿고 정답게 살도록 은총을 내려 주옵소서. 분단된 이 민족이 통일되게 하셔서 사상과 이념도 주의 말씀으로 하나 될 수 있게 하옵소서. 이 나라가 진실로 하나님을 섬기는 나라가 되어서, 주님의 나라와 그 의를 구하는 백성이 되게 하옵소서.

주님! 교회도 하나 되게 하옵소서. 높고 낮음이 없게 하시고, 빈부의 귀천이 없게 하시고, 시기와 다툼이 없게 하셔서, 모든 것이 평균케 되는 사랑의 공동체가 되게 하옵소서.

오늘도 말씀을 전하시는 목사님께 성령을 기름 붓듯 부으시옵소서. 은혜를 사모하는 모든 사람들이 생수의 강이 넘쳐흐르는 축복을 경험하게 하옵소서. 주님의 몸 된 교회를, 이름 없이 빛도 없이 섬기는 성도들을 기억하셔서, 항상 주님의 은혜에 대한 기쁨을 누리며 사는 삶이 되게 하옵소서. 믿음 안에서 늘 승리케 하시는 예수 그리스도의 이름으로 기도합니다. 아멘.

## 9월에 맞춘 대표기도문 1

"그들의 열매로 그들을 알지니 가시나무에서 포도를, 또는 엉겅퀴에서 무화과를 따겠느냐? 이와 같이 좋은 나무마다 아름다운 열매를 맺고 못된 나무가 나쁜 열매를 맺나니 좋은 나무가 나쁜 열매를 맺을 수 없고 못된 나무가 아름다운 열매를 맺을 수 없느니라. 아름다운 열매를 맺지 아니하는 나무마다 찍혀 불에 던져지느니라. 이러므로 그들의 열매로 그들을 알리라." (마7:16~20)

**감사와 찬양|** 아름다운 계절과 수확의 절기를 주신 하나님 아버지! 하늘이 높아지고 오곡백과가 무르익는 이 즐거운 계절에 주님 앞에 나와 예배할 수 있게 하시니 감사합니다. 날이 갈수록 믿음이 더해가는 저희들이 되게 하시고, 영적인 열매까지 더욱 알차게 맺을 수 있는 저희들 되게 하옵소서. 이 시간에 저희들이 주님을 예배합니다. 오늘도 마음과 정성을 다하여 주님을 예배할 수 있도록 저희의 생각과 마음을 주장하여 주옵소서.

**고백과 회개|** 사랑의 하나님! 입술로는 언제나 주님을 사랑한다고 말하면서도 오히려 세상과 저희 자신을 더욱 사랑했던 죄와 허물을 고백합니다. 주님마저도 저희의 이기적인 욕구를 충족시키는 수단으로 만들려고 했던 죄를 회개하오니 긍휼을 베푸셔서 용서하여 주옵소서. 이제는 마음과 정성과 뜻을 다하여 주님만을 사랑할 수 있게 하시고, 믿음의 사람답게 주님의 뜻을 앞세우며 살아갈 수 있는 삶이 되게 하여 주옵소서.

**간구|** 자비로우신 하나님! 이 나라를 불쌍히 보시기를 원합니다. 지금 정치적으로 경제적으로 사회적으로 너무 어려운 힘든 때를 지나고 있습니다. 이 나라와 이 백성들을 긍휼히 여기사 하루속히 정국이 안정되고 사회가 안정될 수 있도록 도와주시옵소서. 사회 전반에 걸쳐 갖가지 위기설이 나돌고 있는 이때에, 정신을 차리고 근신할 수 있는 이 나라와 백성들이 되게 하시고, 침체에 빠진 경제가 하루속히 회복되며 어지러운 이 사회가 하루빨리 안정을 찾을 수 있도록 은총을 베풀어 주옵소서.

이 나라가 이처럼 여러 가지 어려움에 직면하게 된 것도 교회가 바로 서지 못하고 사명을 망각한 까닭인 줄 압니다. 지금부터라도 교계 지도자들이 먼저 회개하여 하나가 되게 하시고, 저희 온 성도들이 눈물로 회개하고 자복하여 미스바 회개 운동과 같은 회개운동이 방방곡곡에서 일어나게 하시고, 세상의 빛과 소금의 역할을 감당할 수 있는 성도, 침체된 이 사회를 밝은 길로 인도할 수 있는 교회들이 되게 하여 주옵소서.

용서의 하나님! 인생의 풍랑이 험해질수록 용서가 필요한 때인 줄 압니다. 나라의 경제가 끝없이 추락하고 있음에도 불구하고 현 정치인들은 정죄의 칼을 들고 같은 동료들을 심판하기에만 급급해하고 있습니다. 정치인들부터 악을 선으로 갚으며, 관용과 용서의 손길을 펴 보임으로써 화해를 이끌어 낼 수 있는 정치를 할 수 있게 하옵소서. 같은 동료를 용서하지 못하고 어떻게 사상과 이념이 다른 북한과 통일을 이룰 수 있겠으며, 여러 가지 대북 정책이 무슨 성과를 거둘 수 있겠습니까? 사랑을 모르는 정치인들, 용서를 모르는 정치인들, 주님께서 일흔 번씩 일곱 번이라도 용서하라는 주님의 용서의 가르침을 배우고, 그런 마음으로 또다시 시련에 허덕이는 국민의 마음을 달래주고 위로해 줄 수 있는 정치인들이 되게 하여 주옵소서.

기업도, 단체도, 가정도 서로 용서하는 미덕이 필요한 때인 줄 압니다. 용서의 대상을 한정하지 말게 하시고, 무조건적이고 무제한적인 용서를 베푸는 기업과 단체 가정들이 되게 하여 주옵소서. 이 어려운 경제를 극복할 수 있는 길은 서로 용서하고, 손에 손을 붙잡고 힘 있게 나아가야만 될 줄로 압니다. 이제는 온 국민이 용서와 화해와 사랑의 삶을 실천할 수 있도록 도와주시옵소서.

**예수님의 이름으로!** 오늘도 생명의 말씀을 듣고 단 위에 서신 목사님을 성령의 능력으로 붙드시고 권세 있는 말씀을 전하실 수 있도록 힘을 더하여 주시옵소서. 예배의 시종을 주님께 의탁하오며, 죽음같이 강한 사랑을 보여주신 예수그리스도의 이름으로 기도합니다. 아멘.

# 9월에 맞춘 대표기도문2

"우리는 이 보배를 질그릇에 가졌으니 이는 심히 큰 능력이 하나님께 있고 우리에게 있지 아니함을 알게 하려 함이라." (고후4:7)

사랑의 하나님! 질그릇처럼 값없는 인생들이지만, 저희들을 예수 그리스도의 피로 값 주고 사셨기에, 저희들은 보배로운 하나님의 자녀들임을 믿습니다(고후 4:7). 주님의 크신 인애와 긍휼하심이 저희들을 집중하고 계시기에, 오늘 저희들이 예배의 자리로 담대히 나온 줄 믿습니다. 그러나 주님 앞에서 저희들의 삶을 돌이켜보면, 죄악된 세상에서 방황했던 흔적들밖에 보이는 것이 없음을 고백합니다.

한 주간 동안 지은 죄를 가볍게 여길 것이 아니라, 회개할 것은 바르게 회개하여 주님의 용서를 구할 수 있는 저희들이 되게 하옵소서.

그리하여 거룩하고 정결한 예배를 주님께 드릴 수 있게 하시고, 주님의 이름을 높일 수 있는 기쁨을 얻게 하옵소서.

복의 근원이 되시는 주님! 오늘 저희로 하여금 진정한 복은 하나님께로부터 옴을 다시 한번 깨닫게 하시고, 언제나 신령한 복을 사모하며 구하는 자들이 되게 하옵소서. 진주의 가치를 알지 못하는 미련한 짐승처럼, 하늘의 신령한 복을 소홀히 여기는 어리석은 모습이 없게 하시고, 열심을 다하여 구하는 가운데 하나님이 채우시는 진정한 부요함을 경험하는 삶이 되게 하옵소서. 생명이 되시는 주님! 지금 이 사회는 잘못된 문화와, 잘못된 가치관들이 급속도로 번져나가고 있습니다. 청소년들이 오염된 문화 속으로 겁 없이 뛰어들고 있고, 옳고 그릇됨의 분별력을 상실한 채, 감각에만 의존하는 방향으로 나아가고 있습니다.

주님! 빛을 잃어가는 이 사회를 불쌍히 여기시고 주님의 사랑과 긍휼하심으로 건져주시옵소서. 오늘의 교회와 성도들은 어둠 속에 갇혀 있는 이 사회의 안타까움을 보며 더욱 강력한 영성을 갖춰야 한다는 열망을 품게 하옵소서. 이 사회에 밝은 빛을 비추기 위하여 빛의 자녀로 사는데 마음을 쏟을 수 있게 하옵소서(엡 5:8). 말씀 전하시는 목사님을 붙드시옵소서. 예배의 시종을 주님께 맡기오며, 예수 그리스도의 이름으로 기도합니다. 아멘.

# 9월에 맞춘 대표기도문 3

"서로 돌아보아 사랑과 선행을 격려하며 모이기를 폐하는 어떤 사람들의 습관과 같이 하지 말고 오직 권하여 그 날이 가까움을 볼수록 더욱 그리하자." (히10:24-25)

　기쁨의 절기를 주신 하나님! 이 땅에 오곡백과가 영그는 계절을 주셔서 창조의 은총을 다시금 깨닫게 하심을 감사드립니다. 찬란하고 밝은 이 은혜의 계절에, 다시금 저희의 두 눈은 주님의 창조의 솜씨를 바라보게 하시고, 저희의 입술은 지금도 살아계셔서 역사하고 계시는 주님의 진리의 말씀만을 말하게 하여 주옵소서.
　의로우신 하나님! 저희의 죄는 사하여 주시고 허물을 가려주셔서 의롭게 여겨주심을 감사드립니다. 하지만, 저희는 항상 죄를 이기지 못하는 삶을 살고 있습니다. 오늘도 주님을 예배하면서 죄를 좇아 행했던 부끄러운 모습들을 돌아보며 회개하오니 용서하여 주시옵소서.

　자비하신 주님! 매주간 모여 예배하고 떡을 떼며, 교제에 힘쓰는 구역(셀)을 위하여 기도합니다. 모임을 가질 때마다 주님의 은혜와 사랑이 넘쳐나게 하시고, 주님의 몸 된 교회를 세우며 가정을 세우는 구역(셀) 모임이 되게 하옵소서. 특별히 구역(셀)을 통하여, 불신자들이 주님 앞으로 나올 수 있도록, 주님의 사랑을 앞세워 복음 증거에 힘쓰는 구역(셀)이 되게 하옵소서.
　구역(셀)을 책임지고 있는 구역의 지도자들을 붙드셔서, 구역(셀)원들을 주님의 사랑으로 돕고 섬기며, 믿음으로 잘 이끌어 줄 수 있는 역할을 감당하게 하옵소서. 구역(셀)원들마다 성령의 능력과 은사를 충만하게 부으셔서 주님의 일에 적극적으로 봉사할 수 있는 일꾼들이 되게 하옵소서. 아픔을 당하고 있는 구역(셀)원들이 있다면, 그 아픔이 주님을 더욱 가까이할 수 있는 동기가 되게 하시고, 더 성숙한 믿음의 사람으로 성장하는 기쁨을 누리게 하옵소서.
　말씀 들고 단 위에 서시는 목사님을 기억하셔서, 모든 성도들이 평생에 잊지 못할 은혜로운 말씀을 전하실 수 있도록 도우실 것을 믿습니다. 예배를 위하여 섬기는 손길들에게도 항상 새 능력으로 함께하실 것을 믿사오며, 저희를 끝까지 사랑하시는 예수 그리스도의 이름으로 기도합니다. 아멘.

# 9월에 맞춘 대표기도문 4

"너희 중에 누구든지 크고자 하는 자는 너희를 섬기는 자가 되고 너희 중에 누구든지 으뜸이 되고자 하는 자는 너희의 종이 되어야 하리라." (마20:26-27)

할렐루야! 오늘도 저희를 세상에서 가장 아름다운 곳, 주님의 임재하심과 주님의 은혜가 넘치는 곳으로 인도하심을 감사드립니다.

자의적인 결단에 의하여 나온 것 같지만, 주님이 이끄신 것임을 믿습니다. 이 축복의 장소에 저희를 두었사오니, 세상의 그 무엇과도 비교될 수 없는 시간이 되게 하옵소서. 낮고 천한 자리를 찾아오신 주님! 주님은 겸손과 섬기는 삶의 본이 되셨음을 기억합니다. 하지만 저희는 스스로를 높이고 섬김을 받는 일을 더욱 좋아했습니다. 주님을 예배하면서 주님의 겸손하심을 다시금 온몸으로 느낄 수 있게 하시고, 주님처럼 섬기는 자로서의 삶을 살아갈 수 있게 하옵소서.

주님! 저희로 그리스도의 몸 된 교회의 지체가 되게 하심을 감사드립니다. 주님의 몸인 교회를 세우기 위하여 마음을 쏟을 수 있게 하시고, 언제나 하나님의 선하시고 온전하신 뜻이 무엇인지 분별하여 지혜로운 봉사자로 주님을 높일 수 있게 하옵소서. 봉사자의 중요한 자세는 자기 직분에 따라 그 역할을 잘 감당해야 하는 것도 필요한 줄 압니다. 손은 손으로서, 발은 발로서, 머리는 머리로서 기능을 잘 감당하는 것이 중요한 줄 아오니, 주님이 각자에게 주신 은사대로, 맡은 직분을 잘 감당할 수 있게 하옵소서. 이 좋은 추수의 계절에, 저희들이 섬기는 주님의 교회를, 복되고 아름다운 열매로 가득하게 할 수 있는 일꾼들이 되게 하옵소서.

자비하신 주님! 주님께 기도드릴 때마다 마음에 부담으로 남는 것이 있습니다. 올해도 여전히 풀리지 않고 있는 경제 때문에 고달픈 삶을 살아가는 사람들이 많습니다. 그들을 긍휼히 여기셔서 그들의 궁핍함을 돌아보시옵소서. 특별히 영적으로 궁핍한 자들을 불쌍히 여기시고, 목자 없는 양처럼 유리하며 방황하지 않도록 사랑으로 감싸안으시옵소서. 오늘도 말씀을 전하시는 목사님을 굳게 붙드시고, 특별히 예배를 위하여 섬기는 손길들에게 합당한 복을 더하실 것을 믿사옵고, 예수 그리스도의 이름으로 기도합니다. 아멘.

# 9월에 맞춘 대표기도문5

"항상 기뻐하라 쉬지 말고 기도하라 범사에 감사하라 이것이 그리스도 예수 안에서 너희를 향하신 하나님의 뜻이니라." (살전5:16-18)

　높은 곳에 계신 하나님! 그 크신 성덕을 찬양합니다. 지난 한 주간도 만물 위에 높이 계시며, 말씀과 질서를 통해 온 땅의 모든 사람들에게 나타내 주셨음을 믿사옵니다. 주님께서 저희의 무가치한 인생을 바꾸셔서, 천사도 흠모하는 주의 백성이 되게 하여 주심을 감사드립니다. 죄악으로 멍든 심령, 죄에 무감각해져 본질상 진노의 자녀였던 저희의 심령을 바꾸셔서, 주님을 섬기는 사람으로 삼아 주신 것을 감사드립니다.

　주님! 하지만 저희 심령은 여전히 메말라 있음을 고백합니다. 말씀을 듣고, 말씀을 받을 때 그 순간뿐이고, 항상 돌덩이같이 살아가는 저희들입니다. 회개하오니 용서하여 주옵소서. 이 시간, 순종의 기쁨으로 회개하고, 마음을 적시는 눈물을 흘릴 수 있는 시간이 되게 하옵소서. 좋으신 우리 주님과 더 깊은 교제 속에서 살아갈 수 있도록 은총을 내려주옵소서.

　주님! 이제 올해도 반년을 훌쩍 넘겼습니다. 오곡백과가 무르익는 계절을 지나고 있는데, 저희들은 언제나 제자리를 맴돌고 있는 것 같아 마음이 무겁습니다. 연약한 저희들을 긍휼히 여기셔서 주님이 바라시는 복된 열매를 맺는 삶이 되도록 이끌어 주옵소서. 또한, 항상 믿음과 소망과 사랑이 넘치는 생활이 되게 하여 주옵소서. 좀 더 교회를 위하여 충성하는 일꾼들이 되게 하시고, 말씀에 순종하는 삶이 넘쳐날 수 있게 하옵소서. 이웃을 돌아보는 삶을 살게 하시며, 상처 속에서 고통을 안고 사는 사람들에게 친한 벗이 될 수 있는 주의 백성이 되게 하옵소서. 이 시간, 기록된 말씀을 강론하시는 목사님을 성령의 권능으로 붙드시옵소서. 잠자는 영혼을 깨우는 말씀을 전하심으로 저희 모두가 은혜의 단비를 체험하는 시간이 되게 하옵소서. 예배를 위하여 준비하는 손길들을 기억하셔서, 특별한 충성에 특별한 은혜가 있게 하옵소서. 예수 그리스도의 이름으로 기도합니다. 아멘.

## 10월에 맞춘 대표기도문1

"그들의 열매로 그들을 알지니 가시나무에서 포도를, 또는 엉겅퀴에서 무화과를 따겠느냐 이와 같이 좋은 나무마다 아름다운 열매를 맺고, 나쁜 나무가 나쁜 열매를 맺나니 좋은 나무가 나쁜 열매를 맺을 수 없고, 나쁜 나무가 아름다운 열매를 맺을 수 없느니라 아름다운 열매를 맺지 아니하는 나무마다 찍혀 불에 던져지나니 이러므로 그들의 열매로 그들을 알리라"(마7:16-20)

**찬양과 감사|** 좋은 계절을 주셔서 풍성한 결실이 있게 하시는 하나님 아버지! 이 좋은 계절에 건강한 육체와 맑은 정신을 주셔서 주님 앞에 나와 예배할 수 있게 하시니 감사합니다. 지금까지 지내온 모든 것이 주님의 크신 은혜였음을 믿고 고백합니다. 앞으로 나아갈 길도 주님께서 지켜주실 줄 확신하오니 저희의 믿음의 발걸음이 멈추지 않게 하옵소서. 오늘도 신령과 진정으로 예배하는 자들을 찾으시는 하나님이시오니 거짓 없는 마음과 진실된 마음으로 예배드리게 하옵소서.

**회개와 고백|** 긍휼이 풍성하신 하나님! 저희는 주님의 백성이면서도 사탄이 환영하는 죄를 얼마나 많이 짓고 사는지 헤아릴 수조차 없습니다. 늘 자신의 육욕과 세속적 관점을 벗어나지 못하는 저희들을 불쌍히 여겨 주시고, 보혈의 피로 씻어 정결하고 거룩한 삶을 살아갈 수 있도록 도와주시옵소서. 오늘 저희들이 주님의 전에 엎드렸으나 저희의 모습은 주님의 진노와 심판을 받기에 합당함을 깨닫습니다. 하오나, 주님의 십자가의 피의 공로를 의지하여 용서를 구하오니 저희의 겉과 속에 묻어있는 모든 죄를 깨끗이 씻어 주시옵소서. 동이 서에서 먼 것같이 저희의 죄를 기억도 하지 않으시는 하나님이심을 감사합니다.

**간구|** 은혜의 하나님! 열매 맺는 가을이지만 아직도 저희들은 주님께 드릴 열매가 없음을 솔직히 고백하지 않을 수 없나이다. 헌신과 봉사에 대한 열매도 없나이다. 주님의 말씀에 대한 순종의 열매도 없나이다. 영혼 구원을 위한 전도의 열매도 없나이다.

오! 주여, 열매 없는 무화과나무를 저주하시던 주님의 심판이 저희들에게 임할까 두렵사오니 조금만 더 참아 주시옵소서. 삶이 힘들고 고달프다고 하여 주님의 백성으로서 마땅히 해야 할 기본 의무를 망각하는 저희들 되지 말게 하시고, 사도바울과 같이 주님께 받은 사명을 잘 감당하기 위하여 조금도 부끄러워하지 아니하고 잘 달려갈 수 있는 저희들 되게 하여 주옵소서. 열심히 전도하게 하시고, 열심을 다하여 충성하게 하옵소서. 영적인 열매를 풍성하게 맺음으로 주님께 영광 돌릴 수 있게 하시고, 저희의 삶에 소망과 기쁨이 넘치게 하옵소서.

위로의 하나님! 풍요로운 수확을 기대하는 가을이지만 자연재해로 인하여 애써서 가꾼 곡식들을 다 잃은 사람들이 있습니다. 거두고 싶어도 거둘 것이 없어 상처받은 사람들을 위로하여 주시고, 무엇보다 소중한 생명을 잃지 않은 것을 감사할 수 있는 그들이 되게 하여 주옵소서.

주님! 이 사회가 어려워질수록 서야 할 자리를 잃고 있는 사람들이 많습니다. 인간의 능력에는 한계가 있음을 깨닫게 하시고, 주님의 은혜에 의지하여 살 수밖에 없음을 절감하게 하옵소서. 생활이 어렵고 고달프다고 하여 소중한 생을 포기하는 사람들이 없게 하시고, 오히려 생명의 주인이 되시고 소망이 되신 주님을 만날 수 있는 축복의 계기가 되게 하여 주옵소서.

**예수님의 이름으로** 이 시간, 단 위에 서시는 목사님을 능력의 오른팔로 붙들어주셔서 주님의 능력 있는 말씀을 선포할 수 있게 하옵소서. 또한 말씀을 듣는 저희의 심령마다 성령의 역사를 뜨겁게 체험함으로 새 술에 취하듯 주님의 은혜를 체험할 수 있게 하옵소서.

주님의 몸 된 교회를 위하여 물질과 몸을 아끼지 않고 충성하는 손길들이 있습니다. 그들의 수고가 더해질 때마다 주님의 향기가 만발하게 하시고, 모든 사람들에게 기쁨을 주는 축복의 사람들이 되게 하옵소서. 이미 예배가 시작되었습니다. 예배의 시종을 주님께 맡기오며 저희들의 예배를 기뻐하시는 예수 그리스도의 이름으로 기도합니다. 아멘.

# 10월에 맞춘 대표기도문 2

"너는 청년의 때에 너의 창조주를 기억하라 곧 곤고한 날이 이르기 전에 나는 아무 낙이 없다고 할 해들이 가깝기 전에." (전12:1)

 거룩하신 하나님! 저희에게 하나님을 아는 지혜를 주셔서 영과 진리로 예배할 수 있게 하심을 감사합니다. 이 시간, 다 함께 마음을 모아 예수 그리스도께서 베푸신 구원의 잔치 자리에 나아가는 예배자들이 되게 하옵소서. 성삼위께서 저희의 예배를 받으실 것을 믿습니다. 긍휼이 많으신 하나님! 주님 앞에 간구할 때, 저희의 의를 의지하지 않고 주님의 크신 긍휼을 의지하게 하옵소서. 저희가 기도한다고 할 때에는 인간 중심의 기도로만 일관할 때가 많았습니다. 저희가 자신의 불순종과 배반 때문에 고통을 당하면서도, 그것을 합리화시키려고 온갖 핑계와 변명으로 일관했었습니다. 회개하며 주님의 긍휼하심과 자비하심을 바라보오니 용서하여 주옵소서.

 힘과 능력이 되시는 전능하신 하나님! 지난 주간에는 이 나라에 국군이 창설된 것을 기념하는 국군의 날 행사가 있었습니다. 이 나라에 젊고 씩씩한 젊은이들을 주셔서 이 땅에 안보를 지켜나갈 수 있게 하시니 감사합니다. 그들로 하여금, 젊을 때에 나라를 위하여 봉사하는 것이 축복임을 기억하게 하셔서, 기쁨과 보람을 갖고 군 복무에 임할 수 있게 하옵소서.

 복무 기간 동안 병영생활도 즐겁게 하셔서, 사회에서는 습득할 수 없었던 유익한 것들을 많이 배우고 익힐 수 있는 기회가 되게 하옵소서. 생명과 직결된 위험한 무기를 다루고 있습니다. 젊은 혈기로 인하여 충동적인 행동에 사로잡히지 않도록 생각과 감정을 잘 다스려 나갈 수 있게 하옵소서. 주님의 교회도 인생의 황금기를 나라에 바치는 젊은이들을 위하여 항상 기도할 수 있게 하옵소서. 특히 하나님을 모르는 젊은이들이, 군 복무 기간 동안 주님을 만날 수 있도록 군 복음화를 위해서 기도할 수 있는 교회가 되게 하옵소서. 군에 입대한 자녀를 둔 부모님들도 자녀에 대한 지나친 염려와 걱정보다, 군 생활에 잘 적응하여 훌륭한 군인으로 쓰임 받을 수 있도록 기도할 수 있게 하옵소서. 오늘도 목사님이 말씀을 전하십니다. 성령의 역사가 일어나는 은혜로운 시간이 되게 하옵소서. 예수 그리스도의 이름으로 기도합니다. 아멘.

# 10월에 맞춘 대표기도문 3

"내게 가까이 함이 내게 복이라 내가 주 여호와를 나의 피난처로 삼아 주의 모든 행적을 전파하리이다." (시73:28)

    소망의 주님! 그 이름만을 믿고 바라보며 이곳에 왔습니다. 저희의 답답한 마음이 열리고 신령한 눈이 뜨여서, 예수 그리스도의 소망을 보게 하옵소서. 이 소망을 가리는 모든 악한 것들을 청산할 수 있도록 선한 싸움을 싸우게 하옵소서. 낙심하는 심령에는 우리 주님이 거하실 자리가 없음을 알게 하셔서, 한숨과 자포자기로 뒤섞였던 옛사람의 자취를 벗게 하여 주옵소서.

    주님! 재산과 명예를 얻고 병들지 않으며, 잘 먹고 잘 사는 것이 복이라고 생각하는 사람들의 행렬은 지금도 멈출 줄 모르고 계속되고 있습니다. 그러나 주님의 백성들에게는 그것의 미련함을 깨우쳐 주셔서, 주님을 떠나 있던 죄를 사함 받는 것이 가장 큰 복임을 깨닫게 하시니 얼마나 감사한지요. 늘 주님을 가까이함이 진정한 복임을 잊지 않는 삶이 되게 하옵소서.

    역사의 주관자가 되시는 주님! 위기에 처한 이 민족을 불쌍히 여기시고 지켜 주시기 원합니다. 주의 백성들이 주님의 뜻대로 살지 못한 죄를 회개하고, 하나님 앞으로 돌아올 수 있게 하옵소서. 특히, 남북의 위정자들이 하나님을 두려워하게 하옵소서. 예레미야와 같은 주의 종들이 많이 나와 부르짖음으로, 하나님의 영광이 나타나게 하옵소서. 당리당략과 이권 다툼에 눈이 어두운 위정자들을 불쌍히 여기시고, 상처의 골이 깊어지는 국민의 마음을 헤아릴 수 있게 하옵소서.

    주님! 주님의 교회도, 죽어가는 영혼들을 위하여 기도할 수 있는 교회가 되게 하시고, 영적인 강력한 빛을 발할 수 있는 교회가 되게 하옵소서. 세상에 비웃음을 받고 조롱당하는 교회가 되지 않도록 교회로서의 정체성을 회복할 수 있게 하옵소서. 오늘도 목사님을 주님의 오른팔로 붙들어 주셔서 능력 있는 주의 말씀을 전하게 하옵소서. 모든 성도들이 선포되는 말씀의 능력을 경험하게 하옵소서. 예배의 시종을 주님께 의탁하오며, 예수 그리스도의 이름으로 기도합니다. 아멘.

# 10월에 맞춘 대표기도문 4

"너희는 이 세대를 본받지 말고 오직 마음을 새롭게 함으로 변화를 받아 하나님의 선하시고 기뻐하시고 온전하신 뜻이 무엇인지 분별하도록 하라."(롬 12:2)

무에서 유를 창조하시고 만유를 주재하시는 하나님 아버지께 영광을 돌려드립니다. 또한 예수 그리스도를 통하여 하나님의 완전한 사랑을 보여주시고, 저희를 그 지체로 삼아주신 은혜를 진심으로 감사드립니다. 오늘 주님의 전을 찾아, 한없으신 그 사랑을 되뇌며 예배하기를 원하는 저희들 가운데 강림하시옵소서. 자비로우신 주님! 한 주간도 육신의 욕망을 위해서만 살았던 저희의 죄악을 주님 앞에 내려놓기를 원합니다. 저희의 연약한 심령을 불쌍히 여기시고 죄과를 도말하여 주옵소서. 주님의 은혜를 깨달아 알수록, 죄성에 사로잡혀 사는 인생이 아니라, 주님의 은혜에 사로잡혀 사는 인생이 되게 하옵소서.

주님! 특별히 오늘은 썩고 부패한 낡은 종교의 굴레를 용감하게 벗어던져 버리고, 기독교의 참뜻과 참모습을 새로 찾은, 변화와 개혁을 기념하는 종교개혁주일로 지킵니다. '오직 은총, 오직 믿음, 오직 성령으로'라는 진리의 가치를 높이 들었던 개혁자들의 신앙을 되새기며, 저희의 옳지 못한 신앙의 변화를 위하여 마음을 쏟을 수 있는 시간이 되게 하옵소서. 점점 더 말씀에 대한 감동이 없고, 예배에 대한 감격이 식어져 가는 저희의 마음에, 오늘을 기점으로 신앙의 부흥이 일어나게 하옵소서. 살아 있는 믿음으로 주님을 기쁘시게 할 수 있게 하옵소서.

주님! 주님의 교회도 날마다 새로워지기를 원합니다. 갈수록 세속의 문화가 침투하여 교회의 정체성이 흐려지고 있습니다. 영혼을 구원하고 천국의 지경을 확장하는 교회의 본질도 힘을 잃고 있습니다. 주님! 주님께서 처음 세우신 그대로 진리의 말씀 위에 바로 서갈 수 있는 교회가 되게 하옵소서. 경건의 능력을 잃지 않는 교회가 되게 하시며, 영혼을 구원하는 일에 생명을 거는 교회가 되게 하옵소서. 오늘도 말씀을 전하시는 목사님을 기억하옵소서. 저희의 굳어진 마음을 기경하는 능력의 말씀이 되게 하옵소서. 예배의 시종을 주님께 의탁하오며, 예수 그리스도의 이름으로 기도합니다. 아멘.

# 10월에 맞춘 대표기도문 5

"너희가 진리를 알지니 진리가 너희를 자유롭게 하리라." (요8:32)

언제나 새롭게 해 주시는 주님! 오늘도 변함없이 주님께 예배드릴 수 있게 하시니 감사합니다. 이 시간 사탄이 기뻐하는 것을 따라가지 않고, 성령의 인도하심을 따라 주님의 전에 거할 수 있게 하시니 얼마나 감사한지요. 육신에 매여서 항상 얄팍한 핑계로 주님의 은혜의 낯을 피하는 자가 되기보다, 신령한 것을 좇아 은혜의 자리로 달려 나올 수 있는 저희 모두가 되게 하옵소서.

사랑의 주님! 시간이 흐를수록 교회의 모임이 사라지고 있습니다. 교회 부흥도 뒷걸음치고 있는 상태라는 말을 들었습니다. 교회마다 주일학교가 사라지고 있고, 청소년들이 교회를 떠나며, 장년 신자가 감소되고 있다고 합니다. 한국교회는 물론 우리 교회도 자다가 깰 때인 줄 믿습니다. 서구라파 교회처럼 교회가 문을 닫는 일이 없도록 저희 모두가 모이기에 힘쓰게 하시고 예배를 사랑할 수 있게 하옵소서. 갈수록 형식화되어가는 신앙을 벗어버리고, 열심을 품고 주님을 섬길 수 있게 하옵소서. 이 강산 이 강토에 부흥의 불길을 다시 지필 수 있는 불씨가 되게 하옵소서. 언제라도 도적같이 오실 주님을 기억하며, 기름 준비 잘할 수 있는 저희 모두가 되게 하옵소서. 주님의 심판대 앞에 섰을 때, 악하고 게으른 종이 아닌, 착하고 충성된 종으로 주님의 칭찬을 들을 수 있는 저희 모두가 되게 하옵소서.

주님! 당회로부터 제직회, 기타 여러 기관들이 항상 깨어있게 하시고, 사람의 경험이나 생각보다 언제나 기도를 앞세워서 교회를 세워나가는 영성이 있게 하옵소서. 목사님과 모든 교역자분들께 용기와 힘과 건강을 주시고, 목자의 사명을 다하실 수 있도록 능력의 오른손으로 붙드시옵소서.

오늘도 단 위에서 말씀을 전하시는 목사님을 성령의 능력으로 붙드시옵소서. 새롭게 하시는 성령의 역사가 나타나는 말씀이 되게 하옵소서. 예배의 시종을 주님께 의탁하오며, 예수 그리스도의 이름으로 기도합니다. 아멘.

# 11월에 맞춘 대표기도문1

"내가 너희를 사랑한 것 같이 너희도 서로 사랑하라"(요15:12)

"범사에 감사하라 이는 그리스도 예수 안에서 너희를 향하신 하나님의 뜻이니라"(살전5:18)

**찬양과 감사|** 은혜로우신 하나님 아버지! 하나님께서 창조하신 이 땅을 보면 얼마나 광대하며 오묘하고 신비로운지 감격할 뿐입니다. 그러나 탐심만 가득한 채 사는 저희들의 모습은 얼마나 부끄러운지 머리를 들지 못하겠나이다. 저희의 삶이 주님을 닮아간다면 얼마나 기쁘고 감격이 넘치는 삶이 되겠습니까? 간절히 소망하오니 저희의 마음을 성령으로 충만하게 하옵소서.

**고백과 회개|** 풍성한 결실의 계절인 가을을 허락하신 하나님! 저희에게 그 귀한 한 주간의 삶을 허락하여 주셨지만 주님의 뜻을 좇는 삶을 살기보다는 저희 맘대로 살았음을 고백합니다. 주님의 자녀이면서도 늘 죄 앞에 넘어지는 저희들을 긍휼히 여기시고 용서하여 주옵소서. 죄에 대한 탄식이 없으면 은혜도 없음을 깨달아 영혼의 뉘우침으로 주님께 고백할 수 있는 저희 모두가 되게 하여 주옵소서.

**간구|** 사랑의 하나님! 이 가을에 사랑의 열매를 더욱 많이 맺을 수 있게 하옵소서. 저희를 잠잠히 사랑하시고, 조건 없이 사랑하시며, 끝이 없는 사랑으로 대하시는 그 깊은 사랑을 생각하며 주님께서 관심가지신 모든 것을 사랑할 수 있는 저희들 되게 하여 주옵소서. 한 영혼을 더욱 사랑하시는 주님의 사랑을 생각하며 영혼 사랑의 열매를 맺는 이 가을이 되게 하여 주옵소서. 저희가 있음으로 인하여 이웃과 가정, 국가와 사회가 사랑으로 바뀌어 가는 놀라운 역사가 있게 하여 주시옵소서. 주님을 사랑하는 마음으로 주님이 친히 세우신 교회도 진정으로 사랑하는 저희들 되기를 원합니다. 주님이 친히 세우신 교회가 그 무엇보다 사랑의 공동체라는 것을 생각

할 때 입술로만 사랑을 고백하는 저희들 되지 말게 하시고, 몸을 깨뜨려 교회를 사랑하고, 사랑을 위한 수고를 아끼지 않는 저희들 되게 하여 주옵소서.

자비로우신 하나님! 이 가을에 감사의 열매를 더욱 많이 맺게 하여 주옵소서. 환난으로 인하여 감사하게 하옵소서. 환난이 저희들을 주님께로 나아갈 수 있도록 떠밀어 주니 얼마나 감사한 일이옵니까? 험한 가시밭길을 가면서도 감사하게 하옵소서. 모든 시련을 인하여 감사하게 하옵소서. 한 걸음 한 걸음 저희들을 세밀히 인도하시는 주님의 손길을 가까이서 느낄 수 있으니 얼마나 감사한 일이옵니까? 지극히 궁핍하고 가진 것이 없어도 감사하게 하옵소서. 부족한 가운데서 주님을 더욱 힘써서 섬길 수 있으니 얼마나 감사한 일이옵니까? 너무나 궁핍하고 가진 것이 없어도 감사하게 하옵소서. 부족한 가운데서도 주님을 더욱더 섬길 수 있으니 얼마나 감사한 일이옵니까? 이 가을에 감사의 열매를 더욱 풍성히 맺게 하여 주셔서 모든 것이 주님의 은혜였음을 믿음으로 고백하는 저희들 되게 하여 주옵소서.

또한, 이 가을에 성령의 열매가 있기를 원합니다. 성령의 열매를 맺음으로 인하여 영적인 풍성함을 귀중한 재산으로 삼을 수 있는 저희들 되게 하여 주옵소서. 주님의 몸 된 교회도 병든 이 세상을 치료함으로 영적인 수확물을 가득 채울 수 있는 교회가 되기를 원합니다. 세상살이에 상하고 찢긴 영혼들을 진정으로 싸매주고 소망을 주는 교회가 될 수 있게 하옵소서.

**예수님의 이름으로** 오늘도 열매 맺는 이 가을을 맞이하여 주님의 귀한 말씀을 들고 단 위에 서시는 목사님을 성령의 능력으로 붙드시옵소서. 말씀을 듣는 저희들 모두가 감사로 넘쳐나며 열매 맺는 신앙이 되기를 다짐하는 복된 시간이 되게 하여 주옵소서. 예배를 수종 드는 손길들이 있습니다. 기쁜 마음으로 수종 들게 하시고, 주님이 채우시는 신령한 은혜를 맛보게 하옵소서. 예배의 시종을 주님께 의탁하오며 예수 그리스도의 이름으로 기도합니다. 아멘.

# 11월에 맞춘 대표기도문2

"나는 선한 싸움을 싸우고 나의 달려갈 길을 마치고 믿음을 지켰으니 이제 후로는 나를 위하여 의의 면류관이 예비되었으므로 주 곧 의로우신 재판장이 그 날에 내게 주실 것이며 내게만 아니라 주의 나타나심을 사모하는 모든 자에게도니라." (딤후4:7-8)

섭리하시는 하나님! 맑은 햇빛과 공기를 주시고, 마른 땅을 적시는 비와 신선한 바람을 주셔서 추수하게 하심을 감사드립니다. 사람이 씨앗을 뿌리고 가꿀지라도, 거두게 하시는 이는 하나님이심을 믿습니다. 풍성한 가을의 들녘이 된 것은 오직 주님의 은총임을 깨닫습니다.

결실의 하나님! 저희들도 이처럼 자라서, 그리스도의 장성한 분량까지 자라기를 원합니다. 주님 앞에 나와 예배드리는 저희들에게 성령의 단비를 내리셔서 풍성히 거두는 삶을 살아갈 수 있게 하옵소서.

온 땅이 주님의 것이요, 거기에 자라는 갖가지 것들도 주님의 것임을 고백합니다. 저희 자신이 그것들의 주인이라는 생각을 갖고 교만하게 살아왔다면 용서하여 주시옵소서.

은혜의 주님! 하나님의 백성으로 선택된 저희들은 주님의 군사 되어 영적인 선한 싸움을 싸우기를 원합니다. 연약한 저희들이지만, 만군의 하나님은 권능의 하나님이시오니, 저희에게 큰 능력으로 함께하시옵소서.

그리하여 마귀가 우리를 삼키려고 우는 사자같이 덤벼들어도 능히 물리치게 하시고, 그 어떤 어려움이 닥쳐와도 능히 이겨 나갈 수 있는 주님의 군사로 살아갈 수 있게 하옵소서.

사도바울처럼 믿음의 선한 싸움을 싸우고 달려갈 길을 마치고, 승리의 면류관을 받는 축복을 누리게 하옵소서. 주님의 교회도 성령의 사람이 넘쳐남으로, 이 시대에 교회에게 주어진 사명을 잘 감당할 수 있는 능력 있는 교회가 되게 하옵소서. 구원과 생명이 되는 능력의 복음을 힘 있게 전할 수 있는 교회가 되게 하옵소서. 오늘도 말씀을 전하시기 위하여 단 위에 서신 목사님을 성령의 능력으로 붙드시옵소서. 저희 모두가 말씀의 신령한 꼴을 먹기에 조금도 부족함이 없게 하옵소서. 예배를 위하여 섬기고 수고하는 손길들을 기억하셔서 그들의 마음에 주님의 위로가 넘치게 하옵소서. 예배의 시종을 주님께 의탁하오며, 예수 이름으로 기도합니다. 아멘.

# 11월에 맞춘 대표기도문 3

"여호와께서 너를 항상 인도하시며 메마른 곳에서도 네 영혼을 만족하게 하며 네 뼈를 견고하게 하리니 너는 물 댄 동산 같겠고 물이 끊어지지 아니하는 샘 같을 것이라." (사58:11)

아버지 하나님! 잎은 마르고 꽃은 떨어지는 조락의 가을, 계절의 변화와는 아랑곳없이 여전히 저희에게 사랑과 자비를 베풀어 주시니 감사를 드립니다. 주님! 저희가 드리는 예배를 통하여 영광을 받으시며, 이 자리를 은혜와 진리로 가득 채우시옵소서. 잘 되는 것을 원하시는 하나님! 저희들은 아버지께 온갖 복이 다 있음을 믿습니다. 그러함에도 저희는 아버지를 싫어하고 아버지 곁을 떠나며, 아버지의 마음을 아프게 하는 미련한 자들입니다. 지금, 저희에게 지혜의 마음을 주셔서 아버지를 멀리함이 온갖 복을 멀리함인 줄 깨달아 알게 하옵소서.

은혜와 긍휼이 풍성하신 하나님! 추수하는 계절 가을을 맞이하여, 저희들이 육의 양식만 거두어들이기에 마음을 쏟을 것이 아니라, 영적인 풍성함을 귀중한 재산으로 삼기 위하여 마음을 쏟을 수 있게 하옵소서.
주님의 몸 된 교회도 병든 이 세상을 치유함으로 영적인 수확물을 가득 채울 수 있는 교회가 되기를 원합니다. 우정을 다지거나 성 쌓는 일에만 몰두하는 교회가 되지 말게 하시고, 세상살이에 상하고 찢긴 영혼들을 진정으로 싸매주고 소망을 주는 교회가 되게 하옵소서.

사랑의 하나님! 지금 이 나라가 정치도 매우 어지럽고, 경제도 매우 힘든 상황에 놓여있습니다. 하루빨리 이 나라에 모든 어려움과 질고가 물러가고 주님의 공의와 화평만이 이 민족 가운데 넘쳐나게 하옵소서.
청와대를 비롯하여 위정자들이나 공직자들에게도 하나님을 두려워하는 마음을 주셔서, 이 나라 백성들을 정직과 진실함으로 섬기는 자들이 되게 하옵소서. 특히 가난한 자들을 평강케 하시고, 외로운 자을 위로해 주시며, 교회를 위해 자신의 모든 것을 깨뜨려 수고하는 자들을 축복하여 주옵소서. 예수 그리스도의 이름으로 기도합니다. 아멘.

# 11월에 맞춘 대표기도문 4

"범사에 감사하라 이것이 그리스도 예수 안에서 너희를 향하신 하나님의 뜻이니라."
(살전 5:18)

　사랑의 주님! 헤아릴 수 없는 주님의 도우심으로 이처럼 풍요로운 한 해의 결실을 안고 주님을 생각하게 하시니 감사합니다. 천지에 흐르는 주님의 호흡과, 산천을 적시는 주님의 손길이, 그 어느 곳에도 닿지 않은 곳이 없음을 깨닫습니다. 선하심과 인자하심이 홀로 주님께 영원히 있음을 고백하며 감사와 찬송과 영광을 주님께 돌립니다.
　교회의 머리 되신 주님! 사도들의 신앙고백과 말씀 위에 교회를 세워주시고, 주님의 백성으로서 경건과 믿음 생활에 힘쓰게 하심을 감사합니다.
　이제 저희들의 감사하는 마음을 모아 이 풍성한 결실의 계절에 주님을 예배하오니, 저희들이 마음을 모아 정성껏 드리는 이 감사의 예배를 받아 주시옵소서. 복 주시기를 원하시는 주님! 오늘 감사의 예물을 드린 모든 손길들 위에 크신 복을 더하여 주시고, 더욱 감사의 조건과 열매가 늘어가는 귀한 믿음이 되게 하여 주옵소서.

　하오나, 주님 앞에 드리고 싶어도 생활이 어려운 성도들을 기억하셔서, 안타까운 마음만 더해 가는 생활고에 때를 따라 채워주시는 주님의 크신 은혜를 더하여 주옵소서. 무엇보다 이 시간에, 감사의 예물은 드리지 못할지라도, 마음의 정성만은 주님께 드릴 수 있도록 상한 마음을 어루만져 주시옵소서.
　오늘도 추수감사주일을 맞이하여 축복의 말씀을 들고 단 위에 서시는 목사님을 기억하옵소서. 피곤치 않도록 성령의 능력으로 붙드시고, 말씀을 듣는 저희 모두가 넘치는 감사로 회복되는 시간이 되게 하옵소서.
　오늘도 감사하는 마음을 앞세워 예배를 수종 드는 손길들이 있습니다. 언제나 그들의 마음을 통하여 하나님의 은혜의 흔적들이 표현될 수 있게 하옵소서. 이미 예배가 시작되었습니다. 성령님이 이 예배 가운데 운행하실 것을 믿사오며, 예수 그리스도의 이름으로 기도합니다. 아멘.

# 11월에 맞춘 대표기도문 5

"너의 행사를 여호와께 맡기라 그리하면 네가 경영하는 것이 이루어지리라." (잠 16:3)

　영원하신 왕이요, 통치자이신 하나님! 예수 그리스도를 통하여 저희를 구원하시고, 늘 보호하여 주시며, 은혜의 길로 인도하여 주심을 감사드립니다. 이제 영원한 나라를 바라보며 믿음으로 나아가는 저희를 굳세게 붙드셔서, 좌로나 우로나 치우치지 않게 하여 주옵소서. 이 시간, 주님께 예배하는 저희를 돌아보시고, 소망과 평안과 위로 속에 거할 수 있도록 은혜를 더하여 주옵소서.

　주님! 올해도 벌써 마지막 한 달을 코앞에 두고 있습니다. 새날을 기다리는 것처럼 다시금 떨리는 마음으로 주님이 약속하신 새 하늘과 새 땅을 바라봅니다. 믿음의 눈은 그 나라가 매우 가까이 다가왔음을 깨닫게 됩니다. 오직 믿음으로, 오직 하나님을 위하여 남은 날을 살아가겠습니다. 세세토록 왕으로 저희를 통치하시고, 성령의 능력으로 역사하시옵소서.

　공의로우신 하나님! 이제 교회의 각 기관마다 새 일꾼을 선출하는 총회를 앞두고 있습니다. 사람이 제비를 뽑으나 그 생각과 마음을 주장하시는 분은 주님이심을 믿습니다. 인간의 생각이나 판단에 사로잡힘이 없이, 마음과 생각을 주장하시는 주님의 뜻이 나타나는 총회가 될 수 있게 하옵소서. 한 해를 마무리하고 있는 임원들에게 위로와 평안을 더하여 주시고, 새롭게 선출될 임원들도 주님께 더욱 충성하고 헌신하고자 하는 각오와 다짐이 있게 하옵소서.

　오늘도 주님의 계시된 말씀을 듣고 단 위에 서시는 목사님을 성령의 능력으로 붙드셔서, 말씀을 힘 있게 선포하실 수 있게 하옵소서. 말씀을 듣는 저희들이 큰 은혜를 경험하는 축복의 시간이 되게 하옵소서.

　예배의 시종을 주님께 의탁합니다. 예배를 위하여 말없이 충성하는 손길들을 기억하시고, 그 수고에 기쁨만이 가득 묻어나게 하옵소서. 성령께서 각 사람의 마음을 주장하시며, 이 예배를 주장하실 것을 믿사옵고, 예수 그리스도의 이름으로 기도합니다. 아멘.

# 12월에 맞춘 대표기도문 1

"이에 비유로 말씀하시되 한 사람이 포도원에 무화과나무를 심은 것이 있어 와서 그 열매를 구하였으나 얻지 못한지라 포도원 지기에게 이르되 내가 삼 년을 와서 이 무화과나무에서 열매를 구하되 얻지 못하니 찍어 버리라 어찌 땅만 버리게 하겠느냐 대답하여 이르되 주인이여 금년에도 그대로 두소서 내가 두루 파고 거름을 주리니 이후에 만일 열매가 열면 좋거니와 그렇지 않으면 찍어 버리소서 하였다 하시니라" (눅13:6-9)

**찬양과 감사 |** 영원토록 영광을 받으실 하나님 아버지! 어둠의 이 땅에 주님이 친히 오심을 감사합니다. 주님의 지극한 사랑이 온 땅에 알려지는 날이 되기를 원합니다. 주님의 오심이 병든 자와 외롭고 쓸쓸한 이들에게 기쁨의 소식이 되게 하시며, 새 소망 가운데 살아가는 계기가 되게 하시옵소서. 이 시간, 저희들이 주님을 예배합니다. 오늘도 저희를 향하신 주님의 그 사랑을 기억하며 마음을 다하여 중심을 깨뜨리는 예배를 드릴 수 있게 하옵소서.

**고백과 회개 |** 재림을 약속하신 주님! 저희들은 아직 주님 앞에 설 수 없는 가증한 죄인의 모습임을 고백합니다. 이 시간, 깨끗함을 입어 순결한 마음을 얻게 하여 주옵소서. 아름다운 찬송을 부르며 왕 되신 예수 그리스도를 맞이하게 하옵소서. 우리 구주 예수님의 공로로 씻김을 받지 못하면 다시 오실 예수님의 심판을 면치 못함을 저희가 아나이다. 이 시간 고백하는 심령의 죄악들을 용서해 주시기를 원하오며 주님의 사랑과 손길로 저희들을 붙들어 주옵소서.

**간구 |** 이제 이해의 마지막 달인 12월입니다. 경제적 어려움 속에서도 정신없이 달려온 한 해였습니다. 새해를 맞이하면서 다짐하고 결심한 것들이 세월의 흐름 속에 희석되어 버리고, 지금은 기억 속에서조차 떠오르지 않는 장밋빛 같은 것들이 되어 버렸습니다. 결심과 결단력이 약하여 감사드릴 결실을 마련하지 못한 저희들의 모습을 볼 때 주님 앞에 심히 부끄럽기만 합니다. 더욱이 이런 저희들을 꾸짖으시거나 책망치 않으시고, 늘 덜

어 주시고, 용납하여 주신 주님의 은혜와 사랑을 생각할 때 주님 앞에서 고개를 들지 못하겠나이다. 앞으로 남은 기간만큼이라도 감사의 결실을 맺기 위하여 몸부림칠 수 있는 저희들 되게 하여 주옵소서. 이제 성탄절도 눈앞에 두고 있습니다. 세상 사람들과 같이 뜻 모를 흥분감에 사로잡히는 저희들 되지 말게 하시고, 죄 많은 저희들을 찾아오신 하나님의 사랑과 저희를 대신하여 죗값을 지불하신 그리스도의 피 묻은 십자가를 기억하는 저희들이 되게 하옵소서.

연말을 보내며 몸과 마음이 흐트러질까 염려스럽습니다. 언제나 동일한 마음으로 주님을 위하여 일할 수 있는 저희들 되게 하시고, 이 순간도 저희들이 반드시 해야만 할 사명이 무엇인지를 새롭게 느낄 수 있게 하여 주옵소서. 이제 추위가 본격적으로 시작되었습니다. 육신적으로도 준비 없는 겨울이 더욱 추울 수밖에 없듯이, 겨울을 준비하듯 믿음을 굳게 하여 감사와 기쁨을 잃지 않는 복된 삶이 되게 하여 주옵소서.

연말이 되면 교회 안팎으로 여러 가지 행사들이 많습니다. 죄짓는 자리는 피할 수 있는 지혜를 주시고, 어느 자리에서든지 주님의 자녀 된 본분을 잊지 않는 저희들이 되게 하여 주옵소서.

겨울이 오면 추위 때문에 걱정하는 사람들이 있습니다. 그들의 고통을 함께 나눌 수 있는 교회가 되게 하시고, 따뜻하고 훈훈한 이웃이 곁에 있음을 보여줄 수 있는 저희들이 되게 하옵소서.

**예수님의 이름으로|** 오늘도 주님의 귀한 말씀을 듣고 단 위에 서신 목사님을 주님의 오른팔로 붙들어 주시고, 저희들의 굳어진 마음들이 주님의 능력의 말씀으로 녹아지는 은혜의 시간이 되게 하여 주옵소서.

예배를 섬기는 손길들 위에도 함께 하시고, 어려운 환경 가운데서도 주님의 몸 된 교회를 위하여 힘을 다하여 봉사하는 그들의 수고 위에 주님이 채우시는 위로가 넘쳐나게 하옵소서. 준비된 찬양으로 주님께 영광 돌리는 찬양대도 기쁨으로 화답하실 것을 믿사옵고, 예배의 시종을 주님께 의탁하오며, 예수그리스도의 이름으로 기도합니다. 아멘.

# 12월에 맞춘 대표기도문 2

"오직 여호와의 율법을 즐거워하여 그의 율법을 주야로 묵상하는도다." (시1:2)

언제나 함께하시는 주님! 택한 백성을 풀무불속에서도 함께 하시고 사자굴속에서도 지켜 주시는 하나님께서, 오늘도 저희를 환난과 핍박 가운데서 지켜주셔서, 믿음으로 달려갈 수 있게 하시니 감사드립니다. 그러나 아직도 저희들은 연약하고 부족하여 부지불식간에 마귀의 꼬임에 빠짐으로, 성령을 근심스럽게 할 때가 얼마나 많은지 모릅니다. 저희로 하여금 죄의 길을 깨닫게 하시려고 이 전으로 부르셨사오니, 참회하는 마음마다 용서의 은혜를 베풀어 주옵소서.

사랑의 주님! 오늘은 특별히 이날을 성서주일로 지키고 있습니다. 저희의 인생에 가장 중요한 것이 하나님의 말씀이기에, 시편 기자는 그 말씀을 밤낮으로 묵상하는 자가 복이 있다고 고백한 줄 믿습니다(시 1:2). 또한, 금 곧 많은 순금보다 더 사모할 것(시 19:10)이라고 고백한 줄 믿습니다. 오늘 저희들도 주님의 말씀을 밤낮으로 묵상하는 삶이 되게 하옵소서. 더 나아가 순금보다 더 사모하는 말씀이 되게 하시고, 말씀의 지배와 말씀의 인도를 받을 수 있는 삶이 되게 하옵소서.

주님! 이스라엘 백성들은 바벨론 포로로 끌려가서야 사람이 떡으로만 사는 것이 아니라, 하나님의 입에서 나오는 말씀으로 사는 것인 줄 깨달았습니다. 저희들도 인생에 궁핍이 이르기 전에, 사람이 물질로만 사는 것이 아님을 깨달아 알게 하셔서, 주님의 말씀을 늘 마음 판에 새길 수 있는 삶이 되게 하옵소서.

주님! 주님의 몸 된 교회도 말씀 위에 든든히 서가는 교회가 되기를 원합니다. 다른 무엇이 말씀보다 앞서가는 것이 없게 하시며, 그 무엇으로도 말씀의 자리를 대치하는 일이 없게 하옵소서. 교회의 생명은 말씀에 있음을 기억하여 언제나 말씀 중심의 교회를 세워 가는데 마음을 쏟을 수 있게 하옵소서. 오늘도 단 위에 서시는 목사님을 기억하셔서, 송이 꿀보다 더 단 말씀을 전하시도록 도우실 것을 믿습니다. 예배의 시종을 주님께 의탁하오며, 예수 그리스도의 이름으로 기도합니다. 아멘.

# 12월에 맞춘 대표기도문 3

"하나님이여 상하고 통회하는 마음을 주께서 멸시하지 아니하시리이다." (시51:17)

은혜의 주님! 영적인 타락과 도덕적 부패가 쌓이고 쌓여 위태로운 이 시대에, 저희를 부르셔서 구원의 소식을 들려주시니 감사합니다.

마땅히 심판받을 수밖에 없는 사람들에게 베푸신 이 은혜는, 가장 고귀한 기쁨이며 감격임을 깨닫고 거룩하신 주님께 예배드립니다. 홀로 영광 받으시옵소서.

자비하신 주님! 완악한 마음의 태도를 그대로 안고, 아무런 준비 없이 서둘러 주님 앞에 나온 저희들입니다. 주님 오심을 준비하기 위하여 달라져야 할 것이 너무 많지만, 아무것도 변한 것 없이 무조건 용서받기만을 바라는 저희를 꾸짖어 주시고 꾸짖어주옵소서.

겸손한 자에게 은혜를 더하시는 주님! 예수 그리스도 앞에는 모든 것이 낮아져야 될 줄로 압니다. 주님의 오심을 맞이하기 위하여 저희 모두가 겸손의 띠를 동일 수 있도록 모든 교만한 마음의 생각과 행동들을 제거시켜 주옵소서. 오만과 편견이 아닌, 상하고 통회하는 마음으로 주님을 온전히 영접할 수 있는 저희 모두가 되게 하옵소서. 이제 금년도 얼마 남지 않았습니다. 단순히 한 해가 지나간다고 하는 감회에 젖기보다는, 또한 아무것도 한 것이 없다고 자책하기보다는, 잘못된 일에 대해서 회개하고 다시는 잘못됨을 되풀이하지 않겠다는 각오와 결단이 있게 하옵소서.

주님! 겨울이 되면서 더욱 추위를 느끼는 사람들이 있습니다. 따뜻한 겨울을 보낼 수 있도록 사랑과 온정의 손길들이 많아지게 하옵소서.

주일학교 학생들이 성탄 축하행사를 준비하고 있습니다. 주님을 사랑하는 마음으로 준비를 잘하여 기쁜 소식을 전할 수 있는 성탄 축하 행사가 되게 하옵소서. 말씀을 전하시기 위하여 단 위에 서시는 목사님을 기억하옵소서. 목사님의 입술을 통하여 증거 되는 말씀이 저희의 영혼을 새롭게 하는 말씀이 되게 하옵소서. 우리의 구주가 되시는 예수 그리스도의 이름으로 기도합니다. 아멘.

# 12월에 맞춘 대표기도문4

"너희는 강하고 담대하라 두려워하지 말라 그들 앞에서 떨지 말라 네 하나님 여호와 그가 너와 함께 가시며 결코 너를 떠나지 아니하시며 버리지 아니하실 것임이라." (신31:6)

평탄케 하시는 주님! 구부러지고 험난한 저희 인생길을 곧게 하여 주시는 사랑으로 인하여 감사를 드립니다. 다시 오실 주님을 맞이하기 위한 준비의 날들을 보내는 무리들이, 이곳에 모여 거룩하신 하나님의 이름을 찬양하오니, 저희 심령에 임하시옵소서. 이기심과 교만으로 더러워진 마음을 씻어 주시고, 불의로 굽어진 마음을 평탄하게 하옵소서.

주님! 저희들은 주님을 기다린다고 하면서도 주님의 강림을 확신하지 못했던 자들이었습니다. 입으로는 어서 오시라고 외치면서도, 한편으로는 주님의 강림이 늦어지기를, 은근히 바라고 있었던 위선자들이었습니다.

주님을 사랑한다고 하면서도, 스스로 주님의 종으로 여기면서도, 세상을 더 사랑하고 세상의 종이 되었던 저희들을 용서하여 주옵소서.

저희의 추한 마음을 깨끗하게 하셔서 대강절 기간 동안 정결한 마음으로 새날을 맞이하게 하옵소서.

주님! 이제 한 달 밖에 남지 않았지만 올해에 맡겨진 소임과 사명을 끝까지 잘 감당할 수 있도록 도와주시기 원합니다. 이제껏 주님이 맡겨주신 귀한 청지기직을 힘써서 감당해 보려고 했지만, 자신이 관제로 드려지기를 간절히 소원하며, 죽도록 충성한 사도 바울처럼, 저희들은 진지하고 성실하지 못했음을 고백합니다. 믿음의 역사를 일으키는 복음 전파 사역도 제대로 감당하지 못했고, 생활을 핑계 삼아 사랑의 수고를 더하는데도 인색했습니다. 또한 하나님의 부름의 상을 바라보면서 소망으로 인내하는 것도 부족했습니다. 그동안 성실하지 못했던 모습들을 돌이켜보며, 주님께 책망받지 않는 한 해로 마무리 지을 수 있도록 최선을 다하게 하옵소서.

오늘도 말씀을 전하시는 목사님을 기억하셔서 피곤치 않도록 도우시옵소서. 언제나 승리하실 수 있도록 주님의 능력으로 함께하시옵소서.

예배의 시종을 주님께 맡깁니다. 은혜로 충만하게 하실 것을 믿사오며, 예수 그리스도의 이름으로 기도합니다. 아멘.

# 12월에 맞춘 대표기도문 5

"너희가 내게 부르짖으며 내게 와서 기도하면 내가 너희들의 기도를 들을 것이요 너희가 온 마음으로 나를 구하면 나를 찾을 것이요 나를 만나리라." (렘 29:12-13)

　사랑의 하나님 아버지! 하나님께서 감추고 계시던 구속의 비밀을 밝히 보이셨으니 기쁘고 감사할 따름입니다.
　주님! 말로 다할 수 없는 주님의 은혜가 넘침을 깨닫습니다. 이 은혜를 받고자 주님께 더 가까이 나아가기를 원하지만, 저희의 죄가 너무 크고 중함을 깨닫습니다. 엎드려 회개하오니 주님이 오신 이 주간에 성령으로 새롭게 되는 체험을 할 수 있게 하옵소서.
　시온을 회복하시겠다고 약속하신 주님! 저희들이 몸담고 있는 이 조국도 회복시켜 주시기 원합니다. 혼돈과 어지러움의 날들이 계속되고 있는 것 같습니다. 저마다 희망을 노래하기보다 절망을 노래하고 있습니다. 생활이 힘들어짐으로 범죄 또한 급증하고 있습니다.

　오! 주님, 이 땅을 고치시고 회복시켜 주시기를 원합니다. 이 백성에게 미칠 큰 기쁨의 좋은 소식을 알려 주시옵소서. 주님이 이 땅에 구원자로서 오심을 믿습니다. 가난과, 질병과, 고통에서 자유를 주시기 위해서 오신 줄 믿습니다. 죄의 어두움과 실패와 좌절의 어두움을 이기는 빛으로 오신 줄 믿습니다. 복을 주시고 더욱 풍성하게 하시기 위해 오신 줄 믿습니다.
　구원의 손길을 애타게 기다리는 이 민족에게 함께 하셔서 온전한 평화를 찾을 수 있도록 인도하시옵소서.

　주님! 지금 저희들이 때 묻고 죄에 휩싸인 자신을 돌아보지 아니하고, 주님의 은총만 갈급해하고 있는 것은 아닌지요? 회개의 영을 부어주셔서 철저히 회개할 수 있게 하시고, 회개에 합당한 열매를 맺는 저희들이 되게 하옵소서. 은혜의 주님! 오늘도 주님이 택하여 단 위에 세우신 목사님을 통하여 저희 모두가 주님의 은혜를 충만하게 받아 누릴 수 있기를 원합니다. 이 예배를 성령님께서 주관하여 주옵소서. 예수 그리스도의 이름으로 기도합니다. 아멘.

## 눈을 뜨게 하소서

주님,

당신이 어디에나 계시다는 것을 저희가 알고 또한 느낍니다.

하지만 저희 눈에 어떤 베일이 씌워진 것 같습니다.

하오니, 주님의 얼굴빛 전부를 저희에게 비춰 주소서.

주님의 깊은 광채가 저희를 둘러싸고 있는

이 거대한 어둠의 중심을 비추게 하소서.

그러기 위해 저희에게 당신의 영을 보내소서.

거룩한 영의 이글거리는 능력만이

모든 내적 완성을 마무리 짓는

위대한 변화를 발생시키고 완성할 수 있습니다.

바로 그것이 당신의 피조 세계가 열망하는 바입니다.

- 테이야르 드 샤르댕(Teilhard de charclin)

# 4부

## 교회력에 맞춘
# 예배 대표기도문

# 현현(주현)절에 맞춘 기도문

**적 용**: 주일 오전 예배, 주일 오후 찬양예배
**성 경**: 시편 103편 1~2, 5절


**찬양과 감사 |** 빛이신 주님! 새해 들어 처음 맞는 이 주일에, 빛으로 나타나신 우리 주님의 현현하심을 기뻐하며 찬양과 영광을 주님께 돌립니다. 여기 모여 새해 첫 예배를 드리는 저희에게 빛으로 살아갈 수 있도록 크신 은혜를 베풀어 주시옵소서.

빛 되신 주님의 모습을 뵈오니 지난날의 암흑이 모두 사라지고 걷히는 것을 깨닫습니다. 주님, 다시는 저 어둠 속으로 돌아가지 않도록 성령의 능력으로 인도하여 주시고, 저희 방탕한 발길이 죄악의 깊은 곳에서 서성이는 일이 없도록 삶의 등불이 되어 주옵소서.

**고백과 회개 |** 자비로우신 주님! 저희들은 한 주간도 어둠 속에서 죄와 더불어 괴로워하며 살았습니다. 빛이신 주님을 따르겠다는 저희의 결심과 다짐은 모두 허사로 돌아가고 말았습니다. 주여, 빛이 비치면 어둠이 설 곳을 잃고 자취를 감추는 것처럼, 저희 심령에 빛이신 주님의 강림하심으로 저희의 죄악이 깨끗이 소멸되게 하옵소서.

빛이신 주님을 믿으면 빛의 자녀가 되고, 어둠이 다시 찾아오지 못함을 깨닫습니다. 이제 이 시간에, 저희 모두가 빛으로 살아갈 것을 다시 한번 다짐하며 무너진 결심을 주님의 말씀으로 다시 세우는 시간이 되게 하옵소서.

**간구 |** 은혜의 주님! 주님의 거룩한 전에 모여 예배드리는 저희 모두가 일어나 빛을 발하라는 하나님의 말씀을 지키며 행하는 한 해가 되기를 원합니다. 빛 된 삶을 사는 저희들의 모습을 보고 빛 되신 주님 앞으로 나아오

는 자들이 많아지게 하시고, 주님의 빛이 온 누리에 충만해지는 역사가 있게 하옵소서. 또한 지난날의 교회와 이웃을 위하여 기도하지 못한 것과, 주님을 증거하는 일에 태만했던 죄를 다시는 범치 않는 한 해가 될 수 있게 하옵소서.

주님! 오늘, 주님이 현현하신 첫 주일에 빛 되신 주님 앞으로 나오지 못한 성도들을 기억하옵소서. 어디에 있든지 빛의 자녀라는 사실을 잊지 말게 하시고, 빛의 자녀 된 의무를 다할 수 있는 주님의 자녀들이 되게 하옵소서.
병든 자들, 실직자들, 가난한 이들, 해외에 나간 이들을 기억하셔서 흑암에 있지 않도록 빛으로 보호하시고 지켜주옵소서.
새해 첫 주일을 맞이하여 모든 기관이 새롭게 출발합니다. 임명된 모든 일꾼들이 같은 소임에 충성을 다하게 하시고, 서로서로 사랑하여 부흥하는 원년이 되게 하시며, 가슴 벅찬 즐거움이 넘쳐 나는 복된 해가 되게 하옵소서.

**예수님의 이름으로l** 특별히 양 무리들을 보살피시는 목사님과 교역자들에게 언제나 성령의 충만함을 채우시옵소서. 목회의 사명을 감당하는데 부족함이 없도록 하늘의 지혜를 더하여 주시고, 힘들지 않도록 능력의 오른손으로 붙드시옵소서.
예배를 섬기는 손길들을 기억하셔서 그들의 수고가 하늘에서는 해 같이 빛나게 하여 주옵소서. 준비된 찬양으로 영광 돌리는 찬양대의 찬송을 기쁘게 받으실 것을 믿사옵고, 예배의 시종을 주님에 의탁하오며 빛이신 주 예수 그리스도의 이름으로 기도합니다. 아멘.

**참고** : 1월 6일부터 성회수요일까지이다. 처음에는 그리스도의 세례를 기념하다가 후에는 그리스도께서 이방인에게 나타나심을 기념하여 지켰다.

# 산상 변모일에 맞춘 기도문

**적 용 :** 주일 오전 예배, 주일 오후 찬양예배
**성 경 :** 이사야 26장 3~4절

**찬양과 감사ㅣ** 천지를 주관하시는 하나님 아버지! 주님의 지극히 높으신 위엄을 찬양합니다. 주님께서 영광스럽게 변모하셔서 보잘것없는 인생들에게도 영원한 계시의 빛을 밝혀 주시니 진정으로 감사합니다. 오늘도 저희의 심령을 찾아오셔서 이 거룩하고 복된 날에 주님의 전에서 주님을 경배할 수 있게 하여 주시니 감사합니다.

택함을 받은 주의 백성들은 떡으로 사는 것이 아니라 하나님의 입에서 나오는 말씀으로 사는 것임을 깨닫게 하시기 위하여 주님의 임재의 장소인 성전으로 불러주신 것을 믿습니다. 이 시간 주님의 약속의 말씀을 받으며 예배할 수 있는 저희 모두가 되게 하시고, 말씀에 힘입어 주님을 더욱 찬양하며 경배할 수 있는 저희 모두가 되게 하여 주옵소서.

**고백과 회개ㅣ** 자비로우신 주님! 저희들이 항상 주님의 밝은 빛을 받으며 살아가면서도 오늘 빛이신 주님 앞으로 나아오기가 두려웠습니다. 저희 마음을 비추시는 주님의 빛을 피하며, 어둠의 그림자들을 친구 삼아 죄의 소리에 귀를 기울이면서 살았기에, 빛이신 주님을 만나기가 너무나도 두렵고 떨립니다. 영광의 빛이신 주님 앞에 저희가 지었던 모든 죄들을 고백하오니 그 풍성하신 사랑으로 긍휼을 베푸셔서 용서하여 주옵소서.

**간구ㅣ** 은혜로우신 주님! 앞으로는 좀 더 빛을 드러낼 수 있는 삶이 되기를 원합니다. 영광의 빛이신 주님을 나타내며 주님의 음성 듣기를 기뻐할 수 있는 저희의 삶이 되게 하옵소서. 어떻게 하는 것이 주님께 더욱 가까이 가는 생활이고, 어떤 것이 주님의 은혜에 보답하는 길인가를 깨달을 수 있

게 하여 주옵소서. 더욱 주님을 찬양하고 감사할 수 있는 생활이 되게 하여 주옵소서. 저희가 낙망하며 불안해질 때 주님을 바라보며 앙망하게 하여 주시고, 주님께서 나를 도와주실 것이라고 하는 확신을 가지고 주님을 향하여 얼굴을 돌릴 수 있게 하여 주옵소서.

그리하여 주님을 체험케 할 수 있게 하여 주시고, 주저앉은 자리에서 일으켜 세워주신 주님을 찬양할 수 있게 하여 주옵소서. 언제나 주님의 말씀에는 능력이 있음을 확신하게 하시고, 그 말씀을 묵상함으로 진리의 말씀 가운데로 행할 수 있는 저희의 믿음이 되게 하여 주옵소서. 주님, 저희에게 뜨거운 마음을 주시기를 원합니다. 그리하여 주님과 생명의 말씀을 온 세상에 증거할 수 있는 믿음이 되게 하여 주옵소서.

입으로만 증거하는 것이 아니라 모든 진리의 말씀을 몸소 실행으로 옮김으로 빛으로 증거할 수 있는 저희의 믿음이 되게 하여 주옵소서. 때때로 쓰러지고 넘어지는 일이 있다 할지라도 더욱 주님의 섭리와 뜻에 매달려 살아갈 수 있는 저희의 믿음이 되게 하시고, 찬송과 감사와 주님을 위한 영광만을 가슴에 품을 수 있는 저희의 믿음이 되게 하여 주옵소서.

사랑의 주님! 슬픈 날이건 기쁜 날이건 매일매일 주님을 섬길 기회를 주셨사오니 주어진 일들로 인하여 불평치 않게 하시고 힘을 다하여 주님을 섬길 수 있게 하옵소서. 작은 일이건 큰일이건 주님께 충성하는 모습이 동일하게 하시고 항상 주님께 성실함을 보일 수 있는 저희의 믿음이 되게 하여 주옵소서.

**예수님의 이름으로|** 오늘도 성경에 계시된 축복의 말씀을 전달하시는 목사님께 밝은 빛을 비추셔서 말씀을 듣는 저희들이 영원한 계시의 빛으로 밝히시는 주님의 은혜를 경험하게 하옵소서.

예배의 시종을 주님께 의탁하오며 예수 그리스도의 이름으로 기도합니다. 아멘.

# 사순절에 맞춘 기도문

**적 용** : 주일 오전 예배, 주일 오후 찬양예배
**성 경** : 히브리서 10장 19~20,22절

**찬양과 감사** | 저희를 사랑하시되 독생자를 아끼지 아니하시고 죄의 희생물이 되신 사랑의 하나님 아버지! 저희에게 모든 사랑을 능가하는 하늘의 사랑과 하늘의 기쁨을 주시니 감사합니다. 오늘도 그 사랑에 이끌려 주님의 전을 찾았습니다. 주님의 사랑을 받고 있는 종들이 주님의 이름을 높이며 찬양과 경배를 드릴 때에 계신 곳 하늘에서 받으시고, 저희들 가운데 임재 하시옵소서. 주님께 영광이 되는 예배를 드리기를 원합니다. 저희의 마음을 온전히 주장하여 주셔서 신령과 진정으로 예배할 수 있게 하여 주옵소서.

**고백과 회개** | 은혜의 주님! 저희들이 주님의 놀라운 은혜를 입었지만, 그 은혜에 보답하고자 하는 삶이 미약했음을 고백합니다. 입술로는 주님을 사랑한다고 하면서도 마음으로는 부인하여 실망과 좌절의 삶으로 하루하루를 수놓으며 살게 되니 저희의 모습이 한없이 부끄럽기만 합니다.
　저희들이 연약하여 온전히 주님을 영접하지 않은 채 비굴한 믿음을 갖고 힘없이 사는 것을 용서하여 주옵소서. 지극히 제한되고 미흡한 저희 육신과 의지를 돌아보시고, 자비와 사랑으로 안위하여 주시기를 원합니다. 굳건한 믿음으로 채워주셔서 주님의 길을 온전히 걸어갈 수 있도록 인도하여 주옵소서.

**간구** | 사랑의 주님! 주님이 고난당하신 아픔을 기념하여 그 고난에 동참하는 사순절 기간입니다. 주님의 피 묻은 십자가만이 저희를 얽어 맨 죄악과 슬픔의 사슬들을 끊어 버렸다는 것을 기억하여, 마음을 다하여 주님 없

이 살 수 없음을 고백하는 기간이 되게 하여 주옵소서. 주님의 십자가가 저희의 영적인 삶과 생활의 중심에 오도록 기도하는 기간이 되게 하여 주옵소서. 주님의 피 묻은 십자가가 저희 심령 가운데 우뚝 서 있으므로 그 십자가를 통하여 십자가의 정신으로 사는 실제적인 능력을 공급받는 기간이 되게 하여 주옵소서.

주님의 몸 된 교회도 한 종교의 차가운 상징으로 서있지 말게 하시고, 교회를 찾는 자들에게 십자가의 정신이 언제나 그 삶을 지배할 수 있도록 이끌 수 있는 교회가 되게 하옵소서. 교회를 찾는 자들에게 주님의 고난의 신비를 더욱 깊이 깨닫고자 하는 염원을 불러일으킬 수 있게 하시고, 주님의 고난에 동참하며 그리스도의 몸 된 교회를 위하여 고난의 욕구를 충족시키는 사람들을 세워갈 수 있는 교회가 되게 하옵소서.

긍휼이 풍성하신 주님! 주님을 영접하지 아니하고 죄 많은 풍조를 따라 육체를 자랑하며 사는 이 세상 사람들을 불쌍히 여겨 주시기를 원합니다. 자신들이 추구하며 사는 것이 얼마나 헛된 것인지를 깨닫게 하시고, 정욕적이고 타락한 방식에서 벗어나 십자가의 도를 붙잡을 수 있는 저들이 되게 하여 주옵소서. 십자가 앞에서 자신들이 욕심을 내며 자랑했던 것들이, 얼마나 무가치하고 쓸모없는 것들이었는지를 발견하게 하시고, 오직 십자가를 통해 아직도 계속되고 있는 하나님의 구원의 능력을 체험하는 저들이 되게 하여 주옵소서.

**예수님의 이름으로** 말씀을 들고 단 위에 서시는 목사님을 주님의 피 묻은 십자가의 능력으로 붙들어 주옵소서. 말씀을 선포하실 때에 그 말씀을 귀 기울여 듣는 저희 모두가 주님의 십자가의 사랑을 뼛속 깊숙이 느낄 수 있게 하옵소서. 이미 예배가 시작되었습니다. 예배의 시종을 주님께 의탁하오며 구속의 주님이 되시는 예수 그리스도의 이름으로 기도합니다. 아멘.

**참고** : 예수 그리스도의 고난을 기억하는 절기이다. 사순절은 성회 수요일부터 부활절 전날까지 주일을 뺀 평일만 40일이다.

# 종려주일에 맞춘 기도문

**적 용** : 주일 오전 예배, 주일 오후 찬양예배
**성 경** : 스가랴 9장 9절

**찬양과 감사|** 겸손과 섬기심으로 이 땅에 평화를 가져오신 사랑의 주님! 주님께서 온 인류에게 평화를 주시기 위하여 이천 년 전 예루살렘에 입성하시며 찬송과 영광을 받으시던 그 주님을 오늘 저희가 여기서도 맞아들일 수 있게 하여 주시니 그 크신 은혜와 사랑을 감사합니다. 오늘 저희도 평화의 왕으로 오신 주님을 "호산나 다윗의 자손이여 찬송하리로다. 주의 이름으로 오시는 이여 가장 높은 곳에서 호산나!" 하고 외치며 찬송할 수 있게 하옵소서.

**고백과 회개|** 끝없이 낮아지신 주님! 주님이 나귀 새끼를 타고 예루살렘에 입성하신 것은 진정한 승리가 힘의 정복에 의한 것이 아니라, 겸손과 봉사로 이 세상을 섬기는 것임을 알리시기 위함임을 믿습니다.
그런데 저희는 섬김을 받으려 하고 귀족같이 대접받으려고 하는데 힘썼던 것은 아니었는지 되돌아봅니다. 진정으로 섬기는 삶을 살지 못한 저희를 꾸짖어 주시고, 십자가에 달리시기까지 철저히 섬기시기를 원하셨던 주님처럼 저희들도 끊임없이 낮아지는 주님의 자녀가 될 수 있도록 은혜를 베풀어 주옵소서.

**간구|** 본을 보이신 주님! 주님의 피로 사신 교회도 주님을 본받아 서로 섬기는 공동체가 되게 하시고, 진정으로 주님을 닮아가는 교회가 되게 하옵소서. 또한 우리의 이웃에게 십자가의 사랑을 보여 줌으로써 주님의 나라가 얼마나 아름다운지를 보여줄 수 있는 교회가 되게 하옵소서. 또한, 오늘부터 주님께서 고난의 쓴 잔을 받으신 고난주간이 시작됩니다.

호산나, 호산나 외치며 주님을 찬양하던 무리들이 결국 주님을 십자가에 못 박은 배반자들이 되었듯이, 오늘 저희들도 주님을 찬양하고 경배하던 입술로 주님을 부인하고 십자가를 지신 주님을 외면하지는 않을까 두렵사오니 주님을 위해 아낌없이 향유를 부은 마리아처럼 온 마음으로 주님의 십자가를 사랑하게 하시고, 주님께서 받으셨던 고난의 쓴 잔을 저희도 기쁨으로 기꺼이 받게 하옵소서.

　특별히 간구하옵기는 아직도 갈 길 몰라 방황하는 영혼들이 구원과 평화를 주시기 위해서 오신 주님을 만나게 하시고, 저들에게 천국 복음이 임함으로 주님의 복된 소식을 깨달을 수 있게 하옵소서.
　오늘도 세상일에 얽매여 이 전을 찾지 못한 성도들을 기억하시고 긍휼히 여겨 주시기를 원합니다. 그들의 형편이 어떠한지는 우리 주님이 아실 것이오니 그들의 행위대로 갚으시고 은총을 내려 주옵소서.

　**예수님의 이름으로** | 오늘도 생명의 귀한 말씀을 전하시는 목사님을 십자가의 능력으로 붙들어 주시고, 말씀을 들을 때에 왜 주님께서 고난의 종으로 예루살렘에 입성하시고 십자가의 고난을 받으셔야만 했는지 심령 깊숙이 깨닫는 시간이 되게 하옵소서.
　오늘도 예배를 위하여 수종 드는 손길들이 있습니다. 그들의 수고가 더해질 때마다 예수님을 닮아가는 기쁨을 누리게 하옵소서. 예배의 시종을 주님께 맡깁니다. 예배드리는 동안 성령께서 친히 저희들 가운데 운행하심을 믿사옵고, 평화의 왕으로 오셔서 십자가를 지심으로 섬김의 도리를 가르쳐 주시고 죄악에서 구원하여 주신 예수 그리스도의 이름으로 기도합니다. 아멘.

　참고 : 수난주간의 첫날(주일)을 종려주일로 지키는데 예수 그리스도의 예루살렘 입성을 기념하는 것이다.

# 고난주간에 맞춘 기도문

**적 용** : 주일 오후 찬양예배, 수요일 예배
**성 경** : 계시록 5장 12절

**찬양과 감사ㅣ** 저희를 사랑하시는 하나님 아버지! 오늘 이 저녁에도 저희를 부르셔서 주님께 예배할 수 있는 복된 종으로 삼으심을 감사드립니다. 저희의 드리는 예배를 받으시고, 예배드리는 저희의 심령마다 세상 시름이 물러가고 주님이 채우시는 기쁨으로 충만케 하여 주옵소서. 주님께 예배함으로 세상에서는 느낄 수 없는 행복을 누릴 수 있기를 원합니다.

**고백과 회개ㅣ** 사랑의 주님! 저희를 위해 고난받으신 주님의 대속을 생각하며 주님 앞에 머리 숙입니다. 저 험한 십자가에 달렸어야 할 장본인은 주님이 아니라 죄인 된 저희들임을 깨닫습니다. 멸시와 욕 대신 정작 영광을 받으셔야 할 주님이 저희들 대신 치욕스러운 고난을 받으셨으니, 저희들의 죄가 너무나 무겁고 더러운 것임을 깨닫습니다.

오! 주님, 주님을 십자가 고통으로 밀어 넣은 이 못된 죄인들을 용서하여 주옵소서. 주님이 고난의 십자가를 지시고 골고다 언덕으로 오르실 때 슬피 울며 눈물로 따라간 여인들을 생각합니다. 다른 무리들은 모두 십자가를 지신 주님을 보며 피하거나 구경을 하였지만, 가녀린 몸으로 어떤 오해를 받을지도 모를 주님의 십자가 길을 통곡하며 따라간 것을 생각할 때, 오늘 십자가에 나타난 주님의 사랑을 경험한 저희들은 주님을 따르는 삶의 방식이 너무도 형편없음을 깨닫습니다.

주님! 주님을 위해서 울 줄 아는 자만이 진정으로 주님을 사랑하며 주님의 십자가를 따를 수 있는 사람이라고 할 수 있을 것입니다. 저희들이 주님의 십자가를 바로 안다면 이 고난주간에 가슴을 치는 통곡이 있게 하시고,

십자가를 대하는 애틋한 절규가 없이는 주님의 사랑을 어느 누구에게도 알려 줄 수 없음을 깨닫게 하옵소서. 주님의 한없는 사랑을 입은 저희들이 어떻게 주님을 십자가에 못 박게 한 세상과 손을 잡고 주님의 고난을 구경하듯 살아왔는지 저희의 죄악된 모습에 수치스러움을 금할 길 없나이다. 다시 한번 참회하오니 용서하여 주옵소서. 이제는 저희를 살리시기 위하여 죽으신 주님의 고난을 기억하면서 지금도 계속되는 주님의 사랑을 따라, 죽어 가시며 모든 것을 사랑하셨던 모든 것을 사랑하게 하시고, 지금도 주님의 피로 값 주고 사신 교회 속에는 보이지 않는 골고다 언덕이 있음을 기억하게 하옵소서.

**간구** 주님! 저희들이 이 시간 주님의 고난을 깊이 생각하며 예배드립니다. 피 묻은 십자가에 붙잡혀서 예배드리는 시간이 되게 하시고, 주님이 몸을 찢으셔서 보혈을 뿌리신 핏 길을 저희들도 걸어야 한다는 다짐이 있게 하옵소서. 오늘도 이 세상에는 죽은 자와 다름없이 살아가는 수없는 영혼들이 있습니다. 그들의 소망 없는 얼굴이 떠올라 안타까운 마음으로 기도하오니, 새 생명과 새 소망을 찾을 수 있도록 주님의 십자가 앞으로 이끌어 주옵소서.

주님의 십자가의 고난을 가슴 저미도록 안타까워하시며 십자가의 사랑을 전하시기 위하여 단 위에 서시는 목사님을 기억하시고, 그 복되고 은혜로운 말씀을 전하실 때에 주님처럼 잘 죽기 위하여 잘 살아야겠다는 결단이 있게 하옵소서.

**예수님의 이름으로** 예배의 시종을 주님께 맡깁니다. 죄와 부패밖에 남은 것이 없는 저희들이 주님의 상하신 십자가 앞에서 새롭게 태어나기를 원하오며 구속의 주님이 되시는 예수 그리스도의 이름으로 기도합니다. 아멘.

**참고** : 고난주간은 수난주간이라고도 하며 사순절 마지막 한 주간을 가리킨다. 예수님의 입성, 죽음, 장사되기까지의 사건들을 기념한다.

# 성금요일에 맞춘 기도문

**적 용** : 금요 기도회
**성 경** : 골로새서 1장 13~14절

**찬양과 감사 |** 할렐루야! 사랑이 충만하신 하나님이 아버지! 고달프고 힘든 생활 가운데서도 기도의 자리로 이끌어주신 주님의 은혜를 감사합니다. 특별히 주님께서 죄 많은 저희들을 위하여 십자가에 달려 돌아가신 성금요일에 주님의 십자가의 사랑을 생각하며 기도할 수 있는 은혜를 베풀어 주시니 감사합니다. 육신은 피곤하고 뼈마디가 저릴지라도 영혼을 새롭게 하시는 주님의 사랑을 경험하는 이 밤이 되게 하여 주옵소서.

**고백과 회개 |** 거룩하신 주님! 이 시간 주님의 피 묻은 십자가를 바라봅니다. 예수님의 고통과 절규가 얼룩진 십자가 위에 저희들의 죄와 정욕의 덩어리들이 엉켜 있음을 고백합니다. 주님의 고통은 저희들의 허물 때문인 것을 깨닫고 감격과 찬양으로 구원의 십자가를 바라봅니다. 먹보다도 더 검은 저희들의 죄를 용서하여 주시고, 고난의 주님만이 영광을 받으시옵소서.

**간구 |** 고난의 십자가를 지신 주님! 이 고난 주간에 주님을 철저히 배우기를 원합니다. 나귀를 타시고 예루살렘에 올라가신 주님의 겸손, 자기의 뜻보다 아버지의 뜻이 이루어지기를 원하시고, 섬김을 받기보다 섬기며 사신 주님의 생애, 만민의 죄를 담당하시고 희생의 제물이 되신 주님의 사랑을 상기하며, 저희들 또한 그렇게 살기를 소원하며 다짐하는 믿음의 행위가 있게 하여 주옵소서.

사랑의 주님! 저희를 위해 종으로 이 세상에 오셔서 가장 낮은 자리까지 내려가시고 생명까지 주신 주님을, 생명 바쳐 사랑할 수 있는 저희들 되게 하여 주옵소서. 겟세마네 기도의 시간에 깨어있지 못하던 제자들의 모습이 저희들의 모습이 되지 않기를 소원합니다. 십자가의 험한 자리를 지키지 못했던 제자들의 냉담한 외면이 오늘 저희들의 모습이 아니기를 원합니다.

오직 구속받은 은총에 힘입어 주님을 본받게 하시고, 이웃을 위하여 겸손한 사랑을 보여주며 주님의 피 묻은 복음을 힘껏 전하는 저희들 되게 하여 주옵소서.

**예수님의 이름으로|** 오늘도 저희에게 십자가의 찢기심과 피 흘리심으로 말씀하고 계시는 주님을 발견합니다. 목사님이 전하시는 말씀을 들을 때, 주님의 피 묻은 십자가를 생각하며 더 쓰라린 아픔을 경험하는 이 밤이 되게 하여 주옵소서.

주님이 저희들에게 구속의 은혜를 베푸시기 위하여 찢기신 그 상처를 어루만지며, 메이는 마음으로 주님을 부르길 원하오며 예수 그리스도의 이름으로 기도합니다. 아멘.

**참고 :** 예수 그리스도께서 십자가에 달리셔서 죽음을 맞으신 고난주간의 금요일을 성(聖)금요일이라고 말한다. 일반적으로 금요일을 성금요일이라고 말하기도 한다.

기도할 의사가 없는 기도, 마음에 없는 기도, 마음에 없는 실행, 무감각적인 절차, 죽은 것과 같은 습관, 서두름, 부주의한 실행에는 아무런 가능성도 필연성도 정당화될 아무것도 없습니다.

# 부활주일에 맞춘 기도문

**적 용** : 주일 오전 예배, 주일 오후 찬양예배
**성 경** : 마가복음 16장 4~6절

**찬양과 감사|** 할렐루야 전능하신 하나님! 죽음을 이기고 부활하신 주님을 구주로 믿는 저희들이 이 거룩한 성전에 모여 할렐루야 찬송하며 예배드리게 하심을 감사합니다. 이 자리에 모인 저희들 모두가 주님의 승리를 진정으로 기뻐합니다. 온 세계 만민들도 주님의 부활하심을 기뻐합니다. 죄와 죽음을 이기신 주님의 능력이 분명한 역사적 사건임을 믿나이다. 이 시간 저희들 모두가 환희에 찬 감정을 가지고 소망에 찬 눈망울로 주님을 찬양하게 하옵소서.

**고백과 회개|** 부활의 주님! 돌이켜 보건대 저희들은 너무 겁쟁이였습니다. 부활의 주님이 저희와 함께 하심에도 불구하고 죽음이 어떤 모양으로 저희에게 다가올 것인지를 생각하면 잠시도 평안함을 얻지 못하고 괴로움에 시달릴 때가 많았습니다. 주님이 영생의 소망을 저희에게 주셨는데도 이 두려움을 아직도 없애버리지 못한 채 괴로워하고 있는 연약한 존재들이 바로 저희들입니다.

믿음이 부족한 것을 불쌍히 여겨 주시옵소서. 부활의 확신으로 말미암아 이 모든 문제를 해결할 수 있게 하옵소서. 이제 저희 모두 일어나 의심과 괴로움을 떨쳐 버리고 부활의 증거자로 나설 수 있게 하옵소서. 그 어떤 희생이 뒤따른다 할지라도 죽음의 권세를 이기시고 승리하신 주님을 생각하며 초지일관 믿음으로 살아갈 수 있게 하옵소서.

**간구|** 자비로우신 주님! 주님의 부활의 터 위에 세우신 교회도 부활하신 주님의 권능을 온 세상에 증거할 수 있게 하옵소서. 죽음과 질병과 공포와

절망으로 살아가는 심령들을 부활의 주님을 모시고 찾아가서 위로해 주고, 악한 세력들을 깨뜨려 주는 교회가 되게 하시고, 저들이 교회를 찾아왔을 때도, 부활의 주님을 뵈옵고 새로운 소망과 용기가 넘쳐 나게 하옵소서.

주님! 이 민족 이 백성도 부활의 주님을 만나게 하시고, 부활의 주님을 바라볼 수 있는 눈을 열어 주옵소서. 이 백성이 부활의 신앙으로 바로 설 때 하나가 될 수 있다는 것을 깨닫게 하시고, 신실한 일꾼들이 넘쳐나고 정직이 강같이 흐르는 민족이 될 수 있다는 것을 깨닫게 하옵소서. 이 땅의 백성들이 진정으로 주님을 의지함으로 주님의 복을 받아 누리는 삶을 살게 하옵소서.

교회에 세우신 각 기관과 모든 직분을 맡은 자들에게도 함께 하시기를 원합니다. 부활의 산 신앙을 갖고 능력 있게 맡은 역할을 잘 감당할 수 있게 하시며, 맡은 자에게 구할 것은 오직 충성밖에 없음을 기억하게 하옵소서.

**예수님의 이름으로!** 부활의 복된 소식을 대언하시기 위하여 단 위에 세우신 목사님을 성령께서 친히 붙드시고, 권세 있는 말씀으로 저희 온 심령을 채울 수 있게 하옵소서. 찬양으로 부활의 주님을 높이는 찬양대와 예배를 위해 수종 드는 모든 권속들을 주님의 크신 은혜와 복으로 채워 주시옵소서.

예배의 시종을 주님께 의탁하오며 부활하셔서 저희들에게 산 소망이 되시는 예수 그리스도의 이름으로 기도합니다. 아멘.

**참고** : 예수님의 부활하심을 기념하는 주일로 수난 후 첫 주일이 부활주일이다. 그리스도인은 무엇을 하든지 그것이 범죄가 되지 않는 한, 다 신성한 것입니다.

# 부활절 기간에 맞춘 기도문

**적 용 :** 주일 오전 예배, 주일 오후 찬양예배, 수요일 예배
**성 경 :** 고린도전서 15장 20~21절

**찬양과 감사 |** 할렐루야! 전능하신 하나님 아버지! 사망 권세를 이기신 주님의 부활을 기뻐하며 찬송하는 삶을 살게 하여 주시니 감사합니다. 이 시간도 주님 앞에 나와 저희들 모두가 환희의 감정을 가지고 예배드릴 수 있도록 인도하여 주신 주님의 은혜를 감사합니다. 마음과 정성을 다하여 주님을 예배할 수 있게 하옵소서.

**고백과 회개 |** 은혜로우신 주님!
저희들이 부활의 주님을 믿으며 승리하는 생활을 한다고는 하지만 돌이켜 보건대 저희 중심 속에는 아직도 죄의 쓴 뿌리들이 남아 있어서 비틀거리는 연약한 모습들이 사라지지 않고 있습니다. 이처럼 죄를 이기지 못하는 저희들의 나약한 믿음을 고백하며 회개하오니 불쌍히 여기시고 용서하여 주옵소서.

**간구 |** 생명이 되시는 주님! 부활의 주님을 저희 심령 속에 온전히 영접하게 하여 주셔서 부활절 기간 동안뿐 아니라, 날마다 죄를 이기고 부활의 주님을 온전히 바라보는 삶을 살게 하시옵소서. 또한 부활의 주님을 증언하고 증거하기에, 몸을 드려 헌신할 수 있는 저희들이 되게 하여 주옵소서. 저희들의 가정과 생업도 부활의 기쁨이 넘쳐나는 현장이 되기를 원합니다. 부활의 권능의 힘으로 움직이는 복된 삶의 터전이 되기를 원합니다. 언제 어디서나 주님의 살아계심을 심령으로 느끼며 고백하는 은혜의 현장이 되게 하옵소서.
주님의 교회도 부활의 주님이 늘 임재하시는 교회가 되기를 원합니다.

부활의 주님을 만난 자들이 그 기쁨의 소식을 전하기에 주저하지 않았듯이, 저희가 섬기는 교회도 주님을 증거하기에 주저하지 않는 교회가 되게 하시고, 늘 깨어 기도함으로 성령의 기사와 이적이 주님의 이름으로 나타나는 교회가 되게 하옵소서. 상하고 지치고 연약한 심령들도 소망을 얻고 새 삶을 얻는 은혜의 장소가 되게 하여 주옵소서.

자비로우신 주님! 이 조국을 불쌍히 여겨 주시기를 원합니다. 남과 북이 화해하는 여러 모양들이 나타나고 있으나, 아직도 통일은 요원하기만 합니다. 저희들은 이 민족과 조국을 향하신 주님의 선하신 계획이 있을 것이라는 것을 굳게 믿습니다. 이 나라가 온전한 통일이 이루어지는 그날까지 주님의 뜻을 바라보며 힘을 다하여 기도할 수 있는 저희들 되게 하여 주옵소서.

오늘 저희들이 주님께 예배하기 위해 모였습니다. 건성으로 예배에 참여하는 불성실함이 없게 하시고, 마음을 쏟고 영혼을 쏟는 예배를 드림으로 주님의 놀라우신 사랑을 강력하게 체험하는 시간이 되게 하옵소서.

**예수님의 이름으로** 사랑하는 목사님이 말씀을 들고 단 위에 서십니다. 성령께서 강력하게 붙드실 것을 믿습니다. 말씀을 듣는 저희들 모두가 크고 놀라운 은혜를 받는 시간이 되게 하옵소서. 찬양대의 찬양도 기쁘게 받아주실 것을 믿사옵고 예배의 시종을 주님께 의탁하오며 예수 그리스도의 이름으로 기도합니다. 아멘.

**참고** : 부활절은 부활의 주님 안에서 기쁨을 누리는 주일로 부활주일부터 6주간이다.

새벽 기도 한 사람치고 잘못된 사람이 없고 세계적으로 위대한 일을 해왔던 인물들은 다 새벽 기도에 열심히 나왔던 사람입니다.

# 성령강림주일에 맞춘 기도문

**적 용** | 주일 오전 예배, 주일 오후 찬양예배
**성 경** | 누가복음 4장 18~19절

**찬양과 감사** | 거룩하신 하나님 아버지! 오늘도 저희들에게 거룩한 주일을 허락하셔서 주님을 예배할 수 있게 하시니 감사합니다. 또한, 성령을 통하여 교회 위에 역사하시고 섭리하신 은총을 감사합니다. 지금 이 시간에도 성령으로 역사하시는 주님의 임재를 깨닫고 겸손히 예배합니다. 예배하는 저희들 가운데 주의 성령께서 두루 운행하시고 저희의 연약함을 도와주시옵소서.

**고백과 회개** | 은혜의 주님! 저희가 미혹의 영에 이끌려 탐욕스럽고 방자하기 그지없을 때, 고요히 찾아오신 성령의 도우심으로 멸망에서 벗어났음을 깨닫고 있습니다. 실패와 낙망으로 인하여 마음 둘 곳을 잃었을 때 위로의 영으로 오셔서, 새 힘을 주신 성령의 역사를 지금 확신하고 고백합니다. 간절히 사모하며 기다리는 마음에 불꽃으로 뜨겁게 내리신 강렬한 힘의 성령께서 저희에게 친히 오심을 믿습니다. 은혜의 성령님이시여, 고백하는 저희의 심령에 임하시옵소서. 저희의 죄와 허물도 빽빽한 구름의 사라짐같이 깨끗하게 사라질 수 있도록 성령의 불로 태워 주시옵소서.

**간구** | 전능하신 주님! 성령의 밝은 빛으로 저희 심령을 채우셔서 주님의 뜻을 온전히 분별하며, 세상의 악한 권세를 이기는 선한 싸움의 승리자로 삼아 주시옵소서. 지금 육체적으로나 정신적인 여러 가지 문제로 고통당하는 성도들도 있습니다. 저희들의 일거수일투족을 눈동자와 같이 지키시는 성령님께서 각 심령마다 충만하게 임하여 주셔서 모든 고통에서 자유함을 얻게 하시고, 기쁨으로 주님을 찬양할 수 있는 삶이 되게 하옵소서.

일찍이 이곳에 주님의 몸 된 교회를 세워 주셔서 성령의 권능을 세상에 쏟아 놓는 능력의 제단이 되게 하여 주셨사오니 저희 교회가 더욱더 성령 충만한 교회가 되게 하시고, 진리의 빛을 밝게 비출 수 있는 생명의 제단이 되게 하옵소서.

자비하신 주님! 이 민족이 아직도 분단의 아픔을 겪고 있습니다. 남북 화해의 길이 조금씩 열리고 있기는 하지만, 온 민족이 하나로 되는 것은 아직도 멀게만 느껴질 뿐입니다. 성령의 능력으로 이 민족을 하나로 엮어 주셔서 더 이상 분단으로 인한 아픔이 발생하지 않도록 은총을 베풀어 주옵소서. 이 사회도 주님의 강력한 통치가 속히 이루어지기를 원합니다. 개인적으로나 국가적으로 여전히 온갖 불의와 죄악된 일들이 하늘을 뒤덮고 있사오니, 속히 이 병든 사회를 성령의 권능으로 치료하여 주셔서 건전하고 바른 가치관이 정립될 수 있도록 은총을 허락하여 주옵소서.

**예수님의 이름으로** 성령강림주일을 맞이하여 말씀을 전하여 주실 목사님께 성령의 기름을 부어주셔서 선포되는 말씀이 저희의 굳은 심령을 찌르고, 변화와 위로와 치료가 임하는 놀라운 시간이 되게 하여 주옵소서. 주님의 몸 된 교회를 위하여 여러 모양으로 몸을 드려 충성하는 귀한 일꾼들을 붙들어 주시고, 맡은 바 직분을 즐거움으로 감당할 때 성령의 큰 은사와 능력을 경험하게 하옵소서.

이미 예배가 시작되었습니다. 예배의 시종을 주님께 의탁하오며, 예배드리는 저희들 가운데 성령께서 친히 운행하심을 믿사옵고 예수 그리스도의 이름으로 기도합니다. 아멘.

**참고** : 부활주일 후 일곱 번째 주일로 성령의 강림하심을 기념하는 주일이다.

# 오순절 기간에 맞춘 기도문

**적 용** : 주일 오전 예배, 주일 오후 찬양예배, 수요일예배
**성 경** : 요한복음 7장 37~38절

**찬양과 감사 |** 오순절 성령으로 임재하시는 하나님! 약속하신 성령을 보내주신 하나님! 감사와 영광을 돌립니다. 오늘도 저희의 마음을 성령님께서 주장하여 주셔서 주님의 전을 찾아 예배할 수 있게 하시니 감사합니다. 이 시간, 저희가 예배할 때에 이 땅에 하나님의 교회가 세워질 때 내려주셨던 성령을 충만하게 부어 주시고, 저희를 성결하게 하셔서 주님 앞에 예배드리기에 합당한 심령이 되게 하여 주옵소서.

**고백과 회개 |** 은혜롭고 자비로우신 주님! 저희의 지난 한 주간의 삶을 돌이켜 봅니다. 주님의 뜻대로 살겠노라고 수없이 다짐하였지만, 실상은 성령님을 근심시키는 삶을 살았음을 솔직히 고백합니다. 항상 죄에게 맥없이 무너지는 저희의 믿음이 너무나 부끄럽습니다. 마음을 다하여 회개하오니 용서하여 주옵소서. 주님 앞에 거짓말쟁이가 되지 않기를 원합니다. 죄를 이기며 주님을 기쁘시게 하는 삶이 되기를 원합니다. 성령의 충만을 부어주시옵소서.

**간구 |** 약속하신 성령을 보내주셔서 주님을 구주로 믿는 모든 자들에게 충만하게 부어 주신 주여! 성령강림 후 그 역사를 기념하는 오순절 기간 동안 저희 모두가 성령 충만한 사람들이 되어 불신앙과 육신의 정욕들을 이겨내는 성령의 사람으로 살게 하시기를 원합니다. 세속에 찌든 심령도 성령의 능력으로 변화를 받아, 성령의 열기로 뜨겁게 살아갈 수 있게 하시기를 원합니다. 성령의 인도하심 속에서 의로운 인격을 갖추고 신앙도 살찌게 되기를 원합니다. 주님의 거룩하신 뜻을 실현할 수 있는 복된 삶이 되기

를 원합니다. 주님을 담대히 증거하고 그 어떤 위협 앞에서도 굴하지 않는 순교의 신앙이 되기를 원합니다. 저희들의 전 생활 영역이 성령의 역사와 인도하심을 따라 사는 권세 있는 삶이 되게 하여 주옵소서.

저희 교회도 성령의 불이 계속 타오르는 능력의 교회가 되기를 원합니다. 아무리 강퍅한 심령도 이 교회에 발을 들여놓는 순간 성령의 능력으로 꺼꾸러지는 역사가 있게 하시옵고, 죄 자백이 일어나며 탄식하는 회개의 역사가 있게 하옵소서. 삶에 지친 자들은 삶의 희망이 넘쳐나게 하시고, 병든 심령은 치료의 역사가 있게 하시며, 기도하는 자마다 주님의 사랑의 응답을 받을 수 있는 신령한 교회가 되게 하옵소서.

이사회 속에서도 성령의 역사가 있기를 원합니다. 죄악의 물결이 넘실거리고 있습니다. 죄와 의에 대하여 책망하시고 심판하시는 성령의 역사가 있게 하옵소서. 깨끗한 사회, 진실이 통하는 사회가 될 수 있도록 은총을 베풀어 주옵소서.

주님의 몸 된 교회를 위하여 몸을 깨뜨려 충성하는 일꾼들이 있습니다. 그들이 힘을 다하여 충성하고 봉사하며 헌신할 때마다 주님의 음성을 듣게 하시고, 주님이 이끌어주시고 책임져 주시는 강건한 삶이 넘쳐나게 하옵소서.

**예수님의 이름으로** 이 시간 진리의 말씀을 대언하실 목사님을 성령께서 친히 인도하여 주셔서 그 입술을 통하여 나오는 말씀이 뜨거운 은혜의 말씀, 성령 충만한 말씀이 되게 하옵소서.

성령께서 친히 저희의 예배 가운데 임재하셔서 이 예배를 친히 인도하여 주시옵기를 간절히 바라오며 홀로 영광 받으시기에 합당하신 예수 그리스도의 이름으로 기도합니다. 아멘.

참고 : 오순절은 성령의 강림 후 그 역사를 기념하는 기간으로 성령강림 후 9월 마지막 주일까지이다.

# 삼위일체 주일에 맞춘 기도문

**적 용 :** 주일 오전 예배, 주일 오후 찬양예배
**성 경 :** 시편 105편 1~3절

**찬양과 감사|** 창조와 구속과 계속적인 역사로 저희와 함께 하시는 주님! 삼위일체 하나님께 찬양과 영광을 돌립니다. 이 부족한 피조물들이 드리는 예배와 찬미를 받아 주시기를 원합니다. 이 예배가 믿음의 향기가 넘치는 산제사가 되어, 하나님이 기뻐 받으시는 헌신이 되게 하시며, 주님이 예비하신 은혜와 복을 넘치도록 받는 통로가 되게 하여 주옵소서. 주님의 이름으로 모인 이 신앙의 공동체에 크신 영광을 나타내시옵소서.

**고백과 회개|** 생명의 주인이신 주님! 지난 한 주간을 돌이켜 보건대, 저희는 주님이 주신 생명의 감사함을 잊은 채 살아왔음을 고백하지 않을 수 없나이다. 저희 속에는 생명의 기쁨보다 죽음의 냄새가, 날마다 새로워져야 할 영혼보다 시들고 죽어가고 있는 것들로만 가득 차 있음을 고백합니다. 생명은 결단코 죄와 죽음과 함께할 수 없음을 깨달으며 다시금 회개하오니 긍휼을 베푸셔서 용서하여 주옵소서. 이제, 주님의 영원한 기운을 저희들에게 허락하셔서 저희로 하여금 모든 죽어가는 것들로부터 결별할 수 있게 하옵소서.

**간구|** 살아계신 주님! 삼위일체 하나님께서 저희의 마음과 가정, 교회, 삶의 현장, 분단된 조국, 상하고 찢긴 이 세상에 오시기를 바라오니 충만하게 임하시옵소서. 저희의 마음이 괴로워 신음할 때 저희의 손을 붙잡으셔서 일으켜 주옵소서. 질병으로 쓰러져 있을 때 크신 권능과 능력으로 치료하여 주옵소서. 힘들어 지쳐있을 때 새 힘이 솟구치게 하셔서 생활의 활기를 찾게 하여 주옵소서.

저희들의 가정 속에는 주님의 따뜻하고도 감싸시는 사랑이 넘쳐 나게 하옵소서. 무거운 짐을 내려주시며 쉼을 허락하시는 주님의 자비로운 손길을 느끼게 하여 주옵소서. 화목과 평안이 샘솟는 가정이 되게 하여 주시고, 교제의 즐거움 속에 서로를 위로하고 용납하는 형제의 우애가 더욱 넘치게 하여 주옵소서.

주님의 교회는 삼위 하나님의 함께하심으로 말씀으로 강하고, 성령으로 뜨겁고, 은사로 충만한 교회가 되게 하여 주시옵소서. 기도를 잊은 자에게는 기도의 불을 붙이는 교회가 되게 하여 주시고, 소망을 잃은 자에게는 새 소망을, 찬양을 잃은 자에게 찬양의 기쁨이 되살릴 수 있는 교회가 되게 하여 주옵소서.

무엇보다도 마귀의 권세 아래 놓여 있는 비참한 영혼들을 주님의 권세 아래로 옮겨 놓을 수 있는 능력의 교회가 되게 하시고, 구원의 복된 소식을 들려주며, 구원을 선포하여 주님의 역사를 강력하게 드러낼 수 있는 교회가 되게 하여 주옵소서. 이 민족의 분단의 아픔이 오래오래 지속되지 않도록 하나님께서 인도하시고, 철의 장막이 무너짐으로써 이 나라 삼천리 방방곡곡에 주님이 주시는 진정한 자유와 평화와 안식이 넘쳐나게 하옵소서.

주님의 몸 된 교회를 위하여 아낌없이 충성하고 봉사하는 일꾼들이 있습니다. 더욱 힘써서 주님의 몸 된 교회를 섬길 수 있도록 능력과 지혜를 부어 주시고, 드림과 섬김이 깊어질 때마다 기쁨만이 샘솟는 마음들이 되게 하여 주옵소서.

**예수님의 이름으로** 예배를 인도하시는 목사님을 기억하셔서, 특별히 주님의 말씀을 선포하실 때 주님의 권세가 나타나는 능력의 말씀이 되게 하여 주옵소서. 찬양으로 주님께 영광 돌리는 찬양대를 기억하시고, 정성껏 준비하여 주님께 올리는 찬양이 주님께 기쁨이 되게 하여 주옵소서. 예배의 시종을 주님께 의탁하옵고 창조의 주가 되시며, 구속의 주가 되시며, 지금도 저희들에게 섭리하시는 예수 그리스도의 이름으로 기도합니다. 아멘.

# 왕국절에 맞춘 기도문

**적 용** : 주일 오전 예배, 주일 오후 찬양예배
**성 경** : 시편 105편 2~3절

**찬양과 감사 |** 만유의 주, 하나님 아버지! 질그릇처럼 연약하고 값없는 인생들이 여기 나왔습니다. 죄악으로 인하여 더러워지고, 세상의 바람 앞에 쉽게 넘어지고 깨어져 버릴 수밖에 없는 저희들을 택하셔서 다시금 향기 나는 꽃으로 피어나게 하시고, 주님의 영광을 나타내는 도구로 사용하시오니 감사합니다. 이 시간, 저희들이 주님을 예배할 때에 새로운 기쁨과 즐거움 저희 심령에 가득하게 하시고, 그 기쁨과 즐거움을 영원토록 간직하며 살아갈 수 있는 복 있는 삶이 되게 하옵소서.

**고백과 회개 |** 자비로우신 주님! 심령이 가난한 자가 하나님을 볼 것이라 말씀하였사오나, 지금 저희들의 마음은 육신의 소욕과 헛된 욕망에 사로잡혀 있음을 봅니다. 주님의 자녀이면서도 거룩하지 못한 저희의 생각과 마음을 주의 성령의 기름으로 정결하게 씻어 주시고, 죄악을 소멸하여 주셔서 깨끗하게 하여 주옵소서. 저희의 심령이 언제나 주님을 뜻을 담아내기에 부족함이 없게 하시고, 주님의 선하심과 의로움을 따라 살아가기에 부족함이 없게 하옵소서.

**간구 |** 복의 근원이 되시는 주님! 오늘 저희로 하여금 진정한 복은 하나님께로부터 옴을 깨닫고 언제나 신령한 복을 사모하며 구하는 자들이 되게 하옵소서. 진주의 가치를 알지 못하는 미련한 짐승처럼, 신령한 하늘의 복을 소홀히 하는 어리석은 자들이 되지 않게 하여 주옵소서. 하늘의 복을 소중히 여기고 열심히 구하는 가운데, 야곱이 누린 축복을 저희도 맛보며 살아갈 수 있게 하옵소서.

사랑의 주님! 약하고 소외된 이들을 위해서 기도합니다. 이 사회의 약자들인 무의탁 노인과 소년소녀 가장들, 장애인들, 그리고 어두움 속에서 외로워하는 그들에게 가까이 다가서는 이웃이 있게 하옵소서. 이 사회에 지역 때문에, 계층 때문에, 수입이 적기 때문에, 또 다른 이유로 차별을 받는 이웃이 없게 하시고, 따뜻함이 넘치는 사회가 될 수 있게 하옵소서. 실직당하고 해고된 자들, 고향을 잃은 사람들, 그들의 고통과 아픔도 위로받을 수 있는 사회가 될 수 있게 하옵소서.

생명이 되시는 주님! 잘못된 문화, 잘못된 가치관들이 급속도로 번져나가고 있습니다. 오염된 문화 속으로 청소년들이 겁 없이 뛰어들고 있습니다. 가출 청소년들이 날마다 증가하고 있고, 향락에 심취해 가는 청소년들이 날마다 증가하고 있습니다. 이 나라와 이 사회의 미래가 회색빛처럼 흐려지고 있는 것을 깨닫습니다. 오! 주님, 소망을 주시기를 원합니다. 이 사회가 건강한 사회가 될 수 있도록 도와주시기를 원합니다. 세상의 잘못된 가치관들을 주의 말씀으로 고쳐 주시고, 이 사회의 잘못된 풍토가 아름답고 건전한 풍토가 될 수 있도록 치료하여 주시옵소서.

**예수님의 이름으로** 소망 없는 이 시대에 선지자적 소명을 가지고 말씀을 외치시는 목사님을 기억하시고, 오늘도 말씀을 들고 단 위에 올랐사오니 한 말씀, 한 말씀 외치고 증거하실 때마다 이 자리에 모인 저희 모두가 성령의 강력한 역사를 체험할 수 있게 하옵소서.
이미 예배가 시작되었습니다. 예배의 시종을 주님께 의탁하옵고 예수 그리스도의 이름으로 기도합니다. 아멘.

**참고** : 왕국절은 그리스도인들의 사회적 책임을 깨닫게 하는 절기로서 10월 첫 주부터 대강절 전까지이다.

# 대강(림)절에 맞춘 기도문

**적 용** : 주일 오전 예배, 주일 오후 찬양예배, 수요일 예배
**성 경** : 이사야 60장 1,4절

**찬양과 감사 |** 보호하시고 인도하시는 하나님 아버지! 졸지도 아니하시고, 주무시지도 아니하시며, 불꽃같은 눈동자로 저희를 지켜주시는 은혜를 감사합니다. 또한 저희들의 심령을 강건하게 하시고, 육신을 평강하게 하셔서 오늘도 이렇게 주님의 전에서 예배하게 하심을 감사합니다. 이 시간도 저희가 드리는 예배를 기쁘게 받으실 것을 생각하니 온 맘과 정성을 다하여 예배하지 않을 수 없음을 깨닫습니다. 주님을 경배하고 사랑하는 마음으로 예배에 최선을 다할 수 있는 저희들이 되게 하옵소서.

**고백과 회개 |** 진리와 사랑의 하나님 아버지! 한 해가 다가는 마지막 달에 저희의 모습을 다신 한 번 돌이켜 봅니다. 주님께 보여드릴 것은 너무나 부족하고 잘못된 것이 많아서 부끄러움을 감출 수 없나이다. 그렇게 주님의 뜻대로 산다고 다짐하면서도 입술의 고백에만 그쳤던 저희들의 믿음이 너무나 보잘것없음을 깨달으며 고백합니다. 주님! 이제는 주님을 떠나 살 수 없는 인생들이오니 회개하는 마음을 자비로 받아 주시고, 사랑으로 고쳐 주시고, 감싸 주시며 말씀으로 훈계하여 주옵소서.
　머지않아 이 땅에 다시 오실 주님! 용서와 자비로 저희를 붙드시고 대강(림)절의 기간 동안 정결한 마음으로 새날을 맞이할 수 있게 하옵소서.

**간구 |** 저희를 붙드시고, 함께 일하시는 하나님 아버지! 이제 한 해가 한 달밖에 남지 않았지만, 저희들이 이해에 맡겨진 사명을 끝까지 잘 감당할 수 있도록 도와주시옵소서. 이제껏 한 해를 지나오면서 주님이 맡겨주신 귀한 청지기직을 힘써 감당해 보려고 했지만, 오히려 주님의 안타까움을

자아내는 잘못된 일도 너무 많았음을 고백합니다. 자신을 제사 제물 위에 붓는 관제로 드려지기를 간절히 소원하며, 주님의 심장을 가지고 죽도록 충성한 사도바울과 같이, 저희들은 진지하고 성실하지 못했음을 고백합니다. 믿음의 역사를 일으키는 복음 전파 사역도 힘써서 감당하지 못했고, 사랑의 수고를 더하는데도 생활을 핑계 삼아 인색한 모습만 보였습니다.

또한, 하나님의 부름의 상을 바라보면서 소망으로 인내하는 것도 부족했습니다. 이제 한 달 남짓 남은 이 해에 그동안 성실하지 못했던 모습을 되돌아보며, 주님께 책망받지 않는 한 해로 마무리 지을 수 있도록 이끌어 주옵소서.

이번 달에는 누더기 같은 인간의 몸을 입으시고 죄악이 관영한 이 땅을 치료하시고 건지시기 위하여 주님이 성육신하신 성탄절이 있습니다. 죄악에 죽을 수밖에 없는 저희들을 찾아오신 하나님의 사랑, 십자가 위에서 희생제물이 되어주신 주님의 그 은혜를 기억하면서 성탄절을 준비할 수 있게 하시고, 헛된 감회에 젖어 있는 저희들의 모습이 되지 않게 하여 주옵소서.

**예수님의 이름으로** 이 시간, 주님의 그 넓으신 은혜와 사랑을 전하시기 위하여 단 위에 서시는 목사님을 능력의 오른손으로 붙들어주시고, 권세 있는 말씀을 증거하실 수 있도록 성령의 권능으로 함께 하시옵소서.

찬양으로 영광 돌리는 성가대에도 함께 하시고 입술의 찬양이 아니라 마음의 찬양을 드릴 수 있도록 인도하옵소서. 예배를 위하여 섬김의 사역을 감당하는 손길들에게도 크신 은혜를 더하여 주실 것을 믿습니다. 예배의 시종을 주님께 의탁하오며, 예수 그리스도의 이름으로 기도합니다. 아멘.

**참고** : 대강(림)절은 11월 30일에 가장 가까운 주일에 시작하여 성탄절 전까지 4주간의 기간을 말하는데, 예수 그리스도의 오심을 기쁨으로 기억하며 재림을 소망하는 절기이다.

# 성탄절에 맞춘 기도문

**적 용** : 주일 오전 예배
**성 경** : 누가복음 2장 10~11, 14절

**찬양과 감사 |** 흑암에 사는 저희들에게 생명의 빛이 되어주신 주님!
　하나님의 본체로서 성육신하여 저희들에게 오신 우리 주 예수님께 찬양과 경배와 영광과 존귀를 올립니다. 멸망에서 영생으로 인도하시고, 고통과 어둠을 물리치신 주님을 맞이하는 이 거룩한 주일에 저희를 불러 주시오니, 저희들은 다만 감격할 뿐이옵니다. 주님을 영접하는 모든 백성들에게 평화와 승리를 주시옵소서.

**고백과 회개 |** 은혜의 주님! 저희 같은 죄인을 위하여 친히 죄악에 오시다니 그 은혜에 감사할 따름이옵니다. 이 엄청난 사건 앞에 저희들의 더럽고 추한 욕망들을 고백하며 회개하오니 용서하여 주시고 모두 사라져 소멸되게 하옵소서.
　저희에게 오신 주님! 영원히 함께 계셔서 떠나지 마시고 길이길이 함께 하시옵소서. 주님은 나의 힘, 나의 기쁨, 나의 생명이심을 고백합니다. 흑암을 비추는 생명의 빛이심을 고백합니다. 영원토록 저희를 밝게 비추시옵소서.

**간구 |** 자비의 주님! 주님이 세상의 빛으로 오시고 생명으로 오셨으나, 아직도 흑암에 휩싸여 깨닫지 못하고 있는 영혼들이 있습니다. 사망의 음침한 골짜기를 정처 없이 헤매고 있는 영혼들을 불쌍히 여겨 주시고, 미련하고 둔하여 죄악의 길에서 방황하고 있는 영혼들에게 이 위대한 사실을 깨달을 수 있는 기회를 주시옵소서.
　주님의 몸 된 교회도 이 위대한 복음을 증거할 수 있는 교회가 되게 하시고, 천사의 음성을 듣고 주님의 음성에 겸손히 무릎 꿇고 순종했던 마리아의 신앙처럼, 저희 교회도 주님의 말씀에 적극 순종하고 주님의 뜻을 신실하게 행할 수 있는 교회가 되게 하여 주옵소서.

어두운 이 민족 위에도 구원하시는 주님의 은혜가 넘치게 하옵소서. 이제 이 민족이 주님이 베풀어 주신 은혜를 기억하고 사신과 우상을 숭배하는 못된 버릇을 버리게 하시고, 만유의 주재이신 주님께 소망을 두게 하옵소서. 또한, 주님을 의지하지 않는 번영과 평화는 진정한 번영과 평화가 아님을 깨닫고, 주님이 허락하신 진정한 번영과 부요를 누릴 수 있는 이 민족이 되게 하옵소서. 또한, 평화의 왕이신 주님만을 의지할 수 있게 하옵소서.

주님이 오신 날, 구원의 날이요, 생명의 날인 이날, 이 기쁜 소식이 특별히 가난한 자와 병든 자, 그리고 믿지 아니하는 수많은 이웃들에게 전파되게 하시고, 그들에게 구원의 소식, 영원한 소망의 소식이 되게 하옵소서.

이 시간, 아기 예수님의 탄생을 축하하기 위하여 저희들이 한자리에 모였나이다. 황금과 몰약처럼 진실하고 값진 정성으로 예배드리기를 원합니다. 주님께서 받아 주시고 주님이 주시는 기쁨과 평화가 충만하여 감사가 강물같이 흘러넘치는 예배가 되게 하옵소서.

**예수님의 이름으로** 오늘 생명의 말씀을 전하여 주실 목사님께 주의 은혜를 충만히 내려 주시고 찬양으로 영광 돌리는 찬양대 위에도 동일한 은혜를 부어 주시옵소서. 허다한 천군천사의 찬양과 같이 주님께 영광 돌리는 찬양이 되게 하옵소서.

예배의 시종을 주님께 의탁하오며 임마누엘로 우리와 함께 하시는 예수 그리스도의 이름으로 기도합니다. 아멘.

**참고** : 성탄절은 12월 25일이다. 예수 그리스도의 탄생과 성육신을 축하하는 절기이다.

# 성탄절 기간에 맞춘 기도문

**적 용** : 주일 오전 예배, 주일 오후 찬양예배, 수요일 예배
**성 경** : 이사야 7장 14절

**찬양과 감사|** 찬양과 경배를 받으시기에 합당하신 주님! 매서운 겨울바람이 코끝을 시리게 하지만, 주님의 따뜻한 돌보심이 있어 지난 한 주간도 은혜 중에 살았습니다. 주님의 그 사랑의 넉넉하심에 감사합니다. 오늘도 주님께 찬양과 영광을 돌리고자 이 전을 찾았사오니 저희의 드리는 예배를 받으시고 홀로 영광을 받으시옵소서.

**고백과 회개|** 용서의 하나님! 저희의 마음속에 소용돌이치고 있는 죄악들을 고백합니다. 여러 가지 죄악을 끊어버리기 위하여 힘쓰고 애쓰며 살려고 했었지만, 저희들의 연약함으로 인하여 다시금 주님 앞에 죄를 범한 몸이 되고 말았습니다. 이 시간, 기억조차 못하는 죄악들을 주님께 고백하며 회개하오니 긍휼을 베푸셔서 용서해 주시옵소서. 사랑이 풍성하신 손길로 저희를 붙들어 주셔서 연약함이 강건함으로 바꾸어지게 하시고, 죄악을 단호히 끊으며 사는 삶이 되게 하옵소서.

**간구|** 사랑의 주님! 어둠과 죄악이 관영한 이 땅에 주님이 친히 오심을 감사합니다. 성탄절 기간에 주님의 지극한 사랑이 온 땅에 알려지는 기간이 되게 하시고, 특별히 주님의 오심이 병든 자에게나 외롭고 쓸쓸한 자들에게 기쁨의 소식이 되게 하시며, 새 소망 가운데 살아가는 계기가 되게 하시옵소서.

또한, 저희들도 성탄절 기간 동안 주님이 왜 이 땅에 오셔야만 했는지 그 의미와 본질을 충분히 깨닫는 기간이 되게 하시고, 주님이 성육신하신 것과 같이 저희도 낮아짐과 겸손과 섬김의 도를 실천할 수 있는 기간이 되게

하시옵소서. 또한 주님의 오심을 증거하고 말씀을 확신 있게 전파하는 성탄절 기간이 되게 하시옵소서. 그리하여 온 땅에 주님의 구원하심이 충만해질 수 있게 하시옵소서.

새로운 한 해를 시작합니다. 아무 의미 없이 건성으로 출발하는 한 해가 되지 말게 하시고, 저희들 자신을 진지하게 돌아보면서 희망찬 새해를 출발할 수 있는 저희들 되게 하여 주시옵소서. 저마다 세운 계획들이 있습니다. 그 계획들 가운데 하나님의 능력이 깃들게 해달라고 엎드려 기도할 수 있는 저희들이 되게 하시고, 무엇보다도 주님의 뜻을 담아낼 수 있는 계획들이 되게 하여 주옵소서.

맡은 자에게는 충성이라고 하셨사오니, 이 해 동안도 죽도록 충성하는 일꾼이 되기를 원합니다. 쟁기를 잡고 뒤를 돌아보는 자는 하나님 나라에 합당하지 않다고 말씀하셨사오니 믿음의 선진들처럼 충성을 다할 수 있는 저희 모두가 되게 하옵소서.

**예수님의 이름으로|** 오늘도 생명의 말씀을 선포하시기 위하여 단 위에 목사님을 주의 성령께서 붙들어 주시고, 삶의 기적을 일으키는 말씀을 전하실 수 있도록 함께 하시옵소서.

찬양을 준비한 찬양대를 기억하시고, 입술의 찬양이 아닌 중심의 찬양이 주님께 드려질 수 있도록 인도하시옵소서.

예배를 위하여 수종 드는 손길들도 기억하셔서 그들의 수고가 더해질 때마다 하늘의 위로가 있게 하시고, 하늘의 상급이 넘치게 하옵소서.

이미 예배가 시작되었습니다. 예배의 시종을 주님께 의탁하옵고 생명의 주가 되시며 산 소망이 되시는 예수 그리스도의 이름으로 기도합니다. 아멘.

**참고** : 성탄절 기간은 12월 25일부터 1월 5일까지이고 예수 그리스도의 성육신을 축하하는 절기이다.

## 하늘을 보게 하소서

전능하신 하나님,

저희는 그림자와 같은 이 헛된 목숨을 위해 많은 것을

구하고 있습니다.

저희에게 필요한 것을 하나님께서

넉넉히 공급하지 않으시면

저희는 한순간도 살 수 없습니다.

하오니, 저희로 하여금 당신의 그 많은 은혜를 누리게 하시고

마음을 높이 들어 올려 하늘의 생명을 열망하게 하소서.

주님은 복음을 통하여 친절하고 달콤하게

매일같이 하늘 생명으로 저희를 초청하십니다.

하늘나라에 이를 때 저희는

당신의 아들 우리 주 예수 그리스도의 보혈을 통해

저희에게 마련된 그 완전한 복을 누리게 될 것입니다.


- 장 칼뱅(Jean Calvin)

# 5부

## 절기와 공공기념일에 맞춘
# 예배 대표기도문

# 신년감사주일에 맞춘 기도문

**적 용 :** 주일 오전 예배
**성 경 :** 시편 104편 30절, 이사야 43장 19절

**찬양과 감사|** 저희의 소망이 되시고, 빛이 되신 하나님 아버지! 저희들에게 새로운 한 해를 주시고, 기쁨 가운데 새해의 첫 주일을 맞이하게 하시니 감사합니다. "여호와께서 집을 세우지 아니하시면 세우는 자의 수고가 헛되며 여호와께서 성을 지키지 아니하시면 파수꾼의 깨어 있음이 헛되다"(시 127:1~2)고 시편 기자를 통하여 하신 말씀을 믿습니다. 복된 새해를 저희들에게 허락하셨사오나 주님께서 지켜 주시지 아니하시면 저희들의 1년 수고가 헛된 줄 아오니, 시간 시간마다 저희들의 생각과 마음을 지켜 주시옵소서.

**고백과 회개|** 사랑의 주님! 새해 첫 주일을 맞아 벅찬 감격을 가지고 주님 앞에 나왔지만, 여전히 저희 심령이 성결치 못함을 깨닫습니다. 이제껏 주님의 자녀로 살면서 성결한 삶을 살기에 게을렀던 저희들을 긍휼히 여겨 주시고 용서하여 주옵소서. 주님을 대할 때마다 깨끗한 심령으로 주님의 영광을 대할 수 있도록 정결한 삶을 살기에 최선을 다하는 저희의 모습이 되게 하옵소서.

**간구|** 자비하신 주님! 하나님의 축복으로 받은 새해를 어떻게 사용해야 하는지를 가르쳐 주시옵소서. 시간을 잘 선용할 수 있는 지혜를 주시고, 주님의 뜻을 따라 살며, 성령의 인도하심을 따라 살아갈 수 있게 하옵소서. 또한, 올해는 늘 새로움으로 거듭나는 한 해가 되기를 원합니다. 육신의 일에만 얽매여 썩어질 것을 좇아가는 저희들 되지 말게 하시고, 주님의 나라와 그 의를 구하는 한 해가 되게 하셔서, 주님의 뜻을 이루어 드리고 성령의

열매를 거두는 복된 한 해가 되게 하여 주시옵소서. 또한 주님을 사랑하고 사모함이 넘치는 한 해가 되게 하시고, 이웃을 사랑함도 넘치는 한 해가 되게 하여 주옵소서.

교회의 머리가 되신 주님! 새해에는 그리스도의 몸인 교회의 지체임을 기쁘게 생각하며, 사도바울이 주님이 남기신 고난을 그의 몸 된 교회를 위하여 자기의 육체에 채우며 살았듯이, 저희들도 주님의 몸 된 교회를 위하여 이와 같은 삶을 살 수 있도록 도와주시옵소서. 교회의 부흥을 위하여 마음을 쏟고 영혼을 쏟는 기도를 할 수 있게 하시고, 섬기며 수종 드는 일이라면 앞장서서 할 수 있는 저희 모두가 되게 하여 주옵소서.
새해를 맞이하여 교회의 새로운 일꾼도 뽑혔사오니, 주님의 일을 위하여 거룩한 직분을 임명받은 성도들이 맡은 직분과 소임에 충성을 다하게 하시고, 주님의 희생을 생각하며 몸을 가리지 않고 사명 감당할 수 있는 일꾼들이 되게 하여 주옵소서. 한순간도 교만과 게으름과 나태함으로 주님의 영광을 가리는 일이 없도록 성령의 능력으로 인도하여 주옵소서.
은혜의 주님! 금년에 교회가 세운 목표나 개인이 소원하는 모든 것이 주님의 뜻 안에서 이루어지는 한 해가 되도록 복을 더하여주셔서 한 해를 마무리 지을 때 풍성한 열매를 주님께 드릴 수 있게 하옵소서.

**예수님의 이름으로!** 특별히 주님의 몸 된 교회를 위하여 애쓰시는 목사님과 모든 교역자분들을 성령의 능력으로 붙들어 주셔서 올 한 해도 양 무리들을 영적으로 양육하고 보살피기에 조금도 부족함이 없게 하옵소서.
예배를 수종 드는 손길들이 있습니다. 주님을 섬기듯 즐거운 마음으로 수종 들게 하시고, 몸을 드린 것만큼 영적인 성숙함도 주어지며, 영적인 기쁨도 충만하게 경험할 수 있게 하옵소서.
이미 예배가 시작되었습니다. 예배의 시종을 주님이 주장하실 것을 믿사오며 예수 그리스도의 이름으로 기도합니다. 아멘.

# 설날에 맞춘 기도문

**적 용 :** 주일 오전 예배, 주일 오후 찬양예배
**성 경 :** 출애굽기 20장 4~6절, 데살로니가후서 1장 3절

**찬양과 감사 |** 저희들을 흑암의 권세에서 건져 내사 빛의 나라, 생명의 나라로 옮기신 주님!
지난 한 주간 동안도 저희들을 주님의 사랑과 은혜와 보호 속에서 살게 하시고, 다시금 이 시간 주님의 거룩하신 임재 앞에 예배하게 하시니 그 은혜와 사랑에 무한한 감사와 영광을 돌립니다. 저희가 예배드림이 주님께 기쁨이 되며 영광이 되기를 간절히 소원합니다.

**고백과 회개 |** 자비로우신 주님! 그러나 한 주간도 주님의 은혜를 외면한 채 저희들의 인생이 온통 자기 자신의 것인 양 생각하며, 마음대로 즐기고 함부로 생활해 왔음을 고백합니다. 인생을 만드신 주님께서 이러한 저희들의 모습을 보시고 가증하게 여기실까 두렵사오니 불쌍히 여기시고 용서하여 주시기를 원합니다. 이 시간, 저희들이 주님께 예배할 때 주님께서 미워하시는 교만한 마음이 물러가게 하시고, 모든 허탄한 것들이 뿌리 뽑히게 하시며, 영안이 새롭게 열리는 복된 시간이 되게 하여 주옵소서.

**간구 |** 은혜로우신 주님! 오늘도 저희들은 갈급합니다. 말씀으로 저희들의 갈급한 영혼을 채워 주시고 주님의 음성을 들을 수 있는 영적인 귀를 열어 주시기를 원합니다. 저희의 몸과 마음도 새롭게 하여 주시기를 원합니다. 주님을 위하여, 주님의 사업을 위하여, 정성을 다해서 헌신하고 또 헌신할 수 있는 생활이 되게 하여 주옵소서.
사랑이 많으신 주님! 저희가 세상을 살면서 걱정과 두려움이 많이 있습니다. 육신의 피로도 감당키 어려울 때가 있습니다. 때론 괴로움 속에서 주님을 원망할 때도 있습니다. 이웃사랑에 짜증스러울 때도 있습니다. 경건한

생활이 아니라 나태하고 게으를 때가 너무도 많습니다. 주여! 주님의 크신 사랑으로 저희의 영혼을 격려해 주시고 새로운 힘으로 삶의 멍에를 기꺼이 짊어지게 하여 주옵소서. 진실한 마음으로, 강한 믿음으로 살아갈 수 있게 하여 주옵소서.

보호하시며 지키시는 주님! 이번 주에는 우리 민족 대대로 지켜오는 설날이 있습니다. 설날이 되면 제각기 흩어졌던 가족들이 고향을 찾고 반가운 모습으로 만나서 혈육의 정을 확인하게 됩니다. 이와 같은 명절은 저희의 선조들이 후대에 물려준 아름다운 관습이기는 하오나, 우상이나 귀신에게 절하거나 제사하는 일이 행해지고 있사오니, 하나님의 백성들은 우상에게 절을 하거나 동조하는 일이 없도록 믿음을 굳게 하여 주시고, 주님의 계명을 철저히 지킴으로 창조주이신 주님께 영광 돌릴 수 있는 명절이 되게 하여 주옵소서. 특별히 온 가족이 모든 대화에 말없이 듣고 계시는 주님을 생각하며 정겨운 대화를 나눌 수 있게 하시고, 거친 대화나 다툼이 오가지 않도록 함께하여 주옵소서.
설날을 맞이하여 찬송과 기도와 말씀으로 하나님께 감사드리면서 하나님의 은혜를 정말 감사할 수 있게 하시고, 자식들을 위해 희생하고 고생하신 부모님을 생각하면서 형제간에 서로 우애 넘치는 삶이 되자고 다짐할 수 있는 명절이 되게 하옵소서.

**예수님의 이름으로** 이 시간, 주님의 말씀을 전하시기 위하여 단 위에 서신 목사님을 붙들어 주시고, 생명의 말씀을 전하기에 조금도 부족함이 없도록 하늘의 능력으로 채워 주시옵소서. 예배를 위하여 수종 드는 손길들에게도 함께 하셔서, 주님의 몸 된 교회를 위하여 몸을 드려 순종의 욕구를 충족시킬 때 하늘의 신령한 은혜가 그들의 마음에 넘쳐나게 하시옵소서. 예배의 시종을 주님이 주장하실 것을 믿사오며, 예수 그리스도의 이름으로 기도합니다. 아멘.

# 삼일절 기념 주일에 맞춘 기도문

**적 용 :** 주일 오전 예배
**성 경 :** 출애굽기 15장 2절, 시편 44편 5,6절

**찬양과 감사│** 천지의 주재이신 하나님 아버지! 이 땅의 구속 사역을 완성하시기 위해 이 땅에 오심을 감사합니다. 십자가의 보혈로 구원을 얻은 저희들이 그 은혜를 힘입어 이 전에 모였습니다. 십자가를 바라볼 때마다 새로운 감동이 솟아오르고, 그 기쁨으로 인하여 변화되어 가는 것을 깨달사오니 진심으로 감사합니다. 영원토록 주님 안에 거하는 저희들 되게 하여 주옵소서.

**고백과 회개│** 하나님 아버지! 주님 안에 거하며, 주님과 함께 일한다 하면서도 스스로의 생각을 앞세웠으며, 주님의 뜻을 멀리하는 시간들이 많았습니다. 저희를 긍휼히 여기시는 주님, 저희들의 부족함과 연약함을 용서하여 주시옵소서. 참으로 부끄러움을 무릅 쓰고 주님 앞에 내어 놓는 잘못들을 십자가의 보혈로 씻어 주시고 성령의 불로 소멸해 주시옵소서. 주님의 크신 은혜로 저희를 새롭게 하여 주시옵소서.

**간구│** 역사의 주인이시며, 역사를 주관하시는 하나님 아버지!
오늘은 특별히 36년간 일제의 침략으로 자유를 잃고 인권을 유린당하면서 고통의 삶을 이어왔던 지난날의 쓰라린 아픔을 거울삼아, 나라 잃은 것이 얼마나 서글프고 쓰라린 것인지를 다시 한번 되새기며 삼일절 기념주일예배로 주님 앞에 드립니다. 무력하고 나약하였기에 이방 민족에게 주권을 빼앗기는 설움을 당했으나, 하나님께서 이 민족을 사랑하여 주셔서 다시금 주권을 되찾게 하여 주시고, 자유와 평화를 맛볼 수 있도록 간섭하심을 감사하지 않을 수 없나이다. 그러나 일제의 압제 하에도 절대로 굴하지 않

고, 자유의 깃발을 높이 쳐들고 총칼의 위협 앞에 항거하며 분연히 일어섰던 저희 선배들의 용기도 있사오니, 이 민족의 주권을 위하여 투쟁하다 쓰러져간 순교자들을 기억하시기를 원합니다. 그들이 흘린 피가 결코 헛되지 않게 하시고, 이 민족의 자유와 평화의 혈관으로 남게 하시옵소서.

하나님 아버지! 이 나라가 아직도 여전히 남과 북으로 갈라져 있습니다. 이 나라에 진정한 자유와 평화가 오기를 기도합니다. 더 이상 남과 북이 대치 상태에 있지 않도록 이 민족에게 통일을 주시고, 이 슬픔의 역사가 계속되지 않도록 긍휼을 베풀어 주시옵소서. 이 나라가 통일이 되지 않는 한 진정한 자유와, 평화와, 안식은 있을 수 없음을 깨닫습니다. 주님의 모든 백성들이 이 뼈아픈 조국의 현실을 보며 더욱 기도하게 하시고, 주님의 뜻을 바라볼 수 있도록 이끌어 주시옵소서. 대통령을 비롯한 위정자들도 하나님 두려운 줄 깨닫게 하셔서 주님을 진실 되게 섬기고, 주님의 말씀에 귀를 기울일 수 있게 하여 주옵소서.

**예수님의 이름으로|** 이 시간도 성령의 역사하심에 따라 귀한 말씀을 준비하셔서 단 위에 서신 목사님을 능력과 권능의 오른팔로 붙들어 주시옵소서. 힘 있게 증거하시는 그 말씀이 광야에서 외치는 자의 소리가 되게 하시며, 강퍅한 저희의 심령을 쇳물처럼 녹이는 능력의 말씀이 되게 하여 주옵소서.
기쁨과 감격스러운 예배를 드리기 위하여 몸을 드려 수종 드는 손길들을 기억하시고, 수고가 더하여질 때마다 주님의 기쁨과 영광을 보게 하옵소서.
성가대의 찬양도 받아 주시기를 원합니다. 입술의 찬양이 아닌 마음의 찬양이 되게 하셔서 천사도 흠모하는 찬양으로 하늘 보좌에 울려 퍼지게 하옵소서.
지금도 이 민족과 동행하시고, 이 민족을 이끌어 주시는 우리 주 예수 그리스도의 이름으로 기도합니다. 아멘.

# 기상의 날에 맞춘 기도문

**적 용 :** 주일 오전 예배, 주일 오후 예배,
**성 경 :** 시편 19편 8~10절

**찬양과 감사|** 구속의 주가 되시고, 생명의 주가 되신 주님! 말씀을 통하여 맺으신 약속이 일점일획도 어긋남이 없음을 보며 그 신실하심에 머리 숙여 감사드립니다. 약속하신 메시아 예수 그리스도를 이 땅에 보내시고, 구속의 사역을 완성하심으로 말미암아 저희가 생명을 얻게 되었음을 감사합니다. 이 은혜에 감사하는 저희들이 오늘도 찬송과 기도로 주님을 경배하며 예배하오니 기쁘게 받아주시옵소서.

**고백과 회개|** 미쁘시고 의로우신 주님, 지난 시간의 삶을 더듬어 보면 주님 앞에 회개할 것밖에 없습니다. 죄악된 세상에 살다 보니 저희 자신도 모르게 죄의 종이 되어 죄의 종노릇 하는 삶을 산 적이 많았습니다. 늘 주님의 자녀로서 성령에 이끌리는 삶을 사는 것이 마땅하지만 저희는 그렇게 살지를 못했습니다. 이 시간 부끄러움과 수치스러움을 주님께 내려놓으며 회개하오니 긍휼을 베풀어 주셔서 용서하여 주옵소서. 죄악을 기억하지 아니하시겠다는 주님의 약속의 말씀을 의지합니다.

**간구|** 천지의 주재이신 주님! 요즘 전 세계 곳곳에는 이상 기온 현상으로 인한 자연재해가 빈번히 일어나고 있습니다. 이로 인하여 많은 사람들이 생명을 잃기도 하며 삶의 터전을 잃는 것을 생각할 때 안타깝고 두려운 마음이 앞서지만, 이 모든 것은 저희들이 주님이 주신 축복의 땅을 청지기로서 잘못 관리한 대가인 것을 깨닫습니다. 세계 곳곳에서 일어나는 자연재해를 통하여 인간의 교만을 심판하시는 주님의 손길을 느낄 수 있는 저희 모두가 되게 하여 주시고, 자연을 통하여 주신 주님의 은총을 함부로 다루지 않는 저희 모두가 되게 하여 주옵소서. 더 이상 나라와 나라가 문명의

도구를 이용하여 주님이 주신 아름다운 자연을 해치는 일이 없게 하시고, 교만한 지식을 이용하여 바벨탑을 쌓는 일이 없게 하여 주옵소서. 세계 만국을 다스리시는 주님 앞에 겸손히 엎드릴 줄 아는 세계 만민이 되게 하여 주옵소서.

열매로 알리라고 말씀하신 주님! 저희들의 신앙이 열매 맺는 신앙이 되기를 원합니다. 어제나 오늘이나 동일한 신앙의 모습을 하고 있는 것을 다행스럽게 여기며 현실에 안주하는 신앙이 되지 말게 하시고, 변화와 성장을 거듭할 수 있는 신앙이 될 수 있게 하여 주옵소서. 믿음의 열매를 맺는 것은 저희들의 사명이요 의무이오니 내 신앙과 상관없는 것 마냥 무책임한 모습을 보이지 않게 하시고, 열심을 다하여 주님을 섬길 수 있는 저희 모두가 되게 하여 주옵소서. 주님의 자녀로서 믿음의 열매를 맺기 위하여 주님의 복을 간구할 수 있게 하시고, 능력을 간구할 수 있는 저희 모두가 되게 하여 주옵소서. 열매를 얻기 위하여 최선을 다하는 자연 앞에 부끄러운 신앙이 되지 않게 하시고, 선택받은 주의 자녀로서 성실을 심을 수 있는 저희 모두가 되게 하여 주옵소서.

**예수님의 이름으로** 오늘도 말씀을 들고 단 위에 서시는 목사님을 기억하시고, 은혜의 말씀 생명의 말씀을 전하실 수 있도록 도우실 것을 믿습니다. 말씀을 귀 기울여 듣는 자마다 주님의 음성을 들을 수 있게 하시고, 말씀으로 찾아오시는 주님을 경험하는 시간이 되게 하여 주옵소서.
예배를 위하여 마음을 다하여 섬기는 손길들을 기억하옵소서. 그들의 섬김이 천국에서 해 같이 빛나는 영광을 누리게 하옵소서. 준비된 찬양으로 주님께 영광 돌리는 찬양대를 기억하셔서 그들이 수고한 모든 것이 하늘나라의 상급이 되게 하여 주옵소서.
예배의 시종을 능력의 주님이 친히 주장하실 것을 믿사옵고, 예수 그리스도의 이름으로 기도합니다. 아멘.

# 어린이주일에 맞춘 기도문

**적 용 :** 주일 오전 예배
**성 경 :** 마가복음 10장 14~16절

**찬양과 감사|** 사랑의 주님! 주님이 세우신 귀한 가정마다 어린 생명들이 태어나게 하시고, 건강하게 자랄 수 있도록 인도하여 주시니 감사합니다. 오늘은 특별히 어린아이들을 지극히 사랑하신 주님을 본받아, 티 없고 맑고 깨끗한 어린 생명들을 생각하며 꽃주일로 지키게 하시니 감사합니다. 이 시간, 저희들도 어린아이 같은 마음을 가지고 예배하기를 원하오니, 저희들 가운데 임재 하셔서 찬양과 경배를 받으시옵소서.

**고백과 회개|** 은혜의 주님! 어린아이들과 같이 되지 아니하면 천국에 들어가지 못할 것이라고 말씀하신 주님의 말씀을 저희 마음에 새겨봅니다. 천국 백성의 모습과 사뭇 멀어진 저희들이었음을 고백합니다. 저희의 마음은 온갖 사욕으로 가득 차 있어 순진하고 깨끗한 어린아이 마음같이 되지를 못했습니다. 남의 눈치 보기에 익숙한 눈도 어린아이처럼 순수하지 못했습니다. 말과 행동도 거칠고 자유분방했고, 모든 것이 어린아이 같은 마음과 반대되는 것들뿐이었습니다. 저희들의 이 못난 모습을 불쌍히 여기시고 긍휼을 베푸셔서 용서하여 주시옵소서. 어린아이들 같이 주님을 믿고 따르는 저희들 되게 하여 주옵소서.

**간구|** 어린아이를 사랑하시는 주님! 이 땅에 사는 모든 어린이들을 축복하여 주옵소서. 어린 마음속에 믿음을 간직하고 하나님을 경외하는 법을 배우며 자라게 하시며, 세상에 잘못 돋아난 독버섯 같은 존재들이 되지 않도록 진리의 말씀으로 강하게 붙잡아 주시기를 원합니다.
모든 어린이들이 주님의 날개 아래서 세상을 밝게 비추는 등불이 되게 하시고, 그 어떤 불의와도 타협하지 아니하고, 정직한 사람으로 성장하기에 부족함이 없도록 이끌어 주옵소서. 특별히 부모가 없거나 부모의 사랑을 받지 못하고 있는 어린아이들을 위로하여 주시고, 병들고, 불구가 되고, 정신이 박약한 어린이들에게도 치유와 용기의 은총을 내려주시옵소서.

자비로우신 주님! 어린아이를 양육하고 있는 부모를 위해서 기도합니다. 자녀들이 신앙적인 분위기 속에서 잘 자랄 수 있도록 신앙의 모범을 보이는 부모들이 되게 하시고, 자녀들이 믿음으로 성장하여 사회나 교회에서 귀하게 쓰임 받는 재목들이 될 수 있도록 주님의 계명과 법도로 잘 양육할 수 있는 부모들이 되게 하여 주옵소서.
특별히 간구하옵기는 주님의 교회에서 어린이들의 신앙교육을 전담하고 있는 주일학교가 있습니다. 신앙교육을 담당하고 있는 모든 교사들에게 함께 하셔서 백지와 같은 어린 심령 속에 주님의 형상을 닮아가는 신앙교육을 잘 시킬 수 있도록 지혜를 주시고, 어린 심령들에게 믿음을 심어 주는 것이 주님이 주신 막중한 사명인 것을 깨달아 충성을 다할 수 있는 교사들이 되게 하여 주옵소서.

**예수님의 이름으로!** 오늘 어린이 주일을 맞이하여 주님의 귀한 말씀을 증거하시는 목사님을 성령의 능력으로 붙드시고, 말씀을 듣는 저희 모두가 어린아이들에게 어떻게 행할 것인가를 깊이 깨닫는 시간이 되게 하여 주옵소서.
찬양으로 주님께 영광 돌리는 찬양대를 기억하시고, 입술의 찬양이 아닌 중심의 찬양이 되게 하셔서 주님께 온전한 영광이 되게 하옵소서. 예배를 섬기는 손길들도 기억하셔서, 그들의 수고가 더해질 때마다 주님이 채우시는 신령한 은혜가 그들 가운데 있게 하옵소서. 예배의 시종을 주님께 맡깁니다. 성령의 능력으로 주장하실 것을 믿사옵고 예수 그리스도의 이름으로 기도합니다. 아멘.

# 어버이 주일에 맞춘 기도문

**적 용** : 주일 오전 예배
**성 경** : 신명기 5장 16절

**찬양과 감사|** 사랑이 많으신 주님! 하늘에는 영혼의 아버지가 계시고, 땅에는 저희들의 어버이가 계셔서 오늘의 저희들이 있음을 감사합니다. 이 시간, 저희들이 어버이의 크신 사랑을 깊이 깨달으며 예배를 드리기 원하오니 이 예배를 받아 주시옵소서.

**고백과 회개|** 은혜의 주님! 자나 깨나 저희들을 믿음과 사랑으로 돌보신 어버이가 계셔서 저희들이 이렇게 신앙을 유지하며 살 수 있게 되었으니 얼마나 감사한 일이옵니까? 하지만 저희들은 부모님의 마음을 헤아리며 공경하고 순종하기보다는 자신의 정당성만을 주장하며, 부모님의 마음을 아프게 해 드린 적이 너무나 많았습니다. 또한 주님의 자녀로서 절대적인 보호 가운데 살면서도 죄의 길을 벗어나지 못하고 주님을 근심시켜 드린 적이 너무도 많았습니다. 이제껏 주님의 마음을 근심시켜 드리고 부모님의 마음을 안타깝게 해 드렸던 모든 잘못을 고백하며 회개하오니 용서하여 주시옵소서.

**간구|** 긍휼이 풍성하신 하나님! 이제껏 저희들을 위해 모든 것을 희생한 어버이들에게 평강을 주시고 늙음에서 오는 외로움, 서러움, 쓸쓸함, 섭섭함 등 이 모든 것들을 사라지게 하옵소서. 외로운 분들과 허약한 분들과 가난한 분들을 위로하여 주시고 힘을 더하여 주시며, 이 땅에 계시는 동안 끝까지 훌륭한 믿음의 어버이로서 모범을 보여줄 수 있게 하옵소서. 저희들 모두 주님을 본받아 정성스러운 효행으로 어버이를 섬기는 가정생활을 할 수 있게 하시고, 낳아주시고, 길러주신 그 크신 은덕을 잊지 않도록 도와

주시옵소서. 주님을 섬기는 마음으로 육신의 부모님께 효도하기를 힘쓰는 저희들 되게 하시고, 특별히 자녀 없이 사시는 분들까지도 공경할 수 있는 넓은 효성이 저희들에게 있게 하옵소서.

자비하신 하나님! 이 시간도 세상에서 자녀에게 버림받고 쓸쓸하게 생을 마감하는 분들이 계십니다. 세상의 빛과 소금이 되라고 하신 주님의 명령에 따라 그분들을 돌보아 줌으로써, 세상 사람들에게도 덕을 끼치게 하옵소서. 저희 교회가 몸을 찢으신 주님의 사랑을 본받아 그 사랑을 나타내기에 최선을 다할 수 있는 복된 교회가 되게 하여 주옵소서.
사랑의 하나님! 세상이 얼마나 험악한지 부모를 업신여기고 능멸하는 패륜적인 행위를 자행하는 자녀들이 있사오니, 탕자보다 더한 불효를 일삼고 있는 그들이 더 이상 부모의 마음을 아프게 하는 불효막심한 자들이 되지 않도록 그 마음들을 변화시켜 주옵소서.

**예수님의 이름으로!** 오늘도 주님의 복된 말씀을 증거하시기 위하여 단 위에 세우신 목사님을 크신 능력으로 붙드시고, 그 말씀을 듣는 저희들 모두가 항상 마음속에 되새기며 생활의 동력과 효의 동력으로 삼을 수 있는 복 있는 말씀이 되게 하여 주옵소서.
오늘도 이 교회와 믿음의 권속들을 위하여 몸을 드려 섬김의 본분을 다하는 손길들이 있습니다. 맡은 자에게 구할 것은 충성이라고 하셨사오니 그들의 수고를 통해서 주님이 더욱 높임을 받게 하시고, 저희의 삶에는 주님이 책임져 주시는 복된 일들이 넘쳐나게 하옵소서. 찬양으로 영광 돌리는 찬양대를 기억하시고 그 입술의 찬양이 하나님께서 기쁘게 흠향하시는 찬양이 되게 하시고, 천사들의 찬양보다 더 우월한 찬양이 되게 하여 주옵소서. 예배의 시종을 주님이 주장하시기를 원하오며 하나님께 효를 다하신 예수 그리스도의 이름으로 기도합니다. 아멘.

# 스승의 날에 맞춘 기도문

**적 용** : 주일 오전 예배, 주일 오후 찬양예배
**성 경** : 고린도전서 4장 15, 16절

**찬양과 감사 |** 저희들을 빛으로 인도하여 주신 주님! 주님의 따사로운 빛을 온 누리에 가득하게 하신 주님, 자연의 아름다움을 인하여 감사와 찬양을 드립니다. 온 누리에 향하신 주님의 은총이 충만하듯이 저희의 심령을 주님의 그 크신 사랑의 은총으로 충만하게 채워 주시옵소서. 오늘도 저희들이 주님께 예배합니다. 주님이 받으시는 예배를 드릴 수 있도록 성령님께서 저희의 마음을 주장하여 주옵소서.

**고백과 회개 |** 자비로우신 주님! 오늘도 주님의 전을 찾아 나왔지만 주님 보시기에 심히 부끄러운 것으로 가득 차 있는 저희의 모습을 발견합니다. 주님의 말씀대로 살지 못하고 교만만 가득했던 저희들입니다. 복음을 전하지도 못했고 기도도 하지 않은 채, 또다시 주일을 맞이하여 주님의 전을 찾은 저희들입니다. 추하고 더러운 저희의 몸과 마음을 주님 앞에 내려놓사오니 불쌍히 여기시고 용서의 은총을 내려 주옵소서. 이제 부활절 기간이 깊어져 가고 예수님의 승천이 다가온 이날에 주님을 소리 높여 찬양할 수 있는 저희 모두가 되게 하여 주옵소서.

**간구 |** 항상 함께하시는 주님! 교회력으로는 오늘이 부활절 여섯 번째 주일이지만, 또한 5월을 가정의 달로 지키고 있습니다. 하나님께서 맺어 주시고 복을 내려 주신 가정을 선한 청지기로 잘 관리할 수 있는 저희 모두가 되게 하여 주옵소서. 온 집이 여호와께 제단을 쌓고 하나님만을 경배했던 엘가나의 가정 같이 자정 예배를 통하여 늘 주님을 찬양할 수 있는 가정이 되게 하시고, 자녀들에게 주님의 말씀을 청종하고 하나님을 경외하는

법을 가르칠 수 있는 저희 모두가 되게 하여 주옵소서. 또한 온 가정이 죄악으로부터 성결케 되었던 욥의 가정처럼 저희 모든 가족들이 죄로 물드는 일이 없게 하시고, 죄악을 멀리하며 주님만을 사모하고 가까이하는 가정이 되게 하여 주옵소서. 또한 온 집으로 더불어 하나님을 경외하며 많은 백성을 구제했던 고넬료의 가정처럼 우상을 숭배하지 않게 하시며 이웃을 위해 봉사하는 즐거움이 넘치는 가정들이 되게 하여 주옵소서.

영원한 스승이신 주님! 이번 주에는 스승의 날이 있습니다. 세월이 흐를수록 교권이 허물어지고 있는 이때에, 가르치고 지도하는 스승을 진심으로 존경할 수 있는 자녀들이 되게 하시고, 스승의 가르침을 무시하거나 업신여기는 방만한 태도가 없게 하여 주옵소서. 또한 최고의 좋은 스승은 주님밖에 없음을 깨달아 신앙적으로 지도하는 분들의 신앙교육을 잘 받을 수 있는 자녀들이 되게 하여 주옵소서.
주님! 부모 또한 자녀에게는 스승의 역할이 있음을 깨닫게 하셔서 그 역할을 잘 감당할 수 있는 부모들이 되게 하여 주옵소서. 하루 앞을 알지 못하는 현실 속에서 저들의 장래가 주님이 비추시는 빛으로 인도되게 하여 주옵소서.

**예수님의 이름으로** 오늘도 교회에서 영적인 스승의 역할을 감당하고 계신 목사님을 기억하시고, 부족한 저희들을 위하여 모든 것을 쏟아붓는 삶을 살고 계시오니 언제나 큰 능력으로 붙들어 주옵소서. 말씀을 전하실 때에 저희들 모두가 아멘으로 화답하며 하나님께 영광을 돌릴 수 있게 하옵소서.
예배를 위하여 각자에게 맡겨진 역할을 따라 수고하는 손길들을 기억하셔서, 몸을 깨뜨려 주님께 드림이 기쁨이 되게 하시고, 천국의 즐거움을 맛볼 수 있게 하옵소서.
이미 예배가 시작되었습니다. 예배의 시종을 주님이 친히 주장하실 것을 믿사옵고 예수 그리스도의 이름으로 기도합니다. 아멘.

# 성년의 날에 맞춘 기도문

**적 용** : 주일 오전 예배, 주일 오후 찬양예배
**성 경** : 전도서 12장 13절

**찬양과 감사|** 저희 인생의 길라잡이가 되시는 하나님 아버지! 이 세상에 영광과 존귀를 돌려드릴 이가 주님 밖에 누가 또 있겠습니까? 주님께 영광과 존귀를 돌려 드립니다. 받으시옵소서.
주님! 대지는 온갖 생명의 용솟음의 상징으로 푸르지만, 세상은 역시 어두움이었습니다. 힘들고 어렵게 살았지만 주님이 아니었다면 헤쳐 나올 수 없는 밤이었습니다. 세상의 갖은 위험과 환난 가운데서도 저희를 지켜 주셨음을 진심으로 감사합니다. 이 시간, 주님만이 높임을 받으옵소서. 저희들이 마음을 다하여 진실한 마음으로 예배하기를 원합니다. 거룩하신 주님을 경험하며 예배의 복과 은혜를 누릴 수 있게 하옵소서.

**고백과 회개|** 은혜의 주님! 저희들이 택함을 받은 주님의 백성이면서도 사는 것은 세상 사람들과 별반 차이점이 없었음을 고백합니다. 구별된 삶을 살지 못하고 항상 죄악에 휩쓸려가는 삶을 살았습니다. 아직도 속사람이 변하지 못하여 신앙인답게 살지 못하는 저희 자신이 너무나 부끄럽습니다. 회개하오니 연약한 믿음을 불쌍히 여겨 주시고, 크신 은총으로 용서하여 주옵소서.

**간구|** 치유하시는 주님! 지금 이 자리를 찾은 자 중에 소망을 잃은 심령도 있을 것입니다. 답답한 가슴을 안고 온 심령도 있을 것입니다. 질병으로 고통을 안고 온 심령들도 있을 것입니다. 지친 몸과 병든 몸을 주님께 기대기를 원하오니, 너른 날개로 품으시고 따뜻한 손으로 잡아주시옵소서. 소망을 잃은 자에게는 희망이 되어 주시고, 답답한 자에게는 시원한 생수가

되어 주시며, 치료의 손길을 원하는 자에게는 고침을 주시옵소서. 다들 천하보다 귀한 생명들 아닙니까? 주님 안에서 생채기 난 마음이 따뜻해지게 하시고 피곤한 육신과 병든 몸, 참 안식을 얻게 하여 주옵소서.

주님! 특별히 5월은 가정의 달입니다. 저희 가정에 언제나 화목을 주시고, 불화로 인하여 가정이 무너지는 일이 없게 하여 주옵소서. 서로가 이해하며 양보하게 하시고 평강이 넘치는 가정이 되게 하여 주옵소서. 세속에 물드는 일 없게 하시고, 경건함을 잃지 않는 가정이 되게 하여 주옵소서. 믿지 않는 가정과 비교해 볼 때 구별된 삶이 있게 하시고, 언제나 찬송과 기도가 끊이지 않는 가정이 되게 하여 주옵소서.

사랑의 주님! 이번 주에는 성년의 날이 있습니다. 성년이 되는 자녀들을 기억하여 주옵소서. 어렸을 때 행하던 모든 일들을 벗어버리고 성년으로서의 책임과 의무를 잘 감당할 수 있게 하여 주옵소서. 기성세대가 남긴 잘못된 것들이 너무 많습니다. 그것을 또다시 답습하거나 되풀이하는 일이 없게 하시고, 인생의 목적을 바로 정하여 달려갈 수 있는 청년들이 되게 하여 주옵소서. 세상이 너무나 어둡습니다. 건전치 못한 문화가 판을 치고 있습니다. 현실을 올바로 직시할 수 있는 판단력을 주셔서 악에 물들지 않게 하시고, 헛된 속임수에 넘어가지 않게 하여 주옵소서. 특별히 청년의 때에 주님을 섬기는 귀한 청년들, 언제나 창조주 하나님을 기억하는 삶이 되게 하여 주옵소서.

**예수님의 이름으로** 이 시간도 주님의 말씀을 듣고 단 위에 서시는 목사님을 기억하시고, 예배 인도와 말씀을 전하시기에 조금도 피곤치 않도록 도와주시옵소서. 찬양대와 예배를 수종 드는 손길들도 기억하시고, 주님을 위한 찬양과 봉사가 항상 기쁘고 즐거운 것이 되게 하여 주옵소서. 예배의 시종을 주님이 주장하실 것을 믿사옵고, 홀로 영광을 받으실 것을 믿사옵고 예수 그리스도의 이름으로 기도합니다. 아멘.

# 현충일에 맞춘 기도문

**적 용:** 주일 오전 예배
**성 경:** 여호수아 1장 8절

**찬양과 감사|** 거룩하신 주님! 산천이 푸르름을 더해가는 축복의 계절 6월에 주님의 사랑과 축복을 온몸에 담고 주님 앞에 예배드리게 하심을 감사합니다. 이른 봄에 심은 씨앗들이 어느덧 제 모습을 갖추며 성장을 더해 가는데, 저희들의 신앙도 성장을 거듭할 수 있도록 은혜를 더하여 주옵소서.

**고백과 회개|** 용서의 주님! 오늘 저희들이 주님의 십자가 공로를 힘입어 이 전에 나왔지만 저희들의 모습은 심히 아름답지 못한 것들로 가득 차 있음을 고백하지 않을 수 없나이다. 늘 마음에 욕심만 담고 제 주장만 앞세워서 삶을 꾸려 나가는 저희들입니다. 주님을 대하기에 너무나 부끄럽사오니 저희들을 긍휼히 여기셔서 용서하여 주옵소서. 다시금 저희들을 성령의 능력으로 강력하게 붙들어 주셔서 주님께서 원하시는 길을 기쁨 가운데 걷게 하시고, 주님이 미워하시고 노를 격발하시는 세속적인 욕심과 정욕을 버리고 주님의 영광을 드러내고 주님의 뜻을 좇아갈 수 있는 저희들 되게 하여 주옵소서.

**간구|** 위로의 주님! 이번 주간에는 지난날 조국이 풍전등화의 위기에 놓였을 때, 조국의 평화와 자신의 목숨을 맞바꾼 순국한 선열들의 고귀한 희생을 생각하는 현충일이 있습니다. 아직까지도 전쟁의 아픔과 사랑하는 아들을 잃은 그때의 아픔을 잊지 못하여 깊은 시름에 잠겨있는 유족들을 위로하여 주시고, 조국이 발전되고 평화의 나라로 정착되는 것을 보고, 전쟁 중에 나라를 위해 목숨을 바친 자녀의 고귀한 희생이 결코 헛되지 않았음을 알게 하시옵소서. 이제는 이 땅에 다시는 전쟁으로 인하여 젊은이들이

피를 흘리는 일이 없도록 능력의 주님께서 막아 주시고, 이 강토에 더 이상 간악한 무리들이 득세하지 않도록 그 세력을 멸하여 주옵소서.

은혜의 주님! 아직도 이 민족은 전쟁과 이념으로 인하여 남과 북으로 분단된 채 화합하지 못하고 반목하고 대립하고 있습니다. 주님, 오늘도 이 땅에서 이 민족이 화합을 위하여 기도하는 주의 백성들의 기도를 들으셔서, 이 민족을 보호하여 주시고 인도하심으로 말미암아 어서 속히 평화 가운데 하나가 되는 귀한 역사가 있게 하여 주옵소서.

주님의 교회도 구원의 복음이 이 민족에게 편만하며 새로운 역사가 있기까지 끊임없이 기도하는 공동체가 되게 하시고, 주님의 말씀과 성령의 능력이 이 땅에 충만하기까지, 영적인 공동체로 사명을 다할 수 있는 교회가 되게 하여 주시옵소서. 주님의 은혜와 사랑으로 하나가 되는 그날까지 눈물 뿌려 기도할 수 있는 교회와 주의 백성들이 되게 하여 주옵소서.

오늘 저희들이 주님을 간절히 사모하는 마음으로 기도하고 예배드리며, 주님의 귀한 말씀을 들을 때에, 저희들 심령 가운데 내주하시는 주님의 숨결을 강하게 느끼게 하시고, 주님께서 예비하신 그 크신 은혜를 넘치도록 경험할 수 있는 복된 시간이 되게 하옵소서.

**예수님의 이름으로** 주님의 말씀을 전하시는 목사님을 성령의 능력으로 인도하시기를 원합니다. 특별히 상처받고 고통받는 영혼들이 많은 이때에, 그들의 해진 마음들을 치유하고 싸맬 수 있는 말씀이 되도록 갑절의 능력을 부어 주시옵소서.

예배를 위하여 수종 드는 모든 손길들에게도 주님이 채우시는 위로와 기쁨이 넘치게 하여 주실 것을 믿습니다. 예배의 시종을 능력의 주님이 친히 주장하여 주실 것을 믿사옵고 예수 그리스도의 이름으로 기도합니다. 아멘.

# 6.25 상기 주일에 맞춘 기도문

**적용 |** 주일 오전 예배
**성경 |** 신명기 4장 34절; 33장 29절, 이사야 41장 10절

**찬양과 감사 |** 은혜로우신 주님! 저희의 삶에 풍성한 은혜로 함께하여 주시는 것을 감사합니다. 6월의 마지막 주일을 보내며 주님 앞에 기도합니다. 늘 게으르지 않고 열심을 품어 주님을 섬기는 후회 없는 삶을 살게 하여 주시옵소서. 오늘도 저희들의 마음속에 변함없는 주님의 사랑을 경험하게 하시며, 이 감격을 가지고 신령과 진정으로 예배드릴 수 있는 저희들 되게 하옵소서.

**고백과 회개 |** 위로의 주님! 이 시간 주님 앞에 고백합니다. 주님께서 저희들을 사랑하여 주심같이 저희들은 주님을 사랑하지 못하였고, 이웃과 민족을 사랑하지도 못했습니다. 크고 작은 다툼에 앞장섰으며 미움과 비방으로 일관해 왔습니다. 오! 주님, 긍휼을 베푸셔서 용서하여 주시고 온전히 새로운 사람이 되게 하여 주옵소서. 믿음이 적은 저희들에게 참 믿음을 주시기를 원합니다. 말씀 위에 굳게 세워주시고, 믿음의 주요 온전하게 하시는 이인 주님을 바라볼 수 있게 하옵소서. 여호수아같이 항상 큰 믿음을 구할 수 있게 하시고, 주님을 온전히 믿는 믿음을 통하여 주님과 동행하는 삶이 되게 하여 주옵소서.

**간구 |** 자비로우신 주님! 생명이 있는 것마다 푸르름을 한껏 뽐내며 성장을 더해가는 6월이지만, 저희들은 지난 이 민족의 아픔을 결코 잊을 수 없나이다. 하찮은 이데올로기 때문에 민족의 비극을 겪어야만 했던 동족상잔의 피비린내 나는 6.25 전쟁을 기억하지 않을 수가 없나이다. 다시는 이 땅에서 6.25와 같은 비극적인 전쟁이 되풀이되지 않게 하시고, 남과 북으로

갈라진 이 민족이 하루빨리 통일되게 하옵소서.

인애하신 주님! 지금도 이 나라 백성들의 마음속에 깊게 뿌리박혀 있는 적대적인 감정을 녹여 주시고 특별히, 뜻하지 않은 전쟁으로 인하여 아직까지도 그날의 아픔을 당하고 있는 이웃을 기억하옵소서. 먼저, 조국에 바쳐진 자녀들을 가슴에 묻고 사는 부모님들을 기억하셔서 주님께서 위로하시고 평안과 안식을 허락하여 주옵소서. 이산가족의 아픔도 기억하시기를 원합니다. 이산가족 상봉이 단계적으로 이루어지고 있다고는 하지만, 아직도 부모 형제의 생사를 확인하지 못한 이산가족들이 너무도 많습니다. 어서 속히 남과 북이 하나로 통일되어서 생이별의 아픔이 다시는 일어나지 않도록 인도하여 주옵소서.

북한에서 신음하는 동포들과 함께 하시기를 원합니다. 아직도 그들 중에는 신앙을 굽히지 아니하고 결연한 각오로 신앙을 지키고 있는 성도들도 있는 줄 믿사오니, 은밀한 장소에서 애통한 마음으로 부르짖는 기도를 들으시고 어서 속히 북녘땅에도 다시금 교회가 재건되고 찬송과 말씀이 울려 퍼지게 하시며, 그 옛날 한국 강산에 부흥의 불길을 타오르게 했던 영적 대각성운동이 평양에서 재현될 수 있게 하옵소서.

주님의 몸 된 교회도 아직도 이 민족의 하나 되지 못한 것을 진정으로 가슴 아파하며, 통일이 되고 북한 땅 곳곳에 주님의 교회가 세워지기까지 절박한 심정을 가지고 부르짖을 수 있게 하시고, 복음의 빚진 자로서 사명을 게을리하지 않는 주의 백성들이 되게 하시며, 이 나라 삼천리 방방곡곡에 복음의 물결이 흘러넘치기까지 증인으로서의 사명을 잘 감당해 나갈 수 있게 하옵소서.

**예수님의 이름으로** 말씀을 전하시는 목사님을 주의 성령으로 강하게 붙들어 주셔서 저희들의 심령 골수를 쪼개는 말씀이 되게 하옵소서. 예배의 시종을 주님이 주장하실 것을 믿사오며, 소망의 주가 되시는 예수 그리스도의 이름으로 기도합니다. 아멘.

# 맥추감사주일에 맞춘 기도문

**적 용** : 주일 오전 예배
**성 경** : 신명기 16장 10~12절, 갈라디아서 3장 28절

**찬양과 감사 |** 구원의 하나님 아버지! 때를 따라 은혜의 단비를 내려 주시고 보살펴 주시는 주님의 은혜와 사랑을 감사하며 찬양합니다. 특별히 오늘은 저희들에게 맥추기를 허락하셔서 맥추감사주일로 지킬 수 있도록 은총을 베푸시니 감사합니다. 이 시간, 주님의 은혜에 감사하여 예배드리는 저희 가운데 크신 은총으로 함께 하시옵소서.

**고백과 회개 |** 주님은 해마다 풍성한 열매로 저희들을 채우셔서 저희로 궁핍한데 처하지 않도록 늘 보살펴 주셨지만, 저희들은 욕심에 눈이 어두워 제멋대로 식물을 구하고 먹을 것, 입을 것을 위해 전전긍긍하면서 주님의 영광을 나타내지 못하고 형편없이 살아왔나이다. 주님 보시기에 과연 저희들에게 겨자씨만 한 믿음이라도 있는지 심히 부끄럽습니다. 주님, 저희의 심령을 사로잡아 주셔서 마음을 쏟고 영혼을 쏟으며 회개하지 않고는 견딜 수 없는 마음을 주시며, 주님의 자녀로서 맡은 바 본분을 다할 수 있는 저희들 되게 하여 주옵소서.

**간구 |** 이 시간은 맥추감사주일로 지키면서 형식적으로 물질만 드리는 것이 아니라, 저희의 온 맘을 다 바쳐 주님을 기쁘시게 하는 은혜의 시간이 되게 하여 주옵소서. 또한, 주님의 자녀로서 손색이 없도록, 주님을 따르며 주님을 위해서만 살겠노라고 결단하는 귀한 시간이 되게 하여 주옵소서. 정성을 담아 주님께 감사 예물을 드립니다. 기쁘게 받아 주시고 주님께 드리는 손길마다 크신 복으로 함께 하여 주시며, 그 바치는 심령에 은혜의 단비를 내려 주시옵소서.

사랑의 주님! 이 기쁜 맥추감사주일에 마음의 근심과 고통이 있어 주님께 감사하지 못하는 교우들도 있는 줄 압니다. 주님께서 저들의 상한 마음을 위로하여 주시고, 주님이 주시는 평안으로 안정을 되찾고 주님께 감사하는 삶이 될 수 있도록 이끌어주옵소서. 또한, 주님을 의뢰하는 자는 주님이 반드시 책임져 주신다는 믿음을 갖게 하시고, 모든 것을 주님께 맡기고 주님만 의지하며 감사함으로 살아갈 수 있도록 도와주시옵소서.

위로의 주님! 이 시간, 주님께 물질로 감사를 표현하고 싶어도 경제적인 어려움 때문에 빈손으로 나온 성도들을 긍휼히 여기시고, 중심을 보시는 우리 주님께서 그들의 심령을 어루만져 주셔서 그 마음에 주님의 위로가 넘치게 하옵소서.
특별히 간구하옵기는 저희 교회가 복음을 파종하는 일에도 힘쓰며, 기도와 구제에도 힘을 다하여, 머리 되시는 주님의 명령에 순종하는 교회가 될 수 있게 하옵소서. 오직 주님의 영광만을 위하여 주님의 형체를 드러내기에 부족함이 없는 교회가 되게 하시고, 날마다 믿음의 역사가 나타나고 증거 되는 교회가 되게 하시며, 생명을 건지는 일에 최선을 다하는 복된 교회가 되게 하옵소서.

**예수님의 이름으로!** 이 시간, 주님의 말씀을 선포하시는 목사님을 기억하시고 성령의 능력으로 붙들어 주옵소서. 힘 있고 권세 있는 말씀만 증거하게 하셔서 목마른 영혼마다 생수가 되는 은혜의 말씀이 되게 하여 주옵소서. 찬양으로 영광 돌리는 찬양대를 기억하시기를 원합니다. 입술의 찬양이 아닌 중심의 찬양이 될 수 있도록 성령께서 찬양 대원 모두에게 내주하셔서 그들의 마음을 주장하여 주옵소서.
예배의 시종을 주님께 의탁합니다. 주님이 베풀어 주신 은혜에 비하여 저희들이 드리는 감사가 지극히 부족할지라도 크신 사랑으로 받아주시기를 원하오며, 언제나 함께하시고 이끌어주시는 예수 그리스도의 이름으로 기도합니다. 아멘.

# 제헌절에 맞춘 기도문

**적 용 :** 주일 오전 예배, 주일 오후 찬양예배
**성 경 :** 아모스 5장 18~ 27절

**찬양과 감사|** 공의의 하나님 아버지! 온 세상에 흐르는 하나님의 의가 강물처럼 출렁이는 때를 맞았습니다. 이 나라 백성들이 하나님의 법을 본받아 헌법을 이루었던 뜻있는 날을 앞두고 거룩한 주일에 하나님의 전을 찾았습니다. 주님의 법을 잘 배우고 활용함으로써 공의가 살아 숨 쉬는 세상이 되게 하시며 누구나 법을 잘 지켜 질서 있는 나라를 이루게 하여 주옵소서. 믿음의 사람들이 먼저 준법의 모범이 되게 하시며 이 예배가 하나님의 의를 드러내는 은혜와 질서의 자리가 되게 하여 주옵소서.

**고백과 회개|** 진실하신 주님! 우리 주님께서는 불의를 용납지 아니하심을 알면서도 올바르지 못한 생활에 젖어 있었던 저희들입니다. 주님의 사랑이 크심을 핑계 삼아 함부로 죄악을 범하고, 사랑으로 덮어주시기를 요구했던 염치없는 사람이 바로 저희들입니다. 용서하여 주옵소서. 남의 허물을 덮어주고 사랑을 베푼 기억은 아득히 희미해져 버리고 말았습니다. 불의에 젖어 벗어날 길 없는 삶 속에서 오직 주님의 용서만을 바라며 여기까지 왔습니다. 불쌍히 여겨 주옵소서.

**간구|** 정의로우신 주님! 헌법이 제정된 제헌절을 앞두고 먼저 헌법을 수호하는 사법기관과 법조인들을 위하여 기도합니다. 법은 그 나라 국민의 안녕과 질서를 위한 것임을 잊지 않게 하셔서 국민을 위한 법을 잘 세워가며 실천할 수 있는 사법 기관과 법조인들이 되게 하여 주옵소서. 모든 국민들이 악법으로 인한 고통을 겪지 않도록 법을 잘 적용할 수 있는 사법기관과 법조인들이 되게 하시고, 법보다 중요한 것은 인권임을 잊지 않게 하여 주

옵소서.

주님! 권세 있는 자들에게는 법이 적용되지 않는 안타까움도 있습니다. 누구나 법 앞에서는 동등함을 보여줄 수 있는 사법기관과 법조인들이 되게 하시고, 동등한 법 앞에서 누구나 보호받고 백성 된 권리와 주권을 누릴 수 있도록 깨우치고 인도할 수 있는 법조계가 되게 하여 주옵소서.

또한 국민의 한 사람으로서 법을 무시하는 삶이 되지 않기를 원합니다. 매사에 법을 잘 지킬 수 있는 국민의 한 사람이 되게 하시고, 준법정신으로 나라를 잘 세워갈 수 있는 저희 모두가 되게 하여 주옵소서. 법조계에도 믿음의 사람들을 많이 세우신 것을 감사합니다. 그들이 법을 통해서도 하나님의 공의가 실현될 수 있도록 힘쓸 수 있게 하시고, 법 위에 하나님의 통치와 말씀이 있음을 잊지 않게 하여 주옵소서.
교회 안에도 교회의 법이 있사오니 이 법을 잘 지킬 수 있는 저희 모두가 되게 하시고, 믿음의 사람으로 교회의 질서를 무시하지 않고 잘 세우는 일에 쓰임 받게 하여 주옵소서.

**예수님의 이름으로** 오늘도 주님의 말씀을 선포하시는 목사님을 기억하시옵소서. 주의 능력으로 충만하게 하셔서 말씀을 듣는 저희 모두가 다시 한 번 공의로우신 하나님을 만나고 정직과 진실을 앞세워 살기를 다짐하는 시간이 되게 하여 주옵소서.
예배를 위하여 수종 드는 손길들을 기억하옵소서. 그들의 수고와 애씀이 있을 때마다, 하늘의 기쁨으로 채워지는 은혜가 있게 하시고, 천국에서 해같이 빛나는 복을 누리게 하옵소서.
준비된 찬양으로 주님께 영광 돌리기를 원하는 찬양대의 찬양도 우리 주님이 기쁘게 받으실 것을 믿습니다. 그들이 주님께 올리는 찬양을 준비할 때마다 주님의 음성을 듣게 되는 은혜를 누리게 하옵소서. 예배의 시종을 능력의 주님이 친히 주장하실 것을 믿사옵고 예수 그리스도의 이름으로 기도합니다. 아멘.

# 광복절 기념 주일에 맞춘 기도문

**적 용** : 주일 오전 예배
**성 경** : 이사야 2장 4절

**찬양과 감사 |** 억압과 질고로부터 해방을 주신 하나님 아버지! 이스라엘에게 소망을 주시며 내 백성이 될 것이라고 약속의 인을 쳐주신 거룩하신 하나님! 우리 민족의 눈물을 씻겨주시고, 묶인 쇠사슬을 풀어주시고 전쟁의 폐허 위에 오늘의 현실을 이룩하여 주셨음을 감사합니다.

**고백과 회개 |** 하지만, 아직도 여전히 이 민족은 주님의 한없는 자비와 사랑을 외면한 채 우상을 숭배하며 인간의 힘만을 의지하고, 세상 쾌락 사랑하기를 주님 사랑하기보다도 더하고 있사오니, 이제라도 이 민족이 죄를 뉘우치고 통회 자복하는 마음으로 주님께 돌아오는 놀라운 역사가 일어날 수 있도록 이 백성의 마음에 은총을 내려 주시기를 원합니다.

**간구 |** 광복절을 맞이하여 곳곳에서 일제 치하로부터 해방을 기념하는 행사가 벌어지고 있지만, 우리 민족을 해방시키신 주님을 중심에 모시지 않고 기념하는 행사들이 무슨 의미가 있겠습니까? 주님이 친히 그 가운데 역사하셔서 아직도 이 민족을 붙들고 계시는 분은 우리 주님이신 것을 깨닫게 하시고, 모든 주권이 주님께 있음을 알게 하시옵소서. 무엇보다 이 백성이 과거의 서러움과 그 고난의 역사를 잊지 말게 하시기를 원합니다. 과거의 치욕을 거울삼아 근신하고 경계함으로써 또다시 같은 고난으로 고통을 받지 않도록 인도하여 주시옵소서.
전능하신 하나님 아버지! 이 나라의 독립과 해방을 위하여 목숨을 다 바쳐 투쟁하고 숨져간 많은 영혼들을 기억하시고, 그들의 나라사랑 정신이 현재와 미래에도 계속 이어져서 아직도 분단된 아픔을 안고 비극의 역사를 되풀이하고 있는 이 나라가 속히 통일을 이루는 역사가 일어날 수 있도록 함께하시옵소서.

주님! 이 땅의 정치 지도자들을 기억하시기를 원합니다. 아직까지도 국민의 아픔을 뒤로한 채 당리당략만을 생각하고 있사오니, 이권을 확보하는 데만 지혜를 모으는 지도자들이 되지 말게 하시고, 목숨을 초개같이 버리며 나라와 민족을 사랑했던 선조들처럼 민족에 대한 사랑과 책임의식을 가지고 공무에 충실히 임할 수 있는 정치 지도자들이 되게 하여 주옵소서. 은혜로우시고 자비로우신 주님! 오늘의 교회도 믿음의 선조들을 본받을 수 있는 은혜를 허락하여 주시기를 원합니다. 21세기를 맞이한 한국 교회는 눈부시게 성장했지만, 교회마다 십자가 정신이 사라지고 있고, 영적인 충만 대신 우정으로 충만해지는 현상이 나타나고 있습니다. 교회의 본질인 복음이 설 자리를 잃어가고 있고 각종 행사들이 복음을 약화시키고 있습니다. 오! 주님, 오늘의 교회와 성도들이 세속과 타협하지 아니하고 오직 십자가만을 붙들고 순교의 자리까지 기쁨으로 나아갔던 선조들의 믿음을 계승할 수 있도록 은혜를 부어 주시옵소서. 복음을 약화시키는 것들을 교회 안에서 철저히 배격하고 오직 복음의 순수성을 지켜갈 수 있는 성도들이 되게 하여 주시옵소서.

**예수님의 이름으로!** 오늘도 단 위에 서신 목사님을 기억하시고, 말씀을 전하실 때에 입술의 권세를 더하여 주셔서 죄악을 태우고 사르는 불의 말씀, 치료의 말씀, 자유케 하는 진리의 말씀이 되게 하여 주옵소서.
주님의 몸 된 교회를 위하여 한결같은 믿음으로 헌신과 충성을 아끼지 않는 성도들을 기억하시고, 그들이 교회를 위하여 땀과 눈물을 쏟은 만큼 교회가 든든히 서가게 하시고, 하늘의 보화도 넘쳐나게 하옵소서. 예배의 시종을 주님께 맡기오며 인류에게 진정한 해방을 주신 예수 그리스도의 이름으로 기도합니다. 아멘.

# 추석에 맞춘 기도문

**적 용**: 주일 오전 예배
**성 경**: 시편 100편 3~4절

**찬양과 감사|** 좋은 계절과 맑은 기후를 저희들에게 주셔서 풍성한 결실이 있게 하시는 하나님 아버지!
주님의 그 크신 은혜와 사랑을 감사하면서 감격의 예배를 드립니다. 지난 날을 돌이켜 보건대 어려운 시험도 많았사오나 그때마다 극복할 수 있는 지혜와 용기를 얻게 되었음을 깨닫습니다. 영적으로 육적으로 결실할 때를 목전에 두고 감사의 예배를 드립니다. 저희들의 예배를 받아 주시옵소서.

**고백과 회개|** 오래 참으시는 하나님 아버지! 저희들의 믿음 없음을 용서하여 주시옵소서. 가장 귀한 것을 분토처럼 던져버리고 허탄한 것을 보물처럼 살아온 지난날이었습니다. 피폐된 저희의 영혼은 채워짐과 누림도 없었고 마치 사라의 태가 끊긴 것 같은 절망적인 저희 자신의 모습을 보면서 슬퍼하며 통곡할 수밖에 없었나이다. 이 시간, 주님의 이름을 부르는 나약한 저희들에게 힘을 주시는 하나님을 앙망하나이다. 긍휼히 여기시고 불쌍히 여기셔서 크신 은혜를 내려 주옵소서.

**간구|** 인도하시는 주님! 이번 주에는 이 민족의 고유 명절인 추석이 있습니다. 많은 사람들이 고향을 찾아 떠납니다. 이처럼 자기가 태어나 자란 곳을 잊지 못하고 다시 찾는 귀소본능을 보며, 저희는 결코 하나님을 떠나서는 살 수 없는 피조물이라는 것을 다시 한번 깨닫게 됩니다. 주님의 품이 저희들의 고향이요, 저희들이 머물러 있어야 할 영원한 안식처임을 깨닫습니다. 고향을 잊지 못하듯 인간은 주님을 잊어서는 안 될 존재라는 것을 뭇 영혼들이 깨닫게 하여 주셔서 인간의 주인 되시는 창조주를 기억할 수

있는 그들이 되게 하여 주옵소서. 특별히 귀성길에 오르는 주님의 사랑하는 종들을 기억하시기를 원합니다. 오고 가는 길을 주님의 불꽃같은 눈동자로 지켜주시고 보살펴 주셔서 주님의 인도하심을 받는 귀성길이 될 수 있게 하여 주옵소서.

마음이 들떠 있으면 마음을 다스리기가 참으로 어려운 줄 압니다. 작고 큰 것을 떠나서 주님의 계명을 거스르는 일들을 절대로 하지 말게 하시고, 조상에게 절하거나 귀신을 공경하는 일이 없도록 성령께서 믿는 자의 마음을 다스려 주옵소서. 부지중에라도 죄를 범하는 일이 없게 하시고, 기분에 휩싸여서 하나님의 자녀 된 본분을 망각하지 않도록 중심을 이끌어 주시옵소서.
주님을 믿지 않는 형제와 자리를 같이 할 때, 주님의 자녀임을 망각하지 않게 하여 주셔서 신앙의 본분이 무엇인지를 잘 보여 줄 수 있는 하나님의 종들이 되게 하여 주옵소서. 세상 법과 주님의 법이 다르기 때문에 마찰이 발생할 수 있는 교우의 가정도 있을 줄 압니다. 주님께서 지혜를 더하여 주셔서 어려운 자리를 슬기롭게 극복할 수 있도록 도와주시고, 마찰이 발생하지 않도록 그 마음들을 녹여 주시옵소서.
온 가족들이 한자리에 모입니다. 주님을 모르는 형제들에게 주님을 증거할 수 있는 자리가 되게 하시고, 주님을 섬기는 형제들과는 주님이 베풀어 주신 은혜를 서로 고백하며 주님께 큰 영광 돌릴 수 있는 자리가 되게 하여 주옵소서.

**예수님의 이름으로** 오늘도 주님의 복된 말씀을 듣고 단 위에 서신 목사님을 성령의 능력으로 붙들어주시고 주님의 음성을 담아내기에 부족함이 없도록 생각과 마음을 지켜 주옵소서.
오늘 이 시간, 명절의 들뜬 분위기에 휩싸이지 않고 주님을 가까이한 저희 모두에게 주님의 크신 위로와 은혜를 쏟아부어 주실 것을 믿사옵고 예배의 시종을 주님께 맡기오며 예수 그리스도의 이름으로 기도합니다. 아멘.

# 국군의 날에 맞춘 기도문

**적 용** : 주일 오전 예배
**성 경** : 디모데후서 2장 3절

**찬양과 감사 |** 거룩하신 하나님 아버지! 저희들에게 하나님을 아는 지혜를 더하여 주셔서 이 시간 신령과 진정으로 예배드릴 수 있게 하심을 감사합니다. 다 함께 마음을 모아, 예수 그리스도께서 베푸신 구원의 잔치 자리에 나아가는 선한 백성들이 되게 하여 주옵소서. 성령의 도우심을 확신하며 온 맘과 정성을 다하여 예배하기를 원합니다. 성삼위께서 저희들의 예배를 받으시옵소서.

**고백과 회개 |** 긍휼이 많으신 하나님 아버지! 이 시간 강퍅한 마음, 완악한 마음, 남을 정죄했던 마음들을 그대로 가지고 주님 앞에 섰습니다. 용서를 베푸시는 주님, 저희들의 허물 많은 몸이 용서받기를 원합니다. 불쌍히 여겨주옵소서. 주님을 따르는 길이 얼마나 먼 길인지 알지 못 하오나, 돌이킬 수 없다는 것을 저희가 아오니, 주님께 순종함으로써 흠이 없게 하시고, 믿음의 주요 온전하게 하시는 이인 주님만을 바라볼 수 있게 하옵소서.

**간구 |** 공의로우신 하나님 아버지! 특별히 지난 주간에는 이 나라에 국군이 창설된 것을 기념하는 국군의 날 행사가 있었습니다. 이 나라에 젊고 씩씩한 젊은이들을 주셔서 이 땅의 안보를 지켜 나갈 수 있도록 하시니 감사드립니다. 사랑하는 조국과, 가족과, 친척과, 동료들을 위하여 많은 날들을 봉사하는 젊은 장병들에게 은혜를 베풀어 주시옵소서. 분단된 아픔이 있는 나라, 전쟁의 위협이 항상 존재하는 이 나라, 이 조국을 수호하고자 어렵고 힘든 많은 날들을 인내하며 봉사하는 국군 장병들에게 위로와 용기를 주시옵소서. 장병도, 사병도 모두 나라를 지켜야 한다는 사명감을 가지

고 주어진 복무 기간 동안 충성된 마음으로 맡겨진 본분을 다할 수 있도록 붙들어 주시고, 젊을 때에 나라를 위하여 봉사하는 것이 인생에 있어서 가장 영광된 일임을 기억하게 하셔서 기쁨과 즐거움으로 군 복무에 임할 수 있게 하여 주옵소서.

특별히 간구하옵기는 군 복무에 임하고 있는 장병들의 건강을 지켜 주시기를 원합니다. 찌는 더위와 혹독한 추위도 잘 견딜 수 있도록 힘을 더하여 주시고, 어렵고 힘들 때마다 조국을 수호하기 위해서 목숨을 바친 수많은 영령들을 기억하게 하셔서 조국을 사랑하는 마음이 넘쳐나게 하옵소서. 혈기가 왕성한 때입니다. 젊은 혈기로 인하여 충동적으로 유혹에 빠지기 쉽사오니, 강한 인내력과 절제력을 주셔서 그 어떤 불미스러운 일에 걸려 넘어지지 않게 하시옵소서.

구원의 하나님! 군 복음화를 위하여 기도합니다. 총, 칼을 의지하는 것보다 하나님을 의지하는 군인들이 되게 하시고, 주님을 모르는 군인들에게 믿음을 허락하셔서 전쟁이 하나님께 있음을 깨닫게 하시고, 살인 무기로 단련된 군인보다 주님의 사랑을 깨닫고 주님만을 경외하는 십자가 군병들이 되어서 주님이 쓰시는 귀한 일꾼들이 되게 하옵소서. 군에 입대한 자녀를 둔 부모들을 위하여 기도합니다. 자녀에 대한 지나친 염려와 걱정보다 군생활에 잘 적응하여 훌륭한 군인으로 쓰임 받을 수 있도록 기도할 수 있는 부모들이 되게 하여 주옵소서.

**예수님의 이름으로** 오늘도 말씀을 전하시는 목사님을 성령의 능력으로 붙드시고 주님이 주시는 자유와 평화의 메시지를 선포하실 수 있도록 함께 하옵소서. 예배를 섬기는 교우들과 찬양대 위에도 성령께서 함께하여 주실 것을 믿사옵고, 이 예배를 친히 주장하시는 예수 그리스도의 이름으로 기도합니다. 아멘.

# 노인의 날에 맞춘 기도문

**적 용** : 주일 오전 예배, 주일 오후 찬양예배, 수요일 예배
**성 경** : 잠언 16장 31절

**찬양과 감사|** 자비하시고 사랑이 많으신 하나님 아버지, 오늘도 저희를 진리의 빛으로 비추셔서 주님의 전에 나와 예배할 수 있게 하시니 감사합니다. 세상에 매여 사는 것이 아니라 주님의 은혜에 매여 살아갈 수 있게 하시니 얼마나 감사한지요.
이 땅을 살아가는 동안 주님의 은총을 받은 자로 주님의 은혜를 놓치지 않는 삶이 되게 하여 주시고, 항상 주님을 높이고 그 영광을 드러낼 수 있는 삶이 되게 하여 주옵소서. 이 시간 저희들이 주님을 찾은 것은 오직 주님을 찬양하고 예배하기 위함입니다. 저희의 마음을 주장하여 주셔서 주님께 온전한 예배가 드려질 수 있도록 인도하여 주옵소서.

**고백과 회개|** 긍휼을 베푸시는 주님! 저희의 삶을 돌이켜 보건대 저희의 빗나간 발자국과 모진 입술이 심히 부끄러움을 깨닫습니다. 주님께서 주신 자유를 때로는 육체를 방종케 하는 기회로 삼았고, 육신의 즐거움을 더하는 일에 사용하였습니다. 주님의 뜻을 담아내기 위하여 자신을 이기는 삶을 살기보다는 육체의 즐거움을 얻고자 주님의 뜻을 포기했던 못난 모습을 고백하오니 주님의 은혜를 저버린 잘못을 용서하여 주옵소서.
주님, 저희 모두가 주님의 자녀로 은혜를 놓치지 않는 삶이 되게 하여 주옵소서. 저희의 삶의 기초를 주님 위에, 말씀 위에 세울 수 있도록 이끌어 주시고, 매일의 삶 속에서 주님의 뜻을 드러낼 수 있는 삶이 되게 하여 주옵소서.

**간구|** 인애하신 주님! 이 땅의 노인들을 긍휼히 여겨 주시기를 원합니다. 고령화 인구가 늘어나면서 이 땅의 노인들 중에는 아픔을 겪는 노인들이 그 수를 더해가고 있습니다. 자녀들에게 버림을 받은 노인들도 있고, 홀로 험한 세상과 싸워가며 말년을 쓸쓸히 보내야만 하는 노인들도 있습니다.

주님, 이 시대의 악함을 불쌍히 여겨 주옵소서. 늙은 부모를 업신여기지 않는 이 세대가 되게 하여 주시고, 노인을 공경할 수 있는 이 사회가 되게 하여 주옵소서. 국가적으로 노인의 날을 정하여 노인 공경에 대한 경각심을 심어 주고 있으나 아직은 너무 미약함을 절감합니다. 힘없는 노인들이 존경받으며 말년을 보낼 수 있는 이 사회가 될 수 있도록 이 사회를 기경하여 주옵소서.

저희들도 언젠가는 노인이 될 수밖에 없을 터인데 노인을 무시하거나 홀대하는 일이 없게 하시고, 노인 되었을 때의 저희의 모습을 생각하며 노인을 공경할 수 있는 저희 모두가 되게 하여 주옵소서. 정부 차원에서 노인을 위한 복지 정책이 잘 정착될 수 있게 하여 주시고, 늙어서도 일할 수 있는 기회가 항상 주어질 수 있게 하여 주옵소서. 특히 주님을 모르는 노인들을 기억하시고, 죽음으로써 모든 것이 끝나는 것이 아니라 죽음 이후에 또 다른 세계가 있음을 깨달아 내세를 바라보며 주님을 섬길 수 있는 삶으로 인도받을 수 있게 하여 주옵소서.

**예수님의 이름으로|** 오늘도 주님의 말씀을 듣고 서신 목사님을 기억하시고 피곤치 않도록 붙드셔서, 기도하시며 준비하신 말씀을 능력 있게 선포하실 수 있게 하여 주옵소서. 말씀을 듣는 저희 모두가 주님의 음성을 듣는 은혜의 시간이 되게 하여 주옵소서.

이미 예배가 시작되었습니다. 예배의 시종을 주님이 친히 주장하실 것을 믿사오며, 저희를 끝까지 사랑하시는 예수 그리스도의 이름으로 기도합니다. 아멘.

# 종교개혁주일에 맞춘 기도문

**적 용** : 주일 오전 예배
**성 경** : 요한복음 8장 31~32절

**찬양과 감사|** 거룩하신 하나님 아버지! 주님에 대한 사랑 때문에 주님을 섬기며, 그 사랑 때문에 주님께 예배를 드리며, 그 사랑 때문에 말씀에 순종하기를 원합니다. 그러나 주님을 닮아가지 못하고 경건의 모습만 흉내내는 한 주간의 삶이었습니다. 연약함을 그대로 안고 주님께 예배드리는 저희의 모습이 너무나 부끄럽고 송구스럽지만, 성령님께서 도우실 것을 믿고 예배합니다. 저희들을 긍휼히 여기셔서 흠향하여 주옵소서. 그리스도의 생명으로 저희 속에 채워주시기를 원하여 저희의 마음을 빈 그릇으로 드립니다. 주님의 진리의 말씀으로 저희들을 충만하게 채워 주시옵소서.

**고백과 회개|** 자비하신 주님! 알고도 행하지 못하고 감격하면서도 은혜대로 살지 못한 저희들입니다. 육신의 욕망만을 위해서만 사용되었던 입술이 영원한 가치를 위해서 사용되게 하옵소서. 보이는 세상의 것들이 저희의 마음에 위로와 평안을 주는 것이 아님을 알면서도, 주님을 기쁘시게 해 드리기보다는 세상에 종노릇 하며 사탄을 도왔던 삶이었음을 고백합니다. 저희의 완악한 심령을 불쌍히 여기시고 저희의 죄를 도말하여 주옵소서.

**간구|** 새롭게 하시는 주님! 오늘은 특별히 종교개혁주일로 지킵니다. 주님의 교회가 썩어져 가는 것을 그냥 버려두실 수가 없으셔서 몸의 일부를 도려내는 수술을 친히 주관하신 주님의 놀라운 은혜를 묵상하면서 종교개혁주일로 지키게 됨을 감사합니다. "오직 은총, 오직 믿음, 오직 성령으로"라는 진리의 가치를 높이 들었던 개혁자들의 신앙을 되새기며, 저희들의 변화되지 못하고 형식화된 신앙을 과감히 척결하는 시간이 되게 하시고, 새

사람, 새 신앙으로 새롭게 다짐하는 시간이 되게 하여 주옵소서.
오늘의 교회도 주님의 진리의 깃발을 높이 쳐들고 행진하기보다, 인본주의와 기복주의 신앙으로 오염되어 있나이다. 부패되고 타락하여 잘못된 신앙으로 얼룩진 교회를 성령의 능력으로 새롭게 변화시켜 주시고, 인간의 수단이 아니라 하나님의 주권적인 통치가 역사하는 교회가 되게 하여 주옵소서.

또한, 주님이 이 땅에 오셔서 사랑으로 사시며, 죽기까지 자신을 희생하신 그 모습을 본받을 수 있는 교회가 되게 하시고, 가난하고 헐벗고 굶주린 자의 친구가 되어주신 주님의 사랑을 본받아, 소외되고 외로운 자들을 대접하고 섬기는 교회들이 되게 하여 주옵소서.
오늘을 기점으로 말씀에 대한 감격이 없고 죽어있는 저희들의 마음에 감격과 찬양과 감사가 살아있는 믿음을 소유하게 하시고, 게으르고 나태한 자리에서 열심과 헌신의 자세로 새롭게 변화되는 믿음을 갖게 하여 주옵소서. 주님의 교회를 온전히 세우기 위하여 맡은 바 사명을 잘 감당할 수 있도록 세워주신 기관들에게도 함께 하셔서, 단순한 친목 모임이나 우정으로 뭉쳐지는 사교 기관이 되지 말게 하시고, 주님의 뜻을 높이고 주님의 몸 된 교회를 세워 가는데 부족함이 없도록 이끌어주옵소서.

**예수님의 이름으로** 오늘도 단 위에 서신 목사님을 성령의 능력으로 붙들어 주셔서 말씀을 선포하실 때 그 말씀이 불의 말씀이 되게 하시고, 미지근했던 저희들의 신앙에 개혁이 일어나는 놀라운 말씀이 되게 하여 주시옵소서. 예배를 위하여 마음을 다하여 섬기는 손길들을 기억하시고, 주님이 채우시는 위로가 그들의 마음마다 넘쳐나게 하옵소서. 예배의 시종을 주님이 주장하실 것을 믿사오며, 예수 그리스도의 이름으로 기도합니다. 아멘.

# 추수감사주일에 맞춘 기도문

**적 용 :** 주일 오전 예배
**성 경 :** 시편 116편 12~17절

**찬양과 감사|** 저희의 인생을 풍성한 것으로 먹이시는 하나님 아버지! 아무것도 가진 것 없이 이 세상에 온 저희들이 주님의 은혜를 입어서 많은 것을 얻게 되었나이다. 광야 같은 메마른 삶 위에도 만나와 메추라기를 내려주신 하나님의 은혜가, 한시도 쉼 없이 계속되어 왔음을 깨달을 때 저희들은 만입이 있어도 감사가 부족함을 깨닫습니다. 오늘 이 예배가 하나님께서 기뻐하실 감사의 예전이 되어 지금까지 주님이 내려주신 은혜의 지극히 작은 부분이라도 채우는 자리가 될 수 있게 하옵소서.

**고백과 회개|** 사랑의 하나님 아버지! 지난날을 돌이켜 보건대 저희들은 하늘의 신령한 은혜와 양식을 쌓는 일보다 세상의 썩어질 양식을 얻는 일에 더 분주하고, 주님의 나라와 의를 구하는 일에 너무도 게을렀음을 고백하지 않을 수 없나이다. 주님이 주신 귀한 은사와 복을 주님의 몸 된 교회를 섬기고, 이웃과 나누고 베푸는데 쓰기보다는 저희 자신의 만족과 쾌락만을 위해 더 많이 썼음을 고백합니다. 감사보다 불평이 많았던 것도 사실입니다. 이 시간, 회개하오니 주님의 보혈로 저희의 심령을 정케 하여 주시고 주님께서 저희를 위해 이루신 일들과 은혜를 깨닫게 하여 주옵소서.

**간구|** 복 주시기를 즐겨 하시는 하나님 아버지! 오늘 저희들이 추수감사주일을 맞이하여 주님께 드리는 감사의 예물을 기뻐 받으시기를 원합니다. 이 예물 속에 깊은 감사와 전체를 바치는 거룩한 결의가 들어 있사오니, 기쁘게 열납하여 주시옵소서. 그리고 오늘 감사의 예물을 드린 모든 손길들 위에 주님의 크신 은혜로 채워 주시고, 더욱 감사의 조건이 늘어가는 귀한

믿음들로 이끌어 주옵소서. 그리하여 삶 속에서 언제나 풍성한 결실을 맺어서 소중한 열매를 더 많이 주님 앞에 드릴 수 있게 하옵소서.

이 시간, 주님 앞에 드리고 싶어도 물질의 어려움 때문에 드리지 못한 손길들을 기억하옵소서. 안타까운 마음만 더해가는 상한 심령을 주님의 그 크신 은혜로 위로하여 주시고, 이후로는 주님 앞에 드리지 못하여 마음 아파하는 손길이 되지 않도록 삶에 윤택함을 주시고, 물질의 은사를 내려 주옵소서.

자비하신 하나님 아버지! 추수감사주일을 맞이하여 저희들의 영혼의 추수를 되돌아봅니다. 저희의 주변에 추수할 영혼들이 많이 있는데 그동안 영혼의 추수에 대하여 너무나 태만했던 저희들이었습니다. 저희의 주변에 천국 백성이 될 수 있음에도 불구하고 지옥을 가게 되면, 그것은 전적으로 주님께서 저희들에게 맡겨 주신 귀한 사명을 저희들이 제대로 감당하지 못한 까닭인 줄 압니다. 지금부터라도 영혼의 추수에 태만했던 저희 자신들을 되돌아보며, 참회하는 심정으로 영혼의 추수에 마음을 쏟을 수 있는 저희들 되게 하여 주옵소서. 한 영혼이라도 더 주님께로 돌아올 수 있도록 하기 위하여, 영혼의 추수를 힘써서 할 수 있는 저희들 되게 하여 주옵소서. 날마다 생명의 복음을 힘써서 전파하는 저희들 되게 하여 주옵소서.

**예수님의 이름으로|** 오늘도 추수감사주일을 맞이하여 축복의 말씀을 들고 단 위에 서시는 목사님을 붙들어 주셔서, 이 시간 말씀을 듣는 저희들 모두가 남은 삶이 항상 감사가 넘치는 축복의 삶이 될 수 있도록 이끌어 주옵소서. 오늘도 감사하는 마음으로 이 추수감사주일에 예배를 섬기는 손길들을 기억하시고, 언제나 주님께 받은 은혜를 기억하면서 사랑의 욕구를 충족시키며 살아가는 삶이 되게 하여 주옵소서.

예배의 시종을 주님께 맡깁니다. 성령의 능력으로 주장하실 것을 믿사옵고 예수 그리스도의 이름으로 기도합니다. 아멘.

# 성서주일에 맞춘 기도문

**적 용:** 주일 오전 예배
**성 경:** 잠언 4장 10~11절

**찬양과 감사|** 주님의 계시된 말씀인 성경 가운데 계시며, 구원의 은총과 생명의 양식으로 저희들을 먹이시는 하나님 아버지!
빛도 없이 어두운 광야 같은 이 땅에 진리의 빛인 주님의 말씀을 계시하여 주셔서, 저희들이 빛이신 주님의 말씀을 따라 참된 길을 걸어갈 수 있도록 이끌어 주시니 감사합니다. 오늘은 특별히 저희들에게 성서주일을 허락하셔서 말씀의 가치와 중요성을 다시 한번 깨달을 수 있게 하시니 감사합니다. 말씀에 힘입어 주님을 더욱 찬양하며 예배하기를 원하오니 저희들 속에 강림하시옵소서.

**고백과 회개|** 긍휼의 하나님 아버지! 저희의 지난날을 돌이켜보건대 주님의 말씀을 사모하며, 주님의 말씀대로 살기에 힘쓰기보다는 세상의 지식과 지혜를 위해서 지나칠 정도로 힘을 쏟았음을 고백합니다. 주님의 음성 듣기를 즐겨 하지 아니하고, 세상적인 지식을 더 의존하려 했던 저희들을 불쌍히 여기시고 용서하여 주옵소서. 날마다 말씀 중심 속에서 살아가는 저희들이 될 수 있도록 성령의 능력으로 이끌어 주시옵소서.

**간구|** 사랑의 하나님 아버지! 저희들에게 생명의 말씀과 진리의 말씀을 허락하여 주셨사오니, 이 진리의 말씀과 구원의 말씀을 사수할 수 있는 저희들이 되게 하시고, 이 말씀으로 사탄의 유혹을 물리치게 하시며, 이 말씀으로 모든 죄악의 권세를 이겨갈 수 있는 저희들 되게 하여 주옵소서. 또한, 이 험한 세상을 주님의 말씀을 힘입어 잘 헤쳐 나가는 저희들 되게 하시고, 말씀을 힘입어 믿음의 생활에서 승리하는 저희들 되게 하여 주옵소서. 말

씀이 가는 곳에 저희들이 가고, 말씀이 서는 곳에 저희들이 서는 말씀 중심의 신앙이 되게 하여 주옵소서. 더욱이 말씀에 순종하는 생활이 되게 하여 주시기를 원합니다. 주님의 말씀을 많이 아는 것으로만 그치지 않게 하시고, 한 말씀이라도 그 말씀에 순종함으로 말씀의 능력을 보여줄 수 있는 저희들 되게 하여 주옵소서.

공의로우신 하나님! 주님의 몸 된 교회도 말씀이 언제나 살아 움직이며, 말씀 위에서 든든히 서가는 교회가 되기를 원합니다. 교회에 말씀의 능력이 사라질 때에, 세속적인 것들로 그 자리가 대치되어 가지는 않을까 두렵사오니, 주님의 말씀이 놀랍게 역사하는 능력 있는 교회가 되게 하여 주옵소서. 주님의 교회에서 말씀의 권위가 상실되지 않게 하시고, 말씀을 좇아가는 교회가 되게 하시며, 말씀을 증거하고 말씀을 전파하는 교회가 되게 하여 주옵소서. 교회에서 말씀이 무너지면 교회도 무너지게 된다는 사실을 깨달아, 말씀의 빛을 강하게 비출 수 있는 교회가 되게 하여 주옵소서.

사랑의 하나님 아버지! 주님의 귀한 말씀을 이 나라 방방곡곡과 세계 곳곳에 보급하는 기관들과 단체들이 있습니다. 그들의 수고가 헛되지 않게 하시고, 이 강토 구석구석은 물론 북녘땅 구석구석까지도, 더 나아가 미전도 종족에게까지도 전하여지는 귀한 역사가 있게 하여 주옵소서. 그리하여 이 지구가 말씀으로 하나 되고, 성령으로 하나 되는 역사가 있게 하여 주옵소서.

**예수님의 이름으로** 이 시간, 강단에 세우신 목사님을 말씀의 전신 갑주를 입혀 주셔서, 저희들에게 주님의 말씀의 비밀을 전하실 때에 은혜롭게 선포되게 하옵소서. 예배가 이미 시작되었습니다. 마치는 시간까지 순서 순서마다 성령께서 친히 주관하여 주셔서, 하나님의 임재하심을 경험하는 예배가 되게 하실 것을 믿사옵고, 예수 그리스도의 이름으로 기도합니다. 아멘.

# 송구영신예배에 맞춘 기도문

**적 용** : 송구영신예배
**성 경** : 고린도후서 5장 17절

**찬양과 감사ㅣ** 저희들을 지켜 주시고 보호하여 주시는 하나님 아버지! 이 시각까지 믿음 가운데 인도하여 주신 그 은혜를 감사합니다. 저희들의 감사를 받으시옵소서. 한 해가 저물고 새해의 아침 해가 서서히 저희의 마음과 온 누리를 비추는 이 엄숙한 순간에 주님께 찬송과 영광을 돌립니다. 겸손한 마음으로 드리는 이 예배를 받으시고 저희들의 온전하신 주가 되시옵소서.

**고백과 회개ㅣ** 자비하신 주님! 하지만 한 해를 보내고 새해를 맞이하는 자리에 서서 주님께 고백할 것은 오직 부족한 것뿐이옵니다. 주님의 영광을 빛내며 살겠다고 다짐했던 지난 한 해였지만, 주님의 영광을 진토에 떨어뜨리게 한 일들이 얼마나 많았었는지 모릅니다. 주님의 시간을 도둑질하고 나태하게 살았던 부끄러운 죄인들입니다. 엎드려 회개하오니 용서하여 주옵소서. 새해에는 이런 허물만 쌓이는 삶이 되지 않도록 도와주시옵소서.

**간구ㅣ** 은혜로우신 주님! 새해에는 이전보다 더욱더 믿음의 자리로 나아가는 한 해가 되게 하여 주옵소서. 기도에 힘쓰고 말씀을 부지런히 마음 판에 새기며, 주님의 말씀에 철저히 순종하는 저희들이 되게 하여 주옵소서. 날마다 성령을 의지하며, 성령의 도우심과 인도하심을 받는 한 해가 되게 하여 주옵소서. 마음을 새롭게 함으로 변화를 받아 주님의 선하시고 온전하시고, 기뻐하시는 뜻이 무엇인지를 분별하며, 주님의 빛 된 자녀로서 거룩한 삶을 살게 하여 주옵소서.
주님! 지난해는 알게 모르게 수많은 위기가 있었습니다. 그러나 그 수많은 위기와 위험 가운데서도 주님이 불꽃같은 눈동자로 지켜 주시고, 강하신 팔로 붙들어주셔서 모든 것을 이겨낼 수 있게 하신 것을 감사합니다. 새해에는 낙심하거나 실족하는 일들이 발생하지 않도록 저희들의 삶을 언제나 주장하여 주시고, 어렵고 힘든 일들이 엄습하여도 능히 이기고 나갈 수 있도록 도와주시옵소서. 또한, 주님께서 보시기에 복되고 아름다운 일들이 넘쳐남으로 주님을 더욱 찬양할 수 있는 저희들 되게 하여 주옵소서.

주님! 금년에도 저희 교회가 열심히 복음을 전하기를 원합니다. 주님이 분부하신 명령을 힘써서 준행하는 복된 교회가 되게 하시고, 영혼을 추수하는 교회, 이웃을 부요케 하는 교회, 구제와 선교에 힘쓰는 교회가 되게 하여 주옵소서. 성(castle, 城) 쌓는 교회가 되기보다는 길 닦는 교회가 되기를 원합니다. 복음의 길을 잘 닦는 교회가 되게 하여 주셔서 수많은 영혼들이 그 길을 통하여 영생을 얻는 역사가 있게 하여 주옵소서.

주님! 성도의 가정마다 주님의 그 크신 은혜로 함께 하시기를 원합니다. 경제적인 문제로 어려움 당하는 가정이 없게 하시고, 부부간에도 심적인 갈등이 일어나지 않게 하시며, 자녀들도 주님을 앙망하는 마음들이 더욱 넘쳐나게 하시며, 질병이나 안타까운 일들이 발생하지 않도록 주님의 능력으로 강하게 붙들어 주옵소서.

또한, 이 시간 새해를 맞이하면서 다짐하고 서원하는 모든 일들이 주님 안에서 일 년 내내 변함이 없게 하시고, 저희들의 계획과 주님의 뜻이 일치되어 주님이 허락하시는 축복의 열매들을 많이 맺을 수 있게 하옵소서.

**예수님의 이름으로** 말씀을 증거하시는 목사님께 성령으로 충만하게 하셔서 한 해를 정리하고 새해를 출발하는 저희들에게 주님이 주시는 지혜와 소망을 얻는 축복의 말씀이 되게 하여 주옵소서. 이 송구영신예배의 시종을 주님이 친히 주장하실 것을 믿사오며, 저희들의 소망이 되시는 예수 그리스도의 이름으로 기도합니다. 아멘.

## 주께 감사

주님!

이제야 주께서 일하시는 법을 깨닫습니다.

주님은 제 수준까지 낮아지시어

제 어려움을 해결해 주심으로

제가 주님의 수준까지 올라가

그 영광을 함께 누리게 하십니다.


주님!

제가 있는 낮은 곳까지 내려오시어

주님 계신 높은 곳까지 저를 끌어올리신

그 오래 참으심에 감사드립니다.


- 유진 피터슨(Eugene Peterson)

# 6부

헌신예배에 맞춘
## 예배 대표기도문

# 제직헌신예배에 맞춘 기도문

**적 용** : 주일 오후 예배
**성 경** : 고린도전서 4장 12절

**찬양과 감사|** 자비로우시고, 은혜로우신 하나님 아버지! 새해 첫 주일을 맞아 첫 찬양예배 시간인 이 시간에 저희 제직들이 헌신예배를 드릴 수 있도록 불러주신 은혜를 감사합니다. 마음을 다하여 드리는 이 예배에, 주님만이 홀로 영광을 받으시옵소서.

**회개와 고백|** 주님! 지난 한 해를 돌이켜 보건대, 게으름과 여러 가지 핑계로 주님께 충성을 다하지 못하고, 주님의 일을 성실히 감당하지 못한 저희들이었음을 깨닫습니다. 죄 많고 허물 많은 저희들을 책망하지 않으시고, 금년에 또다시 주님의 몸 된 교회를 위하여 죽도록 충성하라고 직분을 맡겨주시니 그 크신 주님의 사랑과 긍휼하심에 감격할 뿐이옵니다. 이제껏 직분을 받은 자로 합당하지 못했던 것들을 회개하오니 용서하여 주옵소서. 금년에는 주님이 주신 귀한 직분을 잘 감당할 수 있는 저희 모두가 되게 하여 주옵소서.

**간구|** 사랑의 주님! 믿음이 약해질 때 더욱 엎드려 기도하는 제직들이 되게 하시고, 주님이 맡겨주신 귀한 직분을 억지로 감당하거나 말과 지식만 앞서는 직분 감당이 되지 않게 하여 주옵소서. 수단과 방법을 앞세우는 것이 아니라, 주님의 희생하심과 섬김의 사역을 본받아 진정한 봉사를 실천할 수 있는 저희들 되게 하여 주옵소서. 초대교회 집사들같이 생명을 다하여 사명을 감당하는 모습이 있기를 원합니다. 교만과 나태함으로 주님의 영광을 가리는 일이 없도록 겸손과 신앙의 덕을 겸비한 부지런한 일꾼이 될 수 있게 하옵소서. 맡겨진 일이 작든지, 크든지 최선을 다할 수 있는 저

희들 되게 하여 주옵소서.

섬김의 주님! 교회뿐만 아니라, 이 지역을 위해서도 구제와 봉사하는 일에 힘쓰기를 원합니다. 교회 안에서 만의 제직이 아니라, 교회 밖에서도 주님의 일꾼 된 모습을 잘 보여줄 수 있는 제직들이 되게 하셔서, 믿지 않는 자들도 하나님 앞에 영광 돌릴 수 있는 자리로 이끌 수 있는 신실한 종들이 되게 하여 주옵소서.

은혜의 주님! 교회의 비전(Vision)과 담임목사님의 목회 방침에 발맞추어 가는 제직들이 되기를 원합니다. 교회의 일을 긍정적으로 보고, 말하고, 듣고, 행동하는 제직들이 되게 하시고, 목사님 중심으로 하나가 되어서, 거칠고 힘들고 소외된 일일지라도 솔선수범하는 자세를 잃지 않게 하옵소서. 모든 교우에게도 모범이 되고 닮고 싶은 기준이 되는 제직들이 되게 하여 주옵소서. 제직들의 가정과 경영하는 사업장마다 복과 은사를 더하여 주셔서 물질로 주님의 교회를 섬기고, 이웃을 돌아보는데 부족함이 없게 하여 주옵소서.

교회 모임에도 항상 모범이 되는 제직들이 되기를 원합니다. 주일을 범하는 일이 없게 하시고, 기도생활이나 전도 생활에도 항상 적극 동참하고 힘쓸 수 있는 제직들이 되게 하여 주옵소서. 무엇보다 매일 새벽 기도를 잘하는 제직들이 되어서 주님의 일은 실력으로 하는 것이 아니라, 무릎으로 하는 것임을 잊지 않는 제직들이 되게 하옵소서.

**예수님의 이름으로|** 오늘도 강단에 세워주신 강사 목사님을 성령의 능력으로 붙들어 주셔서 주님의 귀한 말씀을 듣는 저희들이 주님의 음성을 듣는 시간이 되게 하시고, 말씀 앞에 도전받아 다시 한번 결단할 수 있는 은혜의 시간이 되게 하여 주옵소서.

헌신예배의 순서를 맡은 제직들을 성령의 능력으로 붙들어 주셔서 실수함 없이 잘 감당할 수 있도록 이끌어주옵소서. 저희들에게 새로운 해를 출발할 수 있는 은총을 주시고, 제직헌신예배를 드릴 수 있게 하심을 감사하오며 예수 그리스도의 이름으로 기도합니다. 아멘.

# 남전도(선교)회 헌신예배에 맞춘 기도문

**적 용** : 주일 오후 예배
**성 경** : 사도행전 8장 11절

**찬양과 감사|** 은혜로운 하나님 아버지! 저희들과 함께하신 하나님의 은혜를 감사합니다. 저희들은 약하나 하나님께서 강하게 하여 주셨고, 저희들은 미련하되 성령님이 지혜롭게 해 주셨으며, 저희들은 길 잃은 양 같았으나 길 되신 주님이 이 시간, 이 자리까지 인도하여 주셨음을 감사합니다. 이 시간도 저희들의 주가 되시는 주님을 높이며 예배하기를 원하오니 계신 곳 하늘에서 기쁘게 받아주시옵소서.

**고백과 회개|** 살아계신 주님! 주님 앞에 설 때마다 저희들은 언제나 죄인임을 깨닫습니다. 뻔히 죄인 줄 알면서도 죄를 반복하여 짓는 저희들이었습니다. 죄에 물들지 않기 위하여 주님을 바라보는 모습은 지극히 미약했음을 고백합니다. 영혼으로 파고드는 죄의 요소들을 전혀 방어할 생각을 하지 않고 살았습니다. 회개하오니 용서하여 주옵소서. 이 시간, 저희의 마음속에 켜켜이 쌓여 있는 더러운 죄악들을 끄집어내어 주시고 훈훈한 성령의 전으로 데워주시옵소서.

**간구|** 사랑의 주님! 오늘 이 시간 특별히 남전도회 헌신예배로 드리게 하심을 감사합니다. 주님께 헌신한 것이 너무나 미약하여 헌신예배를 드린다는 것이 참으로 부끄럽지만, 주님의 긍휼하심을 바라보며 참회하는 마음으로 드리오니 용납하여 주시옵소서.
주님! 남전도회를 위해서 간구합니다. 이웃과 직장, 생업의 현장에서 그리스도를 증거하고 믿음의 빛을 발하는 회원들이 되게 하시고, 주님의 몸 된 교회를 위해서도 선한 청지기의 의무를 다할 수 있는 회원들이 될 수 있도록 인도하여 주옵소서. 교우를 섬기고, 교우를 위로하는 봉사와 헌신에 몸을 드릴 수 있는 회원들이 되게 하시고, 가정에서도 가장으로서 주님을 모시고 사는 화목한 가정을 이끌기에 부족함이 없도록 은총을 허락하여 주시옵소서. 또한, 한 여자의 남편으로서 존경받는 남편이 되기를 원합니다. 자녀들의 아버지로서 존경받고, 삶의 기준을 제시할 줄 알며, 자랑할 수 있는 아버지가 되기를 원합니다. 믿음을 더하여 주시옵소서.

능력의 주님! 남전도회를 이끌고 있는 회장님 이하 임, 역원들에게도 함께하셔서 맡은 바 본분을 잘 감당하게 하시고, 부흥하고 성장하는 남전도회를 세워갈 수 있도록 이끌어주옵소서. 남전도회뿐만 아니라 이 교회에 모인 교우들도 한마음 한뜻으로 주님의 뜻을 높이는 삶을 사는데 부족함이 없게 하시고, 주님의 지상명령을 받들어 전도에 힘쓰고, 기도에 힘쓰고, 봉사에 힘쓰는 교우들이 되게 하여 주옵소서.

주님! 선한 사업에 부하는 남전도회가 되기 위하여 올해에 세운 사업 계획이 있습니다. 형식적으로 끝나는 사업 계획이 되지 말게 하시고, 선한 열매를 풍성하게 맺을 수 있는 사업 계획이 될 수 있도록 은총을 허락하여 주옵소서.

**예수님의 이름으로!** 이 시간, 은혜를 증거하시기 위하여 단 위에 서실 강사 목사님을 성령의 능력으로 붙들어 주시고, 남전도회 회원은 물론 이 자리에 참석한 교우들 모두가 주님의 말씀으로 새롭게 거듭나는 은혜의 시간이 되게 하여 주옵소서.

남전도회 회원들이 찬양을 준비했습니다. 정성을 다하여 준비했사오니 받아주시기를 원합니다. 찬양하는 찬양대 위에도 함께하셔서 하나님의 영광을 드러낼 수 있는 은혜의 찬양이 되게 하여 주옵소서. 예배의 시종을 주님이 주장하여 주시고, 예배 순서를 맡은 자마다 실수하지 않도록 성령님이 도와주시옵소서. 예배의 주인이 되시는 예수 그리스도의 이름으로 기도합니다. 아멘.

# 여전도(선교)회 헌신예배에 맞춘 기도문

**적 용 :** 주일 오후 예배
**성 경 :** 로마서 10:15

**찬양과 감사 |** 거룩하신 하나님 아버지! 저희를 택하여 구원받게 하시고 영생의 복을 누리면서 거룩한 주님의 자녀로 살게 하심을 감사합니다. 이 시간, 저희들이 주님의 거룩한 성전에 모여 신령과 진정으로 예배드리고자 하오니, 주님만이 홀로 영광을 받으시오며, 주님의 의가 충만히 나타나는 시간이 되게 하옵소서.

**회개와 고백 |** 긍휼을 베푸시는 주님! 먼저 저희의 죄를 사하여 주시기를 원합니다. 저희의 더러운 허물을 가리어 주시사 하나님의 영광을 찬송하며, 예물로 감사하며, 귀한 말씀을 받게 하시고, 은혜를 받게 하시며, 하나님이 기뻐하시는 예배를 드리게 하옵소서.

**간구 |** 사랑의 주님! 이 시간에 특별히 저희 여전도회 회원들이 주님 앞에 헌신을 드리고 다짐하기 위하여 마음과 정성을 한데 모아 헌신예배로 드립니다. 기쁘게 받아주시옵소서.
주님! 저희 여전도회를 위하여 간구합니다. 주님의 기도를 본받아 언제나 기도하는 기도의 여인들이 되게 하옵소서. 주님의 섬김을 본받아 언제나 다른 사람을 섬기며 사랑으로 감싸주는 믿음의 여인이 되게 하옵소서. 민족을 구원한 에스더와 같은 믿음이 있게 하시고, 가문을 구한 아비가일과 같은 신앙이 있게 하옵소서. 또한, 요시야 왕을 도와 부패한 종교를 개혁한 훌다와 같은 강한 의지가 있는 저희 여전도회가 되게 하옵소서. 저희 여전도회 회원들 한 사람마다 주님의 크신 능력과 은총을 더하여 주셔서 주님이 인정하시고 귀히 쓰시는 복된 일꾼들이 되게 하여 주옵소서.

가정에서도 충성되며 신실하고 성실한 여성이 되게 하셔서 남편으로부터 사랑받는 아내가 되게 하시고, 자녀들에게는 존경받는 인자한 어머니가 되며, 이웃들에게도 삶에 모범이 되며 본받고 싶은 여성이 될 수 있게 하여 주옵소서.

또한, 말씀과 찬송이 끊임없이 울려 퍼지는 믿음의 가정을 만드는데 헌신할 수 있는 여성이 되게 하시고, 늘 주님이 주신 지혜가 샘솟을 수 있는 회원들이 되게 하여 주옵소서. 무엇보다도 주님의 몸 된 교회를 받들어 섬기는데 게으르지 않게 하시고, 교회가 든든히 서가는 곳마다 여인들의 헌신적인 봉사가 있었듯이, 오늘의 저희 교회도 여전도회의 몸과 마음과 시간을 바친 수고로 날마다 풍성한 믿음의 열매를 수확하는 교회가 되게 하옵소서.

믿지 않는 식구들 때문에 마음 아파하는 회원들도 있습니다. 낙심하거나, 좌절하거나, 포기하지 않도록 은총을 더하여 주시고, 합력하여 선을 이루시는 하나님을 의지함으로 믿지 않는 가족들을 위하여 끝까지 기도할 수 있게 하옵소서.

경제가 어려운 가정이 있습니까? 물질의 은사를 더하여 주셔서 시절을 좇아 과실을 맺는 복된 가정이 되게 하시고, 주님을 위해서도 물질을 드려 마음껏 충성할 수 있도록 도와주시옵소서.

여전도회에서 선한 사업을 위하여 계획한 일들이 있습니다. 모든 일들이 주님의 뜻대로 잘 진행될 수 있도록 도와주시고, 임원들도 서로가 하나 되어서 주님께 큰 영광 돌릴 수 있게 하옵소서.

**예수님의 이름으로** 이 시간에 주님의 말씀을 대언하시는 강사 목사님을 기억하셔서 피곤치 않도록 붙들어 주시고, 헌신을 다짐하는 여전도회 및 모든 성도들에게 달고 오묘한 증거하실 수 있게 하옵소서. 여전도회 회원들이 정성껏 찬양을 준비했습니다. 주님이 기뻐 받으시는 찬양이 되게 하옵소서. 예배의 순서를 맡은 회원들에게 성령님이 함께 하여 주실 것을 믿사옵고 예수 그리스도의 이름으로 기도합니다. 아멘.

# 선교헌신예배에 맞춘 기도문

**적용 :** 주일 오후 예배
**성경 :** 마태복음 28장 19~20절 사도행전 1장 8절

**찬양과 감사 |** 땅 끝까지 이르러 내 증인이 되라고 명령하신 주님! 이 시간 선교 헌신예배를 맞이하여 주님이 저희들에게 분부하신 명령을 다시 한번 묵상하며 예배드릴 수 있게 하시니 감사와 영광을 돌립니다. 황무지 같은 이 땅 위에 복음의 씨앗을 뿌려 주시고, 구원의 방주 역할을 하는 교회를 세우셔서 구원의 역사를 이루어 가시는 주님, 이제 한국교회가 21세기를 맞이하여 복음을 수출하는 국가로 열매 맺게 하시니 감사와 찬송을 올리지 않을 수 없사옵니다. 저희들에게 베풀어주신 주님의 은혜와 사랑을 기억하며 항상 세계 곳곳에 복음 증거의 깃발을 높이 치켜들 수 있는 한국교회가 되게 하시옵소서.

**회개와 고백 |** 사랑의 주님! 그러나 지나온 날을 돌이켜 보건대, 저희들은 자기 믿음도 굳건히 세우지 못하여 전전긍긍하였으며, 믿지 않는 영혼들을 주님 앞으로 인도하지 못한 죄 또한 크다는 것을 깨닫지 않을 수 없습니다. 회개하오니 크고 넓으신 주님의 사랑으로 품어주시고 용서하여 주옵소서. 이제는 흐트러진 믿음을 바로 세우고 주님의 말씀을 듣고 담대히 세상을 향해 달려 나갈 수 있는 능력과 용기를 갖게 하옵소서.

**간구 |** 은혜의 주님! 아직도 이 땅에는 주님을 모른 채 죄악의 그늘 속에서 허덕이며 살아가는 영혼들이 있사오니, 저희들에게 영혼을 사랑하고 불쌍히 여기는 마음을 주셔서 빛 되신 주님을 증거하게 하시고, 참 생명 되신 주님을 그들 심령 속에 심게 하셔서 구원의 기쁨을 함께 나누며, 주님의 크신 사랑을 서로 나눌 수 있게 하옵소서. 그리하여 이 지역이 복음화되고,

이 나라 이민족도 주님의 복음으로 통일되는 역사가 있게 하시며, 교회와 주님이 택하신 종들이 선교의 역사를 온전히 이루어 나갈 수 있게 하옵소서.

주님, 이 시간에도 주님의 사명을 감당하기 위해 세계 곳곳에서 흩어져 기후도, 민족도, 언어도, 문화도, 생활습관도 전혀 다른 사람들 사이에서 맡은 바 직무에 충성을 다하고 있는 선교사님들을 기억하시고, 영육 간에 강건케 하셔서 영적 전쟁에서 승리하며 영혼 구원에 집중된 선교 전략을 잘 수행하실 수 있도록 도와주시옵소서. 또한 복음의 씨가 뿌려진 곳마다 놀라운 영적 부흥이 있게 하시고, 자생력 있는 교회가 세워질 수 있도록 도와주시옵소서.

한국의 농어촌 교회들과 섬 교회, 산간벽촌 오지에 있는 교회들도 물질 때문에 어려움을 겪고 있는 교회들이 많은 줄 압니다. 도시의 모든 교회들이, 농어촌교회와 오지에 있는 교회의 복음전도를 위하여 적극 도울 수 있게 하시고, 그곳에서 섬기는 교역자분들께도 크신 은총을 더하여 주셔서 외로움과 고독함 속에서도 사도바울과 같이 맡겨진 사명을 충실히 감당할 수 있도록 이끌어 주옵소서.

오늘 저희들이 일일이 선교 현장에는 동참하지 못한다 할지라도 눈물의 기도와 물질로 그분들과 동역하게 하시며, 주님의 나라가 온 땅에 이루어지기까지 이 같은 관심과 열정이 식어지지 않게 하옵소서.

**예수님의 이름으로|** 오늘도 선교를 주제로 주님의 말씀을 선포하시는 강사 목사님을 성령의 능력으로 붙드시고, 저희들이 주님의 말씀 앞에 새롭게 다짐하는 시간이 되게 하여 주옵소서.

예배의 순서를 맡은 임원들을 성령께서 붙들어 주셔서 실수함 없이 진행할 수 있도록 도와주실 것을 믿사옵고, 온 교회의 머리가 되시며 선교의 주관자가 되시는 예수 그리스도의 이름으로 기도합니다. 아멘.

# 청년회헌신예배에 맞춘 기도문

**적 용 :** 주일 오후 예배
**성 경 :** 이사야 40장 31절

**찬양과 감사 |** 주님을 앙망하고 의지하는 자에게 새 힘을 주시는 능력의 하나님! 지난 한 주간도 저희들을 주님의 은혜로 지켜 보호하여 주시고 오늘 이렇게 주의 백성들이 함께 모여 주님 앞에 찬양드리며 예배할 수 있도록 이끌어 주신 은혜를 감사합니다. 특별히 자신의 주장과 패기만을 앞세우며 살기 쉬운 청년 시절부터 주님을 경외하고 의지하는 지혜를 주셔서 하나님의 일군으로 쓰임 받으며 주님의 오묘한 진리를 깨닫게 하시니 감사합니다. 이 시간, 새벽이슬 같은 주의 청년들이 마음을 드려 예배할 때에 기쁘게 받아주시옵소서.

**고백과 회개 |** 사랑의 주님! 하지만 젊다는 이유로 지나친 자만심에 사로잡혀 살아온 청년도 있을 줄 압니다. 젊음과 패기만 있으면 무슨 일이든지 해낼 수 있을 것이라는 교만한 마음을 버리지 못한 청년들도 있을 줄 압니다. 이 시간, 젊음이 영원한 것이 아님을 깨닫게 하셔서 모든 죄와 허물을 회개하게 하시고, 인생의 주인이 되신 주님께 겸손히 자기를 내어 맡길 수 있는 청년들이 되게 하여 주옵소서.

**간구 |** 은혜의 주님! 청년들 중에 아직도 주님을 온전히 영접하지 못하고 기분에 이끌려 교회의 문턱을 밟는 청년들도 있을 줄 압니다. 우리 주님이 그 심령 속에 찾아가셔서 그들의 영안을 밝히심으로 인생의 참된 주인이 되시는 주님을 온전히 영접할 수 있게 하시고, 주님께 더욱 귀하게 쓰임 받을 수 있는 일꾼들이 되게 하여 주옵소서.

주님을 위하여 자신을 드리는 청년들도 있습니다. 그러나 자칫 주님을 위한 열심과 열정이 교만으로 나타나지 않게 하시고, 주님의 뜻을 앞서가는 지나침이 되지 않게 하여 주옵소서.

오늘 이 교회를 통하여 불러주신 주의 청년들이 주님의 교회를 든든히 세우는데 한결같이 귀중한 일꾼으로 쓰임 받기를 원합니다. 청년들의 헌신을 통해서 더욱 건강한 교회, 젊은 교회가 되게 하시고, 독수리 날갯짓함같이 강한 믿음으로 비상하는 힘 있는 교회가 되게 하여 주옵소서.

은혜의 주님! 요즘 청년들이 일자리를 찾기가 매우 어렵습니다. 청년실업자가 날마다 증가하고 있는 안타까운 현실에서 주님을 믿는 청년들도 비껴갈 수 없는 안타까움을 그대로 겪고 있습니다. 주님, 이 땅의 청년들을 긍휼히 여겨주옵소서. 이제껏 갈고닦은 실력을 마음껏 발휘할 수 있는 일자리를 허락하여 주옵소서. 일할 수 있을 때에 놀지 않고 부지런히 일하며 아름다운 미래를 설계해 나갈 수 있도록 은총을 베풀어 주옵소서. 특히 주의 청년들을 기억하여 주셔서 청년의 때에 창조자 하나님을 기억하면서 사는 것이 얼마나 복된 삶인지를 나타낼 수 있도록 그 앞길에 등불이 되어 주시고 빛이 되어 주옵소서. 주의 사랑하는 자녀들은 무슨 일을 하든지 만사형통할 수 있도록 크신 능력으로 도우실 것을 믿습니다.

**예수님의 이름으로!** 특별히 이 시간, 청년들에게 생명의 말씀을 증거하시기 위하여 단 위에 세우신 목사님을 기억하시고, 선포하시는 말씀마다 권세를 더하여 주셔서 이 자리에 참석한 청년들과 모든 성도들이 심령의 뜨거움을 경험하게 하시고, 새 힘을 얻어 승리하는 삶을 살아가기를 다짐하는 시간이 되게 하옵소서.

청년들이 찬양을 준비하였습니다. 가사와 곡조에 자신들의 신앙고백을 담아드리는 찬양을 기쁘게 받아주시옵소서. 예배의 순서를 맡은 자들에게도 성령님이 함께하실 것을 믿사옵고, 예배의 시종을 주님이 주장하실 것을 믿사오며, 거룩하신 예수 그리스도의 이름으로 기도합니다. 아멘.

# 중, 고등부 헌신예배에 맞춘 기도문

**적 용 :** 주일 오후 예배
**성 경 :** 누가복음 16장 10절, 디모데전서 6장 11~12절

**찬양과 감사|** 저희의 창조주가 되시고, 구속주가 되시고, 섭리하시는 하나님 아버지! 오늘도 저희를 향하여 은혜와 평강으로 비추이심을 감사합니다. 이 복된 주일 오후에 특별히 저희 학생들이 주님 앞에 나와서 헌신예배를 드릴 수 있도록 인도하여 주시니 감사합니다. 마음을 다하여 예배할 때에 기쁘게 흠향하시고 크신 은총으로 함께하여 주옵소서.

**고백과 회개|** 긍휼을 베푸시는 주님! 오늘도 저희들은 주님께 숨긴 죄들이 너무 많음을 고백합니다. 주님께서는 저희가 지은 죄들을 속속들이 알고 계시지만, 저희들은 부끄러워 숨기려고만 애쓰는 모습입니다. 우리 주님은 저희가 지은 죄를 솔직히 회개하면 용서하여 주시고 은신처가 되어 주시는 줄 믿습니다. 이 시간, 주님 앞에서는 죄를 더 이상 감출 수 없음을 깨닫고 입술을 열어 고백하게 하시며, 다시는 죄를 범치 않는 길로 나아가는 삶이 될 수 있도록 인도하여 주옵소서.

**간구|** 은혜의 주님! 어릴 때부터 주님을 섬기고, 주님의 말씀을 가까이하며, 주님을 본받아 살기를 원하는 귀한 학생들을 복 주시고 붙들어 주셔서 언제나 주님의 은혜를 체험하고 만나는 삶이 되게 하여 주시옵소서. 다윗과 같이 주님만을 섬기고, 주님만을 의지하며, 주님만을 따라가는 복된 삶이 되게 하여 주시고, 솔로몬과 같이 지혜롭게 하셔서 언제나 진리 안에 거할 수 있도록 이끌어 주옵소서. 인격 또한 주님의 성품을 닮아가는 훌륭한 인격으로 성장되게 하여 주시기를 원합니다. 주님을 본받아 겸손과 섬김의 도를 실천할 수 있는 학생들이 되게 하시고, 주님과 이웃을 위해서 봉사

의 삶을 살 수 있는 학생들이 되게 하여 주옵소서.

사랑의 주님! 요즘 학생으로서의 본분을 망각하고 탈선하는 학생들이 급증하고 있습니다. 자라나는 학생들을 바로 지도하지 못한 기성세대의 책임도 매우 큰 줄 압니다. 간구하기는 이 땅의 학생들이 자신들이 가야 할 인생의 노선을 충동에 의해서 결정하지 않게 하시고, 미래를 내다볼 줄 아는 학생들이 되게 하여 주셔서 바른길을 갈 수 있도록 도와주시옵소서.

학업을 연마하는 가운데 있습니다. 선생님으로부터 가르침을 잘 받게 하시고, 배운 만큼 이 민족과 이 사회의 공익을 위하여 지식의 힘을 사용할 수 있는 학생들이 되게 하여 주옵소서. 그 무엇보다 하나님의 말씀에 잘 순종하고 하나님을 기쁘시게 하는데 자신의 모든 것을 깨뜨릴 수 있는 학생들이 되게 하여 주옵소서.

학생들을 신앙으로 지도하고 양육하고 있는 교역자님 이하 선생님들에게도 크신 은총을 더하여 주셔서 신앙의 인격을 고루 갖춘 사람으로 바르게 지도하는데 부족함이 없게 하여 주옵소서. 학생회 임, 역원들도 붙들어 주셔서 주님의 말씀과 사랑으로 뭉친 학생회를 운영해 나갈 수 있도록 도와주시옵소서.

**예수님의 이름으로** 오늘 중, 고등부 헌신예배로 드리는 이 예배가 하나님께서 기뻐 받으시는 예배가 되게 하시고, 말씀을 전하시는 목사님도 주님이 함께 하셔서 학생들에게 꼭 필요한 영생의 말씀이 되게 하여 주시옵소서. 학생들이 정성껏 찬양을 준비했습니다. 그들의 입술을 통해서 주님께 올리는 찬양이 그들의 신앙고백이 되게 하시고, 우리 주님께 큰 영광을 돌리는 찬양이 되게 하옵소서. 이미 예배가 시작되었습니다. 예배의 시종을 주님이 주장하실 것을 믿사오며 예수 그리스도의 이름으로 기도합니다. 아멘.

# 교사헌신예배에 맞춘 기도문

**적 용 :** 주일 오후 예배
**성 경 :** 에베소서 4장 11~12절

**찬양과 감사|** 사랑의 하나님 아버지! 저희들을 수많은 사람들 가운데 구별하여 불러 주시고 귀한 직분을 맡겨 주셔서 어린 생명들을 주님의 귀한 말씀으로 양육할 수 있도록 허락하여 주시니 그 크신 사랑에 감격할 뿐이옵니다. 주일 오후 예배시간을 통하여 특별히 저희 교사들이 한자리에 모여 더욱 큰 헌신을 다짐하는 헌신예배로 드리게 하시오니 감사합니다. 주님만이 홀로 영광과 찬송을 받으시옵소서.

**고백과 회개|** 긍휼이 풍성하신 주님! 지난날을 돌이켜 보건대 저희들은 세속과 육신에 관계된 일로 말미암아 여러 가지 이유와 핑계를 대면서, 주님이 맡겨주신 귀한 직분과 사명을 충실히 감당하지 못하고 충성하지 못했던, 게으르고 무익한 교사들이었음을 고백하지 않을 수 없나이다. 어떤 때는 이 귀한 직무를 대수롭지 않게 여길 때도 있었습니다. 이와 같은 저희들이 감히 이 자리에 나와서 아무렇지도 않은 듯 헌신예배를 드린다고 하니 양심이 찔려 얼굴을 들지도 못하겠나이다. 오! 주님, 지난날의 죄악들은 십자가의 보혈로 씻어 도말하여 주시고, 긍휼을 베풀어 주시기를 원합니다. 이 시간, 새로운 다짐을 갖고 충성할 수 있기를 소원하오니 연약한 저희들을 도와주시옵소서.

**간구|** 자비하신 하나님! 저희들에게 맡겨주신 어린양 떼들을 자원하는 마음으로 보살피게 하시며, 어린 생명들이 주님께로 가는 길을 막고 있는 저희들이 되지 않도록 믿음을 더하여 주옵소서. 어린 심령들에게 언제나 신앙의 모범을 보일 수 있는 교사들이 될 수 있도록 성령께서 이끌어 주옵소

서. 혹 부지중에라도 보인 저희들의 잘못된 모습 때문에 어린 생명들이 상처받고 낙심할 수도 있사오니, 언제나 주님 앞에서 산다는 저희들의 신앙의식이 흐트러지지 않게 도와주시고, 먼저 저희 자신을 주님의 말씀으로 잘 갈고닦을 수 있는 교사들이 되게 하여 주옵소서. 저희들에게 맡겨주신 어린 영혼들을 한 영혼이라도 곁길로 나가지 않도록 잘 살필 수 있는 교사들이 되게 하여 주옵소서.

특별히 간구하기는 열악한 환경 속에서도 교사의 직분을 감당하고자 힘쓰고 애쓰는 교사들이 있나이다. 성령께서 위로하여 주시고 은혜를 더하여 주셔서, 항상 기쁨이 넘쳐나는 삶이 되게 하시고 착하고 충성된 종이라고 인정하시는 주님의 은혜가 있기를 원합니다.
또한 지도 교역자님을 위시하여 지도부장, 지도교사들이 한마음 한뜻이 되어, 주님이 맡기신 어린 생명들을 잘 양육할 수 있게 하시고, 부흥하는 주일학교가 될 수 있도록 이끌어주옵소서.
이 자리에 함께 머리 숙인 모든 교우들도 영적인 교육의 중요성을 깨닫기를 원합니다. 온 교우들이 혼연일치가 되어서 자녀들의 신앙교육에 전념할 수 있도록 은총을 더하여 주옵소서.

**예수님의 이름으로** 오늘 말씀을 들고 단 위에 서시는 강사 목사님을 성령의 능력으로 붙들어 주셔서, 목사님의 선포하시는 말씀을 통해 모든 교사들이 영적으로 재충전하고 더욱 사명에 충실한 교사들로 결단하는 시간이 되게 하여 주옵소서.
교사들이 주님께 올릴 찬양을 준비했습니다. 주님만이 들으시고, 이 자리에 모인 자들에게도 감동과 은혜의 통로가 되는 찬양이 되게 하옵소서.
예배의 순서를 맡은 분들에게도 함께 하셔서 성령의 인도함을 받게 하시옵소서. 예배의 시종을 주님께 맡깁니다. 온전히 주장하여 주옵소서. 어린 생명들을 천국의 주인공으로 보신 예수 그리스도의 이름으로 기도합니다. 아멘.

# 찬양대헌신예배에 맞춘 기도문

**적 용** : 주일 오후 예배
**성 경** : 이사야 43장 21절, 에베소서 5장 19~20절

**찬양과 감사|** 홀로 찬양과 영광을 받으시기에 합당하신 하나님 아버지! 주님께 감사와 경배를 드립니다. 미천한 저희들을 불러주셔서 주님의 자녀로 삼아주시고, 이전에 세상과 마귀를 찬양하던 입술을 정케 하사, 주님을 찬송하는 새 노래, 구원의 노래를 부르게 하여 주신 은혜를 감사합니다. 주님을 찬양할 수 있는 귀한 은총을 내려 주신 것도 말로 다 형언할 수 없을 만큼 감격적이고 복된 일이온데, 특별히 저희들에게 귀한 달란트를 주셔서 찬양 대원으로 봉사할 수 있도록 이끌어 주시오니 주님의 그 크신 사랑에 저희들은 말문이 막힐 뿐이옵니다.

이 시간은 저희들이 주님을 힘껏 찬양할 수 있는 찬양 대원으로 세워 주신 것이 너무나 감격스럽고 놀라워, 헌신을 결단하는 마음으로 찬양대헌신예배를 드립니다. 모든 찬양 대원들이 뜻을 같이하여 주님께 헌신과 충성을 다짐하는 이 예배를 받아 주시옵소서. 이 시간, 헌신예배를 드리면서 주님이 저희들에게 맡기신 사명이 얼마나 중요하고 귀중한 것인지를 다시 한 번 깨닫게 하시고, 찬양의 사람으로 새롭게 거듭나는 시간이 되게 하여 주옵소서.

**고백과 회개|** 자비로우신 주님! 주님의 뜻을 거스르지 않으려고 노력했지만, 무수히 또 죄와 짝하며 살았음을 고백합니다. 한낱 먼지 같은 죄도 이기지 못하는 저희들을 긍휼히 여기셔서 용서하여 주옵소서.

**간구|** 구원의 노래가 되시는 하나님 아버지! 저희 찬양대를 위하여 기도합니다. 저희들이 부르는 찬양이 구속받은 은총의 감격과 특별한 은사를 받

은데 대한 기쁨을 가지고 찬양하게 하옵소서. 찬양할 때에 저희의 모든 것이 주님께 드려지게 하시고, 형식적으로나 가식적인 찬양이 되지 않게 하여 주옵소서. 항상 향기로운 제물을 주님께 드린다는 정성된 마음으로 찬양하게 하시고, 자랑이나 명예를 위해서가 아닌 오직 하나님을 사랑하고 감사하는 마음으로 주님을 찬양하며 영광 돌리는 저희 모두가 되게 하여 주옵소서. 듣는 이들의 영혼도 감동시킬 수 있는 찬양이 되기를 원합니다. 찬양을 듣는 주의 백성들 심령 가운데도 주님을 찬양해야 한다는 마음을 더욱 사무치게 하는데 동력이 될 수 있는 찬양대가 되게 하여 주옵소서.

주님! 그러기 위해서는 찬양을 연습하는 것뿐 아니라, 믿음과 신앙의 훈련도 더욱 충실해야 될 줄로 압니다. 항상 경건에 이르는 연습을 게을리하지 않는 찬양 대원들이 되게 하시고, 예배 생활도 흐트러짐이 없는 찬양 대원들이 되게 하여 주옵소서. 더욱 주님의 말씀을 가까이하고 기도할 수 있는 찬양 대원들이 되게 하여 주셔서 찬양이 있기 전에 무릎 기도가 먼저 있어야 함을 뼛속 깊숙이 체험할 수 있게 하여 주옵소서.

아직 부족한 것이 많고 주님을 찬양하기에는 부끄러운 것도 많사오나, 찬양을 힘써 준비하고 주님 앞에 드리는 가운데 저희들의 신앙 인격도 격상되게 하시고, 예배 때만 찬송하는 것이 아니라, 가정에서도, 학교에서도, 직장에서도 찬송이 끊이지 않는 저희들 되게 하여 주옵소서. 찬양대 대장님과 지휘자 반주자에게 더욱 뛰어난 재능과 지혜와 건강을 주셔서 귀한 직분을 감당하는데 어려움이 없게 하시고, 모든 대원들에게도 크신 은총을 내려 주셔서 찬양의 일로 주님께 봉사하며 헌신하는데 부족함이 없게 하여 주옵소서.

**예수님의 이름으로** 이 시간 주님의 말씀을 듣고 단 위에 서시는 귀한 강사 목사님을 성령의 능력으로 붙들어 주셔서 온 성도들의 심령에 주님의 은혜로 가득 채워지는 시간이 되게 하여 주시옵소서. 저희들과 언제나 함께하시고 동행하시는 예수 그리스도의 이름으로 기도합니다. 아멘.

# 구역(속회)헌신예배에 맞춘 기도문

**적 용 :** 주일 오후 예배
**성 경 :** 마태복음 13장 33절, 사도행전 2장 26절

**찬양과 감사ㅣ** 고마우신 주님! 약하고 부족한 저희들을 부르셔서 세상의 어떤 강한 것, 지혜 있는 것보다 더욱 복되게 하신 은혜에 감사와 영광을 돌립니다. 이 시간, 진정 사모하는 마음으로 주님의 이름을 높이 부릅니다. 주님께서 피로 값 주고 사신 권속들이 한자리에 모여 예배하오니 계신 곳 하늘에서 홀로 영광 받아 주시옵소서.

**고백과 회개ㅣ** 지난 한 주간을 돌이켜 보건대 주님의 뜻대로 살겠노라 하면서도 죄악된 강에서 벗어나지 못하고 세상에 동요되어 살았음을 고백하지 않을 수 없나이다. 숨 가쁜 생활이 진행되다 보니 죄가 영혼 깊숙이 스며드는 것도 잊고 있었습니다. 죄가 저희 속에서 왕 노릇 하기 전 주님의 용서를 구하고 은총을 구하오니 긍휼히 여겨주옵소서. 더 이상 죄의 시녀가 되어 성령을 거역하는 삶이 되지 않도록 말씀으로 저희의 마음을 사로잡아 주시옵소서.

**간구ㅣ** 은혜의 주님! 이 시간 특별히 구역(속회)연합헌신예배로 드릴 수 있도록 은혜 베풀어 주심을 감사드립니다. 저희를 구원하여 주시고, 천국 백성으로 삼아 주신 것도 감격할 따름이온데, 교회의 혈관과 같은 구역을 돌볼 수 있도록 사명을 주시니 그 크신 은혜에 저희들은 더욱 감사할 뿐이옵니다. 저희들에게 귀한 직분을 맡겨 주셨사오니 죽도록 충성할 수 있는 구역(속)장들이 될 수 있도록 이끌어 주옵소서. 혹, 저희들의 부족함과 연약함 때문에 상처받는 구역(속)원들이 없도록 헌신하고 또 헌신할 수 있는 저희들 되게 하시고, 저희들에게 맡겨주신 구역(속)원들을 기도로 돌보게 하시

며, 구역(속)장으로서 범사에 모범이 될 수 있게 하시고, 맡겨진 구역(속)원들을 열과 성의를 다하여 잘 살필 수 있는 저희들이 되게 하여 주시옵소서.

언제나 십자가의 정신을 잃지 않는 구역(속)장들이 되게 하시고, 혹 환난을 당한 구역(속)원이나 문제 있는 구역(속)원이 있을 때 주님의 말씀으로 위로할 수 있는 말씀 충만이 있게 하시고, 멍에를 메는 마음으로 아픔을 같이 할 수 있는 구역(속)장들이 될 수 있게 하여 주옵소서. 주님께서 "나는 마음이 온유하고 겸손하니 나의 멍에를 메고 내게 배우라" 말씀하셨사오니, 구역(속회) 안에서 그 어떤 일이 발생한다 할지라도 주님이 말씀하신 이 귀한 말씀을 잊지 않도록 도와주시옵소서.

또한, 구역을 든든히 세우는데 혼신의 힘을 쏟는 구역(속)장들이 됨으로 가정마다 가정천국이 이루어지는 축복이 있게 하시고, 구역을 통해서 전도의 문이 열림으로 교회가 부흥 성장하는데 앞장서는 구역이 되게 하옵소서. 권위를 앞세우기보다는 겸손을 앞세우는 구역(속)장들이 되게 하시고, 대접받기보다는 힘써서 대접하는데 마음을 쏟을 수 있는 구역(속)장들이 되게 하시며, 오른손이 하는 것을 왼손이 모르게 구역(속)원들을 섬길 수 있는 구역(속)장들이 되게 하여 주옵소서.

**예수님의 이름으로|** 이 시간, 생명의 말씀을 전하실 강사 목사님을 성령의 능력으로 함께 하셔서 말씀을 듣는 저희 모두가 다시 한번 새롭게 결단하는 시간이 되게 하여 주옵소서.

이미 예배가 시작되었습니다. 찬양을 준비하여 주님께 드리는 구역(속)원들에게도 함께하셔서 주님이 기쁘게 받으시는 찬양이 되게 하옵소서. 예배 순서를 맡은 자들에게도 크신 은혜를 내려 주셔서 실수함이 없도록 인도하실 것을 믿습니다. 예배의 시종을 주님이 친히 주장하실 것을 믿사옵고, 저희들을 죄악에서 구원하여 주신 예수 그리스도의 이름으로 기도합니다. 아멘.

저는 당신으로 족합니다.

나의 하나님,

당신을 사랑합니다.

천국을 바라서가 아닙니다.

영생을 잃어버릴까 하는 두려움 때문도 아닙니다.

어떤 것을 바라서도 아니고

보상을 기대해서도 아닙니다.

오, 영원히 사랑하시는 주여!

주께서 저를 사랑하시기 때문입니다.

저는 지금 주님을 사랑하고 있고

앞으로도 계속 사랑하고 찬양하며 노래할 것입니다.

당신이 저의 하나님이시고

저의 영원한 왕이시기 때문입니다.

- 작자 미상, 17세기 라틴 기도문

# 7부

## 일반주제에 맞춘
# 예배 대표기도문

# 직분임명에 맞춘 기도문

**적 용** : 주일 오전 예배, 주일 오후 찬양예배
**성 경** : 고린도전서 4장 2절, 계시록 2장 10절

**찬양과 감사|** 소망의 하나님 아버지! 새해 첫 주를 맞이하여 오직 하나님께만 소망을 둔 저희들이 여기에 모였습니다. 새해의 들뜬 분위기 속에서도 예배 중심의 삶을 잃지 않고 주님께로 달려 나올 수 있게 하시니 얼마나 감사한지요. 이 마음, 이 자세가 한 해를 마무리 짓기까지 흔들리지 않게 도와주실 것을 믿습니다.

**고백과 회개|** 자비로우신 하나님 아버지! 새해를 맞이하였지만, 여전히 저희의 영과 육이 정결하지 못함을 깨닫습니다. 아직도 주님의 자녀답게 살지 못하고, 주님을 앞세우지 못한 삶을 살아감으로, 세상의 온갖 더러운 것들로 더럽혀진 저희의 모습입니다. 이 시간, 정결하지 못한 저희 자신을 돌아보며 참회하며 회개하기를 원하오니 사죄의 은총을 베풀어주옵소서. 속된 저희를 보혈의 피로 깨끗하게 씻기시는 주님의 사랑을 경험하게 하옵소서.

**간구|** 은혜로우신 하나님 아버지! 새해에는 저희들 모두가 성령의 열매를 거두어 영적인 풍요가 넘치는 삶을 살게 하시고, 복음을 증거하며 부요케 하는 자들이 되게 하여 주옵소서.
특별히 오늘은 새해 첫 주일을 맞이하여 주님의 몸 된 교회를 위하여 충성하고 봉사할 직분임명이 있습니다. 주님의 거룩한 피 흘림이 있으셨기에 오늘 저희가 여기에 있게 되었고, 주님의 희생 사역이 있으셨기에 오늘 저희들이 주님이 쓰시는 영광된 일꾼으로 부름받게 된 것을 믿습니다. 그러나 저희는 아직도 여전히 죄인으로서의 모습이 있고 세속적인 삶과 짝 하

기를 더 좋아하는 옛 모습이 남아 있지만, 주님이 맡기시는 영광된 직분에 회개하는 마음으로 열과 성을 다하여 충성하고 헌신하는 일꾼들이 되게 하여 주옵소서.

주님의 교회를 위하여 주님께 충성하듯 믿음의 권속들을 위하여 수종들 수 있는 일꾼들이 되게 하시고, 어렵고 힘든 일일수록 앞장서서 일하게 하시고, 믿음이 연약한 자들을 사랑으로 이끌어 주며, 주님을 위한 일이라면 불속에라도 들어갈 수 있는 일꾼들이 되게 하여 주시옵소서.

또한 주님의 몸 된 교회를 든든히 세우는 일꾼들이 되게 하시고, 주님의 향기를 드러내는 일이라면 물질적으로도 아끼지 않고 깨뜨릴 수 있는 일꾼들이 되게 하여 주옵소서. 언제나 겸손하게 하시고, 언제나 사랑하게 하시고, 언제나 자기를 낮추게 하시고, 언제나 기도하는 일꾼들이 되게 하여 주옵소서.

주님! 교회가 세운 목표가 있습니다. 올해에 목표한 모든 일들이 아름다운 열매로 결실을 맺게 하시고, 주님의 영광을 나타낼 수 있도록 크신 은혜를 더하여 주옵소서.

**예수님의 이름으로** 특별히 말씀을 강론하시는 목사님을 주님의 오른손으로 붙드시고, 말씀을 듣는 자마다 새로운 눈을 떠서 새 하늘과 새 땅을 바라보는 신령한 은혜를 넘치게 하옵소서.

예배를 위하여 수종 드는 손길들이 있습니다. 주님의 신령한 은혜를 더하여 주시어서 즐거운 마음으로 수종 들게 하시고, 몸을 드린 것만큼 영적인 기쁨도 충만하게 하옵소서.

예배의 시종을 주님께 의탁합니다. 여기에 모여 예배드리는 한 사람 한 사람을 성령으로 이끄실 것을 믿사옵고 예수 그리스도의 이름으로 기도합니다. 아멘.

# 성전신앙에 맞춘 기도문

**적 용 :** 주일 오후 찬양예배, 수요일 예배
**성 경 :** 시편 23편 1~6절

**찬양과 감사|** 풍성한 긍휼로 저희를 품어주시는 하나님 아버지! 오늘도 황량한 사막과 같은 세상에 버려두지 아니하시고, 주님의 푸른 초장으로 인도하셔서 주님의 신령한 말씀의 꿀을 먹게 하심을 감사합니다. 참으로 보잘것없는 저희들인데, 저희를 향하신 주님의 은혜를 생각하면 주님께 감사하지 않을 수 없나이다. 못나고 죄 많은 저희들이지만, 저희를 부르셔서 예배자로 삼으셨사오니, 예배할 때에 홀로 영광을 받으시옵소서.

**회개와 고백|** 자비로우신 주님! 불의하고 속된 세상에서 믿음을 지키려고 힘쓰기는 했지만, 죄 가운데서 거룩한 생활을 등질 수밖에 없었던 일들이 너무나 많았음을 고백하지 않을 수가 없나이다. 성령이 계신 마음을 어둡게 하고, 세상 풍조에 휩쓸린 저희의 모든 행위들을 회개하오니 용서하여 주시옵소서. 죄를 물리치는 삶이 될 수 있도록 저희의 심령을 성령의 충만함으로 채워주시옵소서.

**간구|** 은혜로우신 주님! 이 시간 저희들의 의지와 인간의 노력으로도 바꿀 수 없는 잘못된 것들이 다시 한번 변화되기를 원하오며 삶의 혁명을 기다립니다. 새롭게 하여 주시옵소서. 신앙인으로서 잃었던 모든 것을 다시 찾는 은총의 시간이 되게 하여 주옵소서.
오늘도 주 안에서 부르심을 받은 믿음의 권속들이 다 함께 참석하지 못하여 빈자리가 너무도 많음을 안타까워하지 않을 수 없나이다. 주님께 드리는 예배가 이렇게 힘을 잃고, 화석화되어가고 있다고 생각하니, 몹시도 안타까운 마음이 앞서지 않을 수가 없나이다. 가면 갈수록 예배의 참여도가 줄어드는 현실의 신앙 흐름을 생각할 때, 영적 각성운동과 신앙운동이 절실히 요구되는 줄 압니다.

주님! 저희들의 심령뿐만 아니라, 이 강산 모든 그리스도인들에게 성령을 기름 붓듯 쏟아부어주셔서 심령의 굳은살을 벗겨내고 새로운 신앙의 전기를 마련할 수 있도록 도와주시옵소서. 영적 부흥이 일어날 수 있도록 이끌어 주시옵소서.

이 시간 예배의 자리가 너무나 초라하여 주님께 얼굴을 들 수 없을 정도로 부끄럽지만 "두세 사람이 내 이름으로 모인 곳에는 내가 그들과 함께 하겠다"라고 말씀하셨사오니, 이 말씀에 힘입어 주님께 예배드리는 저희의 심령을 받아주시옵소서. 이 시간도 찬송을 부를 때 심령 깊은 곳에서 우러나오는 가락이 되기를 원합니다. 기도할 때에 흐려진 예배관을 가슴 아파하며 영적인 부담을 안고 드리는 기도가 되기를 원합니다. 말씀을 들을 때 저희의 심령을 영적으로 끝없이 기경하고 계시는 주님의 손길을 느끼기를 원합니다. 주님의 능력으로 역사하여 주시옵소서.

**예수님의 이름으로** 오늘도 주님의 말씀을 듣고 단 위에 서신 목사님을 성령의 능력으로 붙드시기를 원합니다. 무슨 말씀을 전하시든지 권세 있는 말씀이 되게 하여 주시고, 듣는 저희들의 귀가 복되게 하여 주시며 큰 은혜를 받게 하여 주옵소서.

오늘 예배에 참석하지 못한 믿음의 권속들이 어디서 무엇을 하든지 사탄 마귀에게 마음을 빼앗기는 자리가 되지 말게 하시고, 주님을 아주 멀리하게 되는 발걸음이 되지 않도록 붙들어 주옵소서.

이미 예배가 시작되었습니다. 예배의 시종을 주님이 친히 주장하셔서 사탄 마귀가 일절 틈타지 못하게 하실 것을 믿사옵고, 저희를 죄악에서 구원하여 주신 예수 그리스도의 이름으로 기도합니다. 아멘.

# 주일성수와 대 심방에 맞춘 기도문

**적 용 :** 주일 오전 예배, 주일 오후 찬양예배
**성 경 :** 출애굽기 20장 8~10절

**찬양과 감사ㅣ** 존귀와 영광을 받으시기에 합당하신 하나님 아버지! 이 시간, 모든 만물과 함께 어린양 되신 예수 그리스도께 찬양을 올려드립니다. 부활의 기쁨을 얻은 저희들이 영원히 거듭할 일은 존귀하신 주님을 찬미하는 것임을 깨닫습니다. 이 예배가 하나님 나라의 경배를 실현하는 모범이 되게 하시고, 주님과 천사들과 예배드리는 저희 가운데 은혜로운 화답이 울려 퍼지는 자리가 되게 하여 주옵소서.

**고백과 회개ㅣ** 긍휼히 여기시는 하나님 아버지! 지난날 저희의 불의함을 용서하여 주옵소서. 죄 많고 속된 세상에서 마음과 영혼이 시달리고 더러움에 눌려 가슴이 터질 것만 같았나이다. 그러나 지치고 상한 영혼을 그대로 버려두지 아니하시고 죄 씻음 받고 안식과 평안을 얻을 수 있는 주님의 동산으로 불러주시니 주님의 은혜가 한량없으심을 다시 한번 깨닫습니다. 일평생 주님만을 사모하는 저희 영혼이 되게 하여 주옵소서.

**간구ㅣ** 은혜의 주님! 이 복된 자리에 참여한 성도들이 매우 적습니다. 저희 온 교우에게 주일을 온전히 지킬 수 있는 믿음을 더하여 주시기 원합니다. 주일만큼은 육신의 모든 일을 접고 주님의 몸 된 교회를 위하여 더욱 충성하고 봉사하는 날이 되게 하시고, 주일만큼이라도 맡은 바 직분을 잘 감당할 수 있는 주의 백성들이 되게 하여 주옵소서. 휴일이라는 이유로 세상적인 오락이나 풍속을 좇지 않게 하시며, 바쁘고 피곤하다는 이유로 주일성수를 소홀히 하는 일이 없게 하옵소서. 무슨 일이 있어도 주님께 하루를 온전히 헌신할 수 있는 주의 백성이 되게 하옵소서. 또한 주님께 예배하되 습

관적인 예배가 되지 말게 하시고, 주의 궁정에서의 한 날이 다른 곳에서의 천 날보다 낫다는 마음으로 드릴 수 있는 예배가 되게 하옵소서.

능력의 주님! 대 심방이 계속되고 있습니다. 가정마다 심방하시는 목사님이 많이 힘드신 줄 압니다. 지치지 않도록 새 힘을 공급하여 주시고, 가정마다 생명의 말씀을 심고 복을 빌기에 부족함이 없도록 새 능력으로 채워 주시옵소서. 목사님이 기도하며 준비하신 말씀이 가정에 선포될 때에, 그 가정에 꼭 필요한 말씀이 되게 하여 주시고, 아픔과 고통과 어려움이 치유되는 말씀, 축복의 문이 열리는 말씀이 되게 하여 주옵소서. 심방 대원들에게도 동일한 은혜로 함께 하시고, 심방하시는 목사님께 부담을 드리는 일 없게 하시고, 말과 행실로도 덕을 끼칠 수 있는 심방 대원들이 되게 하여 주옵소서. 늘 새 힘을 공급하여 주셔서 기쁘고 즐거운 마음으로 심방 대원의 역할을 감당할 수 있게 하여 주옵소서. 이번 춘계 대 심방이 은혜로운 심방으로 마무리될 수 있도록 인도하실 것을 믿습니다.

**예수님의 이름으로|** 오늘도 주님의 말씀을 들고 단 위에 서시는 목사님을 기억하시고, 육신적으로 매우 고단하신 가운데 있사오니, 능력의 오른팔로 붙들어 주옵소서. 이 시간 신앙적으로 시험 든 자 있으면 말씀을 통하여 치유받게 하시고, 질병으로 고통당하는 자 또한 말씀을 통하여 치료하시는 주님의 손길을 체험케 하옵소서.
예배를 위하여 수종 드는 손길들이 있습니다. 몸을 깨뜨려 수고할 때마다 예수님을 닮아가는 은총을 누리게 하시고, 섬길수록 더 귀한 주님을 경험하는 삶이 되게 하여 주옵소서.
예배의 시종을 의탁합니다. 주님께서 이 예배를 친히 주장하실 것을 믿사옵고, 언제나 저희를 은혜의 자리로 부르시는 예수 그리스도의 이름으로 기도합니다. 아멘.

# 하나님 나라 확장에 맞춘 기도문

**적 용 :** 주일 오전 예배, 주일 오후 찬양예배, 수요일 예배
**성 경 :** 마태복음 13장 1~52절, 마가복음 16장 15~18절

**찬양과 감사|** 인생을 바른길로 인도하시는 주님! 여러 갈래의 인생길이 저희 앞에 있어 유혹과 타락으로 몰아가건만, 저희들을 주님의 자녀들로 인치셔서 경건한 신앙의 길로 나아가게 하여 주시니 감사합니다. 기쁨으로 찬양과 경배를 드리며 주님 앞에 나온 저희들을 미쁘게 보시고 받아 주시옵소서.

**고백과 회개|** 주님의 전에 나아와 영과 진리 안에서 예배드리려고 하니 저희의 죄악이 심히 크고 중함을 느끼지 않을 수 없나이다. 악한 때에 악함에 물들어 주님의 빛을 드러내지 못했었고, 불신앙의 사람들과 서로 짝하며 믿음의 길을 저버린 적이 많았습니다.
주님의 백성으로서의 자격은 아무것도 남아있지 않은 모습이오니 자비로우시며, 노하기를 더디 하시며, 은혜로우시고, 인자하심이 풍부하신 하나님께서 저희들의 못난 모습을 불쌍히 여기시고 용서하여 주시옵소서. 저희들이 오직 의지할 것은 주님의 값없는 사랑뿐인 줄 믿습니다. 그 사랑 안에서 사랑의 왕이신 주님을 진정으로 섬기는 삶이 되게 하시고, 저희들의 갈 길은 오직 주님께서 열어놓으신 영생의 한 길밖에 없음을 깨달아 알게 하여 주시옵소서.

**간구|** 사랑의 주님! 밭에 심긴 겨자씨 한 알이 모든 것보다 작은 것이로되, 자란 후에는 커서 나무가 되매 공중의 새들이 날아와서 그 가지에 깃들인다는 주님의 말씀을 되새겨 봅니다. 겨자씨 한 알이 나무가 된다는 것을 어느 누가 알겠습니까? 그러나 저희들에게는 이 놀라운 신비를 깨달을 수 있는 지혜를 주시고, 천국의 백성으로 삼아 주셨사오니 주님의 은혜가 말로

다 형언키 어려울 정도로 크고 또 큼을 깨닫습니다. 이제 저희의 삶 가운데 심긴 천국의 씨앗도 날마다 자라고 그 잎이 무성해지게 하여 주셔서 천국을 보여주는 삶을 살 수 있는 저희들 되게 하여 주시옵소서. 저희들의 삶 속에 고통스러운 것이 있을지라도 천국 복음을 전하는 생활을 하게 될 때 깨끗이 치유될 줄을 믿습니다.

은혜로우신 주님! 교회를 위하여 기도합니다. "너희는 이 세대를 본받지 말고 오직 마음을 새롭게 함으로 변화를 받아 하나님의 선하시고 온전하신 뜻이 무엇인지 분별하도록 하라"(롬 12:2)고 하셨사오니, 저희 교회가 성령 충만한 교회가 되게 하셔서 이 세상 유혹에 빠지지 않게 하시고, 주님의 선하신 뜻을 이루는 교회가 되게 하여 주시옵소서. 무엇보다도 전 성도가 그리스도의 영으로 충만하여 사랑과 섬김이 넘치는 교회가 되게 하시고, 모든 성도들이 형제를 위하여 자신을 희생함으로 헌신이 넘치는 교회가 되게 하여 주시옵소서. 또한 세상에서 버림받고 외면당하며 헐벗고 굶주리는 이웃들을 찾아가 주님의 사랑을 심어주고, 천국의 복음을 심어주며, 섬김을 실천하는 교회가 되게 하시고, 세상에 빛과 소금의 역할을 잘 감당하는 교회가 되게 하여 주시옵소서.

**예수님의 이름으로** 오늘도 주님의 말씀을 증거하시는 목사님께 성령의 두루마기를 입혀 주시고, 저희의 심령 골수를 쪼개고 신앙의 썩은 부위를 도려내는 능력의 말씀이 되게 하여 주시옵소서.
주님의 몸 된 교회를 위하여 몸을 깨뜨려 충성하는 일꾼들이 있습니다. 열심을 품고 주님을 섬기는 귀한 일꾼들에게 더욱 큰 능력으로 채워 주셔서 주님이 쓰시기에 조금도 부족함이 없는 충성된 일꾼들이 되게 하여 주시옵소서.
예배의 시종을 주님이 주장하실 것을 믿사옵고 예수 그리스도의 이름으로 기도합니다. 아멘.

# 예배의 회복에 맞춘 기도문

**적 용 :** 주일 오후 찬양예배, 수요일 예배
**성 경 :** 히브리서 10장 24~25절, 이사야 50장 10절

**찬양과 감사 |** 보호하시고 섭리하시는 주님! 메마른 인생의 삶을 한 주간 동안 보내고 주님의 전에 나왔습니다. 그동안 묻은 때와 세상적인 것들로 물든 생각, 생활 자세, 말씀에 대한 소외 등 모든 것들을 씻어낼 수 있게 하시고 새로워지는 은총을 내려주시기를 원합니다. 기도할 때에 회개케 하셔서 심령도, 그 입술도 정결하게 하시고, 말씀을 들을 때 깨달음이 있게 하셔서 돌이켜 말씀을 의지하게 하여 주옵소서.

**회개와 고백 |** 회개하는 인생들을 오늘도 다시 불러주신 주님!
인자하신 주님의 사랑이 그리워 검붉은 죄악을 안고 나왔습니다. 주님의 뜻대로 살 것을 다짐하면서도 늘 저희 자신의 힘을 자랑하며, 교만한 모습으로 사는 무지한 불신앙을 용서하여 주시옵소서. 저희들은 그 옛날 이스라엘 백성들처럼 주님 보시기에 목이 곧아 있는 백성임을 고백합니다. 늘 주님 보시기에 철없는 모습으로 살아가는 저희들을 불쌍히 여겨 주시고, 이 시간도 끝까지 참아 주시는 주님의 사랑을 깨닫는 시간이 되게 하여 주시옵소서.

**간구 |** 예배하는 자를 찾으시는 주님! 갈수록 주님께 드리는 예배가 소홀히 취급되는 오늘의 신앙 흐름을 보면서 저희들도 같은 공범자임을 깨닫지 않을 수 없나이다. 형식적인 예배, 힘없는 예배로 바뀌어가는 오늘의 이 아픔을 보면서도 아무렇지도 않은 듯 가만히 있는 저희들의 모습이 심히 부끄럽기만 합니다. 이제 구속함을 받은 주의 백성들이 모든 예배에 적극 참여할 수 있는 열심을 품게 하옵소서. 그리하여 차츰 화석화되어가는 예

배를 역동적인 예배로 바꿔놓게 하시고, 모든 예배마다 임재하시는 주님을 경험할 수 있게 하시며, 성령의 교통하심을 강하게 느끼는 예배가 될 수 있게 하옵소서.

오늘도 지친 인생으로 살아가는 저희들을 위로하여 주시고, 고달프고 상처받은 심령마다 주님의 피 묻은 손으로 어루만져 주셔서 새 힘을 얻고 돌아가는 발걸음이 되게 하옵소서. 복잡한 삶 속에서 강퍅해진 저희의 심령이 눈 녹듯이 녹아지는 시간이 되게 하옵소서.

오! 주님, 영적인 시야를 넓힐 수 있는 시간이 되기를 원합니다. 주님의 주권을 고백할 수 있는 시간이 되기를 원합니다. 담대한 복음 전도자로 부름 받을 수 있는 시간이 되기를 원합니다. 새로운 심령으로 거듭나게 하옵소서.

**예수님의 이름으로!** 오늘도 주님의 귀한 말씀을 듣고 단 위에 서신 목사님을 성령의 능력으로 붙드셔서, 놀라운 주님의 말씀을 듣는 순간 죄악된 자신을 발견하며, 마음을 쏟고 영혼을 쏟는 참회가 터져 나오게 하옵소서.

항상 주님의 몸 된 교회를 위하여 이것저것을 가리지 않고 봉사하며 섬기는 손길들이 있습니다. 그 아름다운 마음에 복에 복을 더하셔서 주님께 더 큰 충성을 바칠 수 있게 하옵소서. 예배의 시종을 주님이 주장하실 것을 믿사옵고, 예수 그리스도의 이름으로 기도합니다. 아멘.

**잘못된 예배 태도**

1) 멀거니 강단을 응시하는 딴 생각파
2) 주보에 밑줄 긋고 교정까지 보는 읽기파
3) 졸면서 예배드리는 수면파
4) 스마트폰을 만지작거리고 있는 기계파
5) 성경 읽기로 시간 때우는 실속파

이런 식의 예배 태도는 단지 예배를 견디는 것이요, 성령이 함께 하시지 않는 예배의 모습입니다.

# 사탄 대적에 맞춘 기도문

**적 용** : 주일 오전 예배, 주일 오후 찬양예배, 수요일 예배
**성 경** : 에베소서 6장 11~12절, 베드로전서 5장 8절

**찬양과 감사|** 영원한 보호자가 되시는 하나님 아버지! 질그릇같이 깨지기 쉬운 저희들을 붙드셔서 세상의 바람 앞에 쉬 깨지지 않게 하여 주시고, 주님의 자녀로 살아갈 수 있게 하심을 감사드립니다. 오늘도 주님의 날을 맞이하여 예배를 드리기 위하여 주님의 교회를 찾았습니다. 주님께 향기 나는 예배를 드릴 수 있게 하여 주시고, 주님께서 기쁘게 받으시는 예배가 될 수 있도록 인도하여 주옵소서.

**고백과 회개|** 사랑의 주님! 저희들이 지은 죄가 너무나 많습니다. 그동안 세상적인 것들로 물든 생각, 생활 자세, 말씀에 대한 소외 등, 모든 것들을 씻어내기를 원합니다. 이 시간 긍휼을 베푸셔서 회개하는 심령 위에 용서의 은총을 내려주옵소서. 저희의 마음을 주님을 향해 엽니다. 메마르고 빈약한 정성이오나 주님께서 기쁘시게 받으실 줄 믿습니다. 저 위험하고 무서운 흑암의 길에서 비척거리며 걸어온 인생을 주님 앞에 맡깁니다. 받아 주옵소서. 오직 주님만이 방패시요 힘이십니다. 영원토록 저희와 함께 계시옵소서.

**간구|** 저희를 그리스도의 좋은 군사로 부르신 주님! 마귀를 대적하는 그리스도의 좋은 군사가 되기를 원합니다. 세상은 날로 악해져만 가고 성도를 유혹하는 사탄의 무리는 갈수록 극성을 부리고 있습니다. 수많은 성도들이 사탄의 유혹에 넘어가고 있고, 주님을 멀리하고 있습니다. 하나님의 나라와 성도를 대적하는 마귀는 우는 사자와 같이 두루 다니며 삼킬 자를 찾고 있사오니 이러한 마귀를 능히 대적할 수 있는 하나님의 전신 갑주를 입

는 저희 모두가 되게 하여 주옵소서.

마귀의 존재를 절대로 우습게 보거나 가볍게 보는 실수를 하지 않게 하시고, 마귀에게 영적인 틈을 보이지 않기 위하여 철저하게 말씀으로 무장하게 하시고, 쉬지 않고 기도에 힘쓰며 겸손으로 허리를 동일 수 있는 저희 모두가 되게 하여 주옵소서. 또한 마귀가 좋아하는 정욕이 틈타지 않도록 마음을 잘 다스릴 수 있게 하시고, 철저히 죽어서 저희의 심령마다 십자가만 우뚝 서있게 하여 주옵소서.

마귀가 좋아하는 것이라면 눈을 가리고 귀를 막게 하여 주시고, 마귀가 싫어하는 것이라면 힘을 다하고 최선을 다하여 마귀의 사기를 땅에 떨어뜨리는 주의 사람이 되게 하여 주옵소서. 주위에서 우리를 넘어뜨리려고 하는 수많은 대적자가 일어난다 할지라도 절대로 마귀의 꾐에 넘어가는 일이 없게 하시고 믿음의 사람 욥과 같이 승리하는 저희 모두가 되게 하여 주옵소서. 마귀에게 철퇴를 가하고 마귀의 진을 파하는 강력한 주의 사람으로 살 수 있는 저희 모두가 되게 하여 주옵소서.

**예수님의 이름으로** 오늘도 강단에서 말씀을 전하시는 목사님을 붙드시기를 원합니다. 선포하시는 말씀을 심령에 잘 새겨서 마귀를 물리치는 능력의 무기로 삼을 수 있게 하시고, 마귀의 진마다 십자가의 깃발을 꽂는 영적 기수가 되게 하여 주옵소서.

이미 예배가 시작되었습니다. 사탄 마귀가 이 예배를 방해하지 않도록 주의 성령께서 이 자리에 운행하심을 믿사옵고 예수 그리스도의 이름으로 기도합니다. 아멘.

# 기관과 부서에 맞춘 기도문

**적 용** : 주일 오후 예배, 수요일 예배
**성 경** : 에베소서 4장 13절

**찬양과 감사|** 살아계신 하나님 아버지!
진정 사모하는 마음으로 주님의 이름을 높이 부릅니다. 고달픈 인생길을 늘 주님이 붙잡아 주셔서 절망과 낙심 가운데 방황하지 않도록 인도하여 주심을 감사합니다. 이 시간에 주님을 소리 높여 찬양하며 경배하오니 영광을 받으시옵소서.

**고백과 회개|** 긍휼히 여기시는 하나님 아버지!
지난날 저희의 불의함을 용서하여 주옵소서. 죄 많고 속된 세상에서 마음과 영혼이 시달리고 더러움에 눌려 가슴이 터질 것만 같았나이다. 그러나 지치고 상한 영혼을 그대로 버려두지 아니하시고 죄 씻음 받고 안식과 평안을 얻을 수 있는 주님의 동산으로 불러주시니 주님의 은혜가 한량없으심을 다시 한번 깨닫습니다. 일평생 주님만을 사모하는 저희 영혼이 되게 하여 주옵소서.

**간구|** 주님의 몸 된 교회가 든든히 서가기를 원하시는 주님!
이 시간은 특별히 주님의 몸 된 교회가 더욱 부흥하는 교회가 되기를 간절히 소망하여 각 기관과 부서를 위하여 기도하기를 원합니다.
먼저 주일학교를 기억하시옵소서. 어릴 때부터 교회 생활을 열심히 함으로 키가 자라듯 믿음도 쑥쑥 자랄 수 있도록 붙들어 주시고, 주님 안에서 아름다운 꿈을 키워갈 수 있도록 생각을 지켜 주옵소서.
중, 고등부를 위하여 기도합니다. 아직 가치관이 미성숙한 때입니다. 길과 진리가 되시고 생명이 되신 우리 주님께서 여리고 연약한 학생들의 마음을 강하게 붙들어 주셔서 주의 법도를 익혀가며 불의에 흔들리지 않고 주님께 영광 돌리는 믿음의 사람으로 성장할 수 있도록 도와주시옵소서.

대학, 청년부를 위하여 기도합니다. 젊을 때에 주님을 위하여 더욱 헌신할 수 있는 청년들이 되게 하시고 모든 일에 성실한 자세를 잃지 아니함으로 존귀한 사람으로 불리기에 합당한 청년들이 되게 하여 주옵소서.

남, 여 전도(선교)회를 위하여 기도합니다. 주님의 영광을 위하여 선한 청지기의 삶을 살 수 있도록 인도하여 주시고, 주님의 몸 된 교회를 위하여 교우를 섬기고 위로하는 봉사와 헌신에 몸을 드릴 수 있는 남녀종들이 되게 하여 주옵소서. 또한 주님이 분부하신 지상 명령을 잘 받들어 전도에 힘쓸 수 있게 하시고, 영혼이 구원되는 믿음의 열매를 풍성히 맺는 남녀 전도회가 되게 하여 주옵소서.

찬양대를 위하여 기도합니다. 찬양 대원들이 다 성령 충만하여 인간의 자랑이나 즐거움이 아니라 성령으로 말미암아 지극히 높으신 하나님을 높이고 경배하며 하나님을 영화롭게 하는 찬양을 드릴 수 있게 하여 주옵소서.

**예수님의 이름으로!** 오늘도 주님의 말씀을 전하시는 목사님을 기억하시고, 준비하신 말씀을 전하실 때에 주님의 능력이 나타나게 하시고, 성령의 역사가 강하게 나타나는 시간이 되게 하여 주옵소서.

이 시간도 참석하지 않은 발걸음을 기억하셔서 세상에서의 천 날보다 주님의 전에서의 한 날을 더욱 소중하게 여길 수 있는 심령들이 되게 하여 주옵소서.

이미 예배가 시작되었습니다. 악한 마귀가 일절 틈타지 못하도록 성령의 화염검으로 막아주시옵소서. 예배의 시종을 주님께 의탁하오며 예수 그리스도의 이름으로 기도합니다. 아멘.

# 그리스도인의 의무에 맞춘 기도문

**적용** : 주일 오후 찬양예배, 수요일 예배
**성경** : 마태복음 5장 13~16절

**찬양과 감사|** 사랑이 풍성하신 하나님 아버지! 지난 시간 동안도 저희들을 은혜의 빛으로 인도하여 주시다가 주님의 교회로 다시 불러 모아 주셔서 주님과 대면할 수 있게 하여 주시고, 기도로 주님과 교제할 수 있도록 이끌어 주시니 감사합니다. 주님의 부르심을 받아 이 자리에 나올 때마다 이 교회에 속한 모든 성도들이 한자리에 모이지 못한 것이 늘 안타까운 마음으로 자리 잡습니다. 저희들의 마음도 착잡한 마음을 지울 길 없는데, 우리 주님의 마음은 얼마나 서운하시겠습니까?
주님을 만날 만한 때에, 세속에 눈이 어두워 분주하게 돌아다니는 성도들이 없게 하시고, 성령의 임재하심으로 주님이 맡겨주신 시대적 사명을 깨달아 충성을 다하고, 증인의 의무를 다하는 저희들이 되게 하여 주옵소서.

**고백과 회개|** 오늘 저희들이 주님의 십자가의 공로를 힘입어 이 전에 나왔지만, 저희들의 모습은 심히 아름답지 못하고 추악한 것들로 가득 차 있음을 고백하지 않을 수 없나이다. 언제나 저희들 중심에 죄와 욕심을 담고, 자기주장만을 앞세우는 삶을 가꾸어 가는 저희들입니다. 주님을 대하기에 너무나 부끄럽사오니 저희를 긍휼히 여기사 용서하여 주시기를 원합니다. 다시금 저희를 성령의 능력으로 강하게 붙들어 주셔서 기쁨이 충만한 가운데 주님이 원하시는 길을 걷게 하시고, 주님이 미워하시고 노를 격발하시는 세속적인 욕심과 정욕을 버리고, 새 생명을 위하여 자신을 내어주신 주님의 피 묻은 십자가 사랑을 본받아, 주님의 영광을 드러내고 주님의 뜻을 좇으며 살아갈 수 있는 저희들이 되게 하여 주옵소서.

**간구|** 구원의 주님! 이 사회가 불안의 파도들이 여기저기서 넘실거리고 있습니다. 여기저기서 탄식 소리가 들리고 있습니다. 이러한 때에 주님의 사랑을 넘치도록 받은 저희들이 더욱 엎드리고 기도해야 한다는 것을 깨닫습니다. 살아 있으나 모든 것이 죽어 있는 것 같은 이 사회가, 예수의 숨결 생명의 숨결을 체험할 때까지 눈물로 주님을 찾을 수 있는 저희들 되게 하시고, 주님이 허락하신 참된 평화가 이 민족 곳곳에 가득 넘칠 때까지 무릎 꿇고 가슴을 치며 부르짖을 수 있는 저희들이 되게 하여 주옵소서.

특별히 고통과 신음이 가득한 이 사회를 주님의 교회가 성령으로 하나를 이룰 수 있게 하시고, 미움과 다툼이 끊임없이 일어나는 곳에 주님의 사랑을 심어 줌으로써 한마음 되게 하는데 그 역할을 감당하는 교회가 되게 하옵소서.

교회 안에서도 상처받고 멍든 심령으로 주님의 도우심을 간절히 호소하는 성도들이 많이 있습니다. 상한 심령을 치유하시고, 싸매어 주시는 우리 주님께서, 매일의 삶에 힘겨워하지 않도록 긍휼을 베풀어 주시고, 그 삶을 윤택케 하여 주시기를 원합니다.

오늘 저희들이 주님의 은혜를 간절히 사모하는 마음으로 예배드리며 기도하고 말씀을 들을 때에, 저희들의 심령 속에 내주하시는 주님의 사랑을 강하게 느낄 수 있게 하시고, 주님의 음성을 듣는 복된 시간이 되게 하여 주옵소서.

**예수님의 이름으로|** 말씀을 전하시는 목사님을 성령의 능력으로 붙들어 주시기를 원합니다. 더욱이 상처받고 마음 아파하는 심령들이 늘어나는 이때에, 그들의 해진 마음들을 주님의 말씀으로 치유하고 싸맬 수 있도록 갑절의 능력을 부어 주시옵소서.

예배의 시종을 주님이 주장하실 것을 믿사옵고, 사랑이 풍성하신 예수 그리스도의 이름으로 기도합니다. 아멘.

# 복음전도에 맞춘 기도문

**적용** : 주일 오후 찬양예배, 수요일 예배
**성경** : 시편 20편 1~3절


**찬양과 감사|** 저희의 생명을 영생의 자리로 초대하신 주님! 음부의 권세가 해치지 못하는 복을 누리게 하심을 감사합니다. 이론이나 생각이나 관념으로가 아니라, 주님을 직접 경험하고 주님의 이끌림을 받기 위하여 이 자리에 먼저 머리 숙여 경배하오니, 하나님의 경륜을 이해할 수 있도록 저희들의 눈을 밝혀 주시옵소서.

**고백과 회개|** 역사의 주관자이신 주님! 저희들이 죄악을 토성같이 쌓을지라도 주님께서는 침묵으로 사면하심을 저희들이 아옵니다. 복음의 능력을 상실하고 경건함을 상실한 채 경건의 모양만을 흉내 내는 저희들의 삶을 용서하여 주옵소서. 저희 안에 주님의 형상을 회복시키시고, 믿음의 승리자가 부르는 새 노래를 부를 수 있도록 도와주시옵소서.

**간구|** 잃은 양을 찾으시는 목장장이 되시는 주님! 저희들이 영혼 구원의 결실을 맺는 신앙생활이 되기를 원합니다. 이제껏 복음을 담대히 외쳐 보지도 못했고, 복음을 위하여 시간과 물질, 몸을 드려 헌신하지 않았음을 솔직히 고백합니다. 저희를 긍휼히 여겨 주시고, 지금부터라도 영혼 구원을 위한 열정이 타오를 수 있도록 심령의 불을 붙여 주시옵소서.
주님처럼 한 영혼을 사랑하고 불쌍히 여기는 마음이 저희들 심령 깊숙이 젖어들게 하시고, 주님의 사랑에 빚진 자임을 늘 깨달아 이 땅에 살아가는 동안 구원의 복음, 생명을 살리는 복음을 힘써서 전할 수 있는 저희들 되게 하여 주옵소서.
주님! 복음의 도구로 합당하게 쓰임 받기 위하여 저희들의 인격과 삶도 늘 변화되기를 원합니다. 믿는 자들에게나 믿지 아니하는 자들에게나 늘 주님의 형상을 나타낼 수 있는 저희들이 되게 하시고, 말과 행동 속에서도 주님의 형체를 드러내기에 부족함이 없는 저희들이 되게 하여 주옵소서. 영혼을 사랑하는 마음으로 복음을 전하다가 원치 않는 핍박을 받을지라도, 주님의 피 묻은 십자가를 바라보며 위로를 얻게 하시고, 하늘의 상급과 면류관을 바라보며 끝까지 복음 사역을 감당할 수 있는 저희들이 되게 하여 주옵소서.

주님! 영혼 구원을 위하여 항상 깨어있어 기도하기를 원합니다. 영혼 구원에 대한 부담이 밀려올 때 한 영혼이라도 사랑할 수 있사오니, 항상 기도하는 가운데 영혼을 위한 부담이 곧 사명이 되게 하시고, 복음 전도를 위하여 마음을 쏟고 영혼을 쏟는 구령의 열정을 가진 사람으로 새롭게 태어나는 역사가 있게 하옵소서.

**예수님의 이름으로** 오늘의 말씀을 듣고 단 위에 서신 목사님을 성령으로 충만하게 하셔서 주님의 권세 있는 말씀을 전하시기에 조금도 부족함이 없게 하시고, 말씀을 귀 기울여 듣는 저희 모두가 놀라운 은혜를 받게 하여 주옵소서. 예배를 섬기는 손길들도 각기 주어진 책임을 다하는 대로 하늘의 신령한 은혜로 채워 주시고, 주님이 주시는 위로가 넘쳐 나게 하옵소서. 예배의 시종을 주님이 주장하실 것을 믿사오며, 예수 그리스도의 이름으로 기도합니다. 아멘.

### 전도는 왜 해야 하는가?

(1) 예수님의 명령이기 때문이다.(마 28:19,20)
(2) 구원받은 자가 마땅히 해야 할 의무이다.(요 1:12)
(3) 전도하지 않으면 화가 따르기 때문이다.(에 4:14)
(4) 주님을 모르면 마귀의 권세 아래 있기 때문이다.(요 8:44)
(5) 사탄도 지금 자기의 나라를 확장하고 있기 때문이다.(벧전 5:8)
(6) 예수 그리스도만이 구원자이시기 때문이다.(요 14:6)
(7) 불신자들이 마귀의 종으로 살고 있기 때문이다.(엡 2:2)

# 봉사에 맞춘 기도문

**적 용 :** 주일 오후 찬양예배, 수요일 예배
**성 경 :** 고후 8장 3~5절, 디도서 2장 9~10절

**찬양과 감사|** 교회의 머리가 되시는 주님!
저희들의 삶을 복되게 하여 주셔서 주님의 전에 나올 수 있도록 인도하여 주신 은혜를 감사합니다. 세상에는 평화가 없고 슬픔과 고통이 만연되어 있사오나, 오직 주님의 은혜로 이 모든 어려움을 헤쳐 나갈 수 있게 하여 주시니 감사합니다.
아침의 이슬 같고 풀의 꽃과 같은 연약한 저희들이, 주님이 주시는 지혜와 힘을 얻어서 독수리처럼 영원을 지향하게 하시고, 오늘도 주님께 드리는 이 예배가 거룩한 산 제물이 되게 하여 주옵소서.

**고백과 회개|** 긍휼이 풍성하신 주님! 지난 시간들을 돌이켜 보건대 주님께 바쳐야 할 가장 귀한 시간들을 세상에 낭비하며 보낸 적이 많았습니다. 이제는 병약해진 몸에 죄의 짐이 무겁게 어깨를 내리누르고 있음을 깨닫습니다. 갈수록 무거워지는 그 짐은 저희들의 영혼마저 주저앉히려고 하는 것 같습니다. 이 세상 어떤 것도 이 병을 치료할 수 없음을 아오니 저희를 받아주시고, 회개하는 마음에 용서와 회복의 은혜를 더하여 주옵소서.

**간구|** 죄인들을 위하여 낮고 천한 자리를 찾아오신 주님! 주님의 섬김과 섬기는 삶의 본이 되셨사오나 저희는 스스로를 높이고 섬김을 받는 일을 더욱 좋아했습니다. 주님의 겸손을 배우게 하시고, 섬기는 자로서의 삶을 살게 하여 주옵소서. 저희들로 주님께서 당신의 몸을 이 땅에 남기신 교회의 지체가 되게 하셨사오니, 믿음의 분량에 따라 최선을 다하여 지혜롭게 봉사할 수 있게 하옵소서. 언제나 하나님의 선하시고 온전한 뜻이 무엇인

지 분별하여 저희의 뜻이 아닌 주님의 뜻으로 봉사하게 하옵소서.

주님! 봉사자의 중요한 자세는 자기 직분에 따라 그 역할을 잘 감당해야만 될 줄로 압니다. 손은 손으로서, 발은 발로서, 머리는 머리로서의 기능을 잘 감당하는 것이 중요한 줄 압니다. 각자가 주님이 주신 은사로 맡은 바 직분을 잘 감당하여 교회를 섬기는 귀한 모습이 넘쳐 나게 하시고, 풍성한 열매를 맺는 신앙이 되게 하여 주옵소서.

자비로우신 주님! 아직도 경제가 침체의 늪을 벗어나지 못하여 이 사회가 매우 불안한 가운데 놓여있습니다. 심히 힘들고 고달픈 삶을 살아가는 사람들 많사오니 긍휼히 여기셔서 이 민족이 겪고 있는 사회불안과 경제 침체를 속히 회복시켜 주시고, 국민들 모두가 안전한 생활을 할 수 있도록 도와주시옵소서. 특별히 영육이 궁핍한 자를 불쌍히 여기시고, 목자 없는 양처럼 유리하며 방황하지 않도록 사랑으로 감싸안아주시옵소서.

**예수님의 이름으로** 이 시간도 목사님이 주님의 귀한 말씀을 들고 단 위에 서셨사오니, 성령의 두루마기를 입혀주시고 주님의 강하신 오른팔로 붙드셔서 성령의 권능이 쏟아지는 능력의 말씀을 전하실 수 있게 하옵소서. 말씀을 귀 기울여 듣는 저희들 모두가 '아멘, 아멘.' 하며 기쁨으로 화답할 수 있게 하시옵소서.

특히 교회와 예배를 위하여 헌신적으로 봉사하는 손길들을 기억하시고 크신 은혜로 함께하여 주셔서 언제나 주님께 기쁨이 되고 아름다운 향기가 되게 하옵소서.

이미 예배가 시작되었습니다. 예배의 순서마다 주님이 친히 주장하실 것을 믿사옵고, 예수 그리스도의 이름으로 기도합니다. 아멘.

# 섬김에 맞춘 기도문

**적 용** : 주일 오전 예배, 주일 오후 찬양예배, 수요일 예배
**성 경** : 빌립보서 2장 2~4절

**찬양과 감사|** 긍휼이 풍성하신 하나님 아버지! 저희들의 삶을 복되게 하여 주셔서 주님의 전에 나올 수 있도록 인도하여 주신 은혜를 감사합니다. 세상에는 평화가 없고 슬픔과 고통이 만연되어 있사오나 오직 주님의 은혜로 이 모든 어려움을 헤쳐 나갈 수 있도록 인도하여 주시니 감사합니다. 아침이슬 같고 풀의 꽃과 같은 연약한 저희들이 주님이 주시는 지혜와 힘을 얻어서 독수리처럼 영원을 지향하게 하시고 강한 믿음으로 살아가게 하옵소서.

**고백과 회개|** 자비로우신 주님! 속된 생각으로만 가득 채워져 있는 저희의 마음을 주님께 아룁니다. 지난 한 주간 동안 주님의 은혜에 감사하는 시간이 너무도 적었습니다. 자기 자신만을 위한 일에만 마음과 정신을 빼앗겼고 짜증과 불만으로 하루하루를 보내기 일쑤였습니다. 저희의 심령이 세상의 조건을 넘지 못하고 영적 훈련들을 거부하기도 했습니다. 회개하오니 긍휼을 베푸셔서 용서하여 주시고 세상의 것들을 이겨낼 수 있는 영적인 힘을 내려 주시옵소서.

**간구|** 죄인들을 위하여 낮고 천한 자리에 찾아오신 주님! 주님은 섬김과 섬기는 삶의 본이 되셨사오나, 저희는 스스로를 높이고 섬김을 받는 일을 좋아했습니다. 자신을 내세우고 대접받는 일을 좋아했습니다. 다시 한번 회개하오니 저희의 이 못난 모습을 용서하여 주옵소서.
주님! 저희들이 이 땅에서 주님이 허락하신 연수를 다하기까지 섬김을 실천하는 삶이 되게 하여 주옵소서. 말씀을 많이 아는 것이 좋은 믿음이 아니

라, 한 말씀이라도 그 말씀을 실천하는 것이 좋은 믿음임을 깨닫습니다. 지식의 욕구를 충족시키는 것이 교회가 아니라, 섬김의 욕구를 충족시키는 것이 교회임을 깨닫습니다. 배우고 깨닫는 것에만 집착하는 것이 아니라 섬기는 일에 마음을 쏟을 수 있는 저희 모두가 되게 하여 주옵소서.

더 많이 섬기는 것이 신앙의 습관이 되게 하여 주시고, 더 많이 섬기는 것이 신앙의 목표가 되게 하여 주옵소서. 섬김이 있어야 교회가 바로 설 수 있음을 깨닫게 하시고, 섬김이 있어야 저희의 믿음이 온전케 됨을 깨닫게 하옵소서. 섬김으로써 아름다운 공동체를 가꾸게 하시고 섬김으로써 신앙의 성숙을 이루어 갈 수 있는 저희 모두가 되게 하여 주옵소서. 섬김으로써 주님을 닮아가고 섬김으로써 곳곳에 주님의 흔적을 남길 수 있는 저희 모두가 되게 하옵소서.

**예수님의 이름으로** 오늘도 말씀을 들고 서시는 목사님을 기억하옵소서. 주님의 몸 된 교회와 성도들을 위하여 밤낮으로 수고하고 계시오니 주님께서 친히 격려하여 주시고 위로하여 주옵소서. 건강을 잃지 않도록 늘 붙들어 주시고, 힘들고 피곤한 사역이 아니라 즐겁고 행복한 사역이 될 수 있도록 함께하실 것을 믿습니다.

찬양대가 찬양으로 주님께 영광 돌리기 위하여 정성껏 준비했습니다. 아름다운 화음만큼이나 언제나 조화를 잃지 않는 찬양대가 되게 하여 주시고, 최상급의 찬양을 주님께 올릴 수 있는 찬양 대원들이 되게 하여 주옵소서. 특별히 예배를 위하여 섬기는 손길들을 기억하셔서 그들의 섬김이 많아질수록 주님의 형상을 닮아가는 기쁨을 누릴 수 있게 하옵소서.

이 시간, 마음을 담아 정성껏 예배하는 자들을 말씀으로 만나주시고, 위로와 치유가 필요한 자에게 놀라운 은혜로 함께하실 것을 믿습니다. 예배의 시종을 주님께 맡깁니다. 저희들 모두를 성령으로 충만하게 하시옵소서. 저희를 죄에서 구원하여 주신 예수 그리스도의 이름으로 기도합니다. 아멘.

# 헌신에 맞춘 기도문

**적 용** : 주일 오전 예배, 주일 오후 찬양예배, 수요일 예배
**성 경** : 요한복음 12장 24~25절

**찬양과 감사 |** 빛과 진리로 충만하신 하나님 아버지! 오늘도 저희를 향하여 은혜와 평강의 빛을 비추셔서 주님의 전을 향하여 복된 발걸음을 옮길 수 있도록 인도하심을 감사드립니다. 저희의 삶을 꼼꼼히 살펴보면 모든 것이 주님의 사랑이요 섭리임을 깨닫습니다. 항상 주님의 은총 속에서 기쁨을 찾고 행복을 얻을 수 있는 저희 모두가 되게 하여 주옵소서. 이 시간 주님께 예배하기 위하여 저희들이 모였사오니 저희의 마음을 받으시고 저희를 찾아오시는 주님을 경험하는 시간이 되게 하여 주옵소서.

**고백과 회개 |** 인애하신 주님! 오늘 저희들이 이 자리로 달려 나왔지만 여전히 저희 모습은 허물어진 모습이요, 죄에 젖어 있는 모습입니다. 지난 시간 동안도 주님의 은혜를 저버리는 일들이 얼마나 많았었는지 모릅니다. 알면서도 모른 척하면서 그렇게 살았던 저희들입니다. 완악한 저희들을 피 묻은 주님의 손으로 잡아 주셔서 죄 사함의 은총이 있게 하시고, 깨끗함을 얻게 하여 주옵소서. 주님께 드려지는 예배에 형식보다 진실이 묻어 있게 하시고, 습관보다 간절함이 묻어있게 하여 주옵소서.

**간구 |** 저희들을 위하여 모든 것을 내어주신 주님! 주님은 한 알의 밀알이 땅에 떨어져 죽어야 많은 열매를 낼 수 있다고 말씀하셨는데 참으로 밀알 되기가 힘들고 어렵습니다. 주님의 말씀과 능력은 저희 곁에 쉼 없는데, 헌신과 희생은 항상 잠을 자고 있습니다.
주님! 이제는 주님 앞에서 저희의 찌꺼기 같은 시간을 그만 드리게 하옵소서. 찌꺼기 같은 재물을 그만 바치게 하옵소서. 찌꺼기 같은 정성을 그만

드리게 하옵소서. 찌꺼기 같은 믿음을 보이게 하옵소서.

주님 앞에서는 입이 열 개라도 핑계치 않는 믿음이 되게 하여 주시고, 몸이 열 개라도 이유를 달지 않는 신앙이 되게 하여 주옵소서. 언제나 주님을 위하여 일할 수 있는 믿음이 되게 하여 주시고, 주님을 위하여 뛸 수 있는 믿음이 되게 하여 주옵소서. 늘 주님의 몸 된 교회가 부흥할 수 있는 밑거름이 되는 저희 모두가 되게 하여 주옵소서.

주님! 헌신할 일꾼을 애타게 찾으시는 이때에 주님이 겪으신 고난의 자리에 몸을 던질 수 있는 저희 모두가 되게 하여 주옵소서. 인격적이고 교양 있는 성도의 모습을 추구하기보다 주님을 위하여 닳아서 없어지는 성도의 모습을 추구할 수 있는 저희 모두가 되게 하여 주옵소서.

**예수님의 이름으로!** 오늘도 진리의 말씀을 전하시기 위하여 단 위에 서시는 목사님을 기억하시고, 말씀을 전하실 때에 주님의 크신 복을 다시 한번 헤아려 보며 주님께 깊은 감사를 드릴 수 있는 저희 모두가 되게 하여 주옵소서.

시간을 드려 예배를 섬기는 손길들을 기억하셔서, 감사의 마음으로 섬기며 봉사할 때에 그들의 마음에 가득 채워지는 것은 주님의 위로와 평안이게 하옵소서.

찬양을 준비한 찬양대도 붙들어 주셔서 주님께 올릴 찬양을 준비할 때에 지치거나 피곤함이 없게 하시고, 항상 주님이 받으시는 향기로운 찬양을 준비할 수 있도록 인도하시옵소서.

예배의 시종을 주님께 의탁합니다. 저희들의 연약함을 아시는 주님께서 도우시는 성령으로 함께하시옵소서.

주님만이 홀로 영광을 받으실 것을 믿사옵고 예수 그리스도의 이름으로 기도합니다. 아멘.

# 겸손에 맞춘 기도문

**적 용** : 주일 오전 예배, 주일 오후 찬양예배, 수요일 예배
**성 경** : 마태복음 11장 29절, 베드로전서 5장 5절

**찬양과 감사|** 저희들에게 믿음을 주신 하나님, 이 세상의 모든 것이 속절없고 허무할뿐이건만 홀로 영원히 계시는 하나님을 믿음의 눈으로 바라보게 하시니 감사드립니다. 이 시간 믿음을 가진 자들을 부르셔서 자녀로 삼으시고 예배할 수 있는 특권을 주신 하나님, 믿음이 없이는 하나님을 기쁘시게 할 수 없다고 말씀해 주셨사오니, 예배드리는 저희들이 무엇보다도 신실한 믿음으로 하나님께 나아가도록 하옵소서.

**고백과 회개|** 회개하기를 원하시는 주님! 짧은 한 주간의 삶이었지만 저희는 주님이 주신 생명의 감사함을 잊은 채, 숨 쉬며 생각하고 행동하였음을 고백하지 않을 수 없습니다. 저희 속에는 생명의 기쁨보다 죽음 냄새가, 날로 새로워져야 할 영혼보다 시들고 죽어가고 있는 것들로 가득 차 있었습니다. 생명은 죄와 죽음과 함께 할 수 없음을 깨닫사오니 긍휼히 여기사 용서하여 주옵소서. 이제 주님의 영원한 기운을 저희에게 허락 하사 저희로 죽어가는 것들로부터 결별하게 하옵소서.

**간구|** 오를 수 없지만 닿는 곳에 계신 주님! 주님의 겸손하심을 닮아가기 위하여 기도합니다. 오늘 저희들도 고개 숙일 줄 아는 겸손의 신앙을 갖게 하여 주옵소서. 주님의 몸 된 교회는 귀족같이 대접받는 곳이 아니라, 그리스도께서 보여주신 겸손으로 더욱더 낮아짐을 체험하는 곳이 교회임을 깨닫습니다. 주님의 겸손과 희생 위에 세워진 교회를 저희의 교만으로 덧칠함이 없게 하여 주시고, 언제나 겸손이 살아있는 교회로 세워갈 수 있는 저희 모두가 되게 하여 주옵소서. 교회에 속한 모든 직분자들이 겸손으로 허

리를 동이게 하시고, 겸손으로 주님 앞에 무릎 꿇게 하시며, 겸손으로 두 손을 높이 들어 주님을 찬양하게 하여 주옵소서. 겸손으로 주님의 말씀을 받을 수 있게 하시고, 겸손으로 서로를 섬길 수 있는 저희 모두가 되게 하여 주옵소서. 겸손으로 서로를 사랑할 수 있게 하시고, 겸손으로 품을 수 없는 사람까지도 품을 수 있는 저희 모두가 되게 하여 주옵소서. 겸손으로 이웃을 섬길 수 있게 하시고, 겸손으로 길 잃은 영혼을 끌어안을 수 있는 저희 모두가 되게 하여 주옵소서.

주님! 저희의 신앙의 색깔이 겸손이기를 원합니다. 겸손으로 주님의 나라를 받을 수 있는 저희 모두가 되기를 원합니다. 이 땅 위에서 믿음의 길을 달려가는 동안 주님처럼 겸손으로 승리할 수 있게 하여 주시고 주님의 뜻을 이룰 수 있게 하여 주옵소서.

긍휼을 베푸시는 주님, 주님 안에 행복과 영원한 가치가 있음을 알면서도 다른 것을 사모하며 탐심의 우상을 섬기느라 이 자리에 참석하지 못한 성도들도 있습니다. 세속에 속한 것들이 아무리 아름답고 좋다 한들 그것으로 어찌 영원한 가치를 찾을 수 있겠습니까? 저들의 눈을 밝게 하여 주셔서 영원한 가치를 좇아갈 수 있게 하여 주옵소서.

**예수님의 이름으로** 오늘도 주님의 말씀을 듣고 단 위에 서시는 목사님을 기억하시고, 피곤함을 물리쳐 주셔서 능력 있는 주님의 말씀을 전하실 수 있도록 도와주시옵소서.
예배를 수종 드는 손길들에게도 함께 하셔서 세상에서 하는 일보다 주의 전에서 봉사함이 더 큰 기쁨이 되게 하시고 즐거움이 되게 하여 주옵소서. 오늘도 예배의 시종을 주님께 맡깁니다. 주의 성령께서 저희들 가운데 운행하실 것을 믿사옵고 예수 그리스도의 이름으로 기도합니다. 아멘.

# 교회의 정체성에 맞춘 기도문

**적 용** : 주일 오전 예배, 주일 오후 찬양예배, 수요일 예배
**성 경** : 마태복음 16장 18절, 사도행전 9장 31절

**찬양과 감사**| 높고 크신 하나님 아버지! 주의 계명을 지키는 자에게는 그 언약을 천대까지 지키시고 긍휼을 베푸신다는 약속에 힘입어 주님의 전을 찾았습니다. 주님을 뵙기 전에는 아무것도 보이지 않게 하시고, 주님과 말씀을 나누기 전에는 저희의 입술을 열지 않게 하여 주옵소서. 이 시간 저희는 주님을 만나고 싶은 열망으로 가득 차 있습니다. 겸손한 심령으로 드리는 저희의 찬양과 경배를 받으시옵소서.

**고백과 회개**| 용서하시는 주님! 저희의 삶을 돌이켜 보건대 저희의 빗나간 발자국과 모진 입술이 심히 부끄러움을 깨닫습니다. 주님께서 주신 자유를 때로는 육체를 방종케 하는 기회로 삼았고, 육신의 즐거움을 더하는 일에 사용하였습니다. 주님의 뜻을 담아내기 위하여 자신을 이기는 삶을 살기보다는 육체의 즐거움을 얻고자 주님의 뜻을 포기했던 못난 모습을 고백하오니 주님의 은혜를 저버린 잘못을 용서하여 주옵소서.

**간구**| 교회의 머리가 되시는 주님! 저희 교회를 이 지역에 세워 주시고 주님의 은혜 가운데 든든히 서가게 하심을 감사드립니다. 또한 온 교우들이 한마음 한뜻이 되어 주님의 몸 된 교회를 잘 섬길 수 있도록 이끌어 주심을 감사드립니다. 그리고 온 교우들이 교회에서 가르침을 받은 대로 주님의 말씀을 따라 진리 위에 굳게 서서 살아갈 수 있도록 인도하심에 감사합니다. 주님! 교회를 위하여 다시 한번 간구하오니 항상 말씀이 충만한 교회가 되게 하여 주옵소서. 인생에 지친 심령들이 말씀을 통하여 위로를 얻고 새 힘을 얻을 수 있는 교회가 되게 하여 주시고, 갈한 심령마다 흘러넘치는 주

님의 은혜를 체험할 수 있는 교회가 되게 하여 주옵소서. 또한 항상 사랑이 넘치는 교회가 되기를 원합니다. 증오와 미움이 가득한 사람일지라도 교회에 발을 들여놓기만 하면 사랑과 용서의 사람으로 변화를 체험하는 교회가 되게 하여 주옵소서.

또한 항상 모이기에 힘쓰는 교회가 되기를 원합니다. 함께 모여 말씀을 상고하고 떡을 떼므로 천국의 아름다움을 보여줄 수 있는 교회가 되게 하여 주옵소서. 또한 항상 깊이 있는 기도가 있는 교회가 되게 하여 주옵소서. 누구나 이곳에서 기도하면 주님의 음성을 듣기도 하며 주님의 능력을 체험할 수 있는 교회가 되게 하여 주옵소서. 또한 항상 찬송과 감사가 넘치는 교회가 되게 하여 주옵소서. 뜨거운 찬송으로 하늘의 문도 열 수 있는 교회가 되게 하여 주시고 온전한 감사로 믿음의 역사를 이룰 수 있는 교회가 되게 하여 주옵소서. 항상 구제하는 교회가 되게 하시고, 선교하는 교회가 되게 하여 주옵소서.

**예수님의 이름으로** 오늘도 말씀을 들고 단 위에 서시는 목사님을 기억하시고, 성령의 두루마기를 입혀 주셔서 생명의 말씀, 능력의 말씀을 전하시기에 부족함이 없게 하여 주옵소서.
주님의 전을 위하여 수종 드는 손길들을 기억하시고, 교회의 지체들을 위하여 수종 들다가 현현하신 주님을 수종 드는 축복을 누리게 하여 주옵소서. 찬양대의 찬양을 기억하시고, 찬양 속에서 주님의 음성을 들을 수 있는 말씀이 되게 하여 주옵소서.
예배의 시종을 주님께 맡깁니다. 하늘의 천군 천사를 동원하여 주셔서 사람의 냄새가 나는 예배가 아닌 주님께서 영광 받으시는 예배로 이끄실 것을 믿사옵고 예수 그리스도의 이름으로 기도합니다. 아멘.

# 조국 통일과 안녕에 맞춘 기도문

**적용** : 주일 오전 예배, 주일 오후 찬양예배, 수요일 예배
**성경** : 이사야 9장 1~7절

**찬양과 감사|** 오늘도 죄인의 무리를 불러 주신 하나님 아버지! 그 위대하신 사랑과 구원에 감사를 드립니다. 죄에서 놓임 받은 기쁨을 무엇으로 찬양할 수 있사오리까. 오직 하나님께서 원하시는 공의로움과 인자함을 가지고 겸손히 무릎을 꿇었습니다. 이 예배를 받아주시옵소서. 참된 구원의 기쁨이 있으면 어찌 형식적인 예물을 드릴 수 있겠나이까. 신령과 진정으로 저희의 온몸과 영혼을 드립니다. 이 예배를 받으시옵소서.

**고백과 회개|** 인자하신 주님! 저희의 마음을 드립니다. 저희의 몸을 드립니다. 하오나 풀리고 나태해진 심령으로 주님의 전을 찾았사오니 주님의 한량없는 은혜로 감싸시고 온유한 주님의 음성을 들려주옵소서. 지은 죄가 너무 많습니다. 잿물로 씻을지라도 씻기지 않는 죄임을 깨닫습니다. 오직 주님의 보혈로만 죄 씻음을 받을 수 있사오니 긍휼을 베푸셔서 용서하여 주옵소서.

**간구|** 사랑의 주님! 원하옵기는 저희 모두가 주님의 사랑을 본받아 실천할 수 있는 사랑의 종들이 되게 하여 주시고, 말씀과 진리로 날마다 바르게 성장하게 하시며, 주님이 분부하신 전도와 선교도 힘을 다하여 실천할 수 있는 저희들 되게 하여 주옵소서. 또한 믿음의 일이라면 주저하지 않고 힘써서 할 수 있도록 성령의 능력을 입혀 주시고, 사랑의 수고와 봉사도 몸을 드려 실행하며 인내로써 소망을 이루어 가는 거룩한 주의 자녀가 되게 하여 주옵소서.
사랑이 풍성하신 주님! 이 민족을 긍휼히 여겨 주시기를 원합니다. 통일을

소망하고 있사오나 아직도 국토의 허리가 잘려 있는 이 나라는 하나로 연결되지 못하고 있사오니, 어서 속히 이 민족이 하나가 될 수 있도록 합력하여 선을 이루시는 하나님께서 함께하여 주시기를 원합니다. 남과 북의 철의 장막이 걷히고, 남북의 이산가족들이 자유롭게 왕래할 수 있는 은혜를 더하시고, 골수에 사무쳐 있는 이산의 아픔이 더 이상 이 나라에 자리 잡지 않도록 긍휼을 베풀어 주시기를 원합니다.

요즈음 들어 통일을 위한 정책들이 하나하나 실효를 거두고 있는 것을 보게 됩니다. 이제는 더 이상 인기 위주의 정책이나 정치적인 수단과 목적으로만 남북통일의 문제가 이용되지 않게 하시고, 정부와 정치인들과 실무자들에게 은혜를 더하셔서 전 국민의 오랜 숙원인 통일을 진정으로 이루기 위하여 땀을 쏟고 마음을 쏟을 수 있는 진실한 위정자들이 되게 하여 주옵소서.

주님의 몸 된 교회와 성도들도 이 나라의 통일을 위하여 더욱더 무릎 꿇고 부르짖게 하시고, 구원의 복음이 이 민족에 편만하여 새로운 역사가 있기까지 끊임없이 기도하는 공동체가 되게 하여 주옵소서.

오늘 저희들이 주님을 간절히 사모하는 마음으로 예배드리며 기도하고 말씀을 들을 때에, 저희 심령 속에 내주하시는 주님의 숨결을 강하게 느낄 수 있도록 하시고, 주님이 예비하신 은혜를 넘치도록 받는 은총의 시간이 되게 하시옵소서.

**예수님의 이름으로** 말씀을 전하시는 목사님을 기억하셔서 성령의 두루마기를 입혀주옵소서. 저희 모두가 변화를 받아 새롭게 되는 놀라운 능력의 말씀을 증거하실 수 있도록 함께하여 주옵소서.

예배의 시종을 주님께 의탁하오니 주님이 친히 주장하여 주옵소서. 항상 저희들을 위하여 중보의 기도를 쉬지 않고 계시는 예수 그리스도의 이름으로 기도합니다. 아멘.

# 경제 회복에 맞춘 기도문

**적 용 :** 주일 오전 예배, 주일 오후 찬양예배, 수요일 예배
**성 경 :** 요한복음 14장 1절

**찬양과 감사 |** 만복의 근원이 되시는 하나님 아버지! 지난 한 주간 동안도 주님의 은혜 가운데 살게 하시다가 주님의 전으로 달려 나와서 예배할 수 있게 하시니 감사합니다. 성글은 정성으로 주님의 전을 찾았을지라도 저희의 영혼을 주님의 너르신 품에 안기게 하실 것을 믿습니다. 이 시간, 저희들이 드리는 예배 속에 어줍은 몸짓과, 덜 여문 생각이 들었다 할지라도 주님을 향한 그 마음을 살피시고 흠향하여 주옵소서.

**고백과 회개 |** 사랑이 풍성하신 주님! 지금까지 살아오면서 저희는 이 세상을 악하다고 말하며 스스로 선한 척 깨끗한 척 자기 의에 빠져서 살았던 저희들입니다. 주님이 저희를 어떻게 보실 지에는 아랑곳 않고 위선과 가식의 옷을 즐겨 입기를 원했던 저희들입니다. 주여! 주님 앞에 저희의 위선과 가식을 내려놓으며 회개하오니 무지한 저희를 용서하여 주옵소서.

**간구 |** 회복시키시는 주님! 어려운 경제를 피부로 느끼다 보니 삶이 힘겨운 것이 사실입니다. 믿음으로 사는 저희들은 물질로 인하여 마음을 빼앗기지 말아야 하지만, 힘든 현실 앞에서 밀려오는 경제적 부담을 느끼지 않을 수 없나이다. 오늘도 저희의 영혼은 삶에 찌들어 메마를 대로 메말라 가고 있습니다. 좌절하고 한숨짓지 않을 수 없나이다.
도우시고 힘주시는 주님, 풀어 주옵소서. 외면하지 마옵소서. 요행을 바라지 않고 성실을 심으며, 땀 흘린 만큼의 열매를 얻기를 원하는 저희의 소박한 삶이 꽁꽁 얼어붙지 않게 하여 주옵소서. 주님의 몸 된 교회도 저희의 물질을 깨뜨릴 일들이 얼마나 많습니까? 교회에 올 때마다 눈치 보거나 핑계치 않고 마음껏 깨뜨릴 수 있도록 어려운 생활을 만져 주시옵소서. 회복

시켜 주옵소서.

정부에서는 앞으로 나아질 것이라고 하지만, 이제 저희들은 그 말을 신뢰할 수 없나이다. 국가와 민족의 흥망성쇠나 개인의 생사화복도, 모든 것이 주님의 손끝에 달려 있음을 깨닫습니다. 주님이 닫으시면 풀 자가 없고, 주님이 여시면 닫을 자가 없음을 깨닫습니다. 오직 주님의 주권에 달려 있음을 믿사오니 이 나라와 저희를 긍휼히 여기사 어려운 경제를 회복시켜 주옵소서.

더 이상 빈궁한 모습으로, 궁색한 변명으로 주님이 맡기신 일들을 외면치 않도록 도와주옵소서. 주님을 위하여 기쁜 마음으로 속 시원히 충성할 수 있도록 이끌어 주옵소서. 저희들은 오직 주님의 능력만을 바라봅니다.

**예수님의 이름으로|** 오늘도 사랑하는 목사님을 단 위에 세우심을 감사합니다. 피곤하거나 힘들지 않도록 성령의 두루마기를 입혀주시고, 권세 있는 말씀을 증거하실 수 있게 하여 주옵소서. 주님의 말씀을 경청할 때에 저희 모두가 새 힘을 얻게 하여 주옵소서.

교회와 예배를 위하여 수고하는 손길들이 있습니다. 안내와 차량봉사와 식당 봉사 등으로 힘을 다하여 섬기고 있는 손길들을 기억하셔서 주님의 채우시는 기쁨만이 그 마음속에 충만하게 하여 주옵소서.

예배의 시종을 주님께 맡깁니다. 능력의 주님이 주장하여 주옵소서. 언제나 주님께 드리는 예배 속에서 주님의 음성을 듣게 하실 것을 믿사옵고 예수 그리스도의 이름으로 기도합니다. 아멘.

# 사순절 기간에 맞춘 기도문

**적용 :** 수요일 예배
**성 경 :** 히브리서 10장 19~20, 22절

**찬양과 감사 |** 영광 받으시기에 합당하신 주님! 이 시간에도 약하고 부족한 저희들을 부르셔서 주님의 한없으신 구속의 은총을 경험하게 하시니 그 은혜에 감격할 뿐이옵니다. 더욱더 구속의 약동을 느끼는 3월의 봄을 보낼 수 있게 하여 주시고, 주님의 피 묻은 십자가를 바라보며 참회의 고백이 넘쳐나는 삶을 이어가게 하여 주시옵소서.

**고백과 회개 |** 사랑의 주님! 저희들이 십자가로 구속하신 주님의 은혜를 받은 자들이면서도 주님이 싫어하시는 것들만 일삼으며, 방만한 삶을 살았던 것을 고백하지 않을 수 없나이다. 주님이 구하시는 제사는 상한 심령이요, 상하고 통회하는 자들을 멸하지 않으신다고 하셨사오니 저희의 허물을 사하여 주시고 용서하여 주시기를 원합니다. 이 시간, 주님 안에 있는 생명의 성령의 법이 죄와 사망의 법에서 저희를 해방시키시는 주님의 은총을 경험하게 하옵소서. 주님이 주시는 생명은 죄로 인하여 죽어가는 영혼에 불을 피워주고 의미 없는 삶에 가치를 주시는 생명이심을 확신합니다.

**간구 |** 자비하신 주님! 주님의 피로 세우신 교회가 십자가의 사랑과 생명이신 주님을 드러내는 교회가 되기를 원합니다. 세속적인 것으로 주님의 피 묻은 자리를 대치하지 말게 하시고, 고통받는 이웃을 십자가의 사랑으로 부요케 하는 교회가 되게 하여 주옵소서. 오늘 모인 저희들도 영혼과 육신과 범사에 주님의 대속의 은총이 강물처럼 흐르게 하여 주옵소서. 고난의 잔을 마시기를 거부하지 아니하고, 피땀 흘려 기도하시며 순종하셨던 주님의 순종의 마음을 저희의 심령 가운데 채워 주시옵소서.

구원의 주님! 이 조국의 고난을 돌아보시기를 원합니다. 말할 수 없는 고통의 늪에 잠겨 있는 이 조국 땅에 주님의 십자가 복음이 편만이 전파되게 하셔서, 이 나라 백성들로 하여금 주님의 사랑 안에서 안식과 평안과 새 삶을 누리게 하여 주옵소서.

**예수님의 이름으로!** 주님의 백성들이 영적으로 성장해 가는 것을 최고의 기쁨과 행복으로 삼고 목양에 전념하고 계신 목사님을 성령께서 늘 함께 하시고 붙들어 주시기를 원합니다. 오늘도 주님의 귀한 말씀을 선포하시기 위하여 단 위에 서셨사오니, 생명의 복음을 힘 있게 증거하실 수 있도록 인도하여 주옵소서.

어렵고 힘든 생활 가운데서도 주님을 더욱 사랑하기를 원하며 주님의 몸된 교회를 위하여 애쓰는 교우들을 기억하시고, 맡은 바 직책과 직분을 기쁨으로 감당할 때마다 성령의 크신 위로가 넘치게 하옵소서.

예배의 시종을 주님께 의탁합니다. 죄악에 물들어 고통하는 저희들을 주님의 보혈의 피로 깨끗이 씻어 주시고 영생의 나라로 옮겨주신 예수 그리스도의 이름으로 기도합니다. 아멘.


**사순절에 결혼예식은 피하는 것이 지혜입니다.**
사순절은 예수님을 십자가에 못 박히게 한 우리들의 죄를 자복하는 기간입니다. 전통적으로 교회는 주일 외에 40일간 계속되는 이 기간에는 모두가 금식하고 십자가를 지신 주님 앞에 옷깃을 여미고 용서를 구하는 일에 집중하기를 권장했습니다. 이러한 교회의 관습은 자연적으로 인간을 즐겁게 하는 모든 행위들을 이 기간 내에는 삼가도록 지도하였습니다. 따라서 결혼예식은 사순절을 피해서 올리는 것이 그리스도인의 지혜입니다.

# 십자가 사랑에 맞춘 기도문

**적 용:** 주일 오전 예배, 주일 오후 찬양예배, 수요일 예배
**성 경:** 골로새서 1장 19~20절

**찬양과 감사|** 은혜와 사랑의 주님! 저희 죄를 위하여 고난을 당하신 주님의 십자가 앞에 달려 나와 예배드리게 하시니 감사합니다. 저희를 구원하시기 위하여 하늘의 영광스러운 보좌를 버리시고, 이 낮고 슬픔 많은 세상에 오셔서 머리 둘 곳조차 없는 생애를 사시고 피 흘리시기까지 고난받으신 것을 생각할 때, 이렇게 정해진 시간에만 주님의 전에 나와 주님의 고난 받으심에 참여한다고 하니 얄팍한 저희의 모습이 참으로 부끄럽기만 합니다. 주님 보시기에 부끄러운 모습들만 갖고 있는 저희들, 사순절 기간을 보내면서 산산이 깨어지고 부서지게 하셔서 진실이 묻어있는 신앙생활을 할 수 있게 하여 주옵소서.

**고백과 회개|** 저희를 위하여 자신을 깨뜨리신 주님! 주님은 십자가에서 돌아가심으로 저희를 위하여 자신을 몽땅 불살라 주셨지만, 저희는 너무도 열정을 잃은 채 살아왔음을 고백합니다. 이 안일함을 용서하여 주시고 터질 듯한 사랑으로 주님을 사랑하게 하시고 주님의 십자가를 붙드는 저희 모두가 되게 하여 주옵소서. 마음과 정성을 다하여 주님의 사랑을 증거할 수 있게 하시고, 십자가를 자랑할 수 있는 저희 모두가 되게 하여 주옵소서.

**간구|** 구원의 주님! 사순절 기간 동안 무엇보다도 주님의 십자가를 깊게 경험하기를 원합니다. 하나님의 사랑이 얼마나 크고 놀라운지를 주님의 십자가를 통하여 다시 한번 발견하게 하시고, 그 사랑 앞에 굴복하는 삶을 살 수 있는 저희 모두가 되게 하여 주옵소서. 주님의 피 묻은 십자가를 생각할 때마다 이제껏 세속적인 안락을 추구하며 주님의 십자가마저도 세상

영화를 유지시키고자 하는데 이용하려고 했던 사악함을 철저히 뉘우치게 하시고, 더 이상 주님의 은혜를 은 삼십에 팔아버리는 삶이 되지 않도록 이끌어 주옵소서.

주님의 몸 된 교회도 건물만 그럴듯하고 십자가를 상실한 교회가 되지 않기를 원합니다. 구석구석마다 피 묻은 십자가의 정신과 복음이 깊게 스며들게 하셔서 교회를 찾는 모든 심령들이 주님의 피 묻은 십자가의 사랑을 만나고 그 십자가의 사랑을 경험할 수 있게 하여 주옵소서.
주님! 여전히 이 시대는 주님의 십자가의 사랑이 절실히 필요한 시대임을 깨닫습니다. 곳곳마다 울음과 탄식이 떠나지 않고 있고, 고통과 괴로움에 허덕이고 있는 자들이 너무나 많습니다. 이 사순절 기간을 맞이하여 십자가의 사랑을 가지고 그들을 찾아갈 수 있게 하시고, 그들을 주님의 사랑 앞으로 인도해 낼 수 있는 저희 모두가 될 수 있게 하옵소서. 십자가의 사랑은 저희가 평생 높이 들고 가야 할 깃발과 같은 것임을 깨닫습니다. 어디든지 십자가의 사랑이 전해질 수 있도록 높이 들고 나아가게 하여 주옵소서.

**예수님의 이름으로!** 오늘도 십자가의 사랑이 듬뿍 담겨 있는 주님의 말씀을 가지고 단 위에 서시는 목사님을 기억하시고, 전하시는 그 말씀 속에서 저희 모두가 그 크신 주님의 십자가의 사랑을 다시 한번 깨닫게 하옵소서. 예배가 이미 시작되었습니다. 마치는 시간까지 이 자리에 성령께서 친히 이 자리에 운행하심을 믿사옵고 예수 그리스도의 이름으로 기도합니다. 아멘.

# 성례식에 맞춘 기도문

**적 용 :** 주일 오전 예배
**성 경 :** 요한복음 3장 1~8절, 사도행전 2장 23절

**찬양과 감사 |** 전능하신 하나님! 저희의 모든 기쁨이 되시는 아버지여! 저희들이 뜻을 모아 정성껏 드리는 이 예배를 받아주시고 저희들을 주님의 능력으로 새롭게 하여 주옵소서. 저희가 이 시간을 통하여 하나님을 만나는 거룩한 경험을 가짐으로 진리에 대한 이해를 깊게 할 수 있도록 이끄시고, 진실과 평화를 마음에 간직하는 자들이 되게 하여 주옵소서.

**고백과 회개 |** 사랑의 주님! 지난 한 주간을 돌이켜 봅니다. 주님의 용서를 구할 수밖에 없는 삶이었음을 고백합니다. 영적인 일에 우선하기보다 썩을 양식을 위하여 몸부림쳐야 했던 저희들의 모습이었습니다. 세상의 욕심에 눈이 멀고, 이웃을 위해 선한 일을 하지 못하고, 오히려 귀찮아했던 저희들이었습니다. 영생하도록 있는 양식을 위해 일하지 못했던 저희를 불쌍히 보시옵소서. 오늘 주님 앞에 아뢰는 허물이 다윗의 고백처럼 진정한 것이 되어서 주님의 긍휼과 용서를 받을 수 있게 하옵소서.

**간구 |** 새롭게 하시는 주님! 오늘은 성례식이 있습니다. 학습, 입교, 세례를 받는 성도들을 기억하시고, 이제껏 말씀과 기도로 잘 준비해 왔사오니 성례식이 거행될 때에 성령님께서 역사하여 주셔서 이 예식을 받는 자나 참예하는 자 모두가 신령한 은혜로 충만하게 채워지는 시간이 되게 하옵소서. 특히 세례는 하나님의 백성으로 인정받는 귀한 예식이오니 그가 이제 새롭게 태어나 하나님의 뜻에 충성을 다하기로 굳게 결심하는 기회를 갖게 하시고, 주님의 백성으로 인정받아 그 가정을 구원하며 친척과 이웃들에게도 하나님을 증거하며 받은 바 크신 사랑을 나타낼 수 있도록 성령께

서 인도하여 주옵소서.

이제부터는 세상이나 자신을 제일로 삼을 것이 아니라 주님을 제일로 삼으며, 세상 관습이 아니라 주님의 법에 따라 살고자 힘쓰는 믿음이 될 수 있도록 주님의 강한 손으로 붙들어 주옵소서. 그들의 가정도 축복하여 주셔서 온전히 주님을 모시고 살게 하시며, 그들의 앞날과 계획하는 모든 것들도 주님의 섭리 가운데 이루어지게 하옵소서.

치료하시는 주님! 이 시간 주님의 전을 찾아 나온 성도들 중에 유신의 연약함, 질병의 무거운 짐을 지고 있는 성도가 있습니까? 이 거룩한 예식에 참예할 때에 신음과 고통이 사라지고 위로하시는 주님의 음성을 들을 수 있게 하시고, 회복되고 치료되는 주님의 은총이 있게 하옵소서. 이그러지고 깨어진 일들, 찢어지고 상처 입은 성도들이 있습니까? 말씀을 듣는 가운데 주님의 위로하심과 격려하심 속에서 새로워지고 온전케 되는 역사가 있게 하옵소서.

**예수님의 이름으로|** 이 시간 성례식을 집례 하시는 목사님을 붙드시고, 귀한 말씀을 선포하실 때 능력을 더하여 주셔서 주님의 말씀을 듣는 저희들 모두가 새롭게 하시는 주님의 은혜를 체험하는 시간이 되게 하옵소서.
예배를 섬기는 손길들을 기억하시고, 주님의 일을 힘써서 할 때마다 새로움으로 채우시는 주님의 은혜를 경험하게 하옵소서.
예배의 시종을 주님께 의탁하오며 예수 그리스도의 이름으로 기도합니다. 아멘.

# 성찬식에 맞춘 기도문

**적 용** : 주일 오전 예배
**성 경** : 요한복음 6장 56~57절, 고린도전서 11장 23~29절

**찬양과 감사** 사랑의 주님! 온 대지가 생명의 기운으로 찬란합니다. 온 땅이 온화한 바람으로 넘실대고 있습니다. 이때 우리 주님은 죄 많은 저희들을 구원하시기 위해 골고다로 오르셨음을 기억합니다. 온몸은 땀방울 핏방울로 얼룩지고 한 가슴 배신과 저주를 안고 쓰러지고 또 쓰러지며 오르신 주님, 그것이 누구 때문이었습니까? 바로 저희들의 죄 때문이 아닙니까? 오늘 저희들이 누리는 평안을 위해 주님은 그리도 아프셨건만, 저희들은 그 축복을 모르고 살고 있으니 이 얼마나 어리석은 죄인들입니까?
오늘 종려 주일을 맞으면서 그지없는 주님의 사랑에 다시금 머리 조아립니다. 이 시간, 주의 성령께서 강하게 역사하셔서 나의 나 됨이 주님의 사랑 때문임을 뼛속 깊숙이 깨닫게 하옵소서.

**간구** 주님! 이제 저희도 주님의 은혜와 사랑을 입은 자로 고난의 유익을 바라보는 삶이 되게 하옵소서. 섬김의 삶을 실천해야 하기에 고난이 주어진다면, 십자가에 달리시기까지 철저히 섬기기를 원하셨던 주님처럼 저희들도 끊임없는 낮아짐으로 고난의 유익을 좇아갈 수 있게 하옵소서. 사랑의 삶을 살아야 하기에 고난이 따른다면, 하늘 보좌를 버리시고 이 땅에 오셔서 온몸으로 죄인들을 품으신 주님처럼 저희들도 품을 수 없는 사람을 품으며 고난의 유익을 바라보게 하옵소서. 헌신의 삶을 살아야 하기에 마실 수밖에 없는 고난의 잔이 있다면, 죽음의 쓴 잔 까지도 마다하지 않으시고 기꺼이 마셨던 주님처럼 저희도 날마다 자신을 죽이는 쓴 잔을 기꺼이 마실 수 있게 하옵소서.
주님의 은혜와 사랑을 받는 것만이 유익이 아니라, 기도의 응답을 받는 것

만이 유익이 아니라, 축복을 받는 것만이 유익이 아니라, 구원받은 주의 백성들에게는 고난도 유익임을 알고 그 고난을 누리는 삶이 되게 하옵소서. 이 땅에서 주님이 주신 연수대로 믿음의 길을 걸어가는 동안 고난의 욕구를 육체에 채우는 것에 익숙해지게 하시고, 달려갈 길을 마치고 천성 문에 이를 때에 고난의 길을 달려온 저희를 두 손 벌려 끌어안으시고 온몸으로 품으시는 주님의 위로를 듬뿍 받을 수 있게 하옵소서.

주님! 오늘은 특별히 주님께서 저희들을 위하여 살을 찢으시고 피를 쏟으신 것을 기념하여 성찬예식을 거행합니다. 아무런 감각 없이 성찬예식에 참여하는 저희들이 되지 말게 하시고, 주님의 상처를 진정으로 아파하고 주님의 죽으심을 심령 깊숙이 안타까워하며 성찬예식에 참여할 수 있는 저희들이 되게 하옵소서. 또한, 이 땅에 계시는 동안 마지막 피 한 방울까지도 아낌없이 쏟으셨던 주님의 사랑을 본받아 오늘 저희들도 자신을 내어주는 희생의 욕구를 충족시키는 삶을 살아갈 수 있게 하시고, 수치와 모욕을 당하면서도 끝까지 분노를 쏟지 않으셨던 주님의 그 인자하심을 본받아 오늘 저희들도 겸손을 실천할 수 있는 주님의 종들이 되게 하여 주옵소서.

**예수님의 이름으로** 이 시간, 성찬예식을 집례 하시는 목사님을 성령께서 붙드셔서, 성찬에 참예하는 저희 모두가 주님의 살과 피를 먹고 마시며 눈물로 회개할 수 있게 하시고, 주님의 험한 십자가를 결단코 놓지 않으리라는 다짐이 있게 하옵소서.
예배와 예식의 모든 순서를 주님께 의탁하옵고 예수 그리스도의 이름으로 기도합니다. 아멘.

# 가정의 달에 맞춘 기도문

**적 용** : 주일 저녁 예배, 수요 기도회
**성 경** : 여호수아 24장 14절

**찬양과 감사|** 언제 어디서나 늘 저희와 함께 계시는 주님! 슬플 때나, 기쁠 때나, 일할 때나, 쉴 때에도 함께 하시고, 주님의 선하신 뜻대로 이끌어 주심을 감사합니다. 온 세상에 주님 주신 은총으로 생명 있는 것마다 왕성하게 움직이고 활동하는 아름다운 계절입니다. 이 아름다운 계절에 가정의 소중함을 깊이 인식시켜 주시기 위해서 5월의 한 달을, 가정을 꼼꼼히 돌아볼 수 있는 기회로 이끌어 주심을 감사합니다. 주님께서 세워주신 저희 가정, 주님께서 저희 가정의 호주가 되셔서 복된 가정으로 이끌어 주시고 보호하여 주옵소서.

**고백과 회개|** 긍휼을 베푸시는 주님! 저희는 주님의 백성이면서도 사탄이 환영하는 죄를 얼마나 많이 짓고 있는지 헤아릴 수 없습니다. 늘 자신의 육욕과 세속의 관점을 벗어나지 못하는 저희들을 불쌍히 여겨주셔서 용서하여 주시고, 거룩한 삶을 살아갈 수 있도록 인도하여 주옵소서. 오늘 주님의 전에 엎드렸으나 저희의 모습은 주님의 진노와 심판을 받기에 합당합니다. 하오나, 주님의 십자가의 피의 공로를 의지하오니 모든 죄를 깨끗이 씻어주시고 주님께 영광 돌리는 예배를 드릴 수 있게 하여 주옵소서.

**간구|** 사랑의 주님! 주님 자녀의 가정마다 사랑을 쏟아부어 주시는 주님의 은혜를 더욱 깊이 깨닫고 느낄 수 있도록 하시고, 안전하며 화평한 가정이 될 수 있도록 이끌어 주시기를 원합니다. 가족 중 어느 누구 하나라도 질병으로 고생하지 않게 하시고, 다툼이 일어나지 않게 하시며, 반목과 질시로 고통스러움이 발생하지 않도록 늘 지켜 주시기를 원합니다.

계획하는 일마다 평안한 가운데 이루어지게 하시고, 사랑이 넘치는 교제가 활발히 이루어지는 가정들이 되게 하여 주옵소서.

이 사회에도 아름다운 모습이 있기를 원합니다. 매일 들려오는 소식들이 아름다운 소리만 들리는 풍성한 사회로 소생시켜 주시고 건져 주시기를 원합니다. 매일 참 기쁨의 소식을 들으며 훈훈한 이야기로 대화의 꽃을 피울 수 있는 좋은 사회가 되게 하여 주옵소서. 부모로서 책임을 다하지 못하는 가정들이 점차 늘어만 가고 있습니다. 자녀들에게 밝은 미래를 유산으로 물려줄 수 있는 부모들이 되게 하시고, 또한 우리의 부모님들에게도 살아계실 때 잘 섬기며 효성 다하는 자녀들이 되게 하여 주옵소서.
저희들 주위에는 외로운 분들과 허약한 분들과 가난한 분들이 많이 있고, 의지할 곳과 의탁할 곳이 없는 분들도 많이 있사오니, 말과 혀로만 사랑을 외치는 교회가 되지 말게 하시고, 이들을 감싸주고 보듬어 줄 수 있는 진실한 사랑이 살아있는 교회가 되게 하여 주옵소서.

이 시간, 주님께 예배드릴 때 생활 속에서 때 묻고 더러워진 저희 심령이 씻어지고 새롭게 되게 하여 주시고, 말씀을 들을 때 심령이 뜨거워지고 성령의 은혜로 충만해지는 시간이 되게 하여 주옵소서. 목사님을 비롯하여 몸과 마음을 다하여 주님의 몸 된 교회를 섬기시는 일꾼들을 성령의 능력으로 붙들어 주시고, 이분들의 수고를 통하여 아름다운 믿음의 열매들이 풍성하게 맺히게 하여 주옵소서.

**예수님의 이름으로** 오늘도 주님의 귀한 말씀을 듣고 단 위에 서신 목사님을 성령의 능력으로 붙드셔서 권세 있는 말씀, 축복의 말씀을 전하실 수 있도록 함께하여 주옵소서. 예배의 시종을 우리 주님이 친히 주장하실 것을 믿사오며, 저희들을 죄에서 구원하여 주신 예수 그리스도의 이름으로 기도합니다. 아멘.

# 복받는 가정에 맞춘 기도문

**적 용 :** 주일 오전 예배, 주일 오후 찬양예배, 수요일 예배
**성 경 :** 히브리서 6장 14~15절

**찬양과 감사 |** 저희들의 지친 손을 잡아 주시기를 원하시는 주님,
지난 한 주간도 헛된 영광으로 가득한 세상 속에서 살다가 주님의 전으로 달려 나왔습니다. 주님을 의지하고픈 그 욕심 하나로 주님의 전을 찾았사오니 저희의 영혼을 받아주시고 하늘의 신령한 은혜로 채워 주시옵소서. 주님이 특별히 임재하시는 곳에서 주님을 예배합니다. 마음과 정성을 다하여 예배하는 심령마다 크신 복으로 함께 하여 주옵소서.

**고백과 회개 |** 자비로우신 주님! 짧은 기간이었지만 한 주간을 살면서 온갖 허무한 손놀림으로 분주하기만 했던 저희들이었습니다. 삶 속에 주님의 뜻을 담아내기 위하여 마음을 쏟기보다는 육욕을 좇아 분주히 움직였던 삶이었음을 고백하오니 부끄러운 저희를 크신 사랑으로 감싸시고 용서하여 주옵소서.

**간구 |** 사랑의 주님! 주님 앞에 참으로 부끄러운 저희들이지만 복의 근원이신 하나님께 가정의 복을 위하여 간구하기를 원합니다. 복받기를 사모하는 가정 위에 넘치는 은총을 허락하여 주옵소서.
주님의 말씀에 순종할 때에 천대까지 은혜를 베푸신다고 약속하셨사오니, 말씀에 순종하는 가정들이 되게 하셔서 그 약속을 성실히 이행하시는 주님을 만나는 가정들이 되게 하여 주옵소서. 먹고 마시며 수고하는 가운데 심령의 기쁨을 누릴 수 있게 하시고, 분복을 받아 수고함으로 즐거워할 수 있는 가정들이 되게 하여 주옵소서.
은혜의 주님! 무엇보다도 영혼이 잘되고 강건한 복을 허락하여 주시기를

원합니다. 만군의 하나님이 함께 계시매 점점 강성해 갔던 다윗과도 같이 (삼하 5:10) 임마누엘의 하나님이 주님이 택하신 가정마다 동행하시므로 날마다 번성케 되는 복이 있게 하여 주옵소서.

또한 건강의 복도 허락하여 주시기를 원합니다. 모든 질병이 가정에 틈타지 못하도록 성령의 화염검으로 막아주시고, 건강한 육체로 주님을 잘 섬길 수 있는 복된 가정들이 되게 하여 주옵소서.
 또한, 주님 주신 육신을 불의 병기로 사용하는 일이 없기를 원합니다. 항상 하나님의 영광을 위하여 의의 병기로 사용될 수 있는 가정들이 되게 하여 주옵소서.
자녀들에게도 축복하여 주셔서 허탄한 길을 좇지 않게 하시고 주님의 계명을 사랑하여 그 율례와 법을 좇아 살게 하여 주옵소서. 가정마다 경영하는 사업장과 일터에도 항상 하늘의 신령한 것과 땅의 기름진 것으로 채우시는 주님의 은혜가 있기를 원합니다. 주님께 땀 흘려 수고한 대가를 정직한 마음을 담아 영광 돌릴 수 있도록 함께하여 주옵소서.

**예수님의 이름으로|** 오늘도 주님의 말씀을 강론하시는 목사님을 기억하셔서 주님의 크신 능력을 붙드시옵소서. 말씀을 전하실 때에 권세 있는 말씀을 전하실 수 있게 하시고, 주님의 말씀을 경청하는 저희 모두가 복의 근원이 되시는 주님을 다시 한번 만나는 시간이 되게 하옵소서.
찬양을 준비하여 주님께 드리는 찬양대를 기억하옵소서. 마음을 다하여 주님께 드리는 찬양이 하늘의 천군천사도 부러워하는 찬양이 되게 하옵소서.
이미 예배가 시작되었습니다. 이 예배를 주님이 친히 주장하셔서 악의 세력이 일절 틈타지 못하게 하실 것을 믿사옵고, 저희를 행복한 삶으로 이끄시는 예수 그리스도의 이름으로 기도합니다. 아멘.

# 승리의 신앙에 맞춘 기도문

**적 용:** 수요일 예배
**성 경:** 신명기 31장 6절

**찬양과 감사|** 저희를 찾으시는 여호와 하나님! 비록 약하고 추해도 주님 앞으로 나오라고 부르시고 힘을 더하여 씻어 주시는 주님!
저희들이 이 부르심을 받들어 지금 나왔습니다. 세월은 흘러가는데 주님의 부르심의 은혜에 응답하지 못한 인생이 얼마나 많은지 모릅니다. 단지 주님 앞에 나온 것으로만 만족하지 말게 하시고, 이웃과 함께 주님을 부르며 씻김의 은혜를 사모하는 저희들이 되게 하여 주옵소서.

**회개와 고백|** 사랑의 하나님! 지난 삶을 돌이켜 보건대 더럽고 추한 삶이었습니다. 그동안 묻은 때와 세상적인 것들로 물든 생각, 생활 자세, 말씀에 대한 소외 등 모든 것들을 씻어낼 수 있게 하시고, 새로워지는 은총을 내려 주시기를 원합니다. 기도할 때 회개케 하셔서 그 입술도 정결케 하여 주시고, 말씀을 들을 때 깨달음이 있게 하셔서 돌이켜 말씀을 의지할 수 있게 하옵소서.

**간구|** 자비하신 하나님! 저희들에게 더욱 큰 믿음을 주시기를 원합니다. 인생의 길에서 저희들의 삶 속에서 만나는 고통이나 슬픔이 있다고 하더라도 굳센 믿음 속에서 낙심하지 않도록 도우시고, 저희로 하여금 연약한 인생을 살지 않도록 도와주시옵소서. 허덕이며 끌려다니는 모습이 아니라, 내게 주어진 어려움이 있다 하더라도 그것을 이끌어 가는 모습이 되게 하여 주옵소서.
시련의 밤이 깊고 환난의 모진 바람이 멈추지 않는 때일수록 악한 마귀는 때를 만나듯, 저희들을 넘어뜨리려고 온갖 수단과 방법을 동원할 것입니다. 사탄 마귀의 궤계에 넘어가지 않도록 주님의 능력의 오른팔로 붙들어 주시고, 주님의 언약의 말씀을 굳게 붙들고 믿음의 길에서 승리하는 저희들 되게 하여 주옵소서.

은혜로우신 하나님! 세상이 황토 먼지 휘날리는 척박함이 계속된다 할지라도 주님의 교회만큼은 생명을 살리는 은혜의 단비가 충만하게 하시고 단비를 받은 초목이 힘 있게 되살아나듯 생명으로 넘치고 성장하는 교회가 되게 하여 주옵소서. 소망이 끊겨버린 이 시대에 소망을 심어줄 수 있는 교회가 되게 하시고, 빛을 잃어버린 이 시대에 빛을 밝게 비출 수 있는 교회가 되게 하여 주옵소서.
세상에는 안식이 없고 슬픔뿐인지라 이 시간, 주님의 은혜를 갈급해하며 사모하는 심정을 가지고 이 전을 찾은 저희들에게 주님의 신령한 은혜로 충만하게 하셔서 기쁨과 평안이 넘치게 하여 주옵소서.

**예수님의 이름으로!** 오늘도 시대의 아픔을 안타까워하시며 주님의 말씀으로 치유되기를 원하여 말씀을 들고 단 위에 서신 목사님을 기억하시고, 성령의 능력으로 붙들어 주셔서 권세 있는 말씀이 되게 하여 주옵소서.
이미 예배가 시작되었습니다. 예배의 시종을 주님이 친히 주장하여 주실 것을 믿사옵고 예수 그리스도의 이름으로 기도합니다. 아멘.

**이기적인 신앙**
건전하고 아름다운 신앙이 사라져 갈 때 독버섯처럼 생겨나는 것은 바로 자기 자신만을 위한 탐심입니다.

# 여름행사에 맞춘 기도문

**적 용 :** 주일 오후 찬양예배, 수요일 예배
**성 경 :** 요엘 2장 28절

**찬양과 감사 |** 저희를 불러주신 하나님 아버지! 아무 쓸모 없는 저희들을 가장 큰 영광의 자녀로 삼으시고, 택한 백성으로서의 권리를 허락해 주시니 감사합니다. 각기 모습이 다르고 성품도 다르지만 한 가지 일치하는 것은 하나님을 알고 경외하는 믿음을 가졌다는 것입니다. 아버지께서 이것을 소중히 여기사 저희들을 부르셨사오니 저희들도 이 믿음 하나만으로 하나님과 관계를 맺으며 자녀로서의 삶을 살게 하여 주시옵소서. 무더운 여름 날씨에 뜨거운 태양빛처럼 주님을 사모합니다. 저희의 심령에 은혜의 비를 내려 주셔서 주님을 예배하는 저희의 마음에 주님의 은총이 넘쳐나게 하여 주시옵소서.

**고백과 회개 |** 자비로우신 주님! 입술로는 주님을 사랑한다고 말하면서도 오히려 세상과 저희 자신을 더욱 사랑했던 허물을 고백합니다. 주님마저도 저희의 이기적인 사랑의 도구로 만들려 했던 저희들의 죄를 용서하여 주옵소서. 주님만을 사랑할 수 있도록 저희의 심령에 성령의 충만을 허락하여 주옵소서.

**간구 |** 능력이 많으신 하나님 아버지! 여름을 맞이하여 주일학교 및 기관에서 여름행사를 준비하고, 또 실시하고 있습니다. 특별히 여름성경학교와 학생회 수련회 청년 대학부의 수련회를 기억하시기를 원합니다. 여름성경학교를 계획하고 준비하여 실시하고 있는 교사들에게 함께 하셔서 형식적으로나 때우기식의 여름성경학교가 아니라, 어린 학생들의 심령들을 말씀으로 잘 교육시키고, 신앙으로 성장시킬 수 있는 여름성경학교가 되게 하

시고, 전도의 문도 활짝 열려서 여름성경학교를 통하여 믿지 않는 많은 학생들이 주님 앞으로 돌아오는 역사가 있게 하옵소서.

몸을 깨뜨려 수고하시는 모든 선생님들에게 함께 하셔서 꿈나무들에게 바른 신앙을 심어주는 것이 한국교회의 미래를 살리는 것임을 생각하면서, 고달프고 힘들지라도 사명감을 가지고 희생의 욕구를 충족시킬 수 있는 선생님들이 되게 하여 주옵소서.

학생회, 청년대학부의 수련회에도 함께 하셔서 소문만 무성한 여름행사가 아니라 열매를 많이 맺어 주님께 영광 돌리는 수련회가 되게 하시고, 성심껏 참석하는 모든 참석자들에게 신앙의 도약을 할 수 있는 수련회가 되게 하옵소서.

진행을 맡아 수고하는 진행 위원들과, 뒤에서 물질적인 후원을 아끼지 않는 사랑의 손길들과, 직접 수련회 장소까지 따라가서 궂은일을 도맡아 하는 여전도회 회원들에게 함께 하셔서, 그 수고함이 주님 앞에 향기가 되게 하시고, 몸을 깨뜨리는 수고 속에 능력이 깃들게 하시는 주님의 은혜를 경험하게 하옵소서.

안전사고가 전혀 일어나지 않도록 불꽃같은 눈동자로 지켜주시고, 가슴 벅찬 주님의 은혜를 경험할 수 있는 축복의 수련회가 되게 하여 주옵소서.

**예수님의 이름으로** 오늘도 주님의 말씀을 전하시는 목사님을 성령의 능력으로 붙드시옵소서. 신앙의 적색 신호들이 켜지기 쉬운 이때에, 심령의 불을 붙이는 놀라운 말씀이 될 수 있도록 역사하여 주옵소서.

예배의 시종을 우리 주님이 친히 주장하실 것을 믿사옵고, 예수 그리스도의 이름으로 기도합니다. 아멘.

# 수재민에게 맞춘 기도문

**적 용** : 주일 오후 찬양예배, 수요일 예배
**성 경** : 시편 147장 3절

**찬양과 감사 |** 나의 힘이 되신 여호와여, 내가 주님을 사랑합니다. 오늘도 저희 발걸음을 인도하셔서 주님 앞에 나와 예배하게 하시니 감사합니다. 사랑의 주님! 죄 많은 속된 세상에서 마음과 영혼이 시달리고 더러움에 눌려 가슴이 터질 것만 같았습니다. 그러나 지치고 상한 영혼을 그대로 버려두지 않으시고, 고이 안으시고 품어 주실 것을 생각하니, 주님의 동산이 고향의 푸른 잔디처럼 참 평안과 안식이 되나이다. 저희의 온전치 못한 모습을 사랑으로 감싸안아주시고, 용서하여 주시며, 은혜로 위로하여 주셔서 더욱 든든한 믿음으로 무장될 수 있도록 인도하여 주옵소서.

**고백과 회개 |** 긍휼의 주님! 주님의 사랑을 구하면서도 이웃에게 사랑 베풀기를 너무도 소홀히 했음을 고백합니다. 내 개인의 영생에만 관심을 가졌을 뿐 주님이 천하보다 더 귀하게 여기시는 생명들을 향해 전도하는 일조차 망각하고 있었습니다. 너무나 이기적인 잘못을 저질렀음을 고백하오니 용서하여 주시고, 이 잘못된 태도를 고칠 수 있도록 성령의 능력으로 함께 하여 주옵소서.

**간구 |** 위로의 주님! 뜻하지 않은 폭우와 수마가 삼키고 간 흔적들 때문에 고통당하는 이웃이 있습니다. 많은 사람들이 생명을 잃었고, 땀 흘려 가꾼 농작물도 사토에 묻혀버렸습니다. 졸지에 가족을 잃은 사람들과 모든 재산을 잃고 망연자실한 수재민들을 불쌍히 여기시고 위로하여 주시기를 원합니다. 하늘을 원망하며 비탄 속에 잠겨 있는 그들이 되지 말게 하시고, 이번을 계기로 인간이 추구하는 이 땅의 모든 것들이 덧없고 부질없는 것

임을 깨달아, 영원한 생명을 주시는 주님을 바라보는 기회가 되게 하옵소서. 슬픔에 잠긴 이웃을 위하여 그 고통을 함께 나누고자 선한 사마리아처럼, 따뜻한 온정을 보낸 손길들을 기억하시고, 고통을 함께 나누고 이웃을 헤아리는 삶이 얼마나 아름답고 고귀한 것인지를 절실히 깨닫는 계기가 되게 하옵소서.

주님의 몸 된 교회도 어려움을 당한 이웃을 위하여 선한 사마리아처럼 사랑을 보여 줄 수 있는 공동체가 되게 하시고, 퍼주고 나눠줌으로 주님의 사랑을 몸으로 실천할 수 있는 공동체가 되게 하옵소서. 교회도 이번 계기를 통하여 형식적이거나 선전용 차원에서의 구제에 힘쓰기보다는 퍼주는 것이 습관화되어있는 교회로 거듭나는 역사가 있게 하옵소서.

오늘 이 자리에 나온 성도들 가운데 연약해진 심령들이 있습니까? 고통에 시달리는 심령들이 있습니까? 주님의 도우심이 절대적으로 필요한 영혼들이 있습니까? 이 시간을 통하여 신앙의 힘을 얻게 하시고, 새 능력을 얻게 하여 주옵소서. 외로운 마음들이 위로를 받게 하시며, 마음 답답해하는 심령들이 참 평안을 얻게 하여 주옵소서. 확신과 신뢰의 바탕 위에 내일에 대한 소망이 넘치는 생활이 되게 하여 주옵소서.

**예수님의 이름으로** 이 시간, 주님의 말씀을 증거하시기 위하여 단 위에 서신 목사님을 성령의 능력으로 붙드셔서, 상처 많고 아픔이 많은 이 시대에 소망을 심어주는 말씀이 되게 하여 주옵소서.

예배의 시종을 주님께 의탁합니다. 주님의 성령으로 운행하고 계심을 믿사옵고, 예수 그리스도의 이름으로 기도합니다. 아멘.

# 구역 부흥에 맞춘 기도문

**적 용 :** 수요일 예배
**성 경 :** 시편 11편 4절

**찬양과 감사|** 기쁨의 절기를 허락하신 하나님 아버지! 이 땅에 오곡백과가 영글게 하셔서 창조의 은총을 다시금 깨닫게 하심을 감사드립니다. 찬란하고 밝은 이 은혜의 계절에 저희의 눈은 주님의 창조 솜씨를 바라보게 하시고, 저희의 혀는 지금도 살아계셔서 역사하시는 주님의 진리의 말씀만을 말하게 하여 주옵소서.

주님! 이 시간, 저희의 마음을 주님께 엽니다. 주님께서 내리시는 은총으로 심령이 풍요로워지게 하시고, 말할 수 없는 주님의 은총을 마음을 다하여 찬양할 수 있는 저희들이 되게 하여 주옵소서. 이리저리 쫓기던 바쁜 하루의 일과를 멈추고 주님의 전을 찾았사오니 세상은 간곳없고 오직 주님과의 친밀한 교제와 만남이 이루어지는 축복의 시간이 되게 하여 주옵소서.

**고백과 회개|** 자비로우신 주님! 허물 많은 저희들입니다. 죄짓지 않으려고 수없이 다짐을 하면서 살지만, 언제나 저희의 마음은 죄짓는 곳으로 끌려갈 때가 많습니다. 원치 않는 죄만 쫓아가는 저희의 삶을 부끄럽게 여기며 주님께 고백하오니 연약한 저희를 불쌍히 여기시고 용서하여 주옵소서. 주님의 크신 긍휼로 저희의 영혼을 덮어 주시옵소서.

**간구|** 좋은 계절을 주신 주님! 하늘이 높아가고 오곡이 무르익어가는 계절입니다. 저희 인생의 삶도 믿음의 아름다운 열매로 무르익을 수 있게 하시고, 그 은혜를 감사하여 찬양할 수 있게 하여 주옵소서. 주님의 은혜와 축복에 한없이 감격하는 삶이 되게 하시고, 더욱 주님의 뒤를 쫓아 믿음으로 달려갈 수 있는 저희 모두가 되게 하여 주옵소서.

능력의 주님! 날마다 모여 기도하고 전도하며 교제에 힘쓰는 구역(속회)을 위하여 기도하기를 원합니다. 이 가을에 구역(속회)마다 주님이 기뻐하시는 열매를 풍성하게 맺을 수 있는 구역이 되게 하여 주옵소서. 기도의 열매, 전도의 열매, 봉사의 열매, 헌신의 열매를 풍성히 맺을 수 있는 구역(속회)이 되게 하여 주옵소서.

또한 구역(속회) 모임을 가질 때마다 주님의 사랑과 은혜가 넘쳐나게 하시고, 주님의 몸 된 교회를 세우고 가정을 세우는 구역(속회) 모임이 되게 하여 주옵소서. 구역(속회)원들마다 성령의 능력과 은사를 충만하게 부어 주셔서 주님의 일에 적극적으로 헌신하며 봉사할 수 있는 일꾼들이 되게 하시고 주님을 닮아가는 구역(속회)원들이 되게 하여 주옵소서.
교회에서나 가정에서나 모임을 가질 때, 모든 구역(속회)원들이 모임의 열매를 맺기에 인색함이 없게 하시고, 적극적으로 모일 수 있게 하여 주셔서 주님의 열심을 닮아갈 수 있게 하여 주옵소서.
구역(속회)에 속한 가정들도 주님의 영으로 충만한 가정이 되게 하셔서 가정 같은 교회, 교회 같은 가정의 아름다운 모습을 보여줄 수 있게 하옵소서.

**예수님의 이름으로|** 오늘도 생명의 말씀을 듣고 단 위에 서시는 목사님을 기억하시고, 시원케 하시는 은혜의 물줄기가 강단을 통해서 흘러내리는 것을 경험하는 저희 모두가 될 수 있게 하옵소서.
오늘 이 자리에 참석한 성도들을 기억하시고, 주님의 위로와 평안과 새 힘을 주시는 은총을 경험할 수 있게 하옵소서.
이미 예배가 시작되었습니다. 저희들로 하여금 언제나 이 복된 자리를 사모하게 하실 것을 믿사옵고 예수 그리스도의 이름으로 기도합니다. 아멘.

# 직분 감당에 맞춘 기도문

**적 용 :** 주일 오전 예배, 주일 오후 찬양예배, 수요일 예배
**성 경 :** 마태복음 7장 17~20절, 25장 21절

**찬양과 감사ㅣ** 좋으신 하나님 아버지! 어렵고 지난한 삶이었지만 주님의 따스한 손길이 있었기에 또 한 주간을 은혜 중에 살았습니다. 그 세심한 돌보심에 진심으로 감사와 찬양을 올립니다. 주님께서 핏 값으로 사신 주님의 백성들이 여기에 모였습니다. 마음으로 주님을 사랑하며 고백하는 찬양을 기억하시고 영광을 받으시옵소서. 오늘 이 시간에도 주님의 살아계심을 뼈가 에도록 깨닫게 하시고, 주님의 섭리하심을 피부로 맞닥뜨리는 시간이 되게 하옵소서. 상심했던 일들을 희망으로 바꾸시고, 낙망했던 일들을 주님과의 만남으로 해결하는 시간이 되게 하여 주옵소서.

**고백과 회개ㅣ** 긍휼을 베푸시는 주님! 서늘한 바람이 대지에 감돌고 있습니다. 은총으로 가득한 성령님의 바람이 저희 삶의 결실을 도우시려고 저희에게 가까이 임하여 계시는 것을 믿습니다. 주님, 저희 마음에 의의 열매가 익어가기를 원합니다. 그러나 지금 저희의 심령을 되돌아보니 악하고 거짓된 것들로 가득 차 있습니다. 저희의 포도원에 들 포도만 무성할 뿐입니다. 주님, 이 시간 회개하오니 용서하여 주시고 회개의 열매를 맺을 수 있게 하여 주옵소서.

**간구ㅣ** 열매 맺기를 원하시는 주님! 이 시간은 저희의 맡은 바 직분을 다시 돌아보기를 원합니다. 저희들에게 열매 맺으라고 귀한 직분을 맡겨 주셨는데 과연 저희들은 열매 맺기에 합당한 직분을 감당하고 있는지요? 주님이 맡기신 영광된 직분에 열매 맺기 위하여 열과 성을 다하여 충성하고 헌신할 수 있는 저희들이 되게 하여 주옵소서. "인자가 온 것은 섬김을 받으

려 함이 아니라 도리어 섬기려 하고 자기 목숨을 많은 사람의 대속물로 주려 함이니라."(마 20:28)고 하셨사오니 언제나 겸손한 마음으로 주님의 교회를 든든히 세워갈 수 있는 저희들이 되게 하여 주옵소서.

교회 곳곳에 기도의 열매, 사랑의 열매가 주렁주렁 열릴 수 있도록 저희 자신을 주님께 온전히 드릴 수 있게 하시고, 주님이 기뻐하시는 극상품 포도 같은 열매를 맺기 위하여 저희 자신을 온전히 깨뜨릴 수 있는 희생이 있게 하여 주옵소서.

주님의 몸 된 교회는 직분자들의 희생이 없으면 결코 영적인 열매를 기대할 수 없음을 깨닫습니다. 이 땅의 하늘나라의 창고인 교회를 빈 곳간으로 만들어 놓는 저희들이 되지 말게 하시고, 주님의 교회를 영적인 열매가 가득한 풍요의 곳간으로 만들 수 있는 저희 모두가 되게 하여 주옵소서.

은혜의 주님! 오늘도 사람이 떡으로만 사는 것이 아니라 주님의 말씀으로 사는 것인 줄 알기에 그 말씀을 붙들기 위하여 주님의 전을 찾은 저희들을 기억하시고, 말씀을 통하여 주님의 신령한 은혜를 맛보게 하시며, 세상에서 얻을 수 없는 기쁨을 얻을 수 있는 이 시간이 되게 하여 주옵소서.

**예수님의 이름으로!** 오늘도 주님의 말씀을 들고 단 위에 서시는 목사님을 기억하셔서 성령의 능력으로 붙드시옵소서. 저희들이 주님의 몸 된 교회를 받들어 섬기며 열매 맺는 삶을 살기에 큰 도전을 받을 수 있게 하여 주옵소서.

예배를 섬기는 손길들을 기억하셔서 그들의 손길이 항상 주님의 복이 묻어나는 손길이 되게 하여 주옵소서. 예배의 시종을 주님께 의탁합니다. 능력의 주님이 이 예배를 친히 주장하실 것을 믿사옵고, 사랑이 많으신 예수 그리스도의 이름으로 기도합니다. 아멘.

# 노회(지방회) 주간에 맞춘 기도문

**적 용 :** 주일 오전 예배, 주일 오후 찬양예배
**성 경 :** 로마서 10장 15절, 에베소서 4장 20절

**찬양과 감사|** 찬송을 받으실 영원하신 하나님 아버지! 지난 한 주간도 주님의 사랑과 은혜로 저희와 함께 하여 주신 것을 감사합니다. 오늘 이 시간에도 주님 앞에 머리 숙인 저희들에게 영광의 빛으로 비추시고, 오직 주님만을 찬미하는 기쁨의 시간이 되게 하여 주시옵소서.

**고백과 회개|** 능력의 하나님 아버지! 주님이 주시는 능력과 힘이 없이는 저희들은 늘 넘어지오니 좌로나 우로나 치우치던 저희의 지조 없는 생활을 긍휼히 여기시고 용서하여 주옵소서. 어리석고 무지한 저희들을 하늘의 지혜로 채우셔서 심지가 굳은 주님의 사람이 되게 하여 주시고, 밝고 빛된 생활을 할 수 있게 하옵소서.

**간구|** 사랑의 주님! 저희 교회가 더욱 성령 충만한 교회가 되게 하옵소서. 교회에 나아오는 자마다 성령님께서 거하시고, 거룩한 하나님이 임재하시는 성전임을 깨달아 알게 하옵소서. 또한, 주님의 이름을 부르는 자마다 하나님의 뜻을 알게 하시고, 성령과 지혜가 충만하여 열심을 품고 주님을 섬기는 일꾼들이 되게 하여 주옵소서. 삶에 소망이 넘치게 하시고 기쁨이 충만하게 하셔서, 주님과 이웃을 위해서도 언제나 희생하고 봉사할 수 있는 삶이 되게 하여 주옵소서.
은혜로우신 주님! 이번 주간에는 정기노회(지방회)가 있습니다. 성 노회(지방회) 위에 함께 하셔서 주님의 뜻을 높이고 지 교회의 형편을 살피며, 노회(지방회)에 참석하시는 총대목사님 이하 장로님들에게도 주님께 영광 돌리는 은혜로운 노회(지방회)가 될 수 있도록 인도하여 주옵소서.

반목과 다툼이 없게 하시고, 회무를 처리할 때마다 은혜가 넘쳐 나게 하옵소서. 노회(지방회) 산하에 어려운 교회도 있습니다. 약한 교회가 든든히 서 가기까지 물심양면으로 후원하고 지원할 수 있는 노회(지방회)가 되게 하시고, 먼저 된 교회가 나중 된 교회를 살필 수 있는 헤아림의 은총을 더하여 주옵소서.

회무를 진행하는 임원들에게도 함께 하셔서 먼저 주님 앞에 엎드림이 있게 하시고, 주님께 영광 돌리며, 노회(지방회)원들에게는 평생 잊히지 않는 아름다운 노회(지방회)로 남을 수 있도록 이끌어 주옵소서.

주님! 오늘 이 은혜로운 자리에 육신의 일에 얽매여서 참석하지 못한 성도들이 있습니다. 육신의 일에 항상 마음을 빼앗겨서 넘어지는 성도들을 불쌍히 여겨 주시고, 재물과 겸하여 주님을 섬길 수 없음을 깨달아, 주님께 영광 돌리며 사는 복된 삶이 될 수 있도록 이끌어 주옵소서. 또한 이 은혜로운 자리에 나오고 싶어도 어쩔 수 없이 참석하지 못한 성도들이 있습니다. 어디서 무엇을 하든지 이 자리에 함께 하시는 주님의 은총이 그들에게도 있게 하여 주옵소서.

**예수님의 이름으로** 이 시간, 단 위에 세우신 목사님을 능력의 오른손으로 붙들어 주셔서 권세 있고 능력 있는 말씀을 선포하실 수 있도록 인도하시옵소서.

특별히 사랑의 수고를 위하여 몸을 아끼지 않는 목사님, 여러 교역자님, 그리고 제직들을 기억하시고, 이분들의 사랑의 수고를 통하여 아버지 하나님과 그의 아들 예수그리스도와 함께, 사귐과 교제와 온정과 사랑과 은혜가 샘솟듯 넘치는 교회가 되게 하옵소서.

예배의 시종을 주님이 친히 주장하실 것을 믿사옵고, 예수 그리스도의 이름으로 기도합니다. 아멘.

# 수능시험에 맞춘 기도문

**적 용** : 주일 오전 예배, 주일 오후 찬양예배
**성 경** : 잠언 16장 3절, 이사야 41장 10절

**찬양과 감사 |** 높고 맑은 하늘을 볼 수 있게 해 주신 하나님! 주님의 크신 사랑을 인하여 감사와 영광을 돌립니다. 아름답게 물들어 가는 산하를 통하여 하나님의 나라를 보듯, 저희의 삶과 이해를 통해 믿음의 세계가 더욱 깊을 수 있도록 인도하시옵소서.
"무릇 여호와를 의지하며 여호와를 의뢰하는 사람은 복을 받을 것이라"(렘 17:7)고 말씀하셨사오니 저희가 주님을 의지하며 의뢰합니다. "물가에 심어진 나무가 그 뿌리를 강변에 뻗치고 더위가 올지라도 두려워하지 아니하며 그 잎이 청청하며 가무는 해에도 걱정이 없고 결실이 그치지 아니함 같은"(렘 17:8) 주님의 은혜와 능력 속에 언제나 살게 하옵소서.

**고백과 회개 |** 자비하신 주님! 오늘도 여전히 저희들의 못난 모습을 주님 앞에 내려놓습니다. 노하기를 더디 하시고 측량할 수 없는 사랑을 쏟아부어 주시는 주님이시기에, 그리고 인내하시는 주님이시기에 저희들의 죄짐을 주님께 내려놓사오니 용서의 은총을 베풀어 주시고 너르신 품으로 안아주시옵소서. 주님, 너무나 부족한 것이 많기에 주님 앞에 드릴 것이 없는 저희들입니다. 이 시간 저희들의 영혼의 부족을 채워 주셔서 주님의 길을 따라갈 수 있게 하여 주옵소서.

**간구 |** 사랑의 주님! 수능 시험을 준비하고 있는 학생들을 위하여 기도합니다. 이제 수능 시험이 얼마 남지 않았습니다. 그동안 꾸준히 인내하고 학업에 전념하며 힘써온 시험 준비가 헛되지 않게 하시고, 기쁨과 소망의 열매를 거둘 수 있도록 함께 하옵소서. 성실하게 공부하며 준비해 온 학생들에

게 평안함과 담대함을 주시고, 마지막까지 최선을 다할 수 있도록 도와주시옵소서.

또한, 입시를 준비하고 있는 학생의 부모들에게도 함께하시기를 원합니다. 입시를 준비하는 자녀를 위하여 이제껏 같이 준비하는 마음으로 지내온 줄 압니다. 자녀를 위하여 기도하며 수발해 온 모든 수고가 헛되거나 부끄럽게 되지 않도록 이끌어 주옵소서. 더욱이 승리와 형통함이 주님께 있음을 믿고, 오직 주님께서 힘주시기를 끝까지 기도하며, 담대한 마음으로 주님을 신뢰할 수 있도록 믿음을 더하여 주옵소서. 주님께서 주님을 의지하고 사랑하는 자녀에게 시냇가에 심은 나무가 번성하듯이 그 앞길을 형통케 하심을 믿습니다.

은혜의 주님! 이 시간, 주님을 체험함으로 지금까지 저희 자신의 눈에 부정적인 것으로 보였던 것들이 확신될 수 있게 하여 주옵소서. 불가능한 것으로만 알았던 사실들이 새롭게 가능한 것이라는 사실로 받아들일 수 있게 하시고, 절망적인 상황이라고 판단되었던 상황이 오히려 거기에 소망이 있다는 새로운 희망과 용기를 가질 수 있게 하여 주옵소서.

**예수님의 이름으로** 오늘도 주님의 말씀을 증거하시기 위하여 단 위에 세우신 목사님을 성령의 능력으로 붙드셔서 말씀을 듣는 자의 심령마다 주님이 채우시는 평안이 넘쳐나게 하시옵소서.

예배의 시종을 주님께 의탁합니다. 주의 성령께서 저희들 가운데 친히 운행하심을 믿사옵고 예수 그리스도의 이름으로 기도합니다. 아멘.

# 기관총회에 맞춘 기도문

**적 용** : 주일 오후 찬양예배, 수요일 예배
**성 경** : 잠언 16장 33절, 디모데후서 2장 20~21절

**찬양과 감사 |** 영원하신 왕, 저희들의 통치자가 되시는 하나님! 예수 그리스도를 통하여 우리를 구원하시고 늘 보호하여 주시며, 은혜의 길로 인도하여 주심을 감사합니다. 이제 영원한 나라를 바라보며 믿음으로 나아가는 저희들을 굳세게 붙들어 주셔서 좌로나 우로나 치우치지 않게 하여 주옵소서. 이 시간 주님께 예배하는 저희들을 돌아보시고 소망과 평안과 위로 속에 거할 수 있도록 은혜 내려 주옵소서.

**고백과 회개 |** 자비하신 주님! 저희들은 지금 한없이 약해질 수밖에 없는 세상 속에서 살고 있습니다. 죄지을 곳도 너무나 많고, 죄짓는 속도도 너무나 빨라지고 있습니다. 강한 영성을 갖추지 않으면 언제 어느 순간에라도 현행범과 현장범이 될 수밖에 없는 어두운 세상입니다. 오늘 저희의 모습도 죄로부터 결코 무관한 모습이 아님을 깨닫습니다. 지나간 짧은 시간도 죄에 동화되어 살았던 저희의 모습이 너무나 뚜렷함을 깨닫습니다. 주님께 용서를 구하오니 긍휼을 베풀어 주옵소서.

**간구 |** 사랑의 주님! 이 해가 벌써 한 달밖에 남지 않아 새날을 기다리는 것처럼, 떨리는 마음으로 주님께서 약속하신 새 하늘과 새 땅을 바라봅니다. 믿음의 눈으로 그 나라가 매우 가까이 다가왔음을 깨닫게 됩니다. 오직 믿음으로, 오직 하나님을 위하여 남은 날을 살아가겠습니다. 세세토록 주님께서 저희들에게 왕으로 통치하시고, 성령의 능력으로 역사하시옵소서.
공의로우신 하나님! 교회의 각 기관마다 새 일꾼을 선출하는 총회를 하고 있습니다. 사람이 제비를 뽑으나 그 걸음을 인도하시는 분은 여호와시라

고 하셨사오니 인간의 생각이나 판단대로 하지 않게 하시고, 마음과 생각을 주관하시는 주님의 뜻이 나타나는 총회가 되게 하여 주옵소서. 총회로 인하여 상처받는 심령들이 없게 하시고, 아울러 교만해지는 심령들도 없게 하여 주옵소서.

임원으로 선출되면 더욱 충성하고 봉사하라는 하나님의 채찍인 줄 깨닫게 하시고, 임원이 못되면 주님처럼 낮아짐을 배우라는 주님의 은혜인 줄 깨달아 더욱 섬김의 본을 보일 수 있는 심령들이 되게 하여 주옵소서. 이제껏 수고한 임원들에게도 주님의 크신 위로와 평안을 주시기를 원합니다. 새롭게 선출된 임원들을 위해서도 기도로 협력해 줄 수 있는 아름다운 마음들이 있게 하옵소서.

**예수님의 이름으로!** 오늘도 계시된 주님의 말씀을 증거하시기 위하여 단 위에 서시는 목사님을 기억하셔서, 진리의 말씀만 선포하실 수 있도록 성령의 능력으로 붙드시고, 듣는 자 모두가 살아있는 주님의 말씀에 강한 지배를 받는 시간이 되게 하여 주옵소서.

예배의 시종을 주님께 맡깁니다. 예배드리는 저희들 가운데 성령께서 친히 운행하심을 믿사옵고 거룩하신 예수 그리스도의 이름으로 기도합니다. 아멘.

# 한 해의 마무리에 맞춘 기도문

**적 용 :** 주일 오전 예배, 주일 오후 찬양예배
**성 경 :** 로마서 8장 28절

**찬양과 감사 |** 지치지 않는 힘의 근원이 되시는 하나님 아버지!
한 해를 시작하게 하시고 이제 일 년을 마무리하게 하심을 감사합니다. 한 해의 복잡다난했던 삶의 막이 서서히 내려지는 연말입니다. 그리고 주님의 탄생하심을 축하하는 분위기 속에서 저희 모두가 충성을 다하다가 주님 앞에 나와 한 해를 마무리하오니 유종의 미를 거둘 수 있도록 축복하여 주옵소서.

**고백과 회개 |** 은혜의 주님! 지난 한 해를 돌아보건대 희망은 있었지만 열매는 없었고, 외침은 있었지만 결과는 없었고, 계획은 많았지만 성과는 너무 작았던 한 해였음을 고백합니다. 열매 없는 무화과라고 베지 마시고, 울리는 꽹과리라고 내어던지지 마시고 게으른 종이라고 내치지 마옵소서. 부족한 결실로 인하여 회개하오니 용서하여 주옵소서.

**간구 |** 반석이신 주님! 한 해가 저무는 이때에 더욱 주님만 의지하게 하여 주옵소서. 오직 주님만 미쁘시고 신실하시기에 오늘도 주님의 전에 부복하였사오니 저희 감사의 기도와 찬양을 받아주시옵소서. 주님께서 저희의 모든 죄를 용서하신 것과 같이 저희가 저희의 잘못과 실수를 잊어버리게 하여 주옵소서. 정죄함이 없으신 주님 앞에서 증오했던 자들을 용서할 수 있게 하시고, 한 해 동안 등졌던 인간관계도 주님의 사랑으로 회복할 수 있게 하여 주옵소서.
주님! 한 해 동안 교회에서 다스리는 자로, 봉사하는 자로, 섬기는 자로, 권하는 자로, 책임과 충성을 다하려고 땀 흘렸던 목사님과 교역자님, 그리고

모든 지체들에게 우리 주님의 크신 격려와 위로가 있기를 원합니다. 이제 돌아오는 새해에도 우리 주님의 인도하심을 따라 무슨 일을 하든지 항상 기도로 준비하며 주님을 기쁘시게 하는 삶을 살 수 있게 하시고, 맡은 일에 최선을 다할 수 있는 충성된 자들이 되게 하여 주옵소서.

새롭게 하시는 주님! 새해에는 하나님이 허락하시는 시간들을 세상의 죄악 가운데 허비하지 않게 하시고 지혜로운 자들이 되어 세월을 아끼는 삶이 되게 하여 주옵소서. 주님께 더욱 가까이 나아갈 수 있게 하시고, 말씀을 더욱 마음 판에 새기며 부지런히 순종할 수 있는 삶이 되게 하여 주옵소서. 성도의 가정들도 붙들어 주셔서 하나님의 선하시고 기뻐하시고 온전하신 뜻이 무엇인지를 분별하여 그 뜻을 좇아 살아갈 수 있는 가정들이 되게 하여 주옵소서.

주님! 특별히 노년에 신앙생활을 하는 성도들을 기억하시고, 무릎의 힘을 잃어버리지 않도록 도와주시고 성전을 지키는 기도 소리가 모든 교우들의 본이 될 수 있도록 은총을 베풀어 주옵소서.

주님! 따뜻한 사랑의 손길이 더욱 그리워지는 계절입니다. 주님의 사랑을 전하는 귀한 사명을 잘 감당할 수 있게 하여 주시고, 이 추운 겨울을 훈훈하게 만들어 가는 축복의 종들이 되게 하여 주옵소서.

**예수님의 이름으로!** 오늘도 주님의 말씀을 증거하시기 위하여 단 위에 서신 목사님을 기억하시고, 능력과 권능으로 붙드셔서 말씀을 전하시기에 조금도 피곤치 않게 하여 주옵소서.

예배의 시종을 주님께 맡깁니다. 이 예배를 주님이 친히 주장하실 것을 믿사옵고 예수 그리스도의 이름으로 기도합니다. 아멘.

## 하나님의 뜻

하나님의 뜻대로 되어 감을 믿는 것이 저의 생명이요
하나님의 뜻대로만 순종케 됨이 저의 생활입니다.

그러므로
저의 뜻대로 부하고 귀한 사람이 되기보다는
하나님의 뜻이라면 패망자가 되기를
저는 기뻐하나이다.

이렇게
저는 저의 생활관을 진리로 해결한 자가 되어
죽으나 사나 주의 것이 되어
자족한 생활자가 되었나이다.

- 손양원 목사(순교자)

# 8부

## 교회 행사에 맞춘
# 대표기도문

# 예배당 정초(상량)식 기도문

**성 경** : 사무엘하 7장 8~17절

거룩하신 하나님 아버지!
00 교회 성도들로 하여금 오랫동안 눈물로 호소하게 하시더니, 오늘 이 터전에 웅장한 주의 전을 건축하게 하시오니 감사합니다.
간절히 바라고 소원합니다. 하나님의 사람 다윗이 하나님의 전을 건축 하리라고 뜻을 정하기만 하였는데도 하나님이 기뻐하셔서 "네가 어디로 가든지 내가 너와 함께 있어 네 모든 원수를 네 앞에서 멸하였은즉, 땅에서 위대한 자들의 이름같이 네 이름을 위대하게 만들어 주리라, 내가 또 내 백성 이스라엘을 위하여 한 곳을 정하여 그를 심고, 그를 거주하게 하고 다시 옮기지 않게 하며, 악한 종류로 전과 같이 그들을 해하지 못하게 하여 전에 내가 사사에게 명하여 내 백성 이스라엘을 다스리던 때와 같지 아니하게 하고, 너를 모든 원수에게서 벗어나 편히 쉬게 하리라"(삼하 7:9~11)고 축복해 주신 일을 우리가 아나이다.

다윗은 뜻을 정하였을 뿐이었는데도 이 같은 복이 임하였거늘, 하물며 신령한 사역을 착수하고 이미 그 기초를 놓는(이미 그 들보를 올리는) 자리에 이르렀사오니 어찌 더욱 큰 축복이 없사오리까? 이미 놀라운 은혜가 임하였으며, 사랑이 임하였으며, 아름다운 복락이 임하였으며, 오늘도 내일도 끊임없이 계속되어 풍성하게 하실 줄 믿어 감사와 찬송을 드리나이다.
다윗이 정한 뜻이 반드시 이 땅 위에 그 성취를 보았던 것처럼 우리도 그 성취를 보리라고 믿습니다.

이를 인하여 하나님이 다윗에게 풍성한 물질을 주실뿐 아니라, 거룩한 역사를 대리할 존귀한 아들 솔로몬을 허락하셨으며, 또한 수많은 일꾼들을 보내어 주실 뿐 아니라, 특별히 두로 왕 히람의 마음을 움직여 레바논의 향기로운 백향목을 무궁무진하도록 찍어 쓸 수 있게 하셨던 것처럼, 앞으로 이 전을 건축하는 과정에 있어서도 이와 같이 축복해 주실 것을 우리가 다 확신합니다.

감격스러운 헌당의 날을 어서 속히 앞당길 수 있게 하여 주시옵소서. 자금 사정이 원활하게 하시며, 인력 동원에 차질이 없게 하옵시며, 산발랏과 도비야와 같은 무리가 일어나 신령한 일을 훼상치 못하게 하옵소서.
이 예식을 통하여 영광을 거두시오며, 이 예식을 통하여 오늘 우리에게 놀라운 은총을 힘입을 수 있게 하여 주시옵소서.
주 예수 그리스도의 이름으로 기도합니다. 아멘.


**예배당 건축에 관한 예식의 종류**
예배당 건축에 관한 예식에는 다음과 같은 예식들이 있다.
① 예배당 기공식: 예배당 건축을 시작하려고 하면서 행하는 예식이다.
② 예배당 청초식: 머릿돌을 놓으면서 행하는 예식이다.
　　　　　　　　　이는 한옥(韓屋)의 상량식(上梁式)과 같은 것이다.
③ 예배당 입당식: 예배당의 건축이 끝나서 입당하면서 행하는 예식이다.
④ 예배당 헌당식: 예배당의 건축이 완료되어 이제는 하나님께 드리는 예식이다.

# 예배당 입당식 기도문

**성 경** : 에스라 3장 10~13절

주님께서 피로 값 주고 사신 교회를 이곳에 세우시고, 저희들의 정성 어린 힘과 땀과 헌금으로 아름다운 교회를 건축할 수 있도록 축복하신 은혜를 감사합니다. 또한 새 성전에 입당하고 감격의 예배를 드릴 수 있도록 섭리하심을 진심으로 감사합니다.

이제 저희들에게 새로운 성전을 허락하여 주셨사오니, 주님의 몸 된 교회를 위하여 뜻을 다하고, 힘을 다하고, 성품을 다하여 더욱 봉사할 수 있는 저희들 되게 하여 주옵소서. 또한 주의 사랑하는 백성들이 이 자리에 나올 때마다 고민과 질병과 삶에 대한 궁핍함이 해결되고 새로운 평안과 기쁨과 소망으로 넘쳐 나게 하옵소서.

주님의 몸 된 교회를 저희들을 통하여 이곳에 더욱 크게 세울 수 있도록 하심은 이 지역 사회를 위한 사명도 더욱 크게 감당하라는 주님의 뜻이 계신 줄 압니다. 주님의 뜻을 받들어 이 지역 사회를 잘 섬길 수 있는 저희들이 되게 하시고, 이 시대를 향하여 감당하여야 할 선지자적인 사명도 부족함 없이 감당할 수 있는 저희들 되게 하여 주옵소서. 또한, 이 교회가 불쌍한 영혼들에게 생명을 나누어 주고, 소망을 나누어 주고, 광명을 나누어 주고, 평강을 나누어 주는 교회의 사명을 잘 감당할 수 있도록 권고하여 주옵소서.

사랑의 하나님! 이 새로운 성전에서 주님의 사역을 맡아 저희의 심령을 인도하는 목사님을 축복하시고 저희 모든 양 떼들을 푸른 초장과 잔잔한 시냇가로 인도하여 먹이시는데 조금도 부족함이 없는 능력의 종이 되게 하시고, 주님의 선한 뜻을 전하시기에 조금도 피곤치 않게 건강으로 지켜 주옵소서.

저희들을 사랑하사 이곳에 새로운 성전을 짓도록 은혜를 베풀어 주신 예수 그리스도의 이름으로 기도합니다. 아멘.

# 예배당 헌당식 기도문

**성 경 :** 출애굽기 25장 8~22절

지극히 높으시고 영화로우신 주님! 저희가 무엇이든지 주께 드리기를 감당치 못하오나 주께 구하옵나이다. 주의 자비하심으로 저희가 지금 드리는 이 집을 받으셔서 정성된 마음으로 주를 섬기게 하시며, 이후에 주의 종들이 이곳에서 주님의 이름으로 기도할 때에 기쁘게 들으시고 큰 은혜를 베푸셔서 그들을 감화하시며, 그들로 하나님의 큰 엄위하심을 밝히 깨닫게 하사, 자기들의 비천함을 알아 겸손하고 공경하는 마음으로 주의 앞에서 그 기뻐하시는 일을 행하여 주를 섬기게 하옵소서.

또 구하옵나이다. 저희들의 기도를 들으셔서 이 회당에서 거룩한 세례로 주께 바치는 사람으로 영원히 주의 진실한 자녀 가운데 있게 하옵소서. 또 구하옵나이다. 주께서 은혜를 베푸셔서 이 회당에서 성찬을 받는 사람들이 믿고 사랑하며 참 회개하는 마음으로 받게 하시고, 예수의 죽으심으로 모든 은혜를 풍성히 얻게 하옵소서. 또 구하옵나이다. 이 회당에서 거룩한 결혼식을 하는 사람들도 영원히 주의 은혜 가운데서 진실한 자녀들이 되게 하여 주옵소서.

또 구하옵나이다. 무릇 이 회당에서 성경과 전도함을 듣는 사람으로 마음속에 성신의 감동함을 입어 자기의 행할 바를 깨닫고 온전케 할 권능을 주옵소서. 전능하신 하나님이시여, 이 성전에 임하사 주야로 계시오며, 주의 종들이 언제든지 이 성전에 와서 간구하는 기도를 들으시고 저들의 죄를 사유하여 주시며, 주의 사역자들이 하나님의 의로우심을 입게 하시고, 모든 성도들이 구원을 받음으로 기뻐하게 하옵소서. 또 구하옵나이다. 저희와 주의 모든 성도들이 다 주의 성전이 되게 하시고, 나중에 하늘에 있는 주의 성전에까지 이르게 하옵소서.

모든 것을 주 예수 그리스도의 이름으로 기도합니다. 아멘.

# 학교 건물 정초식 기도문

**성경** : 에스라 3장 10~13절, 베드로전서 2장 4~8절

전지전능하신 하나님 아버지!
주께서는 모든 진리의 근원이시며 모든 생명의 주인이신 줄 아옵고, 또한 하나님께서 저희에게 길과 진리와 생명이 되시며 저희의 구주가 되시는 하나님의 아들을 선물로 주셨사오며, 저희를 모든 진리로 인도하시는 성령을 주심을 감사합니다.
저희가 주께 고백하기는 저희의 모든 계획과 사업이 다 주님께서 지도하시고 복 주심이 아니면 다 허사로 돌아갈 줄 아오며, 저희가 이루었다는 모든 일도 만일 주님의 뜻을 성취함이 아니면 마침내 실패에 돌아갈 줄 아옵나이다. 그러므로 우리가 이제 간구하옵기는 이 일을 경영하는 모든 책임자들에게 복을 베푸셔서 처음으로부터 마칠 때까지 우리 주님의 지혜로운 방도를 좇아 완성하게 하시며, 이 건축에 관계할 모든 사람들도 성령의 지도를 받게 하옵소서. 저희가 오늘 여기 놓은 모퉁이 돌이 저희의 모든 건축물의 머리가 되시며, 저희의 모든 노력에 유일한 희망이 되시는 주님의 표상이 되게 하옵소서.
복을 더하시는 하나님 아버지! 장차 여기서 지도하며 가르치는 이들에게 복을 베푸셔서 그들이 주의 진리를 떠나지 않게 하시며, 배우는 자들에게도 복을 베푸셔서 그들의 생활을 선미케 할 만한 지혜를 얻게 하옵소서.
이 집을 건축하기 위하여 의연한 이들에게 복을 베푸시옵소서. 이 집을 건축할 때에 일하는 모든 사람들도 평안하게 하시고, 이 건축물이 주의 뜻대로 완성될 때에 주님의 복을 이 학교에 계속하여 내리심으로 이 사회와 이 땅에 복이 되게 하시며, 하나님의 아들 우리 주 예수 그리스도를 영화롭게 하도록 도우시옵소서. 이 모든 것을 예수 그리스도의 이름으로 기도하옵나이다. 아멘.

# 전교인 야외 예배 기도문

**성 경 :** 이사야 40장 26~28절

할렐루야!
주님의 크신 은혜와 사랑을 감사합니다. 화창한 날씨와 좋은 장소를 허락하시어서 온 교우들이 한자리에 모여 주님이 선물로 주신 대자연 속에서 예배드리게 하시고, 성도의 교제를 뜨겁게 나누게 하심을 감사합니다. 야외로 나와 주님이 창조하신 아름다운 대자연을 마주 대하니 저희들을 향하신 주님의 사랑이 얼마나 놀랍고, 깊고, 큰지를 다시 한번 피부로 느끼지 않을 수 없나이다.

이 시간, 야외 예배로 한자리에 모여 친밀한 성도의 교제를 나누는 데만 마음을 쏟을 것이 아니라, 주님이 창조하신 이 아름다운 자연을 보며 저희에게 쏟고 계시는 주님의 사랑과 정성이 얼마나 놀라운 것인지를 마음 깊숙이 새겨 보는 시간이 되게 하여 주옵소서. 또한 언제나 주님의 성호를 찬양할 수 있는 입술이 되게 하여 주옵소서.

이 복되고 아름다운 자리에 함께 하지 못한 성도들이 있습니다. 그들의 안타까운 마음을 헤아려 주시기를 원합니다. 지금 어디에서 무엇을 하든지 주님께서 함께 하시는 복된 자리가 되게 하시고, 그들의 행위 가운데 주님께서 기뻐하시는 모습들이 넘쳐나게 하옵소서.

특별히 이번 야외 예배를 준비하기 위하여 마음을 쏟은 손길들이 있습니다. 주님께서 더 큰 복으로 함께 하시고 위로하여 주시기를 원합니다. 말씀을 전하여 주실 목사님께도 성령의 능력으로 붙들어 주셔서 주님께서 창조하신 자연과 더불어 전해지는 말씀이 송이 꿀 보다 더 단 말씀이 되게 하여 주옵소서.

오늘의 순서를 다 마치고 돌아가는 교통편까지도 함께하여 주시기를 원하오며 예수 그리스도의 이름으로 기도합니다. 아멘.

# 전교인 체육대회 기도문

**성 경** : 히브리서 12장 1절

만복의 근원이 되시는 하나님 아버지!
좋은 환경과 맑은 날씨를 허락하셔서 온 성도들이 한자리에 모여 체육대회를 개최할 수 있도록 이끄신 주님의 크신 은혜와 사랑을 감사합니다. 오늘 어린아이로부터 장년에 이르기까지 00 교회에 속해 있는 온 교우들이 한자리에 모였습니다. 믿음의 식구들이 뜻을 같이 했습니다. 우리 주님께서 이 시간을 통하여 홀로 영광 받으시고 주님이 채워주시는 큰 은혜가 더욱 넘치는 귀한 시간이 되게 하여 주옵소서.
사랑의 주님! 오늘 이 자리에 선수로 뛰는 교우와 응원하는 모든 성도님들 위에 크신 복을 더하여 주옵소서. 이 체육 대회가 단순한 체육 대회가 아닌 마귀와의 영적 전투를 어떻게 해야 하는지를 배우는 자리가 되게 하시고, 영적으로 승리하는 삶을 살기 위하여 어떤 자세로 살아야 하는지를 깨닫는 시간이 되게 하여 주옵소서. 특별히 간구하기는 오늘 경기에 선수로 출전하는 교우들의 마음을 주장하여 주셔서 지나친 승부욕에 집착하지 않게 하시고, 서로 용납하는 마음으로 멋진 경기를 만들어 나갈 수 있도록 이끌어 주시옵소서. 규칙을 어기거나 다투는 일 또한 발생하지 않게 하시고, 몸을 다치는 일이 없도록 성령께서 보호하여 주옵소서.
오늘, 이 복되고 즐거운 자리가 있기까지 마음을 쏟으며 준비한 손길들이 있습니다. 저들의 수고에 주님의 위로가 있게 하시고, 기쁨이 넘치게 하옵소서. 이 대회를 운영하는 성도들에게도 함께하셔서 하루의 수고가 헛되지 않도록 이끌어 주옵소서. 경기에 임하기 전 목사님을 통하여 주님의 귀한 말씀을 듣습니다. 듣는 저희들의 귀가 더욱 복 있게 하시고, 말씀을 전하시는 목사님도 성령의 능력으로 붙들어 주옵소서. 오늘 하루의 모든 일들을 주님께서 주관하시고, 인도하시고, 함께하여 주실 것을 믿사옵고 예수 그리스도의 이름으로 기도합니다. 아멘.

# 전교인 수련회 기도문

**성 경** : 레위기 19장 2절 마태복음 13장 31~32절

사랑의 주님!
저희 교회를 사랑하셔서 하나님의 아름다운 자연 속에서 새롭게 신앙을 무장하고 심신을 단련시킬 수 있는 수련회를 갖게 하심을 감사합니다. 금번 수련회 기간을 통하여 저희들의 신앙을 다시 한번 점검할 수 있는 계기로 삼게 하시고, 느슨했던 신앙을 돌아보며 영적인 각성이 있게 하시며, 심령을 내어 쏟는 회개와 더불어 심령의 불을 붙일 수 있는 더욱 큰 은혜를 사모하는 시간이 되게 하옵소서. 3박 4일의 짧은 기간이지만 저희들이 새롭게 변화 받고 성령의 큰 능력을 체험하는 데는 결코 짧은 기간이 되지 않게 하시고, 저희들에게 향하신 주님의 그 놀라운 사랑과 은혜를 그 어느 때보다도 가슴 깊숙이 느끼는 축복의 시간이 되게 하옵소서.
특별히 이번 수련회를 위하여 오래전부터 땀과 기도로 준비한 기관이 있습니다. 복된 수련회가 되기 위하여 수고한 손길들마다 갑절의 은혜를 내려 주시고, 그 수고가 결코 헛되지 않았음을 귀로 듣고, 눈으로 보는 은혜의 시간이 되게 하옵소서. 여러 가지 프로그램을 준비한 진행 위원에게도 함께하셔서 준비한 모든 것들이 저희 모두에게 큰 유익이 되게 하시고, 시간 시간마다 큰 비전을 제시할 수 있는 귀한 시간들이 되게 하옵소서.
이 수련회를 돕기 위하여 함께 오신 목사님, 전도사님, 집사님들께도 은혜를 넘치게 하시고, 장소를 제공한 손길 위에도 그 심령이 더욱 복되게 하여 주옵소서. 수련회 기간 동안 날씨도 주관하여 주셔서 준비한 모든 프로그램들이 주님의 은혜 가운데 잘 진행되게 하시고, 그 어떤 미미한 불미스러움도 발생하지 않도록 성령의 검으로 막아주옵소서. 성삼위 하나님께서 홀로 영광 받으실 것을 믿사옵고 예수 그리스도의 이름으로 기도합니다. 아멘.

# 심령 부흥회 기도문

**성 경** : 골로새서 3장 2~3절

어제나 오늘이나 영원토록 살아계신 전능하신 하나님 아버지!
영적 기근의 시대를 살아가는 저희들에게 구별된 삶을 살고자 하는 열망을 갖게 하셔서 소망을 하나님께 두며 이 세대를 본받지 않게 하시니 감사합니다. 허물과 죄로 죽었던 저희를 예수 그리스도 안에서 살리셨사오니 모세와 함께 하셨던 것처럼, 여호수아를 도우셨던 것처럼, 바울과 동행하셨던 것처럼, 지금 저희들과 함께 하시옵소서.
은혜의 주님!
식어진 저희의 심령에 성령의 충만을 허락하시기 위하여 심령 부흥회를 갖게 하시고, 성령 충만한 강사 목사님도 보내주심을 진심으로 감사합니다. 오늘부터 시작되는 이 부흥집회에 성령님이 바람같이, 불같이, 생수같이 임하셔서 상하고, 애통하고, 갈급한 심령들이 소생하며, 육신의 문제와 질병으로 고통받는 자들의 문제가 해결되며, 치료의 광선이 비치고, 가정과 사업과 생활에 뒤엉켜 있는 모든 문제들이 근본적으로 해결되는 축복의 시간이 되게 하여 주옵소서.

또한, 성령의 권능을 힘입어 초대교회 성도들과 같이 복음을 증거하는 일꾼이 되기를 원합니다. 이 시간 소낙비와 같이 성령의 능력을 부어주셔서 식어져 있던 심령에 불을 지피게 하시고, 저희의 가족과 친척과 이웃에게 복음을 전하고 성령의 불을 붙일 수 있는 능력의 종들이 되게 하여 주옵소서. 또한 기도의 영에 사로잡히게 하셔서 가정과 교회와 나라와 민족을 위하여 마음과 영혼을 내어 쏟을 수 있는 기도를 하게 하옵소서.
이 시간 일신상의 문제로 인하여 주님이 베풀어 주신 은혜의 자리에 참석하지 못한 성도들도 있습니다. 육신적인 문제에 얽매여 영적인 일을 등진 성도들을 불쌍히 여겨 주시고, 하나님을 재물과 겸하여 섬길 수 없음을 깨달아 하나님께 영광 돌리며 살 수 있는 복된 삶으로 이끌어 주시기를 원합니다. 또한 이 복되고 은혜로운 자리에 참석하고 싶어도 부득불 참석하지 못한 성도들도 있습니다. 어디에서 무엇을 하든지 이곳에서 역사하시는 주의 성령께서 저들 심령 속에도 역사하여 주셔서 동일한 은혜를 받게 하시고, 위로하여 주옵소서.

이 시간 단 위에 세우신 강사 목사님을 주님의 강하신 오른팔로 붙드셔서 심령을 쪼개는 말씀을 전하게 하시고, 은혜를 사모하는 저희 모두가 주님의 임재하심을 체험하는 놀라운 시간이 되게 하여 주옵소서.

이 시간부터 복되고 은혜로운 성회를 마치는 날까지 악한 사탄 마귀 일절 틈타지 못하도록 성령의 검으로 막아 주실 것을 믿사옵고 지금도 초대교회 때와 같이 동일한 은혜를 쏟아부어 주시기를 원하시는 주 예수 그리스도의 이름으로 기도합니다. 아멘.


### 부흥회란?

1. 죽은 자를 살리며(호 4:7)
2. 병든 자를 치료하며(호 13:14, 출 15:26)
3. 약한 자를 강건케 하며(마 10:1)
4. 꺼진 불을 다시 일으키며(딤후 1:6)
5. 넘어진 자를 다시 일으키며(잠 25:16)
6. 물러가는 자를 전진케 하며(히 10:39)
7. 곁길로 가는 자를 바른길로 세우는 것이다.(사 42:16)

# 총동원 전도 주일 기도문

**성 경** : 역대상 16장 23~24절

인생의 모든 것들을 능히 이루실 권세를 가지신 하나님 아버지! 저희들이 그 능력의 은혜를 입어 지금까지 살아왔음을 고백하오며 감사와 영광을 드립니다. 하나님께 감사하는 때가 너무 적고 시간조차 짧지만, 나무라지 않으시고 기쁘게 받아 주시기에 오늘도 미약한 정성을 부끄러워하며 주님 앞에 꿇어 엎드립니다. 한없이 부족한 저희들이오나 은혜를 더하시고, 온 세상에 복음을 널리 전파하는 일에 사용하시옵소서.

모든 권세와 힘의 주관자가 되시는 하나님 아버지! 특별히 오늘을 은혜로우신 주님 앞에 몸과 마음과 저희들의 모든 것이 총동원되는 총동원 전도 주일로 지키게 하시니 감사합니다. 주님이 분부하신 복음 전도의 사명을 제대로 감당하지 못하는 저희들이오나 주님 앞에 늘 부끄러운 마음 감출 길 없어 한 영혼만이라도 생명의 길로 인도해 보려고 총동원 전도 주일로 지키게 되었습니다. 행사에 그치는 전도 주일이 되지 않기 위하여 짧은 기간이지만 기도하며 영혼 구원 사역에 총력을 기울였습니다. 영혼 구원의 열매를 맺는 성도들에게는 주님의 칭찬과 상급이 있게 하시고, 몸과 마음과 시간을 바쳐 한 생명이라도 주님께 인도해 보려고 힘썼지만 열매 없이 무겁고 안타까운 마음으로 이 자리에 참석한 성도들에게는 낙심과 실망에 사로잡히지 않도록 주님의 위로와 은혜를 더하여 주시옵소서.

사랑의 주님! 좀 더 최선을 다했으면 하는 아쉬움이 남습니다. 그러나 영혼 구원의 사역은 오늘로써 그치는 것이 아니라 주님이 부르시는 그날까지 계속돼야 할 저희들의 사명이기에 새로운 용기를 얻습니다. 계속적으로 영혼 구원의 사역에 힘쓸 수 있도록 힘과 용기를 주시고 능력을 부어주시옵소서.
오늘 주님의 교회에 처음 참석하게 된 분들도 있습니다. 아직은 교회나 예배 순서에 대하여 낯설고 어색하겠지만 오늘 한 번의 참석으로 끝나지 않게 하시고 계속적으로 참석할 수 있도록 성령께서 도우셔서 주님을 영접하고 믿음이 자라갈 수 있도록 도와주시옵소서.
총동원 전도 주일을 위하여 여러모로 준비한 손길들과 목사님을 기억하셔서 하나님의 위로와 은혜가 더욱 넘쳐나게 하시옵소서.
특별히 생명의 말씀을 선포하시는 목사님을 성령의 오른손으로 붙들어 주셔서 이 자리에 처음 참석한 자나 저희 모두가 하늘의 신령한 은혜를 맛보는 시간이 되게 하옵소서.
예배가 이미 시작되었습니다. 예배의 시종을 길과 진리와 생명이 되신 주님이 친히 주장하실 것을 믿사옵고 예수 그리스도의 이름으로 기도합니다. 아멘.


### 총동원 전도란?

총동원 전도는 이름 그대로 모든 것이 총동원되어서 전도에 집중되는 것이다. 인간의 타락 이래 인류의 구원은 하나님의 계획이시고, 그리스도는 이 일을 위하여 보냄을 받았고, 성경은 이 일을 위하여 주어졌고, 그리스도의 교회는 이 일을 위하여 세워졌다. 그렇다면 오늘의 교회가 해야 할 일은 명백하다. 그것은 우리가 모든 힘을 쏟아서 복음을 전하는 일이다. 그렇기 때문에 총동원 전도를 하는 목적은 모두가 다 복음을 전하여 한 생명이라도 구원하자는 것이다.

# 특별새벽 기도회 기도문

**성 경** : 호세아 6장 3절

은혜가 풍성하신 하나님 아버지!
지난밤 동안에도 저희들을 주님의 품에 지키시며, 편히 쉬게 하여 주시고 새 힘과 소망을 가지고 하루를 맞이하게 하여 주시니 감사합니다. 또 저희들을 재촉하셔서 이 새벽에 주님의 거룩한 집에 나와서 기도하게 하시니 감사합니다.

자비로우신 하나님 아버지!
오늘부터 특별새벽 기도회가 시작됩니다. 그동안 세상의 안일만을 추구하고 주님께 엎드려 기도하는데 게을렀던 저희들입니다. 영적인 일에 너무나 나태했던 저희들입니다. 세상의 쾌락을 위해서는 한없는 애착을 가졌던 저희들입니다. 용서를 구하오니 긍휼히 여겨 주시옵소서.
이 새벽에 새롭게 변화 받기를 원합니다. 성령의 단비를 내려 주셔서 빈들의 마른 풀이 단비를 맞아 소생하듯이, 저희들의 영육이 새롭게 변화되어 소생케 되는 역사가 있게 하여 주시옵소서. 특별히 이번 특별새벽 기도회를 통하여 새벽 기도가 훈련되게 하시고, 새벽잠을 희생하고서라도 기도해야 한다는 영적인 부담이 영혼을 파고들므로 계속적으로 주님 앞에 새벽 기도를 드릴 수 있는 저희들이 되게 하여 주시옵소서.

하나님께서 이스라엘 백성들을 광야 40년 동안 새벽에 일어나도록 훈련시키신 것을 저희가 압니다. 이번 특별새벽 기도가 하나님께서 새벽에 이적을 행하심으로 새벽을 깨우는 종들로 하여금 하나님의 능력과 성호를 찬양하게 하셨듯이, 저희들에게도 동일한 축복이 있게 하여 주옵소서. 아울러 그 옛날 한국 강산의 영적 대각성운동이 새벽 기도를 통하여 불씨를 당겼듯이, 이번 특별새벽 기도회가 제2의 영적 대각성 운동을 일으키는 불씨가 되게 하여 주옵소서. 그리하여 저희 개인은 물론 교회도, 이 지역과 사회도, 더 나아가 전 세계에까지도 성령의 불기로 활활 타오르게 하여 주옵소서.

이번 특별새벽 기도회에 참석지 못하는 성도들이 없게 하시고, 전교인이 한 사람도 빠짐없이 모두 참석할 수 있도록 은혜를 베풀어 주옵소서.
이 새벽에 말씀을 전하시는 목사님을 능력의 오른손으로 강하게 붙들어 주시기를 원합니다. 언제나 능력의 말씀을 전하시기에 조금도 피곤함이 없게 하시고, 말씀을 듣는 자의 심령마다 성령의 불을 체험케 되는 역사가 있게 하여 주옵소서.
예배의 시종을 주님께 의탁합니다. 우리 주님이 성령을 통하여 시간 시간마다 주장하여 주시고 풍성한 은혜를 내려주실 것을 믿사오며, 새벽 기도의 본을 보이신 예수 그리스도의 이름으로 기도합니다. 아멘.


**한국의 새벽 기도**

한국의 새벽 기도는 1907년 평양 장로회 신학교 제1회 졸업생인 길선주 목사에 의하여 시작되었다. 길선주 목사에 의하여 시작된 한국의 새벽 기도는 1907년 장대현교회에서 시작된 부흥운동에 결정적인 불씨를 당겼고, 영적 대각성운동의 직접적인 동기가 되었다. 그 후, 한국의 새벽 기도는 한국교회의 부흥에 지대한 영향을 끼쳤고, 기도의 열심이 대 부흥운동을 가져왔다는 것은 세계 기독교사에서도 유례를 찾기 힘든 한국교회의 특징 가운데 하나이다.

# 교회 설립 기념주일 기도문

**적 용 :** 주일 오전 예배
**성 경 :** 에베소서 2장 20~22절

**찬양과 감사 |** 전지전능하시고 거룩하신 하나님 아버지!
주님의 크신 뜻이 계셔서 이곳에 주님의 몸 된 교회를 세워 주시고 구원의 역사를 감당하게 하시며, 복음의 빛과 진리의 등불을 밝히게 하시니 감사합니다. 오늘 뜻깊은 설립 기념 주일을 맞이하여 온 교우들이 한마음 한뜻이 되어 기념예배를 드리며 주님께 영광 돌릴 수 있는 기회를 주시니 참으로 감격스럽고 감사할 뿐이옵니다. 마음을 다하여 주님께 드리는 이 예배를 계신 곳 하늘에게 홀로 영광 받으시옵소서.

**고백과 회개 |** 하나님 아버지! 지난날을 회고해 보건대 저희는 주님이 이곳에 교회를 세우신 그 크고 놀라우신 뜻을 까마득히 잊어버리고, 육신적인 일에만 우선권을 두고 그것에 전전긍긍하며 살아왔나이다. 주님의 몸 된 교회를 위하여 맡은 바 사명을 잘 감당하지 못하고 온전한 헌신을 드리지 못한 저희를 긍휼히 여기사 용서하여 주시고, 참회하는 심령에 성령으로 충만하게 하여 주시기를 원합니다. 주님이 저희를 사랑하셔서 이 귀한 교회를 섬기게 하셨사오니, 그 사랑을 더욱 깨달아 저희의 생명이 다하기까지 죽도록 충성할 수 있게 하옵소서.

**간구 |** 저희들의 온전한 헌신이 없었음에도 불구하고 이 교회와 저희를 사랑하셔서 일취월장 성장하게 하셨사오니, 이 같은 주님의 은혜를 더욱 깊숙이 깨달아 교회 성장을 위하여 더욱 힘쓰는 저희들 되게 하시고, 생산적인 교회로, 복음을 전파하는 교회로, 이 시대를 구원하는 교회로 더욱 든든히 서 갈 수 있도록 축복하여 주시옵소서. 또한 주님이 분부하신 구령의 열정이 식지 아니하는 교회가 되게 하시고, 날마다 찬양 소리가 우렁차게 울

려 퍼지며, 폭포수 같은 기도의 소리가 멈추지 않는 교회가 되게 하옵소서.

이제껏 이 교회를 위하여 눈물과 기도로 밤을 지새우며 주님의 뜻을 이루고자 온갖 고통을 무릎 쓰고 애쓰신 목사님을 기억하시기를 원합니다. 그 힘쓰고 애씀이 결코 헛되지 아니하고 하늘의 영원한 상급을 누릴 수 있도록 주님이 위로하여 주시고, 앞으로도 이 교회와 이 교회에 속한 믿음의 권속들을 위하여 힘쓰고 애쓰실 때 더욱 큰 능력으로 함께 하셔서 조금도 부족함이 없도록 이끌어 주옵소서.

당회원과 모든 제직들에게도 함께하시기를 원합니다. 그동안 여러모로 주님의 몸 된 교회를 위하여 고생하고 수고한 것을 주님이 갚아 주시고, 더욱 힘써서 충성할 수 있는 능력의 종들이 되게 하옵소서. 내조하시는 사모님에게도 지혜와 명철을 더하여 주셔서 목사님의 목양 사역이 더욱 빛을 발하게 하여 주옵소서.

**예수님의 이름으로** 예배의 시종을 주님께 맡깁니다. 이 영광스럽고 복된 날 아직도 미참한 발걸음이 있사오니 그들의 발걸음을 재촉하여 주셔서 함께 예배할 수 있는 심령들이 되게 하옵소서. 모퉁이의 머릿돌이 되셔서 친히 교회를 세우신 예수 그리스도의 이름으로 기도합니다. 아멘.


### 창립과 설립의 차이

창립과 설립의 차이점을 설명하면 이렇습니다.
창립은 처음으로 세우는 것이고, 설립은 처음이 아니고 새로 세우는 것입니다. 따라서 교단을 처음 세웠을 때는 '교단을 창립한다'는 것이 옳고, 이미 창립된 교단에서 교파 확장을 위해 일정한 장소에 새로 교회를 세울 경우는 '교회를 설립한다'고 해야 옳습니다. 그리고 넓은 의미에서는 기독교 교회를 창립하신 분은 예수 그리스도이시며, 그 외의 교회는 모두가 설립이라고 보는 것이 옳습니다.

# 여름성경학교를 위한 기도문

**적 용** : 주일 오전 예배, 주일 오후 찬양예배
**성 경** : 잠언 22장 6절

**찬양과 감사|** 하늘과 땅과 그 가운데 모든 것을 지으시고 다스리시는 주님! 저희들에게 생명과 호흡을 주심을 감사하오며 이 시간, 찬송과 영광을 돌립니다. 메마른 땅에 단비를 주사 만물이 신선하게 자라게 하시며, 젖은 땅에 햇빛을 비추사 오곡백과가 성숙게 하시며, 온 천지가 주의 은혜와 축복 속에 자라게 하여 주심을 감사합니다.

오늘 주일을 지키며 예배드리는 저희들에게 그 신실하신 약속이 이루어질 줄 믿습니다. 이 예배 시간을 통하여 주님을 사모하는 저희들의 눈을 밝히셔서 진리를 찾게 하시고, 마음을 열어 하나님 나라의 영광을 누리게 하옵소서. 찬송과 기도로 주님께 경배합니다. 주님의 보좌에 향기 나는 제물이 되게 하옵소서.

**고백과 회개|** 자비로우신 주님! 한 주간의 삶을 돌이켜 보건대 저희에게는 의로운 것이 하나도 없었음을 고백합니다. 불의를 용납지 아니하시는 우리 주님이심을 알면서도 올바르지 못한 생활에 젖어 있었던 저희들입니다. 주님의 사랑이 크심을 핑계 삼아 함부로 죄악을 범하고, 사랑으로 덮어 주시기를 요구했던 염치없는 사람이 바로 저희들입니다.
용서하여 주옵소서. 남의 허물을 덮어주고 사랑을 베푼 기억은 아득히 희미해져 버리고 말았습니다. 불의에 젖어 벗어날 길 없는 삶 속에서, 오직 주님의 용서만을 바라며 여기까지 왔사오니 불쌍히 여겨 주옵소서. 이 시간에 죄로 찌든 저희의 영혼을 치유하시는 주님의 그 은혜와 그 사랑을 다시 한번 경험하며 감사의 눈물을 흘릴 수 있게 하옵소서.

**간구ㅣ** 사랑의 주님! 오늘부터 어린 심령들에게 심령 부흥을 일으키기 위하여 여름성경학교를 시작합니다. 그동안 교사들이 이번 여름성경학교를 위하여 피곤을 무릅쓰고 정성껏 준비했습니다. 우리 주님이 그 수고한 것이 헛되지 않도록 능력으로 이끌어주시고, 그 어느 해 보다도 알차고 은혜로운 여름 성경학교가 될 수 있도록 도와주시옵소서.

무더운 여름날에 실시하는 행사이니 만큼 무엇보다도 더위로 인한 안전사고가 발생될까 심히 염려스럽습니다. 광야를 행진하던 이스라엘 백성들을 구름과 불기둥으로 보호하여 주신 주님께서 특별히 이번 여름성경학교 기간 동안에도 동일한 은혜로 함께하여 주시옵소서.
교회의 모든 성도들도 어린 심령들을 사랑하는 마음으로 여름성경학교를 위하여 물심양면으로 협력하게 하시고, 무엇보다도 뜨거운 기도로 뒷받침해 줄 수 있는 성도들이 되게 하여 주옵소서.
그리고 소문만 무성한 여름 성경학교가 되지 않기를 원합니다. 열매를 많이 맺어 주님께 큰 영광 돌리는 복된 여름 성경학교가 되게 하시고, 이번 기회에 어린 심령들을 물론 지도하는 교사들도 놀라운 성령의 능력을 체험하는 역사가 있게 하옵소서.

**예수님의 이름으로ㅣ** 오늘도 주님의 말씀을 듣고 단 위에 서신 목사님을 기억하시고 성령의 능력을 덧입혀 주셔서 갈급한 심령에 단비 같은 말씀을 전하실 수 있게 하여 주옵소서. 이미 예배가 시작되었습니다. 주님이 내리시는 은혜의 만나가 풍성한 시간이 되게 하실 것을 믿사옵고 예수 그리스도의 이름으로 기도합니다. 아멘.

# 수료(졸업) 예배 기도문

**적 용** : 주일 오후 찬양예배
**성 경** : 시편 25편 4~5절

사랑의 하나님 아버지!
여호와를 경외하는 것이 지식의 근본임을 깨닫게 하심을 감사합니다. 이 시간도 경배와 찬양을 주님께 돌립니다. 받아주시옵소서. 오늘은 특별히 각 학교의 졸업 시즌을 맞아 저희 교회에서도 졸업(수료) 예배를 드리게 되었습니다. 초등, 중등, 고등, 대학과정을 졸업하는 주님의 자녀들이 있사오니 그들에게 더욱 큰 은혜를 내려 주옵소서. 주님께서 주신 인생의 귀중한 기회를 잘 선용할 수 있는 그들이 되게 하시고, 성실하게 배움에 임할 수 있는 학생들이 되게 하옵소서. 특별히 학문을 연구할수록 성령께서 그들의 길을 열어 주셔서 세상 사람들에게 뒤처지지 않게 하시고, 오히려 그들을 리드해 갈 수 있는 주님의 신실한 종들이 되게 하옵소서.
또다시 원하옵기는, 그들이 세상 학문에 얽매어 주님의 사명을 잘 감당치 못할까 염려스럽습니다. 언젠가는 주님 앞에서 결산하게 될 것임을 생각하며 세상 학문을 탐구하는 데만 온 정신을 쏟지 않게 하시고, 주님의 심오한 진리의 말씀을 알아가는데 마음을 쏟을 수 있는 그들이 되게 하옵소서. 성경 기자가 "주의 말씀은 내 발에 등이요 내 길에 빛이니이다."(시 119:105)라고 고백한 것을 생각합니다.
인생의 빛이 주님의 말씀을 아는 것에 달려 있음을 깨달아 알게 하셔서 주님의 말씀을 주야로 묵상하는 그들이 되게 하시고, 한시도 주님의 말씀을 멀리하는 죄를 범치 않는 그들이 되게 하여 주옵소서. 주님의 말씀으로 다져진 인생이 되어서 창조주 하나님을 기억하는 삶이 되게 하시고, 세상을 압도해 갈 수 있는 걸출한 인물들이 되게 하옵소서. 복된 말씀을 전하시는 목사님을 성령의 능력으로 붙드실 것을 믿사옵고 예수 그리스도의 이름으로 기도합니다. 아멘.

# 9부

## 기도회, 회의, 모임에 맞춘
# 대표기도문

# 금요 기도회에 맞춘 기도문

성 경 : 예레미야 33장 3절, 마태복음 7장 7~8절

할렐루야!
은혜와 사랑이 충만하신 하나님 아버지!
고달프고 힘든 삶 가운데서도 주님께 기도하는 시간을 잊지 아니하고 기도의 자리로 나올 수 있도록 이끌어주신 주님의 은혜를 감사합니다. 특별히 주님께서 저희들을 위하여 십자가에 달려 돌아가신 성(聖)금요일에 주님의 십자가의 사랑을 생각하며 기도할 수 있는 은혜를 베풀어 주시니 진심으로 감사합니다.

사랑의 하나님! 고달픈 하루의 생활이었지만 매 순간마다 주님께서 새 힘을 주셔서 승리하는 생활을 할 수 있었습니다. 주님께서 피 흘리신 이 밤에 주님의 고난에 동참하며, 주님이 채워주시는 신령한 은혜에 젖어들고자 기도의 자리로 나왔습니다. 육신은 피곤하고 뼈마디가 저릴지라도 영혼을 새롭게 하시는 주님의 사랑을 경험하는 이 밤이 되게 하여 주옵소서. 기도하면서 주님의 음성을 듣는 이 밤이 되기를 원합니다. 응답받는 이 밤이 되기를 원합니다. 새 힘과 새 능력을 받는 이 밤이 되기를 원합니다. 주님의 능력이 깃드는 이 밤이 되기를 원합니다. 성령의 불길이 타오르는 이 밤이 되기를 원합니다. 이 밤에 참석한 모든 성도들이 충만하게 채우시는 주님의 은혜를 경험할 수 있게 하옵소서.

나라와 교회를 위해서도 간절히 기도할 수 있는 이 밤이 되게 하시고, 믿음의 형제들과 이웃을 위해서도 눈물 뿌리며 기도할 수 있는 이 밤이 되게 하여 주옵소서. 남편과 아내, 자녀와 형제들을 위해서도 마음을 쏟고 영혼을 쏟아 기도할 수 있는 이 밤이 되게 하옵소서.

자비로우신 주님! 여러 가지 문제로 고민하는 성도들이 있을 줄 압니다. 악한 병마로 고통 속에 시달리는 성도들이 있을 줄 압니다. 이 시간, 주님 앞에 부르짖어 기도할 때에 치료받고 해결 받는 역사가 있게 하시고, 위로하시고, 싸매시는 주님의 은총을 경험하는 저들이 되게 하여 주옵소서.
이 시간, 성령께서 강하게 역사하여 주셔서 악한 마귀의 속삭임이 없게 하시고, 기도하는 저희들의 마음을 흔들어 놓지 못하도록 성령의 화염검으로 보호하여 주옵소서.

오늘 저녁에 말씀을 전하실 주의 사자 목사님을 주님의 능력의 장중에 붙드시고, 주님의 권세 있는 말씀을 전하실 때에, 저희들의 육신과 마음을 말씀으로 수술하시는 주님의 은혜가 있게 하옵소서.
이 기도회의 시종을 주님께 의탁합니다. 하늘의 천군천사를 동원시켜 주셔서 기도하는 저희들을 돕게 하실 줄 믿사옵고, 예수 그리스도의 이름으로 기도합니다. 아멘.


## 깊은 기도
예수 그리스도의 기도는 장시간을 하나님 앞에 무릎 꿇는 긴 기도였다. 짧고 경박한 기도는 얕은 영성의 반영이다. 힘없고 간단한 기도는 결코 우리 속에 능력을 가져다주지 않는다. 급히 대충대충 꾸려가는 가난한 영적인 삶으로 이끌어 간다. 능력이 깃드는 기도는 오랫동안 깊은 기도 속에서 살아온 사람들의 기도에서 비롯되는 것이다.

# 새벽 기도회에 맞춘 기도문

**성 경** : 시편 57편 8절, 119편 147~148편

사랑의 하나님! 지난밤도 저희들을 주님의 품속에서 안식을 얻게 하시다가 한 날을 시작하기 전 첫 시간을 주님께 드릴 수 있도록 은혜를 베풀어 주시니 감사합니다. 특별히 저희를 새벽을 깨우는 종들로 삼아 주셔서 이 새벽에 주님께 찬양하며 기도하고, 주님을 의뢰할 수 있도록 힘주심을 감사합니다.

간구하옵기는 새벽을 밝히는 주님의 종들이 되게 하여 주옵소서. 힘들고 어려울지라도 새벽 기도의 불씨를 지필 수 있는 저희들 되게 하시고, 새벽 정신으로 하루를 살아갈 수 있는 저희들 되게 하여 주옵소서. 당신께서 사랑하는 종들을 새벽을 통하여 훈련시키셨음을 성경 말씀을 통하여 깨닫습니다. 이스라엘 백성들에게도 새벽에 만나를 허락하심으로 40년 동안 새벽의 사람으로 훈련시키신 것을 저희들이 깨닫습니다. 주님께서도 공생애 기간 동안 기도의 삶을 사시되, 새벽 미명에 한적한 곳을 찾아 기도하셨음을 저희들이 깨닫습니다. 저희들도 새벽의 사람으로 훈련시켜 주셔서 일평생 동안 새벽을 사랑하고, 새벽의 기적을 맛보는 주님의 종들이 되게 하여 주옵소서.

이 새벽에 나라와 교회를 위하여 기도하기를 원합니다. 가정과 자녀를 위하여 기도하기를 원합니다. 믿음이 연약한 자들과 주님을 만나지 못한 불쌍한 영혼들을 위하여 기도하기를 원합니다. 기도할 때에 중언부언하지 않게 하시고, 맑은 정신으로 분명히 기도할 수 있도록 성령께서 도와주시옵소서. 특별히 말씀의 힘을 얻어 기도하기를 원합니다. 이 새벽에도 새벽 만나와 같은 주님의 말씀을 선포하시는 목사님을 성령의 능력으로 붙들어 주시고, 더욱 뜨거운 기도의 불을 지필 수 있는 능력의 말씀이 되게 하여 주옵소서. 이 새벽에 새벽이슬 같은 주님의 은혜로 함께하여 주실 것을 믿사옵고 예수 그리스도의 이름으로 기도합니다. 아멘.

# 수능시험 기도회에 맞춘 기도문

**성 경** : 여호수아 1장 9절, 이사야 41장 10절

높고 맑은 하늘을 볼 수 있게 해 주신 하나님 아버지! 주님의 크신 사랑을 인하여 감사와 영광을 돌립니다.

이 시간은 특별히 수능시험을 앞두고 있는 수험생들을 위하여 기도하는 시간을 갖습니다. 이 자리에 참석한 부모와 수험생들을 기억하시고, 그 마음을 헤아려 주시기를 원합니다. 자신의 열심과 쌓은 지식을 의지하기보다 주님을 의지하고 의뢰하는 것이 지혜의 근본이기에, 그동안 학업에 전념하며 꾸준히 힘써온 시험 준비에 기도로 덮고 기도로 마무리하려고 이 자리를 찾았습니다. 그 발걸음이 복되게 하시고, 기쁨과 소망의 열매를 거둘 수 있도록 함께 하여 주옵소서. 낙심과 절망이 밀려오지 않도록 평안과 담대함을 주시고, 마지막까지 최선을 다할 수 있도록 용기와 힘을 더하여 주옵소서.

수험생을 두고 있는 부모들에게도 함께하여 주시기를 원합니다. 이제껏 수능시험을 준비하는 자녀를 위하여 안쓰러운 마음과 안타까운 마음으로 기도하며 수발해 온 줄 압니다. 그 모든 수고와 그 마음의 간절함이 헛되지 않도록 은총을 더하여 주옵소서. "무릇 여호와를 의지하며 여호와를 의뢰하는 사람은 복을 받을 것이라"(렘 17:7)고 말씀하였사오니 기도로 수능 준비를 마감하는 수험생들에게 복에 복을 더하여 주실 줄 믿습니다. 시냇가에 심은 나무가 번성하듯이 그 앞길을 형통케 하실 것을 믿습니다. 담장 너머로 뻗어가는 줄기처럼 저들의 앞길을 풍성케 하실 것을 믿습니다. 주님의 놀라운 지혜로 그 머리를 주장하실 것을 믿습니다.

오늘도 주님의 말씀을 증거하시기 위하여 단 위에 서신 목사님을 성령의 능력으로 붙드셔서 말씀을 듣는 자의 심령마다 주님의 위로와 평안이 가득 넘치게 하옵소서. 이 기도회의 시간을 주님께 의탁하오며 예수 그리스도의 이름으로 기도합니다. 아멘.

# 공동의회(사무총회)에 맞춘 기도문

**적 용 :** 주일 오전 예배, 주일 오후 찬양예배
**성 경 :** 사무엘상 15장 22~23절, 야고보서 2장 14절

**찬양과 감사 |** 만세 전부터 계셔서 천지와 만물을 창조하신 하나님 아버지! 이레 중 첫날을 성별하시어서 거룩하고 복되게 하시는 성일을 맞이하게 하시고, 하나님께서 임재하시는 제단 앞에 저희들 모두가 가지런히 모여서 예배드리게 하시니 감사합니다.
또한 저희들에게 새로운 해를 주시고, 기쁨 가운데 새해의 첫 주일을 맞이하게 하시니 감사합니다. 하나님의 섭리를 감사하면서 금년에도 서원하고 다짐한 모든 것들이 믿음 소망 사랑 안에서 싹이 나게 하시고, 아름다운 꽃을 피워서 열매 맺게 하옵소서.

**고백과 회개 |** 사랑의 하나님 아버지! 새해의 첫 주일을 맞이했지만, 주님의 뜻대로 살지 못한 지난해의 묵은 죄와 허물들을 주님 앞에 그대로 가지고 나왔습니다. 겸손히 머리 숙여 잘못을 뉘우치며 회개하오니 주님의 한없으신 자비와 사랑으로 용서하여 주시옵소서. 저희들의 죄를 깨끗하게 씻어 주시고 정죄함이 없으신 긍휼과 자비로 반겨주시기를 원합니다. 또한, 저희 속에 성령으로 채워주셔서 기쁜 마음으로 섬기고 봉사하며 살 수 있는 믿음을 허락하여 주옵소서.

**간구 |** 은혜로우신 하나님 아버지! 오늘은 새해 첫 주를 맞이하여 지난해의 교회 재정을 결산하고 새 예산을 편성, 집행하기 위하여 공동의회(사무 총회)로 모입니다. 세례교인 이상 무흠 교인들은 교회의 살림에 대하여 관심을 가지고 모두 참석하게 하시고, 은혜로운 공동의회(사무 총회)가 될 수 있도록 이끌어 주옵소서. 회무를 진행하는 제직들에게도 함께 하시고, 결산과 예산편성이 순조롭게 진행될 수 있도록 참석자 모두에게 주님의 은혜를 부

어 주시옵소서. 언성이 높아지는 일이 없게 하시고, 불만이 싹트는 일도 없게 하시며, 주님의 몸 된 교회를 사랑하는 마음으로 회무와 안건을 매듭지을 수 있도록 도와주시옵소서.

자비로우신 하나님 아버지! 오늘도 새해를 맞이하였지만, 상처 난 심령 멍든 마음을 가지고 주님의 도움을 호소하는 당신의 사랑하는 백성이 많이 있습니다. 상한 심령을 위로하시고 치유하시는 주님께서 저들이 더 큰 설움을 안고 매일의 삶에 힘겨워하지 않도록 도와주시기를 원합니다.
이 사회도 불안과 초조로 방황하는 무리들이 넘쳐나고 있습니다. 주님의 십자가 사랑을 받은 저희들이 평안을 상실한 이 사회를 위하여 더욱 힘써서 기도해야 될 줄로 압니다. 살아 있으나 모든 것이 죽어 있는 이 사회가 예수의 숨결, 생명의 숨결을 체험할 때까지 눈물로 기도할 수 있는 저희들 되게 하시고, 주님께서 허락하신 참된 평화가 이 민족 곳곳에 가득 넘칠 때까지 무릎 꿇고 부르짖을 수 있는 기도의 사람들이 되게 하여 주옵소서.
오늘 저희들이 주님을 간절히 사모하는 마음으로 예배드릴 때에 내주하시는 주님의 숨결을 강하게 느낄 수 있도록 하시고, 주님이 예비하신 은혜를 넘치도록 받는 시간이 되게 하여 주옵소서.

**예수님의 이름으로** 말씀을 전하시는 목사님을 성령의 능력으로 인도하시기를 원합니다. 주님의 귀한 말씀을 선포하실 때에 듣는 저희들 모두가 새 힘을 얻는 시간이 되게 하여 주옵소서.
예배를 섬기는 모든 손길들에게도 함께 하시고, 특별히 찬양으로 영광 돌리는 찬양대를 기억하셔서 입술의 찬양이 아닌 영혼의 찬양을 주님께 드릴 수 있도록 도와주시옵소서.
예배의 시종을 성령님이 주장하게 하실 것을 믿사옵고, 예수 그리스도의 이름으로 기도합니다. 아멘.

# 제직회에 맞춘 기도문

**성 경** : 민수기 12장 7절, 고린도전서 4장 1~2절

거룩하신 하나님 아버지!
저희를 거룩한 성도라고 인정하여 주시고, 이날을 성별하여 쉬게 하시고, 주님의 전에 나와 예배드리게 하신 은혜를 감사합니다.
이 시간, 주님께 드리는 거룩한 예배를 마치고 제직회로 모였습니다. 제직의 직분을 저희들에게 주셔서 주님의 몸 된 교회를 위하여 죽도록 충성할 수 있는 기회를 주시니 감사합니다. 하지만 저희들은 그 귀한 주님의 영광된 직분을 받고도 여러 가지 핑계로 주님의 일을 성실하게 감당하지 않았음을 솔직히 고백합니다. 주님의 그 크신 사랑으로 긍휼을 베푸셔서 용서하여 주옵소서.

사랑의 주님! 이 시간, 회개하는 마음으로 제직회에 임할 수 있게 하시고, 주님 앞에서 제직 회의를 하고 있다는 것을 깨달아, 개인의 의견이 주님의 뜻보다 앞서가는 교만함을 드러내지 않도록 성령께서 저희들의 생각과 마음을 주장하여 주옵소서. 회무와 모든 안건들을 다룰 때마다 기도하는 자세를 잃지 않게 하시고, 경험과 지식과 수단이 앞서지 않게 하시며, 서로 사랑으로 용납하는 마음으로 다툼과 원망과 시비가 없이 제직회를 할 수 있도록 이끌어 주옵소서. 주님의 교회를 위하는 일이라면 '아멘.'만 있게 하시고, 개인의 뜻을 관철시키기 위하여 다른 형제들의 마음을 아프게 하는 일이 없도록 겸손한 마음을 주시옵소서.
제직회를 인도하시는 목사님께도 함께 하시고, 참석한 모든 회원들에게도 함께 하여 주실 것을 믿사오며, 예수 그리스도의 이름으로 기도합니다. 아멘.

# 월례회에 맞춘 기도문

**성 경 :** 갈라디아서 5장 13절, 디도서 2장 9~10절

은혜로우신 하나님 아버지!
거룩한 주일을 맞이하여 거룩한 주의 백성들이 한자리에 모여, 신령과 진정으로 예배하게 하시고, 목사님을 통하여 주님의 귀한 말씀, 능력의 말씀을 듣게 하심으로 새 힘을 얻게 하심을 감사합니다.
이 시간은 정기 월례회로 모든 회원들이 한자리에 모였습니다. 이 시간도 주님의 은혜가 충만하게 넘치는 시간이 되게 하시고, 주님의 은혜 가운데서 모든 회무가 아름답게 마무리될 수 있도록 인도하여 주옵소서. 의논하고자 하는 모든 일들이 주님께 영광이 된다면 기쁨으로 용납할 수 있는 회원들이 되게 하시고, 부족한 것들이 발견될 때에는 사랑으로 감싸주고 격려해 줄 수 있는 회원들이 되게 하여 주옵소서.

무엇보다도 주님의 일에 힘을 다하지 못하고 정성을 기울이지 못한 저희 자신들을 돌아보며 충성된 종들이 되기 위하여 다시 한번 결심하며 결단하는 시간이 되게 하시고, 다 함께 연합하여 교회 부흥과 00회의 발전을 위하여 순종의 욕구를 충족시키고자 다짐하는 시간이 되게 하여 주옵소서. 특별히 이 회의를 주관해 나가시는 회장님께 운영의 지혜와 명철을 더하시고, 임원들에게도 놀라운 힘을 주셔서 저희 00회가 주님께 인정받는 기관이 되게 하여 주시옵소서.
지금은 이 회의를 시작하는 시간입니다. 마치는 시간까지 성령님께서 저희 각 사람을 친히 주장하여 주실 줄 믿사옵고 예수 그리스도의 이름으로 기도합니다. 아멘.

# 연합구역(속회) 예배에 맞춘 기도문

**성 경 :** 시편 133편 1~3절

**찬양과 감사|** 사랑의 하나님! 찬란하고 밝은 이 은혜의 계절에 저희들이 연합구역(속회) 예배로 모일 수 있도록 인도하여 주심을 감사합니다. 지금도 살아계시고, 역사하시고, 섭리하시고, 다스리시는 주님을 영원히 찬양할 수 있는 저희들 되게 하여 주옵소서.

**고백과 회개|** 의로우신 하나님! 죄 많은 저희들을 불쌍히 여겨 주시기를 원합니다. 거룩하신 하나님! 속화된 저희들을 용서하여 주시기를 원합니다. 좋으신 하나님! 저희의 죄는 사하여 주시고, 허물은 가리어주셔서 의롭게 여겨주심을 감사합니다. 항상 주님의 은혜와 사랑을 생각하며 마음을 다하여 부지런함으로 주님을 섬길 수 있게 하옵소서.

**간구|** 자비로우신 하나님! 저희 교회에 속한 구역(속회)을 위하여 기도합니다. 시대가 악하여 갈수록 모이기에 힘쓰는 것이 둔화되어가고 있습니다. 주님의 교회도 예배드리는 자들이 점차 줄어들고 있고, 구역(속회) 모임도 모임을 갖는 구역(속회)이 점차 줄어들고 있습니다. "모이기를 폐하는 어떤 사람들의 습관과 같이 하지 말고 오직 권하여 그날이 가까움을 볼수록 더욱 그리하자"(히 10:25)는 주님의 말씀을 생각할 때 저희들이 너무나 부끄럽습니다. 악하고 패역한 이때에 믿음을 강화하고 지키기 위하여 더욱 힘써서 모이는 저희들이 되게 하시고, 악한 사탄의 꼬임에 넘어가지 않도록 성령의 음성에 귀를 기울이는 저희들이 되게 하여 주옵소서.
구역(속회) 모임을 힘써서 가질 때마다 주님의 사랑과 은혜가 더욱 넘쳐 나게 하시고, 주님의 몸 된 교회를 세우고 가정을 세우는 구역(속회) 모임이 되게 하여 주옵소서. 특별히 구역(속회)을 통하여 주변에 믿지 않는 사람들이 주님의 교회로 나오게 하시고, 주님의 사랑을 가지고 복음 증거에 힘쓰는 구역(속회)들이 되게 하옵소서.

구역(속회)을 책임지고 있는 구역(속회)의 지도자들을 붙들어 주셔서 주님의 사랑으로 구역(속)원들을 돕고, 격려하며, 믿음으로 이끌어 줄 수 있는 지도자들이 되게 하여 주옵소서. 구역(속)원들마다 성령의 능력과 은사를 충만하게 부어 주셔서 주님의 일에 적극적으로 헌신 봉사할 수 있는 일꾼들이 되게 하여 주옵소서. 주님을 닮은 구역(속원)원들이 되게 하셔서 주님을 나타내고 주님을 보여주기에 부족함이 없는 주의 사람들이 되게 하여 주옵소서. 구역(속회)에 속한 모든 가정들도 그리스도의 영이 지배하고, 그리스도의 정신이 살아있는 가정들이 되게 하여 주옵소서. 그러므로 가정 같은 교회, 교회 같은 가정의 모습이 나타나게 하옵소서.

오늘 이 자리에 참석하지 못한 구역(속)원들에게 함께 하시기를 원합니다. 피치 못할 사정으로 참석하지 못한 구역(속)원들이 있는 줄 압니다. 그들의 형편을 헤아려 주셔서 교회의 모임에 적극 참여할 수 있도록 인도하여 주옵소서. 믿음이 연약하여 참석하지 않은 구역(속)원들도 붙들어 주셔서 그들의 믿음이 날마다 성장하게 하여 주시고, 주님을 가까이하는 복된 삶을 살 수 있도록 이끌어 주시소서.
이 시간, 주님의 말씀을 증거하시는 목사님을 주님의 오른팔로 붙들어 주셔서 저희들의 딱딱한 심령을 기경하기에 부족함이 없는 말씀이 되게 하여 주시옵소서.
예배의 시종을 주님께 의탁하옵고 예수 그리스도의 이름으로 기도합니다. 아멘.

# 성경공부모임에 맞춘 기도문

**성 경** : 디모데후서 3장 14~17절

사랑의 하나님! 저희들에게 구원의 은혜를 베풀어 주시고, 주님의 진리의 말씀을 탐구해 갈 수 있는 특권을 주심을 감사합니다. 이 시간, 달고 오묘한 주님의 말씀을 공부할 때에 세상 지식을 습득하듯이, 단지 말씀에 대한 지식을 습득하기 위해서 성경공부에 임하는 저희들 되지 말게 하시고, 진리의 말씀을 깨달아 알므로 한 말씀이라도 그 말씀에 순종하는 삶을 살기 위하여 성경공부한다는 자세를 잃지 않게 하여 주옵소서.

또한, 교회는 단지 지식을 전수하는 전수학교가 아님을 생각할 때, 주님의 말씀을 깨달은 만치 그 말씀이 저희의 삶에서 나타날 수 있도록 말씀에 굴복하는 생활이 있게 하시고, 주님을 본받는 삶의 모습이 될 수 있도록 인도하여 주옵소서. 또한, 주님께서 계시된 말씀을 통하여 저희들에게 말씀하시고자 하는 것이 무엇인지 주님의 음성을 깨달아 알게 하시고, 말씀에 의지하여 기도하고, 전도할 수 있는 저희들 되게 하여 주옵소서. 또한, 일평생 말씀 중심의 신앙으로 나갈 수 있는 저희들이 되게 하여 주옵소서.

성경공부를 인도하시는 목사님께도 함께 하셔서 피곤치 않게 도와주시고, 늘 건강함으로 지켜 주시옵소서.

더 많은 주의 백성들이 하나님을 힘써 아는데 참여하기를 원합니다. 말씀이 없으면 신앙의 성장도 없고, 영혼이 피폐해질 수밖에 없음을 깨달아, 주님의 말씀을 공부하는 데 시간을 투자할 수 있는 교우들이 넘쳐나게 하옵소서.

오늘 저희들이 주님의 말씀을 배운다고 하지만, 지혜가 부족합니다. 놀라운 지혜를 더하여 주셔서 주님의 귀한 말씀을 놓치지 않게 하여 주옵소서. 이 시간도 성령님이 주장하실 것을 믿사옵고 예수 그리스도의 이름으로 기도합니다. 아멘.

# 전도 모임에 맞춘 기도문

성 경 : 누가복음 19장 10절, 디모데후서 4장 2,5절

지금도 잃은 양을 찾으시는 주님! 저희들을 죄에서 구원하여 주시고 복음을 전할 수 있는 도구로 삼아 주셔서 오늘도 구원의 역사를 감당하게 하시니 감사드립니다. 오늘 저희들이 "때를 얻든지 못 얻든지 항상 힘쓰라"(딤후 4:2)는 주님의 말씀을 좇아 전도하려고 합니다. 전도하는 것은 사탄과의 영적 전쟁임을 깨닫습니다. 그러하기에 전도에 나가기에 앞서서 먼저 합심하여 기도합니다. 저희들에게 성령 충만을 허락하여 주셔서 사탄과의 영적 전쟁에서 승리할 수 있게 하여 주옵소서.

복음의 씨를 뿌립니다. 거두시는 이는 주님이시오니 당장 열매가 주어지지 않는다 할지라도 낙심치 말게 하여 주시고, 힘을 다하여 복음의 씨를 뿌릴 수 있는 저희 모두가 되게 하여 주옵소서.

사람을 만나고 사람을 접촉하는 일입니다. 저희들에게 지혜를 허락하여 주셔서 말과 행동 속에서 주님의 형체를 드러낼 수 있게 하여 주시고, 비난의 말을 듣거나 핍박을 받는다 할지라도 주님의 피 묻은 십자가를 바라보며 참고 인내할 수 있게 하여 주옵소서. 오늘 저희가 나가서 전도하는 것으로만 영혼 구원을 위한 의무를 다한 것으로 생각하지 말게 하시고, 접촉한 영혼의 구원을 위하여 기도의 자리로 나아갈 수 있는 저희 모두가 되게 하여 주옵소서.

주님! 사도바울과 같이 받을 상급을 바라보며 생명 있는 그날까지 몸과 시간과 물질을 깨뜨려 복음을 전할 수 있기를 원합니다. 생명의 복음을 외치지 아니하고는 견딜 수 없는 저희의 마음이 되게 하여 주옵소서.

주님! 저희들뿐만이 아니라 많은 사람들이 영혼에 대한 타는 목마름이 있게 하여 주시고, 주님의 복음을 힘써서 전할 수 있는 전도의 도구가 되게 하여 주옵소서. 전도할 때에 주의 성령께서 저희와 동행하실 것을 믿사옵고 예수 그리스도의 이름으로 기도합니다. 아멘.

# 남전도(선교)회 모임에 맞춘 기도문

**성 경** : 신명기 3장 18절, 골로새서 1장 24절

은혜로우신 하나님 아버지! 저희 남전도회를 사랑하여 주셔서 든든히 서가며 성장할 수 있게 하여 주시고, 주님의 몸 된 교회를 마음을 다하여 섬길 수 있게 하심을 감사합니다. 언제나 한결같은 마음으로 주님의 몸 된 교회를 잘 받들어 섬길 수 있는 남전도회가 되게 하여 주옵소서.

사랑이 풍성하신 하나님 아버지! 이 시간, 남전도회가 한자리에 모였습니다. 남전도회 회원 모두가 주님을 위하고 교회를 위하는 일이라면 마음을 같이하는데 최선을 다하게 하여 주옵소서.

주님! 저희 회원 모두가 주님을 사랑하듯 남전도회를 사랑할 수 있기를 원합니다. 서로를 위하여 기도하며, 하나 되기에 힘쓰는 남전도회가 되게 하시고, 주님의 몸 된 교회의 유익을 위하여 맡겨진 직무를 잘 감당할 수 있는 남전도회 회원들이 되게 하여 주옵소서. 주님! 주님의 몸 된 교회에 할 일이 너무나 많습니다. 주님을 위하여 봉사와 헌신과 충성과 희생을 드리는 일에 항상 선봉에 설 수 있는 남전도회가 되게 하셔서 죽기까지 복종하신 주님을 닮아가는 남전도회가 되게 하여 주옵소서. 또한 목사님의 말씀에 잘 순종함으로 목회 사역을 잘 도울 수 있는 남전도회가 되게 하여 주시고, 모든 기관에 본이 되는 남전도회가 되게 하여 주옵소서.

오늘 이 모임은 주의 사업을 위하여 더 나은 의견을 모으고 더 나은 계획을 세우고자 하는 자리입니다. 성령님께서 저희들 가운데 함께 하여 주셔서 사사로운 의견이기보다는 주님이 쓰시는 생각을 나누고 토론할 수 있게 하옵소서. 남전도회를 앞장서서 섬기고 있는 회장님께도 함께하여 주셔서 항상 필요한 지혜와 새 능력을 공급하여 주시고, 저희들 또한 회장님을 잘 보필하여 건강한 남전도회를 세우는데 부족함이 없게 하여 주옵소서. 저희의 생각을 붙드실 것을 믿사옵고 예수 그리스도의 이름으로 기도합니다. 아멘.

# 여전도(선교)회 모임에 맞춘 기도문

**성 경** : 누가복음 8장 3절, 사도행전 12장 12절

사랑이 한없으신 하나님 아버지! 저희 여전도회가 주님의 사역을 감당할 수 있도록 은총을 베푸심을 감사합니다. 또한 주님의 몸 된 교회를 위하여 언제나 아름답게 쓰임 받을 수 있게 하시니 감사합니다. 무슨 일이든지 주님이 기뻐하시는 일이라면 믿음으로 감당할 수 있는 여전도회가 되게 하여 주옵소서.

주님! 초대교회 때 여인들의 헌신을 통하여 교회가 아름답게 세워졌듯이, 저희들의 헌신을 통하여 이 교회가 더욱더 든든히 서가는 은혜가 있게 하여 주옵소서. 기도하는 일과, 전도하는 일과, 봉사하는 일에 항상 앞장서서 헌신을 드릴 수 있는 여전도회가 되게 하시고, 저희들의 희생을 통하여 주님의 몸 된 교회가 든든히 서가고 생명의 역사가 일어나는 축복이 있게 하여 주옵소서.

또한, 한 가정의 아내와 어머니로서 항상 기도의 끈을 놓지 않는 여전도회 회원들이 되게 하옵소서. 한나와 같은 기도로 항상 남편과 자녀를 위하여 기도할 수 있게 하시고, 주님의 응답의 축복을 누리는 가정을 세워갈 수 있게 하옵소서.

주님! 이 시간에 여전도회의 발전과 사업을 위하여 생각을 나누고 의견을 모으고자 모임을 갖습니다. 저희의 마음과 생각을 지켜 주시고 주장하여 주셔서 여전도회를 든든히 세울 수 있는 유익한 대화들만 오고 갈 수 있게 하옵소서. 혹여 감정이 상하거나 서로 헐뜯는 일이 발생하지 않도록 성령께서 저희의 마음과 생각을 지켜주옵소서.

회장님과 임,역원들에게도 함께하셔서 영육 간에 강건함을 주시고 맡은 직분을 잘 감당할 수 있도록 능력과 지혜를 더하여 주옵소서. 이 모임의 모든 대화를 듣고 계시는 예수 그리스도의 이름으로 기도합니다. 아멘.

## 하나님의 정직한 백성

여호와 하나님,

우리가 기도할 때마다

하나님 앞에서 정직한 백성으로 살아가는 법을 배우게 하시고

모든 소유를 부단히 포기해 가는 법을 배우게 해 주시옵소서.

나아가 나 자신까지 포기해 가는 법을

배울 수 있게 해 주시옵소서.

하나님의 뜻에 위배되는 모든 불의와 악과

자리를 같이하지 아니하고

언제나 배격하고

거기에 대해서 분노를 느낄 줄 아는

우리가 될 수 있게 해 주시옵소서.


- 임영수 목사

# 10부

## 부서 예배에 맞춘
# 대표기도문

# 대학(청년)부 예배에 맞춘 기도문

**성 경 :** 시편 119편 9~16절, 전도서 12장 1절

**찬양과 감사 |** 찬양받으실 거룩하신 하나님 아버지! 청년의 때에 하나님을 경외하게 하시고, 주님의 법도를 배워가며 주님의 제자로 쓰임 받을 수 있게 하신 은혜를 감사합니다. 이 시대에 저희들을 십자가 군병으로 쓰시려고 불러 주셨사오니 주님께 귀한 그릇으로 쓰임 받는 주님의 자녀들이 되게 하여 주옵소서. 오늘도 저희들이 주님 앞에 나와 예배드리기 위하여 한 자리에 모였습니다. 저희들이 마음과 정성을 다하여 드리는 찬양과 경배를 홀로 영광 받아 주시옵소서.

**고백과 회개 |** 사랑의 주님! 학교와 직장 일로 인하여 예배에 잘 참석하지 못하고, 교회의 일과 청년회의 일에 적극적으로 참여하지 못할 때가 많습니다. 주님의 일보다 저희 자신의 일에 늘 치우치는 저희들을 긍휼히 여겨 주시고, 늘 주님의 말씀에 순종하고, 주님의 일에 최선을 다할 수 있는 저희들 되게 하여 주옵소서. 또한, 저희들은 젊음이 있기에 때론 원치 않는 죄악으로 유혹되어 주님의 영광을 가릴 때가 있습니다. 젊을 때에 혈기와 교만과 아집과 불순종으로 주님의 영광을 가리는 일이 없도록 늘 성령으로 충만하게 하여 주옵소서.

**간구 |** 주님! 전도하기를 원합니다. 캠퍼스에서, 학원에서, 직장에서 입술을 열어 복음을 전할 수 있는 저희들이 되게 하시고, 영혼 구원에 마음을 쏟음으로 저희들을 통하여 학원 복음화, 직장 복음화가 앞당겨질 수 있도록 축복하여 주옵소서. 또한, 어디에서 무엇을 하든지 하나님의 자녀 됨의 본분을 다하기를 원합니다. 신앙인의 아름다움을 보여줄 수 있는 저희들이 되게 하시고, 주님의 향기를 드러낼 수 있는 저희들이 되게 하여 주옵소서. 군 입대한 형제들이 있습니다. 군 생활을 하는 중에 믿음을 잃지 않게 하여

주시고, 군복음화를 위하여 주님께서 선교사로 파송하셨다는 은혜를 잊지 않고, 군복무하는 동안 군 선교에 최선을 다할 수 있는 형제들이 되게 하여 주옵소서.

젊음을 다하여 학문을 연구하는 형제, 자매들이 있습니다. 지혜를 더하여 주시고 주님께 쓰임 받는 학문과 주님께 쓰임 받는 귀한 그릇이 되기 위하여 학문을 연구한다는 자세를 잃지 않게 하여 주옵소서. 직장을 다니는 형제, 자매들도 기억하시기를 원합니다. 언제나 믿음의 본을 보임으로 신뢰받는 직장인들이 되게 하시고, 모든 일에 성실한 자세를 잃지 않으므로 존경받는 사람이 될 수 있도록 인도하여 주옵소서.
오늘 모임에 나오지 못한 형제, 자매들이 있습니다. 빠지는 사람들이 자주 빠지는 것을 볼 때에 그들의 믿음에 적색 신호등이 들어온 것은 아닌지 안타까워하지 않을 수 없습니다. 판단하는 것은 잘못된 것인 줄 아오나 그들이 주님을 찾는 횟수가 줄어들면 믿음 또한 식어질까 염려되오니 그들에게 성령의 능력으로 함께하여 주셔서 주님을 멀리하지 않는 믿음의 자녀들이 되게 하여 주옵소서.

저희들에게 주님의 말씀으로 지도하시는 지도 전도사님을 기억하셔서 피곤치 않게 함께 하시며, 저희들을 주님의 말씀으로 지도하시기에 조금도 부족함이 없도록 영적인 능력을 더하여 주옵소서.
청년회를 위하여 앞장서서 수고하는 임원들에게도 함께 하시고, 서로 간에 불협화음이 없도록 사랑의 은사를 더하여 주시고, 계획하는 모든 일들 속에 놀라운 열매가 나타날 수 있도록 축복하여 주옵소서.

**예수님의 이름으로** 오늘도 이 예배를 위하여 수고하는 형제, 자매들이 있습니다. 그들이 수고할 때마다 신령한 은혜로 채우시는 주님의 은혜를 경험하게 하시고 샘솟는 기쁨이 넘쳐나게 하옵소서. 이 예배를 주장하시는 주님을 의지하오며 예수 그리스도의 이름으로 기도합니다. 아멘.

# 학생회 예배에 맞춘 기도문

**성 경 :** 디모데후서 3장 14~15절, 요한일서 2장 14절

**찬양과 감사 |** 사랑의 주님! 오늘도 저희 학생들을 붙들어주셔서 거룩하고 복된 날, 주님 앞에 나와 예배할 수 있게 하시니 감사합니다. 특별히 많은 학생들 가운데 믿음의 학생으로 구별하셔서 주님을 섬기며 주님을 인생의 주인으로 모시고 살아갈 수 있도록 축복하여 주심을 감사합니다. 이 시간, 주님의 부르심을 받은 학생들이 마음을 다하여 예배드릴 때 우리 주님이 기쁘게 받으시고, 지혜와 성령으로 충만하게 하옵소서.

**고백과 회개 |** 용서의 주님! 주님의 자녀답게 죄를 멀리하며 살아야 했지만, 지난 한 주간도 생각으로, 마음으로, 행실로, 지은 죄가 많았음을 고백합니다. 자신이 지은 죄를 깨닫고 주님의 용서하심을 바라는 심령마다 주님의 십자가의 보혈로 깨끗하게 하여 주시고 씻어주시옵소서. 이후로는 죄를 멀리하며 주님이 기뻐하시는 일들을 좇아 믿음으로 살아갈 수 있도록 성령의 능력으로 함께하여 주옵소서.

**간구 |** 도우시는 주님! 감성이 예민하고 충동적일 때입니다. 생각과 마음을 다스려 주셔서 주님의 자녀로 깨끗하고 정직하게 성장할 수 있도록 도와주시옵소서. 죄악된 일에도 쉽게 유혹되기 쉬운 때입니다. 스스로 이겨갈 수 있는 힘이 부족하고, 아직 가치관이 미성숙한 때입니다.
길과 진리가 되시고 생명이 되신 우리 주님께서 여리고 연약한 학생들을 강하게 붙들어 주셔서 주님의 법도를 익혀가며, 흔들리지 않고 불의와 싸워 가며, 주님께 영광 돌리는 믿음의 사람으로 성장할 수 있도록 도와주시옵소서.

사회가 타락하고 혼탁해지다 보니, 주위에서 내미는 유혹의 손길을 이기지 못하여 잘못된 길로 들어선 학생들이 많이 있습니다. 그들을 불쌍히 여겨 주시기를 원합니다. 청운의 꿈을 키우며, 공부에 전념하고 바른 인격을 연마해야만 할 중요한 때에, 잘못된 길로 헤매고 있는 그들을 불쌍히 여겨 주시고, 어서 속히 악의 꼬임에서 빠져나와 학생으로서의 본분을 잘 지키며, 미래의 꿈을 키워가는 정직한 학생들로 이끌어 주시옵소서.

특별히 하나님을 섬기는 귀한 학생들을 강하게 붙들어주셔서 악하고 험난한 이때에 악에 물들지 않고 선한 싸움을 잘 싸워갈 수 있는 주님의 용사들이 되게 하시고, 순결과 사랑을 배우며 맡겨진 책임을 잘 감당해 낼 수 있는 신앙의 사람들이 되게 하여 주옵소서.

주님! 저희 학생들이 모세와 같이 민족을 위하여 귀하게 쓰임 받는 학생들이 되기를 원합니다. 여호수아와 같이 행동하는 믿음의 사람이 되기를 원합니다. 갈렙과 같이 하나님을 의지하는 사람이 되기를 원합니다. 다윗과 같이 주님을 사랑하는 사람이 되기를 원합니다. 이런 사람으로 성장하여 이 교회와 민족에게 꼭 필요한 사람들이 되게 하시고 세상의 빛과 소금으로 쓰임 받는 주님의 자녀들이 되게 하여 주옵소서.

**예수님의 이름으로|** 이 시간에 목사님이 생명의 말씀을 들려주실 때, 학생들이 성령님께 그 앞길을 지도 받는 지혜의 말씀이 되게 하여 주옵소서.
학생 임원들에게도 함께 하시기를 원합니다. 학업에 전념하며, 학생회를 위하여 힘쓰고 있사오니, 그들의 수고에 학생회가 날마다 성장하게 하시고, 믿음의 열매를 맺는 주님의 귀한 축복이 있게 하옵소서.
예배가 이미 시작되었습니다. 주님이 온전히 기쁘게 받으시는 예배가 되게 하여 주실 것을 믿사옵고 예수 그리스도의 이름으로 기도합니다. 아멘.

# 어린이 예배에 맞춘 기도문(1)

**성 경** : 시편 8편 2절, 누가복음 18장 6절

사랑의 예수님!
일주일도 우리 어린이들을 보호하여 주시고 지켜주셨다가 주일을 맞이하여 다른 곳에 가지 않고 예배당으로 달려 나오게 하심을 감사드립니다. 이 시간에 우리 어린이들이 예쁘게 드리는 예배를 받아 주세요.

예수님! 지난 한 주간도 우리 어린이들이 예수님께 잘못한 것이 많은 줄 압니다. 엄마 아빠 말을 순종하지 않고, 친구들을 미워하며 싸우고, 공부하기를 싫어했던 적은 없었는지요? 또한 성경 말씀을 보기보다 게임에만 열중했던 적은 없었는지요? 만약 있었다면 이 시간에 진심으로 예수님께 용서를 빌 수 있게 하시고, 잘못된 것들을 멀리할 수 있도록 예수님의 지혜를 더하여 주세요.

예수님! 우리 어린이들과 함께 기도하기를 원합니다. 우리가 몸담고 있는 주일학교가 부흥되기를 원합니다. 갈수록 친구들이 줄어들고 있습니다. 우리 어린이들이 열심히 전도하여 더 큰 예수님의 사랑을 받을 수 있게 하여 주세요. 또한 목사님과 전도사님, 그리고 선생님을 위하여 기도할 수 있는 어린이가 되게 해 주세요. 친구들을 위해서도 기도할 수 있는 어린이가 되게 해 주세요. 그리하여 사무엘과 같이 기도를 통해서 예수님의 음성을 들을 줄 아는 어린이로 성장하게 하여 주세요.

이 시간, 특별히 전도사님을 위하여 기도합니다. 저희들을 위해서 설교를 준비하실 때 재미있고 은혜로운 말씀을 준비하실 수 있도록 성령님이 인도해 주세요.

오늘도 나오지 못한 친구들이 있습니다. 꼭 기억해 주셔서 다음 주일에는 함께 나와서 예배드릴 수 있게 하여 주세요. 우리 어린이들을 천국의 주인공으로 삼으신 예수님의 이름으로 기도합니다. 아멘.

# 어린이 예배에 맞춘 기도문(2)

**성 경** : 잠언 20장 11절, 마태복음 18장 3~4절

사랑의 예수님!
오늘도 우리 어린이들에게 예수님을 사랑하는 마음을 주셔서 딴 곳에 가지 않고 교회로 나오게 하심을 감사드립니다. 오늘 이 예배에 나온 우리 어린이들을 축복하셔서 주님께 큰 사랑을 받는 어린이들이 되게 하여 주세요.

예수님! 우리 어린이들이 한 주간을 살면서 예수님께 잘못한 것이 많이 있을 것입니다. 지금은 우리 어린이들이 또렷하게 기억하지 못하여 무엇을 잘못했는지 모르지만 우리 어린이들을 도우시는 성령님께서 생각나게 해 주셔서 예수님께 용서를 빌 수 있게 해 주세요. 용서를 구할 줄 아는 어린이를, 예수님께서는 더욱 사랑하시고 더 크게 축복하실 것을 믿습니다.

예수님! 오늘도 우리 어린이들이 예배드리기를 기뻐하게 해 주세요. 전도사님의 말씀을 듣는 것을 좋아하게 해 주세요. 선생님과 성경공부하는 시간이 기다려지게 해 주세요. 예배시간에 장난을 치거나 떠드는 어린이가 없게 해 주세요. 우리 어린이들 모두가 예수님께 예배를 잘 드림으로 훌륭한 어린이로 키워주시는 예수님의 은총을 듬뿍 받을 수 있게 해 주세요.
오늘 이 예배에 빠진 친구들이 있습니다. 몸이 아파서 나오지 못한 친구들도 있을 것입니다. 예수님이 꼭 치료하여 주세요. 다른 곳에 간 친구들이 있다면 예수님을 사랑할 수 있는 마음을 주셔서 다음 시간에는 꼭 나오게 하여 주세요.
예배가 시작되었습니다. 끝날 때까지 예수님이 함께하여 주세요. 예수님의 이름으로 기도합니다. 아멘.

# 어린이 예배에 맞춘 기도문(3)

**성 경** : 이사야 3장 4절, 요한복음 6장 9절

사랑의 예수님!
한 주간도 저희들을 건강하게 지켜 주시고, 공부 잘하게 하여 주시다가 오늘 주님의 날을 맞이하여 하나님께 예배하고, 예수님의 말씀을 들으러 나올 수 있도록 은총을 주심을 감사합니다. 오늘 저희들이 드리는 예배를 기쁘게 받아 주세요.

예수님! 먼저 예수님께 용서를 구합니다. 일주일간 생활하면서 부모님 말씀도 듣지 않은 경우도 있었고, 친구들을 미워하며 거짓말한 적도 있었습니다. 학교에서 선생님 말씀도 안 듣고, 공부시간에 떠들기도 했습니다. 또한 예수님 말씀보다는 컴퓨터와 스마트폰 하기를 더 좋아하고, 오락하기를 더 좋아했습니다. 오늘도 교회 가기 싫어서 일부러 늦게 일어났습니다. 저희들의 잘못을 용서하여 주세요. 이제는 예수님이 기뻐하는 일들만 할 수 있도록 저희들에게 용기를 더해 주세요.

이 시간, 예수님께 예배드릴 때에 예배 잘 드릴 수 있도록 인도해 주세요. 장난치거나 떠드는 친구들이 없게 하시고, 전도사님, 선생님 말씀도 잘 듣게 하여 주세요. 교회 생활을 열심히 함으로 저희들의 키가 자라나듯 저희들의 믿음도 쑥쑥 자라게 해 주세요. 오늘도 나오지 못한 친구들이 있습니다. 다음 주에는 꼭 나올 수 있도록 이끌어 주세요.
예배가 이미 시작되었어요 끝날 때까지 함께해 주세요. 예수님의 이름으로 기도합니다. 아멘.

# 11부

## 헌금, 식사, 기타 예배에 맞춘
# 대표기도문

# 주일예배에 맞춘 헌금기도문1

**적용** : 헌금 드리기 전의 기도

은혜로우시고 자비로우신 하나님 아버지!
복되고 거룩한 주일을 맞이하여 주님 앞에 나와 예배드릴 수 있는 특권을 주시고, 주님의 신령한 은혜를 맛보게 하시니 감사합니다.
이 시간은 한 주간 동안 저희들에게 일할 수 있는 힘과 건강을 허락하여 주시고, 때마다 주리지 않도록 채워주신 주님의 사랑과 은혜가 너무나 놀랍고 감사하여, 물질을 정성껏 떼어서 주님 앞에 드리려고 합니다. 저희들이 드리는 예물을 기쁘게 받아 주시옵소서.
바라옵기는 주님 앞에 예물을 드릴 때에 혹, 인색함이나 억지로 드리는 손길이 없도록 하시고, 주님의 은혜에 넘쳐흐르는 감격을 가지고 즐거운 마음으로 드릴 수 있도록 이끌어주옵소서. 저희들의 한 주간의 삶을 돌이켜 보면, 알게 모르게 주님이 베풀어 주신 축복이 얼마나 많습니까? 저희들이 단지 깨닫지 못할 뿐이고, 알지 못할 뿐이옵니다. 이 같은 주님의 축복을 온몸으로 받고 있는 저희들이, 자신에게 있는 것 중에서 일부만 떼어서 드린다고 하니 저희들의 손이 심히 부끄러울 뿐이옵니다. 정성껏 마음을 담아 드린 예물만 기뻐 받으시는 하나님이심을 생각할 때, 마음과 뜻과 정성이 동반된 예물이 될 수 있도록 힘쓰는 저희들이 되게 하시고, 주님이 주신 귀한 물질로 범죄 하는 저희들이 되지 않도록 물질의 깨끗함을 더하여 주옵소서.
주님께 드려진 이 귀한 물질이 사용되는 곳에 하나님의 영광이 나타나게 하시고, 주님의 사업과 교회와 복음 전파하는 일에 귀하게 사용될 수 있는 예물이 되게 하여 주옵소서.
이 시간, 저희들이 드리는 예물을 향기로운 제물로 흠향하여 주실 것을 믿사옵고, 복의 근원 되시는 예수 그리스도의 이름으로 기도합니다. 아멘.

# 주일예배에 맞춘 헌금기도문2

**적용** : 헌금을 드린 후의기도

은혜의 주님!
귀하고 복된 날, 주님 앞에 나와 예배드릴 수 있는 복된 저희들 되게 하심을 감사합니다. 또한, 주님 앞에 찬양과 경배를 드리며 참회할 수 있는 은총을 더하여 주시고, 말씀을 통하여 주님의 신령한 은혜를 체험케 하신 것을 감사합니다. 또한, 저희들에게 때마다 알맞은 물질을 더하여 주셔서 주님 안에서 부족함 없이 살게 하심을 감사합니다.
이 시간, 주님이 베풀어 주신 은혜가 너무나 놀랍고 감사하여 주님 앞에 물질로 저희들의 마음을 표현했습니다. 부족할지라도 저희들의 정성이 담겨 있사오니 기쁘게 받아 주시기를 원합니다.
여러 가지 감사의 조건을 가지고 예물을 드린 손길들이 있습니다. 십의 일조를 주님의 것인 줄 알아 주님 앞에 드렸습니다. 어려운 환경 가운데서도 주님의 것은 주님께 반드시 드려야 한다는 마음을 가지고 예물을 드린 손길도 있습니다. 부자가 드리는 헌금보다 과부가 드린 두 렙돈을 더 크게 보신 우리 주님께서 그 심령을 더욱 복 있게 하시고, 주님이 채우시는 위로가 넘쳐 나게 하옵소서. 준비할 돈이 없어 그 대신 눈물을 드린 손길도 있습니다. 마음이 그 어느 것보다 크게 하시고, 풍족한 삶이 될 수 있도록 그 삶을 어루만져 주옵소서. 성미를 드린 손길도 기억하셔서 사렙다 과부와 같은 주님의 축복이 늘 있게 하옵소서.
이 시간, 주님께 드린 헌금이 사용될 때에도 주님의 영광을 나타내는데 사용되게 하시고 복음이 확장되며, 주님의 몸 된 교회가 든든히 서 가는데 사용되게 하시고, 어려움 당하는 이웃을 구제하고 헤아리는데 사용될 수 있는 예물이 되게 하옵소서. 물질의 주인 되시는 예수 그리스도의 이름으로 기도합니다. 아멘.

## 헌신예배에 맞춘 헌금기도문

사랑의 하나님!
오늘 00전도(선교)회 헌신예배로 드릴 수 있도록 은혜 베푸심을 감사합니다. 저희 모든 회원들이 주님께 더욱 충성하고 헌신할 수 있는 회원들이 되게 하시고, 저마다 받은 은사대로 주님을 더욱 섬기고, 많은 사람들을 섬기는 일에 사용할 수 있도록 함께 하여 주옵소서.

순서에 따라서 주님 앞에 귀한 예물을 드리려고 합니다. 이 자리에 있는 저희 모두에게 마음의 감동을 주시고, 심령을 복되게 하여 주시어서 억지로 또는 인색함으로 드리지 않도록 이끌어 주옵소서. 헌신예배를 드리고 있는 저희 모든 회원들은 주님께 옥합을 깨뜨린 여인의 심정을 가지고 정성껏 드리게 하시고, 진실한 신앙고백이 묻어나는 예물이 되게 하옵소서.

자비하신 하나님!
이 예물이 주님의 이름으로 사용될 때에 많은 열매가 있게 하시기를 원합니다. 삶이 고달픈 사람들을 헤아릴 수 있는 예물이 되게 하시고, 복음이 전파되고 영혼을 구원하는 일에 사용될 수 있는 주님의 향기가 나타나는 예물이 되게 하여 주옵소서. 선교지에도 사용될 수 있는 예물이 되게 하시고, 주님 앞에 정성껏 드린 손길마다 30배, 60배, 100배의 결실을 맺을 수 있도록 축복하여 주옵소서.
남은 순서에도 성령님이 함께 하실 것을 믿사옵고, 예수 그리스도의 이름으로 기도합니다. 아멘.

# 구역(속회) 예배에 맞춘 헌금기도문

사랑의 하나님!
오늘도 저희 구역(속)원들이 마음을 같이 하여 이 가정에서 구역(속회) 예배를 드리게 하심을 감사합니다. 구역(속)장을 통해서 주님의 귀한 말씀을 듣게 하시고, 저희 모두가 말씀에 은혜받게 하심을 감사합니다.

순서에 따라 주님께 귀한 예물을 드렸습니다. 인색한 마음으로 드리지 아니하고 자원하는 마음으로 드렸사오니 이 예물을 향기로운 제물로 받아 주실 것을 믿습니다. 주님께 드린 이 귀한 예물이 주님의 영광을 위해서 사용되기를 원합니다. 선한 사업에 부하고, 영혼을 살리는 일에 쓰일 수 있는 예물이 되게 하시고, 이웃을 부요케 하는 일에 사용될 수 있는 예물이 되게 하여 주옵소서.

축복하시기를 즐겨 하시는 하나님!
저희 모든 구역(속회) 식구들에게 더 많은 축복을 내려 주시기를 원합니다. 저희의 가정과 일터와 노동력을 지켜 주셔서 하나님 나라의 건설에 크게 기여하는 복된 삶이 될 수 있도록 축복하여 주시옵소서. 또한 물질을 온전하게 다스릴 수 있는 지혜를 주셔서 주님을 생각하는 마음을 물질에 빼앗기지 않도록 이끌어 주옵소서. 언제나 주님보다 물질이 앞서지 않게 하시고, 수고의 열매가 맺힐 때마다 열매 맺게 하시는 주님의 은총을 깨닫게 하옵소서.
저희들의 생사화복을 주장하시며, 물질의 주인 되시는 예수 그리스도의 이름으로 기도합니다. 아멘.

# 어린이 예배에 맞춘 헌금기도문

사랑의 주님!
오늘 우리 어린이들이 예수님께 나와 마음과 정성을 다하여 예배드릴 수 있도록 인도하심을 감사합니다. 나오지 않는 친구들이 있어서 마음이 안타까웠지만, 다음 주에는 함께 예배드릴 수 있도록 이끌어 주실 것을 믿습니다.
이 시간, 주님을 사랑하는 어린이들이 예배 순서에 따라서 주님 앞에 예물을 드렸습니다. 저희 어린이들이 마음을 다하여 드린 예물을 기쁘게 받아 주시고, 천국에 보화를 쌓아놓는 예물이 되게 하여 주세요.

이 시간, 미처 주님께 드릴 예물을 준비하지 못하여 드리지 못한 어린이들도 있습니다. 다음 주에는 꼭 드릴 수 있도록 그 생각을 밝혀주시고, 헌금 때문에 교회에 안 나가고 싶은 마음이 생기지 않도록 주님이 그 마음을 주장하여 주세요. 그리고 헌금이 진짜 없어서 못 드린 친구도 있습니다. 부끄러운 마음이 들지 않도록 그 마음을 기억하여 주셔서 사랑의 은총으로 축복하여 주옵소서.

저희 어린이들이 드린 예물이 교회와 어려운 이웃을 위해서 귀하게 사용되게 하시고, 선교하는데도, 전도하는데도 귀하게 사용될 수 있는 예물이 되게 하여 주세요.
저희 어린이들이 주님께 예물을 드릴 수 있도록 이끌어 주신 것을 감사하오며, 예수 그리스도의 이름으로 기도합니다. 아멘.

# 학생회 예배에 맞춘 헌금기도문

은혜로우신 주님!
오늘 거룩하고 복된 날, 주님의 은총을 입은 학생들이 한자리에 모여서 예배를 드리며, 주님의 귀한 말씀을 들었습니다. 오늘도 지도 전도사님을 통하여 주신 주님의 귀한 말씀을 마음에 잘 담아두게 하셔서, 인생의 앞길에 등불이 되고 빛이 될 수 있는 귀하고 복된 말씀이 되게 하여 주옵소서.
이 시간, 예배의 순서를 따라 저희 학생들이 주님께 정성껏 예물을 드렸습니다. 청소년기 때부터 물질의 주인이 주님이심을 알게 하시며, 남을 헤아릴 줄 아는 주님의 성품을 닮은 인성으로 성장할 수 있도록 이끌어 주옵소서.

자비로우신 주님!
십일조를 드린 학생이 있습니다. 물질이 주님께로 비롯되었다는 것을 시인하는 그 중심을 더욱 복되게 하여 주셔서, 그들의 삶을 통하여 주님께서 영광 받으시는 일들만 넘쳐나게 하옵소서. 감사헌금을 드린 학생도 있습니다. 학생 때부터 주님께 감사할 줄 아는 믿음의 사람으로 그 마음을 복되게 하여 주심을 감사합니다. 주님께 감사하는 생활을 통하여 더 큰 감사의 제목들이 그들의 삶 속에 넘쳐날 수 있도록 함께하시옵소서.

주일 헌금을 드린 학생들도 기억하셔서 그들이 드린 예물이 주님의 나라를 위하여 귀하게 사용될 수 있도록 축복하여 주옵소서. 헌금을 드리지 못한 학생도 있습니다. 그러나 마음을 드린 줄 믿사오니 중심을 보시는 하나님께서 그 마음을 더욱 복되게 하여 주시옵소서.
저희 학생들이 드린 모든 예물이 주님의 교회와 학생회의 사업과 복음을 전파하고 영혼을 구원하는 일에 사용되게 하시고, 이웃을 위한 구제와, 친구를 위한 장학 헌금으로 사용될 수 있도록 복되게 하여 주옵소서.
사랑이 풍성하신 예수 그리스도의 이름으로 기도합니다. 아멘.

# 청년(대학)부 예배에 맞춘 헌금기도문

곤고한 날이 이르기 전 젊을 때 주님을 만나게 하시고, 주님을 앙망하는 삶을 살 수 있도록 인도하여 주신 주님의 은혜를 감사합니다. 오늘 청년(대학)부 모임을 맞이하여 모두가 한자리에 모여 주님을 찬양하며, 주님의 귀한 말씀을 듣게 하심을 감사합니다. 이 시간, 순서에 따라 주님 앞에 귀한 예물을 드립니다. 인색함으로나 억지로 드리지 않게 하시고, 주님은 즐겨내는 자를 사랑하신다고 하셨사오니, 이 예물을 통하여 물질보다 주님을 더욱 사랑하는 신앙의 고백이 될 수 있도록 함께 하시옵소서.

젊은 때부터 물질관을 바로 세우기를 원합니다. 주님이 세우지 아니하시면 집을 세우는 자의 수고가 헛되듯이, 물질도 주님이 붙들지 않으시면 저희는 얼마든지 궁핍해질 수 있고, 물질이 있다 하여도 죄악된 일에 사용될 수 있다는 사실을 기억하여 항상 물질에 거룩함이 깃들게 해달라고 간구할 수 있는 저희 모두가 되게 하여 주옵소서.

사랑의 주님!
이 시간, 저희들이 드리는 예물이 주님의 영광을 나타내는 데 사용되기를 원합니다. 부족하고 작은 것이지만, 예물이 집단의 이기를 드러내는 데 사용되지 말게 하시고, 선한 사업에 힘쓸 수 있는 예물이 되게 하여 주옵소서. 빵 한 조각 없는 가난한 이웃을 돌아보고, 주님을 모르는 불쌍한 영혼을 구원하는 일에 사용되게 하시고, 양심을 썩게 만드는 죄악의 독성을 무력화시키는 일에, 사랑의 소금이 될 수 있는 예물이 되게 하여 주옵소서. 이 예물이 작아서 보잘것없이 보일지라도, 가난한 과부가 부끄러움 속에 드린 동전 두 렙돈을 매우 크게 보셨던 주님을 생각할 때, 이 예물이 충분히 주님의 영광을 드러낼 수 있는 복 있는 예물이 될 것을 믿습니다. 저희들의 진심이 스며있는 예물을 주님께서 기쁘게 받아주실 것을 믿사옵고, 예수 그리스도의 이름으로 기도합니다. 아멘.

# 식사에 맞춘 기도문1

**적 용** : 교회에서의 식사 기도
**성 경** : 사도행전 2장 46~47절

사랑의 하나님!
오늘 사랑하는 목사님을 통하여 신령한 주님의 말씀, 송이 꿀 보다 더 단 주님의 말씀을 저희들에게 먹여주시고, 이 시간은 또한 육의 양식을 대접 받을 수 있도록 은혜 내려 주시니 감사합니다.

믿음의 식구들이 한자리에 모여서 떡을 뗍니다. 사랑이 더욱 풍성하게 넘치게 하시고, 주님을 찬미하는 저희들 되게 하여 주시옵소서.
이 음식을 통하여 더욱 강건함을 얻어서 주님의 일을 열심히 하는 저희들 되게 하시고, 주님의 몸 된 교회를 위하여 죽도록 충성할 수 있는 진실한 종들이 되게 하여 주시옵소서.

이 애찬식을 정성껏 준비한 손길들이 있습니다. 그들의 사랑의 수고를 기억해 주셔서 주님의 위로가 넘치게 하옵소서. 특별히 이 시간에도 굶주리고 있는 많은 영혼들을 기억하시기를 원합니다. 그들의 식탁에도 만나로 채우시는 주님의 긍휼이 있게 하옵소서.
이 음식을 먹을 때마다 일용할 양식을 베푸시는 예수 그리스도의 이름으로 기도합니다. 아멘.

# 식사에 맞춘 기도문2

**적 용** : 구역(속회) 모임에서의 식사 기도
**성 경** : 사도행전 2장 42절

공중에 나는 새를 먹이시며 들에 핀 백합화를 입히시는 하나님 아버지! 오늘도 저희들이 믿음의 교제를 나누며 주님께 영광을 돌리고, 다시금 식탁 교제를 나누게 하시니 감사드립니다.

먼저, 식탁의 교제를 위하여 다과(음식)를 정성껏 준비한 OOO 성도(직분)님을 기억하옵소서. 믿음의 권속들에게 대접하기 위하여 준비한 그 손길을 언제나 복 있게 하실 것을 믿습니다. 또한 저희들에게 대접한 것이 곧 주님께 대접한 것이 되게 하실 것을 믿습니다.

사랑의 주님께서 언제나 이 가정에 필요한 것을 채워주셔서 물질로 주님을 섬기는 기쁨이 더하여질 수 있게 하시고, 남을 섬기는 기쁨도 더하여질 수 있게 하여 주옵소서. 또한 가족들의 건강도 지켜주시기를 원합니다. 음식의 해함을 받는 일이 없게 하시고, 질병의 위협을 받는 일이 없게 하여 주옵소서. 언제나 영육 간에 강건함으로 주님을 섬길 수 있는 가정이 되게 하여 주옵소서.

이 자리에 함께한 저희들도 주님이 베푸신 양식에 부끄럼 없는 삶이 되기를 원합니다. 먹든지 마시든지 무엇을 하든지 주님의 영광을 위하여 하라고 하셨사오니 그 말씀대로 사는 저희 모두가 되게 하옵소서. 항상 선한 사업에 힘쓰게 하시고 주님의 영광만을 나타낼 수 있는 삶이 되게 하옵소서. 지금도 식사 때마다 보이지 않는 손님이시요, 모든 대화에 말없이 듣고 계시는 예수 그리스도의 이름으로 기도합니다. 아멘.

# 식사에 맞춘 기도문3

**적 용 :** 가정에서의 식사 기도
**성 경 :** 마태복음 6장 9~10절

사랑의 주님!
오늘도 저희 가족에게 일용할 양식을 주셔서 감사합니다. 이 음식을 먹을 때마다 이 식탁을 비우지 아니하시는 주님의 은총에 감사할 수 있는 저희들 되게 하시고, 이 음식이 식탁에 오르기까지 땀 흘리며 수고한 많은 사람들의 수고도 잊지 않고 축복할 수 있는 저희들 되게 하여 주옵소서.

주님! 가난한 사람들의 식탁을 기억하옵소서. 그들의 식탁 위에도 빈 그릇이 없도록 일용할 양식으로 채워주시옵소서. 지금도 세계 곳곳에는 먹을 양식이 없어 고통받고 있는 사람들이 있습니다. 굶주림에 시달리는 어려운 사람들을 위하여 경제적으로 부요한 나라들이 선한 이웃의 역할을 잘 감당할 수 있게 하옵소서.

오늘 저희들이 이 음식을 먹고 더욱더 힘을 얻어서 선한 사업에 힘쓰게 하시고, 주님의 영광만을 나타내는데 힘쓰게 하옵소서.
식사 때마다 보이지 아니하시는 손님으로 함께 하시는 예수 그리스도의 이름으로 기도합니다. 아멘.

## 가정예배에 맞춘 기도문(개인)

저희 가정의 주인이 되시고, 영원의 사랑으로 저희들을 지켜 주시며 바른 길로 인도하시는 주님!
오늘도 저희들에게 새날을 허락하시고, 새로운 한 날을 시작할 수 있도록 은혜 베푸심을 감사합니다. 이 아침에 주님 앞에 예배드리며 간구하오니 오늘 하루도 주님께서 지켜주시고 인도하여 주셔서 주님 안에서 승리하는 한날의 생활이 되게 하여 주옵소서. 특별히 하루의 일을 시작할 때, 저희의 심령을 온전히 주장하셔서 내 힘과 수단과 방법으로 살지 않게 하여 주시고, 주님을 온전히 의지하며 내 지혜보다는 주님의 지혜를 의지하는 저희들 되게 하여 주옵소서.

오늘도 주님의 영광을 나타내는 복된 한 날이 되기를 원합니다. 학교에서, 직장에서, 사업장에서, 주님의 영광을 드러낼 수 있는 저희들 되게 하시고, 저희들의 행실로 주님을 보여주고 주님을 나타낼 수 있는 한날이 되게 하여 주옵소서. 또한 게으른 모습이 없기를 원합니다. 주님이 주신 귀한 하루를 방종하며 헛되이 보내는 저희들 되지 않게 하시고, 각자 맡은 바 일에 최선을 다하며 성실히 감당할 수 있는 저희들 되게 하여 주옵소서.

주님의 교회에 속한 모든 믿음의 식구들에게도 함께 하셔서 하루의 생활을 통하여 주님께 충성하며 영광을 나타내도록 하시고, 위험한 일이 발생하지 않도록 불꽃같은 눈동자로 지켜 주시고 보호하여 주옵소서.
주님의 교회에 속한 모든 믿음의 식구들에게도 함께하셔서 하루의 생활을 통하여 주님의 영광을 나타낼 수 있게 하시고, 위험한 일이 발생하지 않도록 불꽃같은 눈동자로 지켜주시고 보호하여 주옵소서. 복된 하루를 허락하신 예수 그리스도의 이름으로 기도합니다. 아멘.

# 가정예배에 맞춘 기도문(전가족)

은혜로우신 하나님 아버지!
한 주간도 저희들을 축복하셔서 주님의 은혜 안에 거하게 하시고, 필요한 것들을 부족함 없이 채워 주시며, 건강으로 지켜 주신 은혜에 감사와 찬양을 올립니다. 오늘 이렇게 온 가족들이 건강한 모습으로 한자리에 모여 웃음과 즐거움이 넘치는 가운데 가정 예배를 드리게 하심을 감사합니다. 하오나 오늘 복되고 즐거운 이 자리에 참석하지 못한 식구도 있습니다. 그 형편과 사정을 저희들은 알 수 없사오나 주님께서는 아실 줄 믿사오니 어디에서 무엇을 하든지 주님 안에 거하게 하시고, 믿음을 잃지 않도록 함께 하시옵소서.

사랑이 한없으신 하나님 아버지! 시대가 악하여질수록 가정들도 불협화음이 생기고, 금이 가고 깨어지는 가정들이 점차 늘어나고 있습니다. 하나님이 최초로 만들어 주신 가정이 무너지고 있는 이때에 저희들은 사랑의 띠로 하나가 되어서 더욱 교제에 힘쓰며 화목을 이루는 가정이 되게 하시고, 주님이 주신 복된 가정을 잘 지키며, 주님의 뜻을 높이고 그 뜻을 이루어 드리는 저희들 되게 하여 주옵소서. 또한 저희 가정의 모든 식구들이 주님을 위하여 일하는 일꾼, 이웃을 돌아보고 헤아릴 수 있는 식구들이 되게 하시고, 이 나라와 사회를 위하여도 유익한 일을 담당하는 역군들이 되게 하여 주옵소서. 또한 겸손하고 온유한 태도로 남을 자신보다 낮게 여기며, 모든 사람과 더불어 화평을 이루며 사는 겸손의 종들이 되게 하옵소서.
맡은 바 일에도 책임과 의무를 다하는 식구들이 되기를 원합니다. 무슨 일을 하든지 그 일이 주님이 주신 성직인 줄 알아 그 일을 통하여 주님께 영광 돌릴 수 있는 복된 삶을 살게 하시고, 주님께 충성을 다하는 식구들이 되게 하여 주옵소서.
저희 온 식구들이 가정 속에 작은 천국을 이루는 삶을 살게 하여 주실 것을 믿사옵고 예수 그리스도의 이름으로 기도합니다. 아멘.

## 사업장 예배에 맞춘 기도문

구속의 은혜를 주신 하나님 아버지!
저희가 사는 이 시대를 분별할 수 있도록 하셔서 썩어 없어질 세상의 것을 좇지 아니하고 영원하신 주님을 따르게 하심을 감사합니다. '무엇을 먹을까, 무엇을 입을까' 하는 걱정을 떨쳐 버리고 어떻게 영생을 얻을 것인가에 삶의 중심을 맞추게 된 것은 오직 십자가로 속죄함을 이루신 주님의 은혜임을 믿습니다.

오늘은 특별히 OOO 교우가 경영하는 사업장에서 주님께 예배드립니다. OOO 교우에게 이 귀한 사업장을 허락하시고, 이 사업을 통하여 주님의 뜻을 이루어 갈 수 있도록 축복하심을 감사합니다. 바라옵기는, 더욱더 이 사업을 축복하셔서 번창하게 하시고, 이 사업을 통하여 주님께서 이루고자 하시는 뜻을 이루어 드리는 사업이 되게 하여 주옵소서. 또한, 많은 사람들에게 이로움을 주며 많은 사람들을 헤아릴 수 있는 사업이 되게 하시고, 주님의 교회를 위하여도 이 사업장에서 얻어진 수고의 열매가 귀하게 사용되게 하옵소서.

OOO 교우가 계획하는 모든 일들이 주님을 영화롭게 하는 것이 되게 하시고, 물질로 인하여 시험에 들지 않도록 늘 지켜 주옵소서. 이 사업의 주인이 주님이시라는 것을 늘 잊지 않게 하시고 주님께서 기뻐하시는 대로 운영해 나갈 수 있도록 그 생각을 지켜 주옵소서. 모든 것에 감사하는 마음을 허락하셔서 혹 뜻하지 않는 일이 발생한다 할지라도 감사를 잃지 않게 하여 주시고, 합력하여 선을 이루시는 하나님을 온전히 바라볼 수 있게 하옵소서.
이 사업장에 필요한 주님의 말씀을 증거하시는 목사님을 성령의 능력으로 붙드셔서 지혜와 영감과 승리를 주는 축복의 말씀이 되게 하옵소서. 이 사업장의 경영자가 되시는 예수 그리스도의 이름으로 기도합니다. 아멘.

# 12부

## 구역(속회, 셀) 모임에 맞춘
# 대표기도문

## 새해에 맞춘 기도문

저희의 소망이 되시고 빛이 되시는 하나님 아버지!
저희들에게 새로운 해를 주셔서 기쁨 가운데 희망을 갖고 시작하게 하시니 감사드립니다. 주님이 저희들에게 또다시 복된 새해를 선물로 주셨사오니 주님의 영광을 위하여 저희의 삶을 드릴 수 있는 한 해가 되게 하여 주옵소서.

이 자리에 모인 저희 지체들이 올해에 받은 직분과 직책들이 있습니다. 부족한 저희들에게 주님의 영광을 위하여 봉사하고 섬길 수 있는 기회를 주셨사오니, 감사함으로 잘 감당할 수 있게 하시고, 선한 청지기로서의 본분을 잊지 않게 하여 주옵소서. 주님을 위해서라면 가리는 것이 없게 하여 주시고, 힘을 다하여 충성할 수 있는 저희 모두가 되게 하여 주옵소서. 그리하여 주님이 보시기에 착하고 충성된 종들의 모습이 되게 하시고, 더 많은 것을 맡기시는 주님의 축복을 누리는 저희들이 되게 하여 주옵소서.

이 모임도 우리 주님이 함께하시는 은혜로운 모임이 되게 하기 위하여 저희 모두가 한마음 한뜻을 품게 하시고, 힘을 다하여 참석할 수 있도록 저희의 생각과 마음을 주장하여 주옵소서. 횟수가 더해질수록 영적인 풍요가 넘치는 모임이 되게 하시고, 영적인 기쁨이 충만해지는 모임이 되게 하여 주옵소서.
새해에도 구역(속회, 셀) 모임을 위하여 더 많이 수고하는 손길을 기억하시고, 그 수고와 애씀이 귀한 열매로 맺어질 수 있도록 축복하실 것을 믿습니다. 저희 한 사람 한 사람마다 주님의 은혜가 끊임없이 공급되는 축복의 새해가 되게 하실 것을 믿사옵고 예수 그리스도의 이름으로 기도합니다. 아멘.

# 봄에 맞춘 기도문

빛이요 구원이신 하나님 아버지!
든든한 주님의 사랑에 기대어 살다가 구역(속회, 셀) 모임을 맞이하여 한 자리에 모이게 되었습니다. 저희들의 영혼을 붙들어 주셔서 주님께 영광을 돌릴 수 있게 하옵소서.

주님! 온 땅이 주님의 은혜를 입고 새 생명의 기쁨을 한껏 노래하고 있습니다. 산과 들녘에 푸른 빛깔을 드러낸 이름 모를 잡초까지도 주님의 은총을 노래하고 생명의 축제를 즐기고 있는 것 같습니다. 저희들도 새 생명을 주신 주님을 찬양하고 영광 돌릴 수 있는 삶이 되게 하여 주옵소서.

주님! 주님의 몸 된 교회는 무엇보다도 새 생명이 잉태되고 새 생명의 기쁨을 노래할 수 있는 곳이 되어야 할 줄로 믿습니다. 저희 모두가 주님의 몸 된 교회를 새 생명 축제의 현장으로 만들기 위하여 새 생명을 잉태하는 일에 마음을 쏟을 수 있게 하옵소서. 자신이 구원받은 것에만 만족하며, 그 구원을 지키기 위한 수단으로만 교회를 찾거나 모임을 갖지 말게 하시고, 생명의 꽃이 만발한 교회와 모임을 가꿀 수 있는 저희들이 되게 하옵소서. 새 생명을 위하여 날마다 전도하게 하시고, 복음을 파종할 수 있게 하옵소서. 그리하여 저희 모두가 생명의 역사를 이루어 가는 하나님의 자녀로 살게 하옵소서.
오늘 이 모임을 위하여 장소를 제공한 손길 위에도 생명의 기쁨이 넘치게 하실 것을 믿습니다. 인도자를 비롯하여 저희 모두에게도 생명으로 이끄시는 주님의 손길을 느끼게 하옵소서. 예수 그리스도의 이름으로 기도합니다. 아멘.

# 여름에 맞춘 기도문

고마우신 하나님 아버지!
저희들을 항상 주님을 사모할 수 있는 자리로 이끄심을 감사드립니다. 생명 다하는 그날까지 주님을 앞세우는 삶이 되게 하여 주옵소서. 오늘 저희들이 마음을 다하여 주님을 찬양하며 말씀과 교제를 나눌 때에 저희들 가운데 임재하시며 주님의 영광을 보게 하옵소서.

주님! 무더운 여름이 시작되었습니다. 더운 날씨로 인하여 마음의 평안을 잃어버리기 쉽고, 나태해지기 쉬운 계절입니다. 사탄 마귀는 이런 기회를 절대로 놓치지 않는다는 사실을 기억하여 저희 모두가 영적인 게으름에 빠지지 않도록 깨어있을 수 있게 하옵소서. 날씨를 탓하며 주님의 자녀 된 본분을 망각하지 않게 하여 주시고, 저희들 각자에게 맡겨진 신앙의 본분을 잘 지켜 행할 수 있게 하옵소서. 기도의 자리, 봉사의 자리를 힘써서 찾을 수 있게 하시고, 한결같은 모습으로 주님을 기쁘시게 할 수 있게 하옵소서.

주님! 교육부서의 여름행사가 시작되었습니다. 교육부서의 여름행사를 다 마치기까지 구역(속회, 셀)의 모든 지체들이 힘을 다하여 기도할 수 있게 하시고, 협력하고 도울 일이 있으면 가리지 않고 도울 수 있게 하여 주옵소서. 특별히 여름행사를 맡은 지도자와 교사를 기억하셔서 건강을 잃거나 탈진하지 않도록 주님의 강하신 손으로 붙들어 주옵소서. 또한 안전사고가 발생하지 않도록 모든 위험에서 막아주실 것을 믿습니다. 오늘 이 모임이 천국으로 향하는 믿음의 계단이 되게 하실 것을 믿사옵고 예수 그리스도의 이름으로 기도합니다. 아멘.

# 가을에 맞춘 기도문

기쁨의 절기를 허락하신 하나님 아버지!
이 땅에 오곡백과가 영글게 하셔서 창조의 은총을 다시금 깨닫게 하시니 감사합니다. 찬란하고 밝은 이 은혜의 계절에 저희의 눈은 주님의 창조의 솜씨를 바라보게 하시고, 저희의 혀는 지금도 살아계셔서 역사하시는 주님의 진리의 말씀만을 말하게 하여 주옵소서. 이 시간, 저희들이 마음을 주님께 엽니다. 주님과의 친밀한 교제와 만남이 이루어지게 하옵소서.

주님! 오곡이 무르익어가는 계절에 특별히 열매 맺는 구역(속회, 셀) 모임을 위하여 기도하기를 원합니다. 이 가을에 주님이 기뻐하시는 열매를 풍성하게 맺을 수 있는 구역(속회, 셀)이 되게 하여 주옵소서. 기도의 열매, 전도의 열매, 봉사의 열매, 헌신의 열매를 풍성히 맺을 수 있는 구역(속회, 셀)이 되게 하옵소서.

또한, 구역(속회, 셀) 모임을 가질 때마다 주님의 사랑과 은혜가 넘쳐나게 하시고, 주님의 몸 된 교회를 세우고 가정을 세우는 모임이 되게 하옵소서. 교회에서나 가정에서나 모임을 가질 때 모든 지체들이 모임의 열매를 맺기에 인색함이 없게 하시고, 적극적으로 모일 수 있게 하여 주셔서 주님의 열심을 닮아갈 수 있게 하옵소서. 저희 모임에 속한 가정들도 주님의 영성으로 충만한 가정이 되게 하셔서 가정 같은 교회, 교회 같은 가정의 아름다움을 보여줄 수 있게 하옵소서.
오늘도 이 모임의 인도자를 성령의 능력으로 붙드셔서 이 모임을 앞장서서 섬길수록 더 귀한 주님을 느끼게 하옵소서. 예수 그리스도의 이름으로 기도합니다. 아멘.

## 겨울에 맞춘 기도문

은혜로우신 하나님 아버지!
죄에 빠진 저희들을 부르셔서 구원의 확신을 주시고 진리의 말씀을 따라 살 수 있게 하시니 감사합니다. 항상 구원을 주신 주님을 경배하며 영광 돌리는 삶이 되게 하옵소서. 오늘 이 모임을 저희들에게 허락하심을 다시 한 번 감사드립니다. 저희들이 핑계치 아니하고 열심을 다하여 참석할 수 있게 하옵소서.

사랑의 주님! 추운 겨울입니다. 특별히 어려운 이웃을 위하여 기도하기를 원합니다. 그 어느 때보다도 더욱 추위를 느낄 수밖에 없는 가난한 이웃들을 기억하시옵소서. 양식이 풍부한 이때에 아직도 굶주린 배를 움켜쥐고 하루하루를 힘겹게 살아가는 이웃들이 있습니다. 그들에게 주님의 따뜻한 손길을 내밀 수 있는 저희들이 되게 하옵소서.
저희들의 헤아리는 손길이 있음으로 인하여 이 추운 겨울이 더욱 따뜻해지게 하시고, 뼛속까지 파고드는 그들의 시린 고통이 훈훈함으로 녹아지게 하옵소서. 특별히 독거노인들을 기억하시기를 원합니다. 고독한 말년을 보내고 있는 그분들에게 따뜻한 벗이 되어 줄 수 있는 교회와 저희 지체들이 되게 하옵소서.

주님! 겨울이지만 저희들의 신앙만큼은 뜨거워지기를 원합니다. 항상 뜨거운 신앙으로 하나님의 자녀로서의 본분을 다할 수 있는 저희들이 되게 하옵소서.
이 모임의 인도자를 기억하시기를 원합니다. 모임에 속한 지체들을 위하여 수고할 때마다 능력의 주님이 크신 복을 더하실 것을 믿습니다. 저희들의 삶을 이끄시고 주장하시는 예수 그리스도의 이름으로 기도합니다. 아멘.

# 사순절에 맞춘 기도문

은혜가 풍성하신 하나님 아버지!
아름다운 봄날을 저희에게 주시고 따사로운 햇살로 어루만지시는 주님의 손길 아래 무릎을 꿇습니다. 이 좋은 계절에 천지를 주관하시는 하나님을 찬양하게 하시니 감사합니다. 영광을 홀로 받으시옵소서.

주님! 저희들이 사순절 기간을 맞았습니다. 십자가를 지신 주님을 생각한다 하면서도 언제나 육신의 것을 보는 것으로 낙을 삼았던 저희들입니다. 부끄러운 마음을 회개하오니 용서하여 주옵소서. 사순절 기간만큼이라도 고난을 받으신 주님을 생각하며 기도와 묵상 속에 보낼 수 있게 하여 주옵소서. 주님의 피 묻은 십자가를 생각하며 욕구와 욕심을 절제할 수 있게 하시고, 용서를 실천할 수 있게 하시며, 낮아짐의 자리로 내려갈 수 있게 하여 주옵소서.
사순절 기간에 저희 구역(속회, 셀) 식구들 모두가 십자가의 사람으로 거듭날 수 있는 계기가 되게 하여 주옵소서. 십자가의 삶을 사는데 더욱 익숙해질 수 있는 계기가 되게 하옵소서. 주님의 몸 된 교회와 구역(속회, 셀) 모임도 항상 주님의 십자가 보혈의 공동체가 되게 하옵소서.

혹 영적으로 게으름에 빠진 지체들이 있습니까? 사순절을 통하여 십자가의 주님을 만날 수 있게 하시고, 다시금 부지런함으로 주님을 섬길 수 있도록 회복의 은혜를 더하여 주옵소서.
오늘 저희가 이 모임을 주님이 사랑하시고 인정하시는 믿음의 공동체를 가꾸어갈 수 있게 하옵소서.
예수 그리스도의 이름으로 기도합니다. 아멘.

# 고난주간에 맞춘 기도문

구원의 주님!
주님께서 수난 받으심으로 저희가 새 생명을 얻게 되어 하나님의 자녀로 영생의 축복을 누리게 하심을 감사드립니다. 이 시간, 큰 사랑을 입은 하나님의 자녀들이 한자리에 모였습니다. 모인 저희들이 고난을 받으시고 십자가에 달리셨던 주님을 기억하고 주님의 그 위대하신 사랑 앞에 늘 감격하며 주님을 사모하는 자들이 되게 하여 주옵소서.

주님! 저희들이 주님께서 고난의 쓴 잔을 받으신 고난주간을 보내고 있습니다. 이번 한 주간이 저희들에게는 슬픔의 주간인 것을 깨닫습니다. 한 주간만큼이라도 주님의 고난받으심에 동참하는 마음으로 말을 아끼게 하시고, 불평과 원망의 언어를 입술에 담지 않게 하옵소서.
꼭 하고 싶은 것이 있을지라도 절제할 수 있게 하시고, 먹고 싶은 음식이 있을지라도 절제할 수 있게 하옵소서. 분노할 일이 있어도 참을 수 있게 하시고, 기쁘고 즐거운 일이 있을지라도 고난받으신 주님을 생각하며 자제할 수 있게 하옵소서. 꼭 가고 싶은 곳이 있을지라도 함부로 발걸음을 옮기지 않게 하여 주시고, 오직 험한 십자가를 지신 주님만을 깊이 생각하며 보낼 수 있는 한 주간이 되게 하여 주옵소서.

고난주간을 맞이하여 특별히 금식을 하는 성도들이 있습니다. 굳건한 믿음으로 채워주셔서 주님의 험한 십자가를 바라보며 고난의 유익을 누릴 수 있도록 붙들어 주옵소서.
이 시간, 저희 모두가 다시 한번 주님의 험한 십자가를 바라볼 수 있게 하실 것을 믿사옵고 예수 그리스도의 이름으로 기도합니다. 아멘.

# 부활주일에 맞춘 기도문

할렐루야! 부활의 주님을 찬양합니다. 이 시간, 부활의 은총을 누리는 자들이 한자리에 모여 부활의 첫 열매가 되신 주님을 인하여 기뻐할 수 있게 하시니 감사합니다.

주님! 저희들이 주님의 부활하심을 단지 기뻐할 것만이 아니라, 주님의 부활하심을 더욱 힘써서 증언하며 나타낼 수 있게 하옵소서. 도망쳤던 제자들이 부활하신 주님을 만난 이후로 그 기쁨의 좋은 소식을 전하기에 주저하지 않았듯이, 저희들도 주님을 담대하게 증거할 수 있는 삶이 되게 하옵소서.
주님의 부활을 담대하게 증거할 수 있는 종으로 쓰임 받기 위하여 성령 충만을 사모하며 간구할 수 있게 하시고, 이 땅에서 저희의 생명을 다하는 그 날까지 부활의 증인으로서의 삶을 살기에 날마다 힘쓸 수 있는 저희들이 되게 하여 주옵소서. 어렵고 힘들다고 하여 증인의 자리를 회피하지 않게 하시고, 바쁘고 피곤하다고 하여 증인의 사명을 게을리하지 않는 저희들이 되게 하옵소서.

주님이 부활하셨기에 저희들이 가장 복된 자들임을 깨닫습니다. 주님의 부활이 없으셨더라면 저희 같이 불쌍한 자들이 또 어디에 있겠습니까? 때를 얻든지 못 얻든지 복된 자의 의무를 다할 수 있는 저희 모두가 되게 하여 주옵소서.
또한 구역(속회, 셀) 모임도 언제나 부활의 기쁨을 나눌 수 있는 소망의 모임이 되게 하시고, 저희들의 가정과 생업도 부활의 기쁨으로 충만하게 채워진 소망의 터전이 되게 하옵소서. 부활의 첫 열매가 되신 예수 그리스도의 이름으로 기도합니다. 아멘.

# 성령강림절에 맞춘 기도문

오순절 성령으로 임하시는 하나님!
진리와 권능으로 저희를 찾아와 주시니 감사드립니다. 오늘도 성령님의 인도를 받는 지체들이 한자리에 모였습니다. 이 모임을 복되게 하실 것을 믿습니다.

주님! 저희들에게 항상 성령 충만함을 주옵소서. 그리하여 각자 받은 사명을 잘 감당하며 주님을 높일 수 있는 삶이 되게 하여 주옵소서. 성령 충만함으로 모이기에 힘쓰게 하시고, 성령 충만함으로 주님의 몸 된 교회를 잘 섬길 수 있게 하옵소서. 또한 성령 충만함으로 육신의 정욕을 이길 수 있게 하시고, 악한 권세를 이겨나갈 수 있게 하옵소서. 언제나 저희 모두가 성령 충만함으로 선한 싸움의 승리자가 될 수 있게 하옵소서.

주님! 지금 육체적으로나 정신적으로, 또는 여러 가지 문제로 고통당하는 지체들도 있습니다. 그들의 각 심령마다 성령님께서 충만하게 임하셔서 모든 고통에서 자유함을 얻게 하여 주시고, 기쁨으로 주님을 찬양할 수 있게 하옵소서. 이 시간, 저희들이 성령 안에서 찬송하고 기도하며 말씀을 묵상할 때에 더욱더 성령의 충만을 받는 시간이 되게 하시고, 성령 안에서 교제하며 떡을 뗄 때에 성령님의 위로하심을 경험할 수 있게 하옵소서.
오늘도 구역(속회, 셀) 모임을 위하여 수고하는 손길을 기억하옵소서. 언제나 성령의 사람으로 지체들을 섬길 때에 주님의 마음을 시원케 하는 복 있는 사람이 되게 하옵소서. 예수 그리스도의 이름으로 기도합니다. 아멘.

# 감사절에 맞춘 기도문

비교할 것 없이 좋으신 우리 주님!
수많은 사람들 중에 저희들을 특별히 택하여 주셔서 주님의 자녀를 삼아 주시고, 마음을 다하여 주님을 찬양하고 경배하며 영광 돌릴 수 있는 삶을 살게 하시니 감사드립니다. 오늘도 주님께 택함을 받은 자들이 한자리에 모였습니다. 저희들에게 모일 수 있는 마음을 주시니 다시 한번 감사와 찬양을 주님께 올립니다.

주님! 저희들이 추수감사 절기를 앞두고 있습니다. 지금까지 지내 온 것 주님의 크신 은혜임을 고백합니다. 저희들이 절기 때만 주님의 은혜를 기억하며 감사하는 것이 아니라 범사에 감사할 수 있게 하여 주옵소서. 또한 이유 있는 감사이기보다는 이유 없는 무조건적인 감사를 주님께 드릴 수 있게 하시고, 잃어버린 것이 많을지라도 주님의 함께하심을 인하여 감사할 수 있는 저희 모두가 되게 하여 주옵소서.

주님! 감사가 없는 까닭에 세상이 점점 흉흉해지고 있습니다. 불평과 원망의 소리들이, 뽀얀 먼지가 되어 곳곳을 덮은 이 세상을 감사로 청소해 낼 수 있는 저희 모두가 되게 하여 주옵소서. 저희가 가는 곳에 불평이 변하여 감사의 꽃이 피게 하여 주시고, 원망이 변하여 감사의 향기가 진동할 수 있게 하여 주옵소서. 어디를 가든지 무엇을 하든지 감사의 사람으로 쓰임 받을 수 있는 저희 모두가 되게 하실 것을 믿습니다. 이제 올해도 얼마 남지 않았습니다. 감사로 한 해를 잘 마무리할 수 있게 하옵소서.
예수 그리스도의 이름으로 기도합니다. 아멘.

# 성탄절에 맞춘 기도문

언제나 저희를 사랑하시는 주님!
오늘도 주님의 사랑이 저희를 향하고 있기에 구역(속회, 셀) 모임을 갖게 된 줄 믿습니다. 이 자리에 있는 저희들, 주님의 그 깊으신 사랑을 생각하며 이 모임을 가질 수 있게 하시고, 찬양과 감사를 주님께 올릴 수 있게 하여 주옵소서.

주님! 이제 교회 밖에는 주님의 나심을 알리기 위하여 곳곳마다 휘황한 불빛을 비추고 있고 캐럴송을 크게 틀어놓고 있습니다. 그러나 과연 주님을 모르는 자들이 얼마나 주님의 오심을 축하하며 기뻐할 수 있겠습니까? 주님께서 왜 죄악된 이 세상에 육신의 몸을 입고 오셔야 했는지를 아는 저희들이오니 단지 기뻐하고 즐거워할 것만이 아니라, 주님의 희생하심에 뜨거운 감사와 감격의 찬양을 드릴 수 있는 성탄절이 되게 하여 주옵소서.
이 땅의 곳곳에 진정한 성탄의 의미가 뿌리내려지기를 원합니다. 누구나 죄로 죽을 수밖에 없는 인간을 찾아오신 주님의 사랑을 깨닫고 그 앞에 엎드리기를 원합니다. 이 땅을 고쳐 주옵소서.

주님! 교육부서가 주님의 오심을 축하하기 위하여 성탄절 행사를 준비하고 있습니다. 교사들과 어린 심령들의 마음을 붙드셔서 진정한 성탄의 의미가 담긴 내용들로 준비할 수 있게 하옵소서.
저희들도 구역(속회, 셀) 모임을 가질 때 성탄절을 준비하는 마음으로 가질 수 있게 하시고, 동방박사와 같이 아기 예수님께 드릴 예물도 정성껏 준비할 수 있게 하옵소서.
지금 이 시간, 저희들 가운데 주님의 함께하심을 믿사옵고 예수 그리스도의 이름으로 기도합니다. 아멘.

# 13부

## 심방에 맞춘
# 대표기도문

# 대심방(일반 가정)

**성 경** : 시편 1편 1~6절

은혜로우신 하나님 아버지!
사랑하는 목사님을 모시고 대심방을 할 수 있도록 은혜를 베풀어 주심을 감사합니다. 좋은 계절과 맑은 날씨를 주셔서 대심방을 하기에 불편함이 없도록 인도하심을 감사합니다. 오늘은 이 가정에서 사랑하는 목사님을 모시고 여러 심방 대원들과 함께 예배드립니다. 이 가정의 형편을 저희들은 자세히 알 수 없사오나 주님께서는 다 알고 계시오니, 이 가정에 필요한 모든 것들과 그 마음의 소원을 주님이 감찰하셔서 믿음을 따라 승리하는 삶을 살아갈 수 있도록 주님이 이끌어 주옵소서. 주님! 이 가정에서 경영하는 사업과, 하고 있는 모든 일들도 주님이 붙드셔서 주님의 영광을 드러내고, 주님을 알릴 수 있는 사업이 되게 하시고, 거기에서 얻어지는 수고의 열매를 통하여 이 가정에 물질의 넉넉함이 주어질 수 있게 하옵소서. 또한, 주님을 위해서도 귀하게 사용될 수 있는 복 있는 물질이 되게 하여 주옵소서. 자녀들도 믿음 안에서 건강하게 자라나게 하여 주시고, 부모님께 효도를 다하며, 이 사회나 주님을 위하여 귀하게 사용되는 그릇이 되게 하여 주옵소서.
가정마다 심방하시며 축복의 말씀을 전하시는 목사님을 성령의 능력으로 붙드셔서 대심방이 끝나는 날까지 피곤함이 없게 하시고, 전하시는 주님의 말씀이 그 가정에 꼭 필요한 신령한 말씀, 소망의 말씀, 새 힘을 얻는 말씀이 되게 하여 주옵소서. 대심방 기간 중 목사님과 함께 수고하는 심방 대원들에게도 함께하셔서 대심방이 끝나는 날까지 목사님을 잘 보필할 수 있도록 도와주시옵소서. 대심방의 모든 일정을 주님께서 친히 주관하여 주시고, 성령께서 친히 동행하여 주실 것을 믿사옵고 예수 그리스도의 이름으로 기도합니다. 아멘.

# 대심방(믿음이 신실한 가정)

**성 경 :** 사도행전 10장 1~8절

은혜로우신 하나님 아버지!
저희의 발걸음을 000 성도(직분)님의 가정으로 인도하심을 감사드립니다. 대심방의 일정에 따라 오늘 000 성도(직분)의 가정에서 예배를 드리며 주님께 영광을 돌리오니 기쁘게 받아주시옵소서.
사랑의 주님! 만세전부터 주님이 택하신 가정입니다. 주님을 위하여 아름답게 쓰임을 받고 있는 가정입니다. 언제나 그 복된 길로 인도하셔서 아름다운 믿음의 꽃이 이 가정을 통하여 날마다 활짝 필 수 있게 하여 주옵소서. 주님의 몸 된 교회를 위하여 힘을 다하여 봉사하고 충성하고 있사오니 주님의 일을 하면 할수록 지치는 것이 아니라 샘솟는 기쁨이 그 심령에 넘쳐나게 하여 주옵소서. 지금까지도 주님의 은혜에 이끌려 살았지만, 앞으로의 삶도 주님의 은혜의 지배를 받게 하여 주실 것을 믿습니다. 하나님 앞에 정직하고 성실하기를 힘쓰는 이 가정을 기억하시고 그 생업에 복을 더하여 주셔서 물질을 깨뜨려 주님의 몸 된 교회를 섬기는데 부족함이 없게 하여 주옵소서. 사랑하는 자녀들도 기억하시고 부모의 좋은 믿음의 영향을 받아 주님 앞에 바로 세워지고 크게 쓰임 받을 수 있는 자녀들이 되게 하여 주옵소서.
오늘 목사님이 이 가정을 위하여 축복의 말씀을 전하시오니 이 가정에 꼭 필요한 말씀이 되게 하시고, 위로가 되고 새 힘을 얻는 말씀이 되게 하여 주옵소서.
사랑하는 심방 대원들, 피곤할지라도 인내함으로 잘 참여할 수 있게 하여 주시고, 선한 일에 힘쓰는 저들의 마음을 우리 주님이 기억하실 것을 믿습니다. 시종을 주님께 의탁하오며 예수 그리스도의 이름으로 기도합니다. 아멘.

# 등록심방(초신자 가정)

만백성 가운데서 택한 자를 부르시고 생명을 주신 하나님 아버지! 이 가정에 구원을 허락하셔서 주님 앞으로 불러 주셔서 진심으로 감사합니다. 주님을 영접하고 주님을 믿기로 작정한 사랑하는 000 교우에게 성령의 은사를 충만하게 채워 주셔서 그 영혼이 거듭나게 하시고, 하나님의 진리를 깨달아 알게 하시옵소서.

이전에는 세상만을 사랑하고 육신의 정욕과 이생의 자랑을 위해서 살았으나, 이제부터 사는 생애는 주님만을 사랑하게 하시고 주님께 영광 돌리는 생활을 할 수 있게 하시며, 영육 간에 주님이 채워주시는 신령한 복과 은혜를 받아 누리는 삶이 되게 하옵소서.
특별히 주님을 모르는 가족들에게도 구원의 문을 열어주셔서 모든 식구가 한 사람도 빠짐없이 주님을 영접하여 구원을 받고 천국 백성으로 새 삶을 살게 하옵소서. 또한, 000 교우에게 수고의 열매도 더욱 풍성히 맺게 하셔서 주님이 붙드시는 손길은 이 땅에서도 차고도 넘치는 복을 받아 누린다는 사실을 체험하게 하옵소서.

또한, 예수님을 믿는 즐거움이 000 교우에게 넘치게 하셔서 자나 깨나 주님만을 찾고, 주님만을 의지하며, 주님 한 분만으로 만족하는 최고의 행복을 누릴 수 있게 하옵소서. 믿음도 성장하여 나중 된 자가 먼저 되게 하시는 우리 주님의 능력을 경험할 수 있게 하시고, 주님의 교회를 위해서도 귀하게 쓰임 받는 충성스러운 일꾼이 되게 하옵소서.
이 시간, 000 교우의 가정에 말씀을 전하시는 목사님을 기억하시고, 들려주시는 말씀이 이 가정에 꼭 필요한 축복의 말씀이 되게 하옵소서. 주님의 크신 경륜을 찬양하오며 예수 그리스도의 이름으로 기도합니다. 아멘.

# 등록심방 (기신자 가정)

은혜로우신 하나님 아버지!
사랑하는 OOO 성도님을 저희 교회로 보내 주셔서 저희들과 함께 주님의 몸 된 교회를 섬기며 믿음의 교제를 나눌 수 있게 하심을 감사드립니다. 이 지역에 많은 교회들이 있지만 OOO 성도님이 저희 교회에 등록하게 된 것은 이 교회에 꼭 필요한 일꾼으로 쓰시려고 성령님이 그 마음을 주장하시고 이끄신 것을 믿습니다.

이제 저희들과 함께 OOO 성도님이 주님의 몸 된 교회를 섬기며 믿음 생활을 할 때에 하나님을 경험하는 삶이 되게 하시고, 시냇가에 심은 나무가 시절을 좇아 과실을 맺듯이 영육 간에 풍성한 열매를 맺을 수 있는 복된 삶이 되게 하여 주옵소서. 기도할 때마다 하나님의 능력이 깃드는 것을 경험할 수 있게 하시고, 봉사할 때마다 새 힘을 주시는 주님의 은혜를 체험케 하여 주옵소서. 주님, 이 가정에 주님을 믿지 않는 가족들이 있습니까?

구원을 문을 열어 주셔서 속히 주님을 영접할 수 있게 하여 주시고, 그리스도의 장성한 분량에까지 이를 수 있도록 축복하여 주옵소서. 고통의 문제가 있다면 그 고통에 함께 참여하고 계신 주님의 손길을 느낄 수 있게 하시고, 질병의 아픔이 있습니까? 치료하시는 주님의 능력을 체험할 수 있게 하여 주옵소서. 생업이나 경영하는 사업도 기억하셔서 날마다 주님의 영광을 드러낼 수 있게 하여 주시고, 날마다 채우시는 주님의 은총을 경험할 수 있게 하여 주옵소서. OOO 성도님의 손길을 통하여 영혼이 구원되는 역사도 있기를 원합니다. 많은 사람을 주님께로 인도할 수 있는 축복의 손길이 되게 하시고, 천국의 지경을 확장시켜 나가는 믿음의 사람으로 쓰시옵소서. 오늘 이 가정에 축복의 말씀을 전하시는 목사님을 기억하시고 성령의 능력으로 함께 하여 주셔서 이 가정에 꼭 필요한 생명의 말씀이 되게 하여 주옵소서. 주님의 섭리하심을 찬양하오며 예수 그리스도의 이름으로 기도합니다. 아멘.

# 축하심방(출생한 가정)

생명의 창조자이신 하나님 아버지!
만세 전부터 택하시고, 불러 주신 이 가정에 귀한 생명을 선물로 주심을 감사합니다. 새 생명의 탄생을 어찌 이 세상의 그 무엇과 감히 비교할 수 있겠사오리까? 산모는 물론 이 가정과 저희 모두에게 생명의 축복을 주신 하나님께 다시 한번 감사와 영광을 돌립니다. 또한, 주님이 주신 귀한 생명으로 인하여 저희 모두가 기쁨을 감추지 못하여 온 얼굴이 웃음으로 가득 차게 하시니 이 자리에 생명의 꽃이 만발하는 듯하고, 주님의 축복이 넘쳐나는 것을 깨닫습니다.

원하옵고 바라옵기는 귀한 생명을 선물로 받은 부모들에게 믿음과 지혜를 더욱 충만하게 하셔서 주님이 주신 아기를 사랑과 믿음으로 잘 양육하게 하시고, 하나님의 은혜에서 떠나지 않고, 하나님을 경외하며, 주님을 의지하는 삶을 가르칠 수 있도록 인도하시옵소서.
또한, 이 아기도 부모에게서 좋은 것만 본받게 하시고, 지혜와 명철을 더하여 주셔서 이 가정과 교회와 국가를 위해서 귀하게 쓰임 받을 수 있는 보배로운 사람이 되게 하여 주옵소서.

해산의 고통을 겪은 산모에게도 함께 하시길 원합니다. 그동안 주님이 주신 귀한 생명을 잉태하기까지 정성껏 키우느라 심신이 피곤한 줄 압니다. 빠른 시일 내에 회복할 수 있도록 은혜를 더하시고, 강건함이 넘치게 하여 주옵소서.
이제껏 산모와 아기가 건강하고, 안전하게 순산할 수 있도록 지켜주신 주님의 은혜를 감사하오며, 이 가정에 아브라함이 이삭을 얻었을 때와 같은 큰 기쁨의 찬송이 넘쳐 나게 하여 주실 것을 믿사옵고, 자손이 번창할 수 있는 은총을 허락하신 예수 그리스도의 이름으로 기도합니다. 아멘.

# 축하심방(백일(돌)을 맞은 가정)

사랑과 자비가 풍성하신 하나님 아버지!
오늘 이 가정에 선물로 주신 새 생명이 하나님의 축복 안에서 무럭무럭 자라게 하심을 감사합니다. 어린 생명의 백일(돌)을 맞이하여 감사하는 마음을 하나로 모아 주님 앞에 찬송하며 기도하게 하신 은혜를 감사합니다.

사랑의 주님! 이 가정에 기업을 잇게 하신 귀한 새 생명, 사랑과 은총 속에서 건강하게 자랄 수 있게 하시고, 주님의 선한 뜻을 좇아 자랄 수 있게 하시며, 선한 인격과 아름다운 마음을 가질 수 있게 하옵소서. 장성해서도 늘 주님의 뜻을 좇는 삶을 살게 하시고, 주님의 뜻을 높이는 일을 하게 하시며, 하나님의 영광을 생의 최고 가치로 여기며 살 수 있는 삶이 되게 하옵소서.

이 가정에서 아이를 위하여 여러 가지 미래의 계획을 세우고 있는 줄 압니다. 무엇보다 하나님을 경외하는 신실한 자녀로 양육하기에 온 정성을 쏟을 수 있는 부모가 되게 하시고, 언제나 이 아이를 위하여 기도하며, 하나님의 말씀을 들려줌으로써 주의 율례를 떠나지 않는 자녀로 양육할 수 있도록 지혜를 더하여 주옵소서.
이 가정도 축복하셔서 언제나 주님을 모시고 사는 복된 가정이 되게 하시고, 물질의 축복도 허락하셔서 궁핍함이 없게 하시며, 범사에 계획하는 모든 일들도 주님의 뜻 안에서 복되고 아름다운 열매를 맺어갈 수 있게 하옵소서.
오늘 백일(돌)을 맞은 아이를 축하하기 위하여 한자리에 모인 가족과 교우들에게도 함께 하셔서, 감사와 기쁨이 넘치는 복된 삶이 되게 하여 주실 것을 믿사옵고 주 예수 그리스도의 이름으로 기도합니다. 아멘.

# 축하심방(생일(어른)을 맞은 가정)

인생을 주관하시는 하나님 아버지!
지나간 수많은 세월 동안 이 가정에 베풀어 주신 주님의 모든 은혜와 사랑을 감사합니다. 그동안 인생의 여러 굴곡 가운데서도 하나님을 경외하는 중심이 흔들리지 않게 하시고, 모든 역경과 시련을 믿음으로 잘 이겨낼 수 있도록 함께 하심을 감사드립니다. 앞으로의 여생도 험난한 세상에서 어떠한 일을 만나든지 늘 주님을 의지하고 바라보며 믿음의 길을 걸어가는 복된 삶이 되게 하여 주옵소서.

또한, 주님의 사랑과 크신 지혜와 측량할 길 없는 은혜를 언제나 체험하는 삶이 되게 하옵소서. 주님의 교회와 믿음의 권속들을 위하여 더 많이 봉사하게 하시고, 주님 앞에 신실한 종으로 인정받는 보배로운 성도가 되게 하여 주옵소서. 주님이 특별히 사랑하시는 이 가정도 OOO 성도님을 통하여 더욱 큰 복을 받게 하시고, 온 가족이 영육 간에 윤택하여지는 은혜를 입게 하시며, 기타 모든 일에도 하나님의 축복이 넘쳐나게 하옵소서.

또한, 먼 훗날 주님 앞에 가서도 귀한 상급과 칭찬을 받는 종이 되게 하시고, 이 영광된 일을 위하여 이 땅에서 살아가는 동안 주님이 기뻐하시는 열매를 풍성히 맺을 수 있도록 인도하여 주옵소서.
OOO 성도님의 생일을 축하하기 위하여 자리를 함께한 가족과 성도들에게도 주님이 택한 백성으로 조금도 부족함 없이 인도하여 주실 것을 믿습니다. 오늘 목사님이 전해주시는 말씀도 OOO 성도님에게 큰 위로와 힘이 되는 말씀이 되게 하여 주옵소서.
변함없으신 사랑으로 저희들과 함께하시는 예수 그리스도의 이름으로 기도합니다. 아멘.

# 축하심방(수연, 고희, 산수를 맞은 가정)

만복의 근원이 되시며, 인간의 생사화복을 홀로 주장하시는 하나님 아버지! 오늘 사랑하는 000 성도의 수연(고희, 희수)을 맞이하여 감사와 영광을 주님께 돌립니다.

거룩하신 하나님의 뜻 가운데서 사랑하는 아들(딸)을 이 땅에 보내시고 은혜를 베푸셔서, 예수 그리스도를 믿어 구원을 얻게 하시고, 영원한 소망과 주님의 사랑 안에서 복된 삶을 누리게 하셨사오니 감사하옵나이다. 특별히 질고와 죽음이 많은 이 땅에서 하나님의 보호와 인도하심으로 60(70,80)년 동안 영육 간에 건강하게 지냈음을 감사하옵나이다.

그리고 주 안에서 결혼하여 행복한 성도의 가정을 이루게 하시고, 기업을 잇게 하시는 자녀들을 주셔서 그들의 신앙과 지극한 효행으로 오늘 수연(고희, 희수)축하 예배를 드리게 됨을 감사합니다.

주님! 간구하옵기는 사랑하는 000 성도를 더욱 축복하셔서 영육 간의 더욱더 건강하게 하시고, 앞으로의 생애가 더욱 행복하고 하나님께 큰 영광을 돌리며, 소망 중에 승리하는 생활이 되게 하여 주옵소서.

육신은 쇠하여 갈지라도 영혼은 날마다 새롭게 하여 주셔서 가정과 자손과 교회와 국가를 위하여 기도할 때마다 주님이 주시는 큰 능력을 경험하게 하시며, 바라는 소원이 생전에 모두 성취되는 은총을 누리게 하옵소서.

오늘 말씀을 전하시는 목사님께도 성령의 능력을 더하여 주셔서 000 성도의 삶에 꼭 붙들고 살아야 할 능력의 말씀이 되게 하시고, 이 자리에 모인 축하객들에게도 평생에 잊을 수 없는 말씀이 되게 하시옵소서. 이 자리에 함께하고 계시는 우리 주 예수 그리스도의 이름으로 기도합니다. 아멘.

## 축하심방(입주, 이사한 가정)

자비로우신 하나님 아버지!
이 가정을 지켜 주셔서 부족함이 없이 살아가게 하시니 감사합니다. 또한, 아름답고 사랑이 넘치는 가정이 되게 하여 주심도 감사합니다. 특별히 감사하옵는 것은 이 가정이 주님이 주신 새로운 장막으로 이사하여 먼저 주님께 감사예배와 영광을 돌리게 하시니 감사합니다.

원하옵기는, 이 가정을 붙드시고 축복하시는 하나님의 선하신 손길을 깨달아, 이전보다도 더욱 하나님을 잘 섬길 수 있는 복된 가정이 되게 하시고, 하나님을 더욱 사랑하고 하나님의 말씀을 더욱 잘 지킬 수 있는 가정으로 이끌어 주옵소서. 그리하여 입주(이사) 하기 전보다 이사한 후의 생활이 더욱 윤택하여지게 하시고, 주님이 더욱 지켜주시는 복된 처소가 되게 하여 주옵소서. 또한, 이곳으로 이사하기까지 뜻을 정한 일과 계획하고 있는 일이 있는 줄 압니다. 바라옵기는, 모든 계획들이 하나님의 뜻 안에서 이루어지게 하시고 합당한 열매를 맺어갈 수 있게 하옵소서.

또한, 이 가정에 항상 예배와 찬송이 늘 가득하며, 주 안에서 형제자매들을 즐거이 대접하는 복된 처소가 되게 하시고, 이 집이 육신의 장막뿐 아니라 신앙의 집으로도 아름답게 세워지고 쓰임 받게 하옵소서. 그리하여 하늘의 장막도 단장할 수 있는 가정이 되게 하여 주옵소서. 새로운 곳에서 생활할 때 어려움 없게 하시고, 이웃들에게도 주님의 사랑과 복음을 전할 수 있게 하옵소서.
목사님이 이 가정에 복이 되는 말씀을 증거하십니다. 아멘으로 받게 하셔서 주님의 복을 받는 통로가 되게 하옵소서.
이 가정의 호주가 되시는 예수 그리스도의 이름으로 기도합니다. 아멘.

# 축하심방(개업(사업)하는 가정)

복의 근원이신 하나님 아버지!
오늘 이 가정이 사업체를 시작하면서 먼저, 하나님께 예배를 드릴 수 있게 하심을 감사합니다. 이 가정이 사업을 계획하여 준비하여 시작하게 된 것은 전적인 하나님의 은혜로 된 것임을 믿습니다. 지금까지 인도하신 하나님께서 앞으로도 인도하여 주셔서 이 사업체를 통하여 하나님께 큰 영광을 돌릴 수 있게 하옵소서.
주님! "너희 행사를 여호와께 맡기라. 그리하면 너의 경영하는 것이 이루리라"(잠 16:3)는 주님의 말씀을 기억합니다. 앞으로 OOO 성도가 이 사업체를 경영할 때에 먼저 하나님께 모든 것을 다 맡기면서 경영하게 하시고, 하나님의 말씀을 잘 지키면서 경영하게 하시며, 얻어진 소득에 대하여는 주님이 말씀대로 잘 지켜 준행할 수 있게 하옵소서. 그리하므로 이 가정의 산업이 날로 번창하게 하시고, 그 일로 인하여 하나님이 기뻐하시는 일들도 더욱 힘써서 할 수 있는 축복이 있게 하옵소서.
사람의 계획이 제아무리 완벽한들 어찌 하나님의 지혜에 견줄 수 있겠사오리까? 이 사업을 경영하는 동안 세상의 방법과 자신의 경험과 실력보다 주님의 지혜를 더 의지하게 하시고, 항상 이 사업체를 이끌고 계시는 주님의 능력을 체험하는 경영이 되게 하여 주시옵소서. 또한 믿음으로 시작한 사업이오니 악한 권세가 틈타지 못하도록 성령의 화염검으로 막아 주시고 이 사업체의 주인이 주님이심을 나타낼 수 있는 경영이 되게 하여 주옵소서.
사업을 경영하다 보면 뜻하지 않는 시련이나 어려움이 발생할 수도 있을 것입니다. 그때마다 주님을 더욱 의지하게 하시고, "나의 힘이 되신 여호와여 내가 주를 사랑합니다"(시 18:1)라고 고백하며 더욱 주님을 찬양할 수 있는 담대함이 있게 하옵소서.
오늘 목사님이 들려주시는 말씀도 이 사업체를 경영하는데 꼭 필요한 말씀이 되게 하옵소서. 주님의 복 주심과 함께하여 주심을 믿사옵고, 예수 그리스도의 이름으로 기도합니다. 아멘.

# 위로심방(실직한 가정)

선한 목자이신 우리 주님!
어떻게 해야 합니까? 사랑하는 000 성도님이 평생을 몸 바쳐 일하던 일터를 잃어버렸습니다. 가정에 대한 책임감과 미래에 대한 염려가 그의 마음을 더욱 무겁게 하고 있습니다. 실족하여 넘어질 수밖에 없는 이 상황을 어떻게 해야 좋을지 우리 주님이 000 성도님에게 놀라운 지혜로 함께 하여 주옵소서. 그 마음이 얼마나 괴롭겠습니까? 얼마나 고통스럽겠습니까?

상처 난 그 심령을 주님의 따뜻하신 손으로 어루만져 주시고, 이 힘든 상황을 잘 헤쳐 나갈 수 있도록 새 힘을 더하여 주옵소서. 선한 목자이신 우리 주님께서 갈 길 몰라 두려움에 떠는 길 잃은 양을 불꽃같은 눈동자로 살피실 것을 믿습니다. 능력의 막대기와 지팡이로 인도하실 것을 믿습니다. 영혼이 잘되고 범사가 잘 되도록 축복하실 것을 믿습니다. 주님의 섭리하심을 조금도 의심치 않는 믿음을 주시고 주님의 이끄심을 확신하는 믿음 위에 온전히 설 수 있도록 붙들어 주옵소서.

주님, 000 성도님의 인생에 닥친 이 위기의 상황을 주님을 보다 더 깊이 체험할 수 있는 수련의 계기로 삼게 하여 주시고, 듣지 못했던 주님의 음성을 들을 수 있는 기회로 삼을 수 있게 하여 주옵소서. 우리 주님은 의인이 걸식함을 용납지 않으시기에 반드시 더 좋은 일터를 주실 것을 믿습니다. 일할 수 있는 대로 힘써 일하여 수고의 열매를 먹을 수 있는 좋은 일터를 예비해 놓고 계신 줄 믿습니다. 생명을 얻되 넘치도록 얻으며 승리의 삶을 살게 하실 것을 믿습니다. 모든 것을 주님께 맡기오며 예수 그리스도의 이름으로 기도합니다. 아멘.

# 위로심방(사업에 실패한 가정)

소망의 하나님!
우리의 힘이 되시는 분은 주님 밖에 안 계시기에 주님을 의지합니다. 어려운 가운데서도 주님의 섭리하심을 바라보며 예배를 드릴 수 있게 하시니 감사합니다. 상한 마음을 위로하시고 상처 난 심령을 싸매 주시옵소서.

이 순간, 세상 사람들은 실족하여 넘어졌을 것이오나 하나님의 자녀이기에 마음을 추슬렀습니다. 위기의 때에 주님을 바라보고 의지하는 심령을 놓치지 마시고 크신 긍휼을 베풀어 주옵소서. 잘 될 때 보다 안 될 때 더욱 가까이 계신 주님을 느낄 수 있게 하시고, 평안할 때 보다 어려울 때 주님의 세미한 음성을 들을 수 있게 하여 주옵소서.

마음이 한없이 힘들겠지만 소망의 끈을 놓지 않게 하여 주시고, 실패를 통하여 하나님께서 깨달음을 주시는 것이 무엇인지 살필 줄 아는 분별력이 있게 하여 주옵소서. 욥과 같은 신앙이 필요한 줄 압니다. "주신 자도 여호와시요 취하신 자도 여호와시오니 여호와의 이름이 찬송을 받으실지니이다."(욥 1:22) 찬송할 수 있게 하시고, 실패의 뒤에 서 계신 주님을 바라보게 하여 주옵소서.
이런 때일수록 가족들이 사랑과 믿음으로 하나가 되는 것이 중요함을 깨닫습니다. 주님을 믿고 섬기는 자, 시련은 있을지라도 실패는 없음을 깨달아서 이 어려움의 때를 잘 이기고 나갈 수 있도록 새 힘을 더하여 주옵소서. 오늘 목사님이 들려주시는 말씀이 이 가정에 주시는 소망의 말씀이 되게 하시고, 회복과 치유의 말씀이 되게 하여 주시옵소서. 우리를 체휼하시는 예수 그리스도의 이름으로 기도합니다. 아멘.

# 위로심방(면회 교도소)

온유하신 주님!
저희가 지금 사랑하는 000 성도님을 면회하고 위하여 기도합니다. 주님이 택하신 귀한 아들이며 저희와 주 안에서 한 몸을 이룬 000 성도님을 기억하시옵소서. 나라 법에 따라 죗값을 치르기 위하여 선고된 기간 동안 이곳에 있게 되었사오니, 먼저 건강을 주시고 마음의 평안을 허락하여 주옵소서.

그가 부지중에 저지른 일로 인하여 잠시 영어(囹圄)의 몸이 되었으나, 그의 중심에는 주님 뜻대로 살려고 했던 믿음이 있었음을 기억합니다. 일생을 걸어가는 동안 인생의 항로에 이번과 같은 경험은 불행이 아니라 훌륭한 교훈을 얻을 수 있는 기회가 되게 하시고, 주어진 역경을 선용할 수 있는 지혜를 갖추는 계기가 되게 하여 주옵소서.

마음대로 할 수 없는 이때에 다시금 주님의 사람으로 거듭나기 위하여 말씀을 묵상할 수 있게 하시고, 고독과 외로움이 밀려올 때마다 주님과의 교통을 위하여 겸손히 무릎 꿇을 수 있는 신앙적 자세가 있게 하여 주옵소서. 결코 좁은 마음이나 원망스러운 생각이나 자포자기의 마음이 들지 않게 하시고, 마음을 잘 정돈하여 여유 있는 품성을 이루는 기회로 삼게 하옵소서. 우리 주님은 의인을 위해 오신 것이 아니라 죄인을 위해 오셨다고 말씀하셨나이다. 저와 000 성도님은 하나님 앞에서 다 같은 죄인임을 깨닫습니다. 저희들을 불쌍히 여기시고 예수 그리스도로 말미암아 새사람이 되게 하여 주옵소서. 아무쪼록 000 성도님과 함께 하시고, 속히 여기서 나와 훌륭한 사회인과 신앙인으로 일할 수 있도록 도와주시옵소서. 죄인을 사랑하시고 용서하시기를 기뻐하시는 예수 그리스도의 이름으로 기도합니다. 아멘.

# 위로심방(불신 남편이 있는 가정)

구원의 주요 믿음의 주가 되시는 하나님 아버지!
저희의 모든 죄악과 저주를 십자가로 구속하시고 구원과 참 자유를 주신 주님의 은혜를 찬양합니다. 사랑하는 000 성도님이 주님을 믿지 않는 남편을 놓고 안타까워하며 매일 눈물로 기도하고 있습니다. 마치 성경의 한나와 같이 마음을 쏟아 기도하기를 쉬지 않고 있사오니 불쌍히 여기시고 긍휼을 베풀어 주옵소서.
구원받지 못한 남편 생각할 때마다 그 마음에 밀려오는 영적인 부담이 얼마나 크겠습니까? 사랑하는 000 성도님의 남편도 구원받은 하나님의 자녀로 그 은혜를 누리며 살 수 있도록 믿음의 눈을 뜨게 하여 주옵소서. 주님을 영접할 수 있게 하여 주시고, 구원을 아는 진리에 이를 수 있게 하여 주옵소서.

아마도 000 성도님에게는 남편의 구원이 가장 큰 기도 제목이요 가장 큰 소원일 것입니다. 이생의 자랑과 육신의 정욕을 위한 것이 아니오니, 두 사람이 한자리에서 주님의 성호를 찬양하고 영광 돌릴 수 있도록 이 가정에 주님의 온전하신 구원을 허락하여 주옵소서. 주님을 부인하던 남편의 입술이 변하여 구주이신 주님을 고백할 수 있게 하여 주시고, 세상길로만 향하던 남편의 발걸음이 변하여 주님의 보좌 앞으로 향할 수 있게 하옵소서. 000 성도님의 가정을 구원의 반열에서 버리지 않으심을 믿습니다. 000 성도님의 남편도 만세전부터 택정 하신 주님의 자녀임을 믿습니다. 한 믿음 안에서 천국을 향하여 달려갈 수 있는 축복의 가정으로 세워주시옵소서. 부르짖는 자에게 응답을 주시는 예수 그리스도의 이름으로 기도합니다. 아멘.

# 위로심방(상처받은 가정)

화평케 하시는 주님!
000 성도님이 다른 성도와의 관계 속에서 마음의 상처를 받았습니다. 그 마음을 지켜 주시기를 원합니다. 이럴 때 주님의 마음을 품을 수 있다면 얼마나 축복받은 성품이 될 수 있겠습니까? 마음을 잘 다스릴 수 있게 하여 주셔서 주님의 성품을 닮아 가는데 힘쓸 수 있는 000 성도님이 되게 하여 주옵소서.

불쑥불쑥 솟아오르는 상한 감정이 마음을 괴롭힐지라도 미움의 감정을 더욱 키우는 것이 되지 않게 하여 주시고, 감정에 성령의 기름을 부어달라고 기도할 수 있는 000 성도님이 되게 하여 주옵소서. 사랑이 제일 큰 은사라고 하였사오니 사랑으로 상대방의 잘못과 허물을 덮을 수 있게 하여 주시고, 용서함으로 주님의 십자가를 앞세울 수 있는 000 성도님이 되게 하여 주옵소서.

이럴 때일수록 함께 찾아오는 것이 영적인 침체인 것을 깨닫습니다. 000 성도님이 불편해진 인간관계로 인하여 주님과의 관계가 식어지지 않도록 이끌어 주시고, 이럴 때일수록 더 깊은 주님과의 교제를 갈망할 수 있는 000 성도님이 되게 하여 주옵소서. 마음에 아픔이 있을 때 주님의 아픔을 헤아릴 줄 아는 은혜가 있게 하시고, 마음의 고통이 있을 때 주님의 십자가의 고통을 살필 줄 아는 000 성도님이 되게 하여 주옵소서. 잘 이기면 능력이 될 줄 믿습니다. 더욱 성숙된 신앙의 단계로 나아가게 될 줄로 믿습니다. 따라서 아픔도 축복이 됨을 깨닫습니다. 승리하게 도와주시고, 믿음의 좋은 관계를 위하여 더욱 기도할 수 있게 하여 주옵소서. 000 성도님을 사랑하시는 예수 그리스도의 이름으로 기도합니다. 아멘.

# 위로심방(낙심한 가정)

긍휼이 많으신 주님!
실망하고 낙심 가운데 놓여 있는 사랑하는 OOO 성도님을 위하여 간구합니다. OOO 성도님을 불쌍히 여기시고, 긍휼히 여기셔서 상처 난 마음을 치료하여 주시옵소서. 이번 일로 인하여 마음이 몹시 상하여 있고, 그토록 주님을 잘 믿었는데 왜 자신에게 이런 시련과 아픔이 찾아왔는지를 이해할 수 없다고 괴로워하고 있습니다. 우리 주님이 그 마음을 밝혀 주셔서 하늘이 땅보다 높음같이 하나님의 생각은 인간의 생각보다 높으시다는 것을 깨달을 수 있게 하시고, 하나님의 선하심과 인자하심을 깨달아 합력하여 선을 이루시는 하나님의 손길을 느낄 수 있게 하시옵소서.

이번 일로 인하여 실족하여 넘어진 상태에 있는 것이 아니라, 더욱 주님을 힘써 찾으므로 이전에 만나지 못했던 주님을 만나게 하시고, 이전에 듣지 못했던 주님의 음성을 들을 수 있는 은혜가 있게 하여 주시옵소서. 이번의 아픔과 괴로움이 오래도록 머무는 것이 아니라, 더욱 성숙된 믿음을 갖도록 하시기 위하여 주님이 보내신 천사의 손길임을 알게 하시옵소서.

그의 아픔이 변하여 치료가 되게 하여 주실 것을 믿습니다. 그의 슬픔이 변하여 기쁨이 되게 하여 주실 것을 믿습니다. 그의 절망이 변하여 소망이 되게 하여 주실 것을 믿습니다. 성령님이 그 마음을 밝혀 주셔서 하나님의 영광을 보게 하여 주실 것을 믿습니다. 믿음의 용기를 주셔서 담대한 믿음으로 이기게 하시고 승리하게 하여 주시옵소서. 의롭고 선한 길로 인도하시는 예수 그리스도의 이름으로 기도합니다. 아멘.

## 위로심방(생활이 힘든 가정)

만복의 근원이 되시는 하나님 아버지,
사랑하는 000 성도님을 위하여 기도합니다. 000 성도님을 생각할 때 그 가정을 묶고 있는 가난이 너무도 안타깝기만 합니다. 가난함 가운데서도 주님께 영광 돌릴 수 있는 삶을 살 수만 있다면 그 영광이 부자가 돌리는 영광에 조금도 부족함이 없다는 것을 깨닫습니다. 하오나, 가난의 고통이 너무 오래 지속됨으로 실족하여 넘어지지는 않을까 염려가 앞섭니다.

모든 것을 다 하실 수 있는 주님,
하실 수 있거든 000 성도님의 가정을 불쌍히 여기시서 물질의 은사를 더하여 주시옵소서. 000 성도님이 매일 새벽마다 눈물로 기도하고 있고, 사랑하시는 자에게 좋은 것을 아낌없이 주시는 좋으신 주님의 은총을 바라보고 있습니다. 혹여 000 성도님이 가난함으로 인하여 시험에 드는 일이 없게 하시고, 차별 없으신 주님의 사랑을 의심하는 자리까지 나아가지 않도록 필요한 물질을 더하여 주시옵소서.

그 가정에 걱정과 염려가 다 떠나고 평안과 믿음이 꽉 들어차게 하셔서 주님을 위하여 사는 즐거움이 더 없는 행복이 되게 하여 주시옵소서. 주님께 죽도록 충성할 수 있는 가정이 되게 하시고, 교회에서 봉사하는 일에도 적극 참여 할 수 있도록 도와주시옵소서. 어려움 가운데서도 성실하게 일하며 주님을 소망하며 소박한 꿈을 가지고 있는 그 가정을 주님이 넘치는 복으로 함께하여 주실 것을 믿사옵고 예수 그리스도의 이름으로 기도합니다. 아멘.

# 권면심방 (이단에 미혹된 가정)

길과 진리요 생명이신 주님!
저희들에게는 주님만이 길과 진리와 생명이심을 믿습니다. 하오나 사랑하는 OOO 성도님이 거짓된 영을 받은 이단의 꾐에 미혹되어 잘못된 가르침을 받아 이단 사상에 빠지고 말았습니다.
사랑하는 OOO 성도님을 위하여 간절히 기도하오니 그 어두운 영혼에 진리의 빛을 강하게 비추셔서 다시금 온전한 진리 가운데로 인도함을 받을 수 있게 하여 주옵소서. 이단 사상을 가진 자는 가까이하지도 말고 그들과 변론하지도 말아야 하는 것이 성경의 가르침인데 OOO 성도님은 그들을 용납함으로 진리에서 벗어나는 올무가 되어버리고 말았습니다.

사랑의 주님, 우리 주님은 OOO 성도님을 지극히 사랑하시는 줄 믿습니다. 만세전부터 택하신 주님의 백성인 줄 믿습니다. OOO 성도님이 이단 사상에 더 깊숙이 빠지기 전에 사악한 이단의 무리에서 건져주시기를 원합니다. 구원은 말에 있는 것이 아니라 능력에 있음을 깨닫게 하시고, 지식에 있는 것이 아니라 믿음에 있음을 깨닫게 하여 주옵소서.

성경을 많이 알아야 믿음 생활을 잘하는 것이 아니라 한 말씀이라도 그 말씀에 순종하는 삶을 살아야 믿음 생활을 잘하는 것임을 깨닫게 하옵소서. OOO 성도님뿐 아니라 수많은 성도들이 진리를 가장한 거짓된 영에 노출되어 있사오니, 악한 영에 사로잡히지 않도록 그들의 영을 지키시옵소서.
OOO 성도님이 다시 주님 앞으로 돌아와 오직 하나님 중심, 말씀 중심, 교회 중심으로 건강한 신앙생활할 수 있도록 이끄실 것을 믿습니다. 주님의 백성을 미혹하는 악한 영의 세력을 주님의 권능으로 멸하여 주옵소서. OOO 성도님을 생명책에 기록하신 예수 그리스도의 이름으로 기도합니다. 아멘.

## 권면심방(주일성수를 못하는 가정)

인생의 본분이 무엇인지를 깨닫게 하시는 하나님!
저희에게 복된 날을 허락하셔서 주님께 예배하고 영광 돌릴 수 있는 복된 인생길을 걸어가게 하시니 감사합니다. 주일은 하나님께서 예배를 통하여 저희들에게 복 주시기로 작정하신 날임을 믿습니다. 안타까운 것은 사랑하는 000 성도님이 늘 육신의 일에 쫓기고 얽매여서 이 귀한 날에 주님을 만나지 못하고 있고, 주님의 은혜를 경험하지 못하고 있습니다.

000 성도님을 주님의 능력의 손으로 굳게 붙드셔서 이날에 구별된 삶을 살 수 있도록 도와주시고, 영육 간에 안식을 얻는 날이 되게 하여 주옵소서. 이날을 주님께 온전히 드림으로 주님을 주님 되게 해 드릴 수 있는 000 성도님이 되게 하여 주시고, 예배를 통하여 부어주시는 주님의 놀라운 은혜를 경험하는 삶이 되게 하여 주옵소서.

사람이 떡으로만 사는 것이 아니라 하나님의 입에서 나오는 말씀으로 살아야 함을 기억하게 하여 주시고, 육신의 일에 얽매여서 마귀가 좋아하는 일만 좇다가 은혜를 잊고 마는 000 성도님이 되지 않게 하여 주옵소서. "주의 궁정에서의 한 날이 다른 곳에서의 천 날보다 낫다."(시 84:10) 고백했던 시편 기자와도 같이 주일마다 주의 궁정을 사모함으로 세상에서는 맛볼 수 없는 더 큰 기쁨과 평강을 얻을 수 있는 000 성도님이 되게 하여 주옵소서. 특별히 주님의 몸 된 교회를 위하여 하루를 봉사하고 헌신할 수 있는 날이 되게 하여 주시고, 헤어졌던 성도들과도 만나서 신앙생활에 유익을 더하는 믿음의 좋은 교제를 나눌 수 있게 하여 주옵소서. 주일이 000 성도님에게 세상일을 접고 오직 여호와 하나님만을 찬양하는 귀하고 복된 날이 되게 하실 것을 믿습니다. 000 성도님을 사랑하시는 예수 그리스도의 이름으로 기도합니다. 아멘.

## 권면심방(불평이 많은 가정)

언제나 좋은 것을 채우시는 하나님 아버지!
저희들에게 놀라운 구원의 은혜를 베풀어 주시고, 주님의 은총 가운데서 살게 하심을 감사합니다. 사랑하는 000 성도님에게 더욱 큰 은혜를 내려 주시기를 원합니다. 어렵고 힘든 생활 속에서 자신도 모르게 감사를 잃어 버렸사오니 감사가 넘치는 신앙생활이 될 수 있도록 이끌어 주옵소서.

형편과 처지를 바라보면 절망할 것 밖에 없지만 넉넉히 이길 수 있도록 새 힘을 주시는 주님이 함께 하시니 얼마나 감사한 일이옵니까? 짜증 나고 힘든 삶일지라도 주님이 함께하심을 인하여 감사하고 기쁨을 잃지 않는 삶이 되게 하여 주옵소서.

우리 하나님은 "너희 말이 내 귀에 들린 대로 행하신다."(민 14:28)고 하셨사오니 아무리 어렵고 힘들어도 불평으로 양식을 삼지 않게 하여 주시고, 합력하여 선을 이루시는 주님을 바라보며 감사의 고백을 잃지 않는 000 성도님이 되게 하여 주옵소서. 그 입술에서 고백되는 긍정의 언어를 통하여 성실과 정직으로 갚아주시는 하나님의 은총을 체험케 하실 것을 믿습니다.

하박국 선지자와 같이 전천후 감사가 날마다 주님 앞에 드려질 수 있는 삶이 되게 하시고, 주님의 보좌 앞을 감사의 향기로 진동시킬 수 있는 복된 삶이 되게 하여 주옵소서. 범사에 감사하는 삶을 살다가 훗날 주님 앞에 서게 되게 되었을 때 감사의 종으로 인정받을 수 있는 000 성도님이 되게 하여 주옵소서. 주님을 향한 온전한 감사가 000 성도님에게 넘치게 하실 것을 믿사옵고 예수 그리스도의 이름으로 기도합니다. 아멘.

# 권면심방(시험에 든 가정)

사랑과 긍휼이 풍성하신 하나님 아버지!
우리 주님은 합력하여 선을 이루시는 하나님이심을 믿습니다. 사랑하는 OOO 성도님이 교회 문제로 인하여 시험에 들었습니다. 치유하시는 우리 주님의 손길이 OOO 성도님의 마음을 찾아가 주셔서 그 심령을 어루만져 주시고 싸매어주시기를 원합니다. 교회에는 여러 사람들이 모이는 곳이기에 항상 많은 문제가 야기될 수밖에 없음을 깨닫습니다.

그러나 문제는 문제이고 신앙은 신앙이 아닙니까? 문제 앞에 신앙마저 문제 있는 신앙으로 만들지 않게 하여 주시고, 문제를 초월하여 하나님 앞에 영광 돌리는 법을 찾을 수 있는 OOO 성도님이 되게 하여 주옵소서. 사람은 누구나 그 입장과 의견이 다르기에 내 생각과 충분히 다를 수 있음을 깨닫습니다. 평소에 아무리 친하고 신뢰하였던 사람이라 할지라도 나와 다른 의견을 내놓을 수 있다는 것을 기억해야만 할 줄로 압니다.

이번 기회를 통하여 사람은 믿음의 대상이 아니라 사랑의 대상임을 깨닫게 하시고, 믿고 의지할 분은 오직 주님밖에 안 계심을 더욱 확고히 할 수 있게 하옵소서. 이제 주님을 믿고 교회를 사랑하는 마음으로 전과 같이 신앙생활할 수 있도록 도우시고, 나에게는 유익이 없어도 주님께 영광이 된다면 모든 것을 참고 덮을 수 있는 OOO 성도님이 되게 하여 주옵소서. 오직 주의 이름의 영광을 위하여 모든 것을 참으며 모든 것을 견디며 모든 것을 바라며 살아갈 수 있는 OOO 성도님이 되게 하여 주옵소서. 상한 심령을 치유하시고 회복케 하시는 예수 그리스도의 이름으로 기도합니다. 아멘.

# 권면심방(헌금에 시험 든 가정)

자비로우시고 은혜가 풍성하신 하나님 아버지!
사랑하는 000 성도님이 헌금으로 인하여 마음의 상처를 받았습니다. 그도 주님께 마음을 다하여 정성껏 헌금하고 싶은 생각이 왜 없겠습니까? 생활이 어렵고 힘들다 보니 헌금생활에 많은 어려움을 겪고 있습니다. 풍족한 자가 들으면 아무렇지도 않을 목사님의 설교가 형편이 어렵다 보니 예민해지고 마음의 부담이 되고 상처가 됩니다.
목사님이 000 성도님을 들으라고 설교하신 것은 아닐 것입니다. 모든 성도를 하나님께 축복받는 성도로 바로 세우시려고 하신 말씀인 것을 믿습니다. 은혜받기 위하여 주님의 전을 찾았다가 헌금 때문에 마음의 상처를 받은 000 성도님의 마음을 위로해 주시고 그 영혼에 은총을 더하여 주옵소서.

"나의 하나님이 그리스도 예수 안에서 영광 가운데 그 풍성한 대로 너희 모든 쓸 것을 채우시리라"(빌 4:19) 말씀하였사오니, 000 성도님의 형편을 다 아시는 주님께서 물질에 약해진 이 가정을 붙드시고 일으켜 주시기를 원합니다. 다시는 물질로 인하여 상처를 받거나 고통을 당하지 않아도 될 신앙생활을 할 수 있도록 축복하여 주옵소서. 주님께 정성껏 드리고 싶은 대로, 더 많이 드리고 싶은 대로 힘써서 드릴 수 있도록 물권을 허락하여 주시기를 원합니다. 그리고 이 시험의 단계를 잘 이겨서 더욱 성숙된 신앙의 자리로 나아갈 수 있도록 이끌어 주옵소서. 주님이 이 가정을 더욱 사랑하고 계심을 믿습니다. 실족하여 넘어지지 않도록 붙드실 것을 믿사옵고 예수 그리스도의 이름으로 기도합니다. 아멘.

## 권면심방(기도를 잊은 가정)

구하는 자에게 좋은 것으로 채워주시기를 기뻐하시는 하나님 아버지! 사랑하는 OOO 성도님의 믿음을 기억하시고 주님의 은혜의 보좌 앞으로 이끌어 주시기를 원합니다. 그의 신앙생활에 하나님과 영적인 교제를 나눌 수 있는 기도의 자리가 매우 빈약함을 느낍니다. 우리 주님은 저희들에게 은혜받을 수 있는 방편으로 주님과 대면할 수 있는 기도의 자리를 주셨는데 사랑하는 OOO 성도님은 그 복된 자리로 나오지 못하고 있습니다.

주님! 사랑하는 OOO 성도님에게 기도하지 아니하고는 견딜 수 없는 영적인 부담을 주옵소서. 기도를 통하여 사랑하는 OOO 성도님에게 향하신 하나님의 크신 뜻을 깨닫게 하시고, 기도를 통하여 OOO 성도님의 삶에 개입하고 계시는 주님의 섭리를 느낄 수 있게 하옵소서. 기도를 통하여 주님의 음성 듣기를 즐거워할 수 있는 OOO 성도님이 되게 하시고, 보다 더 깊은 영적인 세계로 나아갈 수 있는 OOO 성도님이 되게 하여 주옵소서. 기도를 통하여 온전한 순종을 드릴 수 있는 OOO 성도님이 되게 하시고, 기도를 통하여 더 깊은 영적인 성숙이 주어질 수 있는 OOO 성도님이 되게 하여 주옵소서.

또한, 기도로 자신의 신앙을 잘 제련하여 예고 없이 찾아오는 시험 앞에서도 넉넉히 이겨갈 수 있는 믿음이 되게 하옵소서. 가정을 위하여 기도할 수 있게 하시고, 교회를 위하여 기도할 수 있는 OOO 성도님이 되게 하여 주옵소서. 주님, OOO 성도님에게 기도의 문을 열어주실 것을 믿습니다. 하늘 보좌를 움직이는 하나님의 사람으로 만드실 것을 믿습니다. 예수 그리스도의 이름으로 기도합니다. 아멘.

# 14부

## 환자의 치유에 맞춘
# 대표기도문

## 병문안했을 때

**성 경 :** 마태복음 9장 2절

자비하시고 전능하신 하나님 아버지!
하나님은 저희의 처지와 형편을 아시고, 저희의 기도를 들으시며, 축복하여 주시기를 기뻐하시는 아버지신줄 믿습니다. 지금 저희가 사랑하는 OOO 성도님의 병상에 둘러서서 OOO 성도님의 건강을 위해 간절히 기도합니다. 권능과 능력의 손을 펴셔서 OOO 성도님을 붙드시고 지켜주옵소서.
먼저, OOO 성도님의 마음에 위로와 평안을 더하여주시며, 모든 낙심되는 것과 고독함과 슬픈 생각을 멀리할 수 있도록 담대한 믿음을 허락하여 주옵소서. 하나님의 크신 사랑과 전능하신 하나님을 굳게 믿게 하시며, 주님을 굳게 의지함으로 소망과 용기를 갖게 하여 주옵소서.

우리 주님은 저희들을 지으셨기에 저희의 마음을 아시며, 또한 육체도 낱낱이 아시는 줄 믿습니다. 머리털까지 세시는 분이시기에 저희의 병든 부분과 그 정황을 잘 아시며, 또 낫게 하실 주권도 소유하고 계시기에 능력의 손을 펴셔서 OOO 성도님의 상처와 아픈 곳을 어루만지셔서 치유의 복을 얻게 하여 주옵소서. 할 일이 많은 때에 병상에 오래도록 의지하는 일이 없게 하시고, 속히 병상에서 일어나 튼튼한 몸과 건강한 마음으로 때에 맞는 일을 잘 감당해 나갈 수 있도록 크신 은총을 더하여주옵소서.
이 병원에서 환자의 치료를 위하여 수고 하시는 의사와 간호원들에게도 복을 더하여 주셔서 자신의 가족처럼 환자의 회복을 위하여 마음을 쏟을 수 있게 하옵소서. 언제나 저희를 사랑하시고 OOO 성도님을 새롭게 하시는 예수 그리스도의 이름으로 기도합니다. 아멘.

# 장기입원중일 때

**성 경** : 시편 16편 8절

사랑이 많으시고 거룩하신 하나님 아버지!
예수 그리스도 안에 있는 사람은 누구든지 영혼이 잘 됨 같이 범사가 잘 되고 강건하며 생명을 얻되 넘치도록 풍성히 얻는 삶을 살게 하여 주신다는 사실을 믿습니다. 이 시간 특별히 간구하옵기는 오래도록 병상에서 병마와 씨름하고 있는 000 성도님을 긍휼히 여기셔서 치료의 복으로 함께하여 주시기를 원합니다. 너무나 많은 세월을 병마에 시달리고 있습니다. 믿음마저 연약하여져서 실족할까 염려되오니 어서 속히 이 병상에서 일으켜 주시고, 이전과 같이 건강함을 되찾아 주님의 일에 더욱 정진할 수 있도록 은총을 베풀어 주옵소서.
"나는 너희를 치료하는 여호와임이니라"(출 15:26) 말씀하셨사오니, 주님의 무한하신 능력으로 치료의 광선을 발하여 주셔서 이 성도의 몸속에서 활동하고 있는 모든 병균을 하나도 남김없이 태워주시옵소서. 그리하여 사슴같이 뛰며 주님을 찬양하고 영광 돌릴 수 있도록 은총을 허락하여 주옵소서.
000 성도님의 질병이 치유되기를 위하여 많은 성도들이 합심하여 기도하고 있습니다. 믿음의 기도는 병든 자를 구원하리라고 말씀하셨사오니, 온 교우가 이 000 성도님을 치료하시는 하나님의 손길을 보고 하나님의 살아계심을 다시 한번 체험하게 하시고, 못하실 일이 전혀 없으신 주님의 권세를 인하여 온 교우가 생명 되신 주님을 찬양할 수 있도록 역사하여 주옵소서.
특별히 간호에 힘쓰고 있는 가족과 자녀에게 위로를 더하시고 영육의 약함이 틈타지 않도록 성령의 능력으로 붙들어 주시옵소서. 상한 갈대를 꺾지 아니하시고 꺼져가는 심지를 끄지 아니하시는 예수 그리스도의 이름으로 기도합니다. 아멘.

## 극기와 조절로 치료중일 때

**성경** : 이사야 40장 31절

능력의 주님!
저희들에게 고통 속에서도 생명의 씨앗을 뿌릴 수 있게 인도하심을 감사합니다. 또한, 고통으로 말미암아 저희들이 영원한 것에 눈뜨게 하심을 감사드립니다. 000 성도님이 이 힘든 고통 속에서 능력을 더하시는 그리스도를 힘입어 능히 극복할 수 있도록 도와주시옵소서.
000 성도님이 이 아픔의 도전 앞에 불평하거나 절망하기 이전에 용기와 소망을 가지고 주님의 더 큰 은혜를 사모할 수 있게 하옵소서. 이 고통과 장애 속에서 주님의 더 큰 위로와 빛을 체험하게 할 수 있게 하옵소서.
000 성도님이 너무 아파서 도무지 견디기 힘들 때, 주님의 십자가를 생각하게 하시고 그 사랑의 크기를 깨닫게 하셔서 아픔과도 담대함을 가지고 맞설 수 있게 하옵소서. 절대로 겁내거나 물러서는 일이 없게 하시고, 믿음의 주요 온전하게 하시는 이인 주님을 바라보며 끝까지 견디어 이겨 나갈 수 있게 하옵소서. 내게 능력 주시는 자 안에서 모든 것을 할 수 있다는 말씀을 앞세워 생각과 마음을 괴롭히는 모든 것들을 떨쳐버릴 수 있게 하옵소서. 이제 000 성도님이 새롭게 됨으로 고통으로 신음하는 주위의 영혼들에게도 생명이 되신 주님과 사랑의 빛을 전하는데 더욱 힘쓸 수 있게 하옵소서.
뜻하지 않은 질병으로 고통받는 000 성도님을 주님의 넓은 품 안에 있음을 언제나 느낄 수 있도록 인도하여 주실 것을 믿사옵고 위로와 치료의 주님이 되시는 예수님의 이름으로 기도합니다. 아멘.

# 절단 수술을 할 때

**성 경 :** 시편 40편 1~2절

사랑의 주님!
지금 000 성도님의 마음을 헤아리실 분은 주님밖에는 없사오니 000 성도님을 굽어살피시옵소서. 뜻하지 않은 질병으로 인하여 소중한 몸의 일부를 절단하게 된 주님의 양을 긍휼히 여기시서 위로하여 주시며, 절망하지 않도록 그의 마음을 능력의 오른손으로 붙들어 주옵소서. 불가피한 수술을 할 수밖에 없는 이 안타까운 현장을 우리 주님이 돌아보실 것을 믿습니다. 수술을 집도하는 의사들을 붙드셔서 수술하는 과정에 어려움이 없게 하시고, 세밀한 부분까지도 놓치지 않고 잘할 수 있도록 인도하여 주옵소서. 또한 000 성도님의 이후의 삶도 은혜로운 내일을 예비할 수 있도록 이끄실 것을 믿습니다.
특히, 놀람을 감추지 못하는 가족들의 마음을 위로하여 주시고, 이 일로 인하여 주님을 행여 원망하거나, 낙심하거나, 믿음에서 넘어지는 일이 없도록 주님의 크신 능력으로 강하게 붙들어 주시고, 모든 것을 유익하게 하시는 주님의 손길을 의지하게 하옵소서.
성경에 주님께서는 모든 것을 합력하여 선을 이루어 주신다고 하셨사오니 이 아픔의 기회로 인하여 더욱 신비한 주님의 은혜를 체험하게 하옵소서. 내일 일을 염려하지 말라고 하셨사오니 주님의 약속의 말씀만 붙들고 두려움에 휩싸이지 않게 하시고, 능히 이기고 승리할 수 있도록 도와주시옵소서.
모두가 안타까운 마음을 금할 수 없는 이 순간이지만, 이 답답한 마음이 변하여 새로운 기쁨으로 충만하게 채워 주실 것을 믿사옵고, 아픈 마음을 감싸시고, 위로하시고, 능력 주시기를 원하시는 예수 그리스도의 이름으로 기도합니다. 아멘.

## 불치병, 당뇨병을 앓고 있을 때

**성 경** : 시편 116편 1~2절

사랑의 주님!
000 성도님이 질병으로 고통할 때 세상의 기준으로 자신을 판단하여 낙심하지 말게 하옵소서. 오히려 고통 속에 숨겨진 보물을 찾는데 힘쓰게 하시고, 인생의 모든 것과 바꿀 수 있는 영원한 보물을 찾고 기뻐하며 고난을 이겨내도록 은총을 더하여주시기를 원합니다.
비록 000 성도님이 몸은 고통스럽고 불편한 가운데 있으나 마음은 항상 하나님의 빛을 받게 하시고, 성도의 기쁨과 소망을 누리며 믿음으로 살아가게 하옵소서. 또한, 육신이 건강한 사람과 비교함으로 낙심과 절망에 이르는 일이 없게 하시고, 고통 중에서도 하나님이 바라시고 원하시는 뜻이 무엇인지 그것을 깨닫는 은혜와 복이 있게 하옵소서.
몸의 불편함에 대해 불평하거나 원망하는 대신 000 성도님이 가지고 있는 은사와 능력으로 주님의 뜻을 이룰 수 있는 그 무엇을 찾을 수 있게 하옵소서.
주님! 000 성도님이 주님 앞에 기도하며 약물치료를 겸하고 있습니다. 간절히 바라옵기는 많은 양의 약을 복용해야 하는 단계까지 이르지 않게 하시고, 적은 약으로도 충분히 이겨 낼 수 있도록 도와주시옵소서. 욕심인 듯싶으나, 더욱 원하옵는 것은 약을 의지하지 않고도 병마를 물리칠 수 있는 힘을 주시고 능력을 더하여 주시옵소서. 우리 주님은 만병의 의원이시고, 치료자이심을 믿습니다. 질병을 다스리고, 못 고칠 질병이 전혀 없으신 분이심을 믿습니다. 그 주님을 굳게 의지하오며 예수 그리스도의 이름으로 기도합니다. 아멘.

# 수술할 때

**성 경 :** 이사야 43장 11절

언제나 함께 하시는 하나님 아버지!
병마에게 잠시 빼앗겼던 육체를 다시 회복하기 위하여 수술을 받으려고 합니다. 수술을 앞두고 두려운 마음을 감출 길 없사옵니다. 그러나 성령님께서 저희와 함께 계시오니 평안의 매는 줄로 굳게 잡아 주실 것을 믿습니다.
주님! 수술의 모든 과정을 주님께 맡깁니다. 수술이 성공적으로 이루어질 수 있도록 성령님께서 친히 주장하여 주시옵소서. 수술을 집도하는 의사와 그 곁에서 돕는 간호사들에게도 함께 하여 주시기를 원합니다. 성령님께서 친히 그들의 손을 움직여 주셔서 수술을 진행하시는 분이 또 한 분 계심을 깨닫게 하시옵소서.
주님! 가족들에게도 위로와 평안을 더하여 주시기를 원합니다. 이제껏 OOO 성도님을 위하여 눈물로 기도하고, 정성껏 간호한 것이 결코 하나님 앞에서 헛되지 않았음을 깨닫게 하시고, 기적을 베푸시는 하나님의 손길이 어떤 것인지를 확실히 체험하는 계기가 되게 하시옵소서. 혹, 우리가 받아들이기 어려운 결과가 있을지라도 실족하여 넘어지는 일이 없게 하시고, 하나님을 경외하는 자에게 복을 주시되 넘치도록 얻게 하신다는 것을 끝까지 믿고 소망하게 하여 주시옵소서.
주님! 생명을 있게 하신 분이 하나님이신 것을 믿기에 생명을 건지시고 살리시는 분도 주님이심을 믿습니다. 원하옵기는 수술이 빠르게 진행되게 하시고, 성공적으로 이루어질 수 있도록 도와주시옵소서. 생명의 주인이신 주님께 맡깁니다. 수술대 위에 오르는 OOO 성도님을 주님의 강하신 오른손으로 붙드실 것을 믿사옵고 인간의 생사화복을 주관하시고 저희의 모든 것을 새롭게 하시는 예수 그리스도의 이름으로 기도합니다. 아멘.

## 중풍을 앓고 있을 때

**성경** : 마태복음 9장 2절

은혜가 충만하신 하나님 아버지!
주님의 능력의 손길을 간구합니다. 사랑하는 OOO 성도님이 중풍으로 고생하고 계십니다. 누군가 부축해 주지 않으면 거동조차 하기 힘든 이 질병의 고통과 괴로움을 우리 주님은 아시지요? 먹는 것도 고문이요, 생리현상도 고문을 받는 것 같을 것입니다.
"모든 육체는 풀이요 그 모든 아름다움은 들의 꽃과 같다."(사 40:6)는 것을 다시 한번 깨닫습니다. 하오나, 사랑하는 OOO 성도님은 아직은 젊습니다. 아직도 주님을 위하여 충성할 수 있는 연세요, 주님의 몸 된 교회를 위하여 열심히 뛰실 수 있는 나이입니다.
주님! 간절히 구하오니 OOO 성도님을 지금 이대로 두지 마옵소서. 반신불수가 된 몸의 혈관에 뜨거운 피가 흐를 수 있게 하여 주시고, 근육과 힘줄을 강하게 하여 주시기를 원합니다. 파괴된 뇌기능이 다시 되살아나게 하시고, 에스겔 골짜기의 생명의 기적을 OOO 성도님에게 베풀어 주시옵소서.
주님! 사랑하는 OOO 성도님이 자리에 누워 계시면 OOO 성도 혼자만 고통을 겪는 것이 아님을 우리 주님은 너무나 잘 아시지 않습니까? 이 가정의 형편을 헤아리셔서 38년 된 중풍 병자를 치료하시고 일으키셨던 그 치료의 손길을 지금 OOO 성도님에게 베풀어 주옵소서. 어서 속히 자리에서 일어날 수 있도록 말씀으로 명령하여 주옵소서. 어눌한 언어도 회복되어 이전처럼 마음껏 주님을 찬송하고 기도하며 영광을 돌릴 수 있게 하옵소서. 달리다굼의 은혜로 함께하여 주실 예수 그리스도의 이름으로 기도합니다. 아멘.

# 자녀가 아플 때

**성 경** : 말라기 4장 2절

여호와를 섬기는 자에게 질병을 제하여 주신다고 말씀하신 하나님! 000 성도님의 사랑하는 자녀가 원치 않는 질병으로 고통을 당하고 있습니다. 아이의 아픔을 지켜볼 때마다 부모로서 그 아픔을 대신하고 싶은 마음이 얼마나 간절하겠습니까? 아이가 아플 때 부모도 함께 아픈 것이나 다름없음을 피부로 느낍니다. 고통에 힘들어하는 아이를 볼 때마다 부모의 가슴속으로 스며드는 고통은 이루 말할 수 없을 것입니다. 아이가 아픈 것이 혹 자신의 죄 때문이 아닌가 싶어 정신적으로 느끼는 죄책감 또한 얼마나 그 마음을 괴롭히겠습니까? 아마도 주님 앞에 엎드릴 때마다 알 수 없는 죄들을 눈물로 고백하며 용서하여 달라고 수없이 부르짖었을 것입니다.

주님! 이것이 자식을 둔 부모의 마음이 아닙니까? 이 마음은 주님이 주셨습니다. 성부 하나님도 독생자인 성자 예수 그리스도를 십자가에 내어주실 때 그 마음이 얼마나 아프셨습니까? 성자 예수님이 숨을 거두시자 흑암으로 하늘을 덮으시며 십자가를 가리지 않으셨습니까? 번개와 천둥으로 아들을 잃은 슬픔을 표현하지 않으셨습니까?

주님! 000 성도님의 마음을 기억하시고 치료의 은혜를 더하여 주옵소서. 아이의 신음이 변하여 노래가 되게 하여 주옵소서. 건강한 몸 맑은 정신에 주님의 말씀을 담을 수 있도록 축복하여 주옵소서. 주님의 전을 가까이하고 예배의 자리를 지킬 수 있도록 도와주시옵소서. 이 안타까움의 현장이 변하여 주님의 긍휼을 체험하는 축복의 현장이 되게 하실 것을 믿습니다. 근심이 아닌 감격과 기쁨으로 주님께 나아갈 수 있도록 이끄실 것을 믿습니다. 약한 자의 간구를 외면치 아니하시는 예수 그리스도의 이름으로 기도합니다. 아멘.

# 자녀가 수술할 때

**성 경 :** 시편 121편 1~6절

졸지도 아니하시고 주무시지도 아니하시는 하나님 아버지!
오늘 ○○○ 성도님의 사랑하는 ○○군(양)이 잡힌 수술 일정에 따라 수술을 하게 되었습니다. 수술에 들어가기 전 먼저 수술의 전 과정을 주님께 맡기기 위하여 주님을 의뢰하며 기도합니다. 왠지 모를 불안이 밀려오는 이 현장을 놓치지 마시고 저희들의 마음을 평안의 길로 인도하여 주옵소서. 사랑하는 ○○군(양)의 수술의 모든 과정을 주님께 맡깁니다. 한 생명을 천하보다도 귀하게 보시는 주님이시기에 주님이 불꽃같은 눈동자로 지키실 것을 믿습니다. 어려운 수술이 되지 않도록 모든 위험으로부터 막아주시고 긴 시간이 소요되지 않도록 주님께서 온전히 주장하여 주옵소서. 연약한 아이인지라 아이의 체력이 수술을 감당해 낼 수 있을지 걱정도 되오나, 우리 주님이 수술대에 오른 아이의 힘이 되어주시고 능력이 되어주실 것을 믿습니다. 아이에게 파고드는 공포심도 잠재워 주시고, 그 어린 손을 꼭 붙들고 계신 주님의 사랑을 부모나 아이나 꼭 체험케 하여 주옵소서.
주님! 수술의 전 과정은 하나님이 지키시지만 사람의 손을 도구로 사용하시는 것이 아닙니까? 생명을 다루는 의사의 손길을 붙드셔서 가벼운 마음으로 수술에 임하지 않게 하시고, 생명을 살려야 한다는 절박한 사명감을 가지고 수술에 임할 수 있게 하여 주옵소서. 또한 병의 뿌리를 잘 찾아내어 제거할 수 있게 하시고, 수술을 집도하는 또 다른 손이 함께하고 있음을 느낄 수 있게 하옵소서. 이번 수술이 잘 이루어져서 모든 가족들이 생명을 지키시는 주님을 더 크게 찬양할 수 있게 하시고, 더 큰 감사와 더 큰 감격의 마음으로 주님의 전을 향할 수 있게 하옵소서. 생명의 주인이신 예수 그리스도의 이름으로 기도합니다. 아멘.

# 15부

## 장례와 추모식에 맞춘
# 대표기도문

# 임종을 맞은 자리에서

**성 경**: 요한복음 14장 1~3절

전능하신 하나님 아버지!
당신의 손길이 숨겨져 있고, 하시는 일은 가장 놀랍고, 또 당신께서는 지으신 모든 것을 사랑하시는 줄을 아옵고 감사하나이다.
지금 당신을 믿고 사랑을 받으면서 오늘까지 살아온 형제가 아픔과 괴로움 속에서 신음하고 있사오니 굽어살펴 주시옵소서.
영원하신 하나님 아버지!
우리의 형제 OOO 성도님의 임종이 임박했사오니 그 영혼을 받아 주시옵소서. 슬픔의 이 자리에서 참빛이신 하나님만 의지하나이다. 주님께서 OOO 성도님의 마음을 붙드셔서 믿음이 흔들리지 않게 하시고 든든한 반석 위에 세우시옵소서. OOO 성도님의 마음을 오직 아버지 하나님께로만 향하게 하시옵소서.
자비로우신 하나님! 하나님께서 먼저 불러 가시는 OOO 성도님의 모든 것은 영원하신 아버지께 맡기오니 안식의 품에 품어 주시옵소서. 그리고 슬픔에 싸인 모든 가족과 그 친척들에게 하나님의 영원하신 빛을 비추셔서 넘치는 위로와 소망을 허락하여 주옵소서.
주님! OOO 성도님이 주님만 믿고 살던 아름다운 생활을 저희들이 본받게 하옵소서. 이제 주님이 허락하신 이 땅에서의 연수를 마감하고 주님의 부르심을 받는 지금, 하나님께서 마련하신 주님의 나라에서 주와 함께 있게 하옵소서. 여기 남아 있는 저희들은 그가 이루어 놓은 사업을 계승할 결심을 갖게 하시며, 영원한 소망을 품고 위로를 받게 하시옵소서. OOO 성도님의 영혼을 부활이요 생명이신 주님께 의탁하오며, 예수 그리스도의 이름으로 기도합니다. 아멘.

# 장례식장의 자리에서

**성 경** : 베드로전서 1장 3절

생명의 주인이신 하나님 아버지!
저희들이 믿기는, 저희가 살아도 주님을 위해 살고 죽어도 주님을 위해 죽음을 바라면서 살아왔나이다. 그러므로 저희들은 살아도 주님의 것이요, 죽어도 주님의 것임을 고백하나이다.
예수 그리스도께서는 죽은 자의 주(主)도 되시고, 산 자의 주(主)도 되시기 위해, 죽으셨다가 다시 살아나셨음을 저희들이 믿으면서 이 시간, 머리를 숙였나이다. 성령님이여, 이 자리에 임재하사 우리의 고(故) 000 성도님을 위한 이 순간이 영원과 이어지는 시간이 되게 하시옵소서. 지혜의 마음을 얻게 하시옵소서. 주의 인자하심으로 위안을 주시옵소서.
전능하시며 영원하신 하나님 아버지! 영원무궁하신 아버지의 뜻에 머리를 숙이오니 주의 깊은 뜻을 깨닫게 하시옵소서. 죽음 앞에 선 저희들이, 인간의 생명이 한낱 티끌임을 느끼고 영원하신 주님을 더 사모하나이다.
인생은 풀과 같은 것, 들에 핀 꽃처럼 한 번 피었다가 스치는 바람결에도 이내 사라져 그 있던 자리조차 알 수 없는 존재이기에 하나님을 더욱 사모하나이다. 하나님의 무한한 섭리를 헤아릴 수 없어 슬퍼하고 있는 저희들에게 주께서 영원한 말씀으로 임하시옵소서. 이 슬픔을 통하여 하나님의 신비가 얼마나 높고 깊은 것임을 깨달아 알게 하시옵소서. 저희들도 조만간 다 이 길을 갈 것인데, 먼저 가신 고(故) 000 성도님을 다시 만나는 날까지 저희들을 보호하여 주시옵소서. 위로와 소망의 말씀을 전하시는 목사님을 기억하셔서, 전하시는 말씀이 슬픔을 당한 유족들에게 큰 힘이 되게 하여 주옵소서. 예수 그리스도의 이름으로 기도합니다. 아멘.

# 자녀를 잃은 자리에서

**성 경** : 야고보서 5장 13절

자비와 긍휼이 풍성하신 하나님!
저희들이 몹시 무겁고 슬픈 마음으로 하나님 앞에 머리를 숙이고 기도를 드리나이다. 주께서 세상에 보내주어 고이고이 자라던 어린이를 잃은 부모를 위하여 간구하오니 하늘의 위로를 더하여 주시옵소서.
아직 어린이가 자랄 수 있는 데까지 자라지도 못한 채, 장래 좋은 일꾼이 되리라고 기대하고 있는데, 세상을 떠나니 하나님의 크신 뜻을 인간이 다 헤아릴 수가 없어 고통하나이다. 하나님! 어찌하여 어린이를 이렇게 불러 가시나이까? 하나님의 뜻을 알려 주시옵소서. 저희가 그 뜻을 알지 못하므로 슬픔이 더하고 답답함이 심하나이다. 이 생명을 받아 기르던 부모에게 특별히 위로하시며, 당신의 뜻을 깨닫게 하사 하나님을 더 의지하게 하시옵소서.
슬픔이나 고통을 당하면 하나님께 버림을 받는 것처럼 낙심하기 쉬우나, 고통이나 슬픔이 믿는 자에게 보다 큰 은총의 기회라는 것을 깨닫게 하시옵소서. 욥이 많은 시련을 당하였으나 믿음으로 극복하고 보다 큰 축복이 되었사오니, 이번 당하는 슬픔을 믿음으로 소화시켜 새로운 은총을 받는 기회가 되게 하시옵소서.
자비와 위로의 아버지시여! 저희 앞의 어두움을 주님의 빛으로 쫓으시고, 저희의 슬픔이 변하여 기쁨이 되게 하시옵소서. 이 슬픔이 주님의 뜻과 저희의 믿음으로 위로와 축복이 되게 하시옵소서.
예수님의 이름으로 기도합니다. 아멘.

# 어린이 장례식 자리에서

**성 경** : 욥기 1장 21절

자비와 긍휼이 풍성하신 하나님 아버지!
지금 우리가 몹시 무겁고 슬픈 마음으로 이 자리에 머리 숙였나이다. 주께서 세상에 보내주신 사랑하는 어린이 00군(양)이 그 부모와 우리가 기대하던 대로 그 생을 다 살지 못하고 그만 세상을 떠났습니다. 그가 아직 자랄 수 있는 데까지 자라지도 못한 채, 그가 아직 배우려는 것을 배우지도 못한 채, 그가 장래의 좋은 일꾼이라고 기대했으나 그 한 가지도 못한 채 그만 가버렸습니다. 하나님의 뜻을 우리가 다 알 수 없으나, 그중에도 어린 생명을 불러 가시는 일은 도저히 알 수 없사옵니다.
하나님 아버지! 주님의 어떤 뜻이 반드시 계실 것이오니 저희들에게 그 뜻을 알게 하여 주시옵소서. 우리가 그 뜻을 모르기 때문에 더 슬프고 답답합니다. 이 어린 생명을 받아 기르던 사랑하는 부모에게 특별히 위로하시고, 주님의 뜻을 깨닫게 하심으로 주님을 의지하게 하시옵소서. 생명은 사람의 힘으로 할 수 없음을 깨달을 때, 생명의 주인은 사람이 아니라 하나님이신 것을 믿게 되옵고, 생명의 주인이신 주님이 하시는 일은 항거할 수 없음을 깨닫습니다. 이 어린아이의 생명뿐 아니라 저희 자신의 생명도 주님의 손에 있음을 깨닫습니다.
사랑이신 하나님 아버지! 저희의 슬픔과 낙심됨을 위로하시고 믿음으로 힘을 얻게 하시옵소서. 저희 앞에 어두움을 당신의 빛으로 쫓으시고 우리의 슬픔이 변하여 기쁨이 되게 하시옵소서. "하나님을 사랑하고 그 뜻대로 부르심을 입은 사람들에게는 모든 것이 합력하여 선을 이룬다"라고 하셨사오니, 이 슬픈 사건이 주님의 뜻과 저희의 믿음으로 새로운 위로와 축복으로 변하게 하시옵소서. 참 생명의 주인이 되신 예수님의 이름으로 기도합니다. 아멘.

# 어른 장례식 자리에서

**성 경 :** 시편 50편 15절

하나님 아버지!
저희들은 지금 이 엄숙한 사건 앞에 섰습니다. 지나간 날에 우리들의 역사 속에 이와 같은 사건이 수없이 일어났고, 오늘도 저희가 모르는 중에 이 같은 사건이 지구 위에 수없이 있을 것이오나, 저희는 직접, 저희 앞에 이 일을 당할 때, 저희 일생에 가장 깊고 무거운 감정을 금할 길이 없습니다. 만일 예수 그리스도가 오시지 않았거나, 죽으시지 않았거나, 다시 살아나지 않으셨거나, 또한 우리에게 부활의 약속을 주시지 않았던들, 오늘 저희는 여기 잠드신 이를 위해 울어야 하고 저희 자신에 대해 가슴을 쳐야 할 비애를 풀길이 없을 것이옵니다.
그러나 감사하옵는 것은 주께서 부활하셨기 때문에 저희에게 눈물 대신 감사가 있습니다. 침울함 대신 소망이 넘칩니다. 오늘의 답답한 현실 속에서 약속의 새 나라를 바라보고 광명을 경험합니다.
이제 여기 세상을 떠나신 이를 위해서는 우리의 바랄 바가 없습니다. 그가 주님과 함께 영화된 몸으로 부활의 은총에 참여한 것을 믿고 감사할 뿐입니다. 그러나 육정을 가진 사람은 육으로 서로 떠난 섭섭함이 없을 수 없습니다. 특히 피와 살을 받은 그의 자녀들에게 있어서는 더욱 그러합니다. 그러나 이것까지도 주께서 다 위로하시고 그의 유혼과 그의 걸어가신 신앙의 길을 따라 살므로 마침내 약속의 나라에 들어가 하나님의 보좌 앞에서 만날 것을 믿고 힘씀으로 용기를 얻게 하시옵소서. 상주가 되는 000 씨를 비롯해서 여러 유가족과 친족들 위에 부활의 주님의 위로가 함께 하시고, 여기 모인 우리 모든 조객 위에 부활의 소망을 주시옵소서. 오늘의 남은 모든 일들도 주님의 축복으로 마치게 하옵소서. 저희의 생명과 소망이신 예수 그리스도의 이름으로 기도합니다. 아멘.

# 입관식 자리에서

**성경** : 시편 62편 5절

영원하신 하나님 아버지!
시들고 말라버리고야 말 생명이긴 하지만 하나님께서 허락하여 주신 것이기에 이를 소중히 여기며 살아왔습니다. 그러나 육신의 장막을 쓰고 사는 저희는 하늘에 있는 소망 중에 저희의 집을 덧입기를 갈망하면서 소망 중에 살아왔나이다.
그 귀중한 생명이 떠났기에 저희는 애태우며 슬픈 마음으로 입관예배를 드리나이다. 그 생명은 이미 부름을 받아 아버지 품에 안기고, 여기에는 그 몸만이 남아 있습니다. 고인의 몸을 관속에 고이 모시며 슬퍼하는 유족과 저희들에게 위로하여 주시옵소서.
육신의 장막 집을 쓰고 사는 동안 갖가지의 고통을 당했으나, 지금은 하나님과 함께 편히 살게 된 것을 생각하고 위로를 받습니다.
자비하신 하나님 아버지! 저희는 죄의 용서와 몸의 부활과 영원한 삶을 믿으면서 형제의 몸을 고이 모십니다. 다시 간구하옵기는 고(故) 000 성도님의 모든 죄를 사하시고 영원한 하늘나라에 들어가게 하시옵소서.
육체를 쓰고 사는 동안에는 주님께서 멀리 떠나 있는 듯 살았으나, 지금은 형제가 육체를 떠나서 주님과 함께 편안히 살고 있음을 믿나이다.
저희 모두에게 하늘의 위로를 내려 주시옵소서. 특별히 유족들에게 큰 위로를 주시며, 슬픔 때문에 오는 마음의 흔들림이 없도록 성령께서 붙들어 주시옵소서.
생명의 주가 되시는 예수 그리스도의 이름으로 기도합니다. 아멘.

# 발인식 자리에서

**성 경** : 요한복음 14장 3절

인간의 생명은 안개와 같은 것이라고 하신 하나님 아버지!
오늘 고(故) OOO 성도님의 발인식에 함께 하셔서 슬퍼하는 자리를 위로하시고, 고인의 죽음을 보고 인생의 허무를 느끼는 자들에게는 삶의 의미를 깨닫는 시간이 되게 하옵소서. 고인의 죽음을 애도하기 위하여 모인 저희 모두의 인생도 종말이 언제인지 알지 못하오니 매일의 생활에 충실할 수 있는 심령들이 되게 하여 주옵소서.
인생은 그날이 풀과 같으며 그 영화가 들의 꽃과 같다고 하신 주님! 사람이 한번 죽는 것은 주님이 정하신 것이요 그 후에는 심판이 있다는 사실도 확실히 믿는 저희들이 되게 하여 주옵소서.

주님! 오늘 저희는 고(故) OOO 성도님을 환송합니다. 고(故) OOO 성도님을 천국에서 다시 만나는 날까지 이 땅 위에서 믿음 생활을 잘할 수 있게 하여 주시고, 주님의 심판을 철저히 준비하는 삶이 되게 하여 주옵소서.
고인의 장례예식을 집례 하시는 목사님을 성령의 능력으로 붙드셔서 피곤치 않도록 이끄시고 은혜의 말씀을 증거하시므로 예식에 참예하는 자 모두가 산자에게 들려주시는 주님의 음성을 듣게 하옵소서.
남은 모든 순서 위에도 주님이 주장하실 것을 믿사옵고 예수 그리스도의 이름으로 기도합니다. 아멘.

# 하관식의 자리에서

**성 경** : 마태복음 27장 52~53절

전능하신 하나님 아버지!
우리는 지금 믿음의 고(故) 000 성도를 대지의 품에 안장하려고 모였나이다. 흙으로 된 인생 땅에서 왔으니 땅으로 돌아가고, 숨은 하나님께로부터 받은 것이기에 이미 하나님께로 들어갔나이다.
오! 주님, 비옵나니 사랑하는 이를 이렇게 보내야 하는 유족들과 저희들에게 주의 위로를 허락하시옵소서. 그리스도 안에서 영원한 소망을 가지게 하시옵소서.
썩을 몸이 묻히지만 썩지 않을 몸으로 다시 살아날 것을 믿습니다. 천한 몸이 묻히지만 영광스러운 것으로 다시 살아날 것을 믿습니다. 약한 자가 묻히지만 강한 자로 다시 살아나며, 육체적 몸이 묻히지만 영적인 몸으로 부활할 것을 믿고 여기에 안장하나이다.
오늘은 고(故) 000 성도의 몸을 여기에 묻지만, 하나님의 말씀에 따라 주님 다시 오시는 종말 마지막 나팔소리가 울릴 때 눈 깜박할 사이도 없이 죽은 이들이 불멸의 몸으로 다시 살아날 것을 확신합니다.
이 썩을 몸은 불멸의 옷을 입어야 하고, 죽을 몸은 불사의 옷을 입어야 하기 때문에 죽음 안에 승리는 어디 있으며, 죽음아 네 독침은 어디 있느냐고 외칠 날이 있나이다. 부활의 믿음을 주시옵소서.
세상의 모든 짐을 벗겨 주신 주께서 고인(故人)에게 영원한 안식을 허락하여 주시옵소서. 눈물짓는 유족들과 저희 모두의 눈에서 눈물을 씻어 주시며, 부활의 소망을 가지고 하늘나라를 바라보게 하시옵소서. 예수 그리스도의 이름으로 기도합니다. 아멘.

# 화장의 자리에서

**성 경** : 마태복음 10장 28절

성도의 죽은 것을 귀중히 보시는 하나님 아버지!
고(故) 000 성도의 시신을 화장하기 전에 모든 유가족들과 성도들이 한자리에 모여 하나님께 예배를 드립니다.
이제 고(故) 000 성도는 그 육신은 한 줌의 재로 돌아가오나 영혼은 능히 불사르지 못하기에 영광의 나라로 옮기신 것을 믿습니다. 저희가 불에 던져지는 것을 두려워할 것이 아니라 불같은 믿음이 없음을 두려워할 줄 알게 하시고, 부끄러운 구원을 받지 않기 위하여 이 땅 위에 사는 동안 믿음의 길을 잘 달려갈 수 있게 하옵소서.
남은 유족들, 서로가 헤어져야 하는 아픔이 있지만 고인은 이미 주 안에서 행복한 삶을 누리고 있다는 확신을 주시고 이제 장차 주님의 나라에서 다시 만날 것을 기대하면서 소망 중에 살게 하옵소서.
그리고 고인이 뿌려놓은 신앙의 유산을 잘 이어받아 더욱 풍성한 열매를 맺는 유족들이 되게 하시고, 고인이 섬기던 교회를 잘 받들어 섬길 수 있는 유족들이 되게 하옵소서.
주 안에서의 죽음은 죽음이 아닌 것을 깨닫습니다. 주님이 영광 중에 다시 오시는 그날, 한 줌의 재로 돌아가는 고인을 다시 일으키셔서 믿는 자의 부활에 참예케 하실 것을 믿습니다.
말씀을 전하시는 목사님을 기억하시고 이 자리에 있는 모든 자에게 큰 위로와 소망을 품는 말씀이 되게 하여 주옵소서. 예수 그리스도의 이름으로 기도합니다. 아멘.

# 장례를 마친 후 위로예배

**성 경 :** 이사야 41장 10절

슬픈 자를 위로하시고 약한 자를 지켜 주시는 전능하시고 자비로우신 하나님!
기쁨이 슬픔으로 변한 당신의 종들 위에 당신의 부드러우신 사랑과 긍휼로서 돌보아 주옵소서. 그리하여 그들이 슬퍼하더라도 원망하거나 용기를 잃지 말게 하시고, 예수 그리스도 안에서 당신의 자비와 사랑과 약속을 기억함으로써 당신의 가르치신 대로 당신의 품에 자신을 전부 맡길 수 있게 하옵소서.

당신의 사랑으로 저들의 황폐한 마음을 어루만지시고 죽음에서 생명을 불러일으키시며 그들의 슬픔을 영원한 기쁨으로 변케 하시는 당신께 더욱 가까이 나아갈 수 있게 하옵소서.
우리 주 예수 그리스도의 이름으로 기도합니다. 아멘.

# 가정추모예배

**성 경 :** 스바냐 3장 17절

산 자와 죽은 자의 주님이 되시는 하나님 아버지!
저희로 하여금 예수 그리스도의 은혜를 힘입어 죽음과 절망의 어두운 그늘 속에서도 영원한 소망을 가지고 살게 하심을 감사합니다.
오늘은 이미 하나님 나라의 백성이 된 000 성도와 아브라함의 품으로 불러 가신 그날을 당하여 추모예배로 모였습니다. 고인에게 영원하신 안식과 평안을 허락하신 은총을 감사하오며, 오늘까지 고인의 유족과 고인과 관계가 깊었던 모든 분들을 믿음 안에서 붙들어 주시고 이끌어주신 것을 감사합니다.
거룩하신 하나님 아버지! 여기에 있는 저희들 산 자와 죽은 자 모두에게 하늘의 영원한 은총을 베풀어주셔서 주님의 영광을 찬양하게 하옵소서.
주님이 저희 곁에 계심을 믿음으로 확인하고 새 소망으로 넘치게 하시며, 실의에 빠진 이에게는 눈을 들어 새 하늘과 새 땅을 바라보게 하옵소서. 땅 위의 것을 보고 실망하지 않게 하시고, 바로 지금 눈을 들어 부활의 주님을 바라보게 하옵소서.
자비로우신 하나님 아버지! 저희와 신앙생활했던 고인을 생각하며 그의 행실 가운데 신앙에 유익이 되는 것은 본받을 수 있게 하옵소서. 특히 고인의 가족들에게 함께하셔서 고인이 남긴 신앙의 유산을 잘 계승할 수 있게 하시고, 그 믿음으로 굳건히 살아, 훗날에 고인을 부끄럼 없이 만날 수 있게 하옵소서.
이 시간, 모든 절차를 주님께서 친히 인도하여 주셔서 복되고 은혜롭게 하실 것을 믿사옵고 예수 그리스도의 이름으로 기도합니다. 아멘.

# 부록

주기도문 강해
신앙의 위험 신호는 어떻게 오는가?
교회 선택의 십계명

# 주기도문 강해

## 1강 너희는 이렇게 기도하라

**본문** : 마태복음 6장 9 ~ 13절

주기도문은 신자에게 매우 친숙한 기도입니다. 어려서부터 지금까지 예배 때마다 수천, 수만 번 암송해 왔을 것입니다. 그러나 참뜻은 생각하지 않고 주문처럼 예배의 마침표처럼 생각하고 사용한 것이 대체적인 경향이었을 것입니다. 그러나 우리가 참된 의미를 알고 나면 이전처럼 주기도문을 암송하지 않게 될 것입니다. 주기도는 가장 완전하고 모범적인 기도입니다. 참된 의미를 알고 진심으로 드리는 주기도문이라면 이 세상에서 가장 완전한 기도를 드리고 있는 셈입니다.

### 1. 주기도문의 배경

주기도문은 예수님께서 제자들의 필요에 따라 가르쳐 주신 기도입니다. 이 기도는 산상보훈 가운데 들어 있습니다. 유대교의 그릇된 전통 속에 있던 제자들을 불러내어 천국 백성을 삼으시고, 천국 백성의 신앙과 삶의 원리를 가르쳐 주신 것이 산상보훈입니다.

유대인들은 기도를 매우 중요시하므로 제자들은 랍비들로부터 수십 가지 종류의 기도 자세와 기도문을 배워 알고 있었던 것입니다. 그러나 유대인의 기도는 너무나 형식적이고 외식적이어서 공허하고 무의미한 것이었습니다. 한마디로 하나님과 생명력 있는 교제를 나누지 못했습니다. 결과적으로 그들의 삶은 공허하고 만족이 없는 삶이 되었습니다. 그러나 제자들은 예수님을 통해서 새로운 생명의 은혜를 얻었고 심령과 삶이 변했습니다. 그러므로 그들은 옛날처럼 기도하는 것으로 만족할 수 없었습니다. 그래서 새 기도를 배우려는 열망을 가지게 되었습니다.

한편 예수님의 기도생활은 그들에게 큰 빛과 도전을 주었습니다. 심령이 바뀌면 기도도 바뀝니다. 기도가 바뀌지 않은 것은 심령에 변화가 없다는 증거입니다. 여러분의 기도는 어떻습니까?

## 2. 주기도문이 보여주는 모범적인 기도의 원리

1) 기도의 대상이 누구인지 바로 알고 바른 관계를 가질 것을 알려 줍니다. 하나님과 올바른 인격적 관계만 수립하면 기도의 99%는 이미 성취된 것이라 할 수 있습니다. 올바른 관계를 정립하지 않고 기도하는 것은 헛된 일이요, 가증한 일일 수 있습니다. 주님이 가르쳐 주신 기도는 하나님과의 관계를 이렇게 보여 주고 있습니다.
(1) 아버지와 자녀와의 관계: "우리 아버지여"
(2) 존귀하신 하나님과 예배자의 관계: "이름이 거룩히..."
(3) 왕과 신하와의 관계: "나라이 임하시오며"
(4) 주인과 종의 관계: "뜻이...이루어지이다."
(5) 은혜 베푸는 자와 은혜받는 자의 관계: "우리에게 일용할 양식을"
(6) 구세주와 죄인의 관계: "우리 죄를 사하여..."
(7) 인도자와 나그네의 관계: "우리를 시험에..."

우리가 하나님과 이러한 관계만 바로 정립되면 기도는 완전히 달라질 것입니다. 그러므로 기도할 때 먼저 하나님과의 관계를 확실히 정립해 두어야 합니다. 하나님이 어떤 분이신지 생각해야 합니다.

2) 기도할 때 기도자가 갖추어야 할 영적인 자세를 보여 줍니다.
(1) 비이기적인 마음자세(공동체 의식): "우리"
(2) 자식으로서의 마음자세: "아버지"
(3) 경배하는 마음자세: "이름이 거룩히..."
(4) 충성된 마음자세: "나라가 임하시오며"
(5) 복종하는 마음자세: "뜻이 이루어지이다"
(6) 의지하는 마음자세: "일용할 양식을..."

(7) 회개하는 마음자세: "우리 죄를…"
(8) 겸손한 마음자세: "우리를 시험에…"
(9) 승리를 확신하는 마음자세: "대개 나라와 권세와 영광이…"

3) 기도할 내용과 순서를 보여 줍니다.
주기도는 원어로 66 단어밖에 안 되는 간결한 것이지만, 그 속에 필요한 모든 것을 다 포함하고 있습니다.
(1) 내용은 크게 '하나님의 영광에 관한 것'(9~10)과 '인간에 필요에 관한 것'(11~13)으로 나눌 수 있습니다.
(2) 순서는 하나님의 영광에 관한 것이 먼저요, 인간의 필요는 그다음입니다. 제자들은 예수님과 인격적인 관계를 수립한 후 심령이 변화되었고 그 결과 기도생활의 변화를 추구하였습니다. 오늘 우리의 기도는 어떠합니까? 주님이 가르쳐 주신 기도대로 하나님의 인격적인 관계를 바로 하고, 올바른 영적 자세로, 올바른 순서에 따라서 기도하는 법을 배워야 할 것입니다.

## 2강 하늘에 계신 우리 아버지여

**본문**: 마태복음 6장 9~13절

우리는 서론적으로 주기도문이 가르치는 기본적인 정신을 살펴보았습니다. 주기도문은 하나님과 우리와의 인격적인 관계에 강조점을 두고 있으며, 우리가 갖춰야 할 올바른 마음자세에 강조점을 두고 있습니다. 이제 주기도문을 자세히 상고해 봅시다. 먼저, 첫 부분을 살펴봅시다.

**1. 기도에 있어서의 시작은 매우 중요합니다.**
주기도문은 "하늘에 계신 우리 아버지여"라는 부름으로 시작됩니다. 그러므로 기도는 하나님 아버지를 부름으로 시작되어야 합니다.

1) 부른다는 것은, 우리의 기도를 들으시는 분이 누구인지, 대화의 상대가 어떤 분이신지 먼저 알고 인격적인 교제를 위해서 부르는 것을 의미합니다.

2) 주기도문의 시작이 "아버지"이며, 끝맺음도 "아버지"입니다.
여기에 중요한 원리가 있습니다. 기도는 하나님과 인간 사이의 인격적인 교제요 대화인데 "주도권"이 하나님께 있다는 사실입니다. 하나님과 내가 대등한 관계에 있는 것은 아닙니다. 하나님은 절대적인 주권을 가지고 계신 분이십니다. 그러므로 기도를 시작할 때 하나님께서 절대적인 주권을 가지시고 그분의 뜻대로 무엇이든지 하실 권리가 있다는 사실을 또, 우리가 그분에게 무엇을 강요하거나 우리의 의지를 강요할 수 없다는 사실을 깊이 인식해야 합니다. 주님은 우리의 요구대로 해주실 의무가 없습니다. 기도란 하나님이 모든 것 위에 절대적인 주권을 가지고 계심을 인정하고, 그분의 의지에 우리의 의지를 복종시키는 것입니다(시 86:11).

## 2. 우리가 부르는 분은 하늘에 계신 하나님이십니다.

"하늘에 계신"이란 지리적인 개념이 아닙니다. 유대인에게는 세 가지 하늘 개념이 있습니다. 첫째는 대기권(사 55:8~10), 둘째는 일월성신이 있는 우주(시 19:1~6), 셋째는 지극히 높은 곳, 하나님이 계신 곳을 의미합니다.
그러므로 "하늘에 계신"이란

1) 위계질서 상 가장 높은 곳에 계신 분이라는 뜻입니다.
더럽고 추한 세상을 초월해서 거룩하신 분이란 뜻이며 전지전능, 무소부재하시며, 위엄과 영광 중에 계시는 분이라는 뜻이며, 우주 만물과 역사를 주관하시는 주권자이시라는 것입니다.

2) 그러므로 기도할 때 하나님을 하늘에 계신 하나님으로 인식하고, 믿고, 바라보며, 겸손히 도움을 구하는 자세로 나아가라는 뜻이 들어 있는 것입니다.

## 3. 또한 하나님은 우리의 아버지가 되시는 분입니다.

하나님은 하늘에 계실뿐 아니라 가까이 계시는 사랑의 아버지이시기도 합니다.

1) 하나님은 오직 믿는 자의 아버지만 되십니다.
세상 모든 사람이 다 하나님의 자녀요 형제라는 주장은 사람이 하나님의 피조물이란 의미에서만 그렇습니다.

2) 아버지 되심은 친밀한 관계를 말해 줍니다.
스토아 철학자도 에피큐리안(Epicurean) 학파도 하나님을 "아버지"라 불렀지만 그들의 하나님은 무관심하고 무감정, 인간사에 초연한 무능력한 신일 뿐입니다. 유대인들은 하나님을 아버지라 불렀지만 그들은 민족적, 종교적 차원에서 그런 것이지 예수님처럼 부른 것은 아닙니다. 그들은 하나님의 초월성을 너무 강조하다 보니 하나님의 이름을 부르기조차 두려워했습니다. 예수님이 부르는 "아바(αββά)"란 말인데 우리말의 "아빠"와 같은 애칭입니다. 하나님을 너무 가깝게 부르는 이 말은 유대인의 격분을 자아내기도 했습니다.

3) 하나님이 아버지 되심은 더 이상 하나님이 공포의 대상(이방인의 하나님관)이 아니라 무조건적, 절대적으로 영원히 사랑하시는 사랑의 아버지라는 것입니다. 독생자를 주신 사랑, 탕자를 받으시는 아버지의 극진한 사랑, 아버지의 사랑은 사랑받을 줄 모르고, 감사할 줄 모르는 자까지 사랑하시는 사랑입니다(예, 손양원 목사님, 장진남 목사님).

4) 아버지 되심은 기쁘게 믿고 의지하고 순종할 대상이심을 보여 주는 것입니다.

## 4. 이런 아버지 앞에 기도할 때 우리의 마음 자세는 어떠해야 하겠습니까?

갓난아기가 어미 품에 안겨 쉬듯이, 모든 것을 그분께 맡기고 그의 선하신 처분을 바라며 완전히 믿고, 의지하고, 순종하며 기뻐하지 않겠습니까?

기도에 있어서 시작은 올바른 것이어야 합니다. 따라서 기도할 때 하나님이 어떤 분이신지 바로 알고 나아가야 합니다.

그분은 하늘에 계신 분입니다. 거룩하시고 전지전능, 무소부재, 영원하신 주권자이십니다. 그러므로 경외하는 마음으로 겸손히 회개하며, 그의 절대적인 권위에 복종하는 자세로 나아가야 합니다. 또한 그분은 좋으신 아버지이십니다. 그러므로 우리는 무한한 신뢰감과 감사하는 마음으로 그에게 나아가 모든 것을 맡기고 그의 품 안에서 쉬며 감사 찬송하는 자세로 기도해야 합니다. 여러분의 기도는 어떠했습니까? 앞으로 어떻게 바뀌어야 하겠습니까?

## 3강 이름이 거룩히 여김을 받으시오며

**본문 :** 마태복음 6장 9~13절

앞에서 우리는 주기도문의 시작 부분을 살펴보았습니다. 기도에 있어서 올바른 시작은 매우 중요합니다. 올바른 시작은 무엇일까요? 기도의 대상이 어떤 분이신지 분명하게 인식하는 일입니다.

① 그분은 하늘에 계신 하나님이십니다. 더럽고 추한 죄악 세상을 초월해서 가장 높은 곳에 계시는 거룩하시고, 전지전능하신 분이시며, 모든 역사를 주관하시는 절대주권자이시라는 것입니다. 그러므로 기도를 시작할 때 두렵고 떨리는 마음으로 겸손히 그분의 절대적인 주권을 복종하고자 하는 자세로 나아가야 한다는 것입니다.

② 그분은 또한 우리의 아버지가 되시는 하나님이십니다. 그러므로 우리는 무한한 신뢰감을 가지고 나아가야 하는 것입니다. 이제 첫 번째 간구를 살펴보겠습니다.

**1. 하나님의 영광을 구하는 것이 첫 번째 자리에 있어야 함을 보여줍니다.**

올바른 기도는 자기 자신의 필요에서 출발하는 것이 아니고 하나님의 영광에서부터 출발하는 것입니다. 하늘에 계시면서 우리의 좋은 아버지가 되신 하나님을 생각할 때, 너무나 영광스럽고 감사해서 찬양과 감사부터 올리는 것입니다.

신, 구약성경에 기록된 하나님의 참 성도들은 그러했습니다(예: 다니엘, 예레미야, 요나, 바울, 예수님 등). 그런데 오늘날 거의 대부분의 신자들이 그것을 무시하고 있습니다. 하나님의 이름을 부르기가 무섭게 곧바로 자기들의 요구사항을 제시합니다. 적당한 조건을 내걸기도 하고(예: 야곱, 창 28장), 원망과 불평을 늘어놓기도 합니다. 때로는 하나님을 설득하려고 온갖 아양을 다 떨기도 합니다. 마치 하나님이 내게 큰 빚이라도 지고 있다는 태도입니다. 이것은 자기 독백에 불과하며 스트레스 해소용 넋두리에 불과합니다. 올바른 기도는 하나님의 영광을 바라보고 기뻐하면서 그에게 영광과 존귀와 감사를 올리는 일입니다.

기도란 내 뜻을 관철시키는 도구가 아니라 하나님의 뜻을 이루며 하나님의 영광을 드러내는 통로인 것입니다. 그런데 많은 사람들이 하나님의 영광보다 자기 자신의 문제에 더 관심과 중요성을 두기 때문에 기도하기는 하되 하나님이 인정하시는 참된 기도는 하지 않는 결과를 가져옵니다. 이것은 과거부터 우리 민족이 지녀왔던 무속 종교의 기복 신앙의 영향 때문이라고 보입니다. 무속 종교에서의 기도란, 자기 소원을 성취하기 위한 도구이기 때문입니다. 그러므로 우리는 이 점에 있어서 우리의 기도를 살펴보고 잘못된 것은 수정해야 할 것입니다.

기도자가 참으로 하나님의 영광을 구할 때 세상의 일, 자기의 문제는 하찮은 것이 됩니다. 화니 크로스비(Fanny J. Crosby)는 이렇게 찬송합니다. "주 안에 은혜받으므로 마음속 풍파가 잔잔하니 나와 세상은 간 곳 없고 구속한 주만 보이도다"(찬송 288장).

## 2. "이름이 거룩하게 함"의 의미는 무엇입니까?

1) "이름"이란 하나님 자신, 하나님의 인격과 동일 시 되는 것입니다. 당시 유대인들은 감히 '하나님'이란 이름을 부르지 못하고 '그 이름'이라고 불러서 하나님 부르는 것을 대신했습니다(예: 엘로힘, 여호와, 여호와 이레, 여호와 샬롬, 여호와 닛시, 여호와 라파 등은 하나님의 속성을 보여줍니다).

2) "거룩하게 한다"라는 의미는 신성하게 다루며 존경한다는 뜻입니다. 그러므로 "이름을 거룩하게 한다"는 것은 하나님의 인격이 존경받으시고 명예를 얻으시고 영광을 받으며 높임을 받게 한다는 뜻입니다.
하나님이 하나님으로서의 마땅한 대접을 받으시게 한다는 것입니다. 세상 모든 사람들이 나를 통해서 하나님을 알게 되고 하나님의 이름에 합당한 존경을 하나님께 돌려 드리게 되도록 해야 한다는 것입니다.

## 3. 어떻게 하나님의 이름을 거룩하게 할 수 있습니까?

1) 소극적으로는 그의 이름을 망령되이 일컫지 않는 것입니다.
망령되이 부르는 것은
(1) 세속적인 목적으로 하나님을 사용함(예: 정치, 경제적 이유).
(2) 하나님을 원망함.
(3) 농담에 사용.
(4) 마음에 없는 형식적인 예배, 기도.
(5) 위선적인 행위, 악한 행실로 하나님을 욕되게 하는 것들을 의미합니다.

2) 적극적으로
(1) 우리는 그분을 믿어드려야 합니다. 성경이 계시하는 대로 믿어 드리는 것입니다(히 11:6 요 6:27). 또한 항상 하나님을 의식하고 그 앞에서 살아야 합니다.
(2) 착한 행실로 영광을 돌려야 합니다(마 5:16 빌 4:8).

기도하는 사람은 어떤 처지, 어떤 형편에 있든지 자기의 문제 즉 하나님께 영광 돌리는 일에 최고 최대의 관심, 첫 번째 관심을 두어야 하는 것입니다. 기도 시간만 하나님께 영광을 구하는 것이 아니라, 평상시 생활 속에서 하나님을 바로 믿어드리고 하나님의 영광을 망령되이 사용치 않으므로, 선한 행실로 영광을 돌리는 삶을 살아야 할 것입니다. 진실로 우리의 기도 생활에 이와 같은 변화가 있기를 바랍니다.

## 4강 나라가 임하시오며

**본문** : 마태복음 6장 9 ~ 13절

앞에서 우리는 기도문의 첫 번째 간구를 살펴보았습니다. 세상 사람들은 별것도 아닌 자기 이름을 대단한 것으로 생각하고, 자기 이름의 영광을 드러내는데 혈안이 되어 있습니다. 그러나 참된 신자는 자기 이름에 관심을 두지 않고 구세주이신 하나님의 이름에 최대의 관심을 가져야 한다는 것입니다. 이제 두 번째 간구를 살피게 되었습니다.

### 1. 두 번째 간구는 첫 번째 간구와 밀접한 관계를 가지고 있습니다.

참으로 하나님을 발견하고 체험한 사람들은 "왜 사람들은 이렇게 좋은 하나님을 믿지 않을까?, 왜 그 귀하신 이름을 높여 드리지 않을까?"라는 의문을 가지게 됩니다. 그 이유는 바로 하나님을 대적하는 흑암의 세력, 곧 마귀의 세력이 이 세상에서 활동하기 때문입니다. 하나님께서는 주권적 섭리 하에서 마귀가 잠정적으로 이 세상을 통치하는 것을 허락하셨습니다. 그 결과 마귀의 지배하에 있는 사람들은 하나님을 대적하고 모독하며 하나님을 부인합니다. 또는 무관심합니다. 온갖 정욕에 따라 죄 가운데서 허랑방탕하게 살아갑니다. 오로지 자기 영광만을 위해서 살아갑니다. 그러므로 하나님의 이름을 거룩히 여김을 받기 위해서는 사탄의 권세가 깨뜨려지고, 그 사탄의 지배하에 있던 사람들이 풀려나서 하나님 나라의 백성이 되어야 하는 것입니다.

## 2. 하나님 나라는 무엇입니까?

1) 하나님 나라는 예수님의 사역과 가르침의 중심 주제입니다.
예수님께서 복음 전파를 시작하실 때 처음으로 언급하신 말씀이 '하나님 나라'입니다. 그리고 신, 구약 성경의 중심적인 가르침도 역시 하나님 나라 입니다. 그러므로 우리가 하나님의 나라가 무엇인지 바로 파악하고 붙들지 못한다면 우리의 신앙생활은 헛된 것이 될 수밖에 없습니다.

2) 하나님의 나라, 하늘나라, 천국, 낙원, 그리스도의 나라, 그 아들의 나라 등의 표현을 쓰고 있는데, 이것은 각기 다른 나라를 말하는 것이 아니고 같은 나라를 다르게 표현하고 있을 뿐입니다.

3) '나라'의 헬라어 바실레이아(Basileia)나, 히브리어 말쿠트(Malkuth)는 본래 '통치, 지배권'을 의미합니다.
그러므로 하나님의 나라는 하나님의 통치, 지배권을 의미합니다. 그리고 하나님이 통치하실 때 생겨나는 결과적인 축복의 영역들을 포함합니다(롬 14:17).

4) 이 나라는 초자연적 영적인 나라입니다.
일정한 지리적 장소를 차지하는 지상적인 나라와는 다르다는 것입니다(요 18:36).

5) 이 나라는 인간의 나라가 아니라 하나님의 나라입니다.
인간의 나라는 인간이 세우고 무너뜨릴 수 있습니다(예: 인류 역사에서 볼 수 있는 여러 나라의 흥망성쇠). 그러나 하나님의 나라는 하나님의 나라이기 때문에 인간이 세우거나 무너뜨릴 수 없습니다. 이 나라는 오직 하나님만이 메시아를 통해서 홀로 세우시고, 인간에게 선물로 주시는 나라입니다.

6) 이 나라에서도 나라의 3대 요소를 생각해 볼 수 있습니다(주권, 영토, 국민). 주권은 하나님께(주권 재민이 아니라 주권 재신), 영토는 하나님의 주권이 미치는 온 우주, 국민은 그의 택하신 백성들입니다.

7) 이 나라는 예수 그리스도를 통해서 이루어지는 나라입니다.
그러므로 이 나라는 예수님의 초림과 함께 이 땅에 임하여 현존하고 있습니다. 예수님을 통하여 나타나는 하나님의 권능은 세상 나라, 인간이 세운 정치기구를 무너뜨리는 것이 아니라, 사탄과 사탄의 나라, 죄의 세력을 무너뜨리는 것입니다.
예수님은 십자가의 대속과 부활을 통하여 사탄을 이기셨고, 지금도 계속 복음의 능력으로 사탄에게 매여 있던 심령들을 해방시켜서 하나님 나라에 들어가게 하십니다. 누구든지 복음을 듣고 회개하고 주님을 영접하면 하나님의 자녀가 되고(요 1:12), 하나님의 나라에 들어가고(요 3:3-5), 의, 평강, 희락(롬 14:17)을 맛보고 살며, 내세의 능력을 받아(히 6:4,5) 초자연적인 삶을 살게 된다고 성경은 말씀합니다.

8) 그러나 이 나라의 완성은 예수님의 재림 때 이루어질 것입니다.
초림 하신 예수님은 사람들이 거부할 수 있었으나, 재림 때의 예수님은 심판장으로서, 왕으로서 오실 것이기 때문에 어느 누구도 거부할 수 없습니다(시 2편).

## 3. 어떻게 이 나라에 들어갈 수 있습니까?

1) 거듭날 것(요 3:3-5)
2) 회개, 신앙(막 1:1)
3) 마음의 주인을 바꿀 것(나, 세상의 지배→ 하나님의 지배(갈 2:20, 마 16:24))
4) 날마다 헌신, 순종(나는 죽고 그리스도는 살고), 그의 주권에 복종할 것 등입니다.

## 4. '임하시오며' 기도하는 그 의미는 무엇입니까?

1) "그리스도께서 지금 여기에서, 내 마음속에서부터 다스리소서" 하는 것입니다.
"성령님, 나를 지배하시고 다스리셔서 아버지의 뜻에 순종하는 삶을 살게 하소서. 당신을 왕으로 대접하게 하소서" 하는 의미입니다. 그러므로 현실에서 주님께 순종하지 않으면서 이 기도를 드린다면 그것은 위선이요 거짓입니다.

2) 복음의 성공을 위해서 기도하는 것입니다.
"주님께서 복음을 통하여 내 속에서뿐 아니라, 다른 모든 사람들 속에서도 통치하시고 그들도 하나님 나라의 축복을 체험하게 하소서"라고 기도하는 것입니다.

3) 재림을 위해서 기도하는 것입니다.
'임하다'의 의미는 주님의 왕국이 정점에 이르듯이 오는 것입니다. 그러므로 이것은 재림을 고대하는 기도입니다(왜? 재림 때에 하나님의 나라가 완성되기에).

4) 그러므로 이것은 복음을 전하겠다는 결심의 기도이기도 합니다.
왜냐하면 예수님은 복음이 온 천하 만민에게 전파된 후라야 다시 오겠다고 약속하셨기 때문입니다. 그러므로 평소에 복음을 전하려는 열심과 노력 없이 이 기도를 드리는 것은 위선입니다.
하나님의 이름이 거룩히 여김을 받고 하나님의 영광이 높이 드러나기 위해서는 하나님 나라가 이루어져야 합니다. 하나님 나라는 기본적으로 하나님의 왕적 통치를 말합니다. 하나님께서는 예수님을 이 세상에 보내셔서 복음으로 사람들의 마음을 지배하므로 하나님 나라를 이루어 가십니다. 하나님 나라는 지금 이 땅에 임해 있습니다. 영적인 실재입니다(롬 14:17). 그 나라는 예수님의 재림으로 말미암아 완성됩니다. "나라가 임하시오며" 하는 기원은 "지금 내 마음을 주님께서 다스리소서" 하는 것이며, 다른 사람들의 마음도 다스리시도록 복음을 전파하겠다는 결심이며 "예수님의 재림이 속히 이루어지이다" 하는 의미입니다.

## 5강 뜻이 이루어지이다

**본문** : 마태복음 6장 9 ~ 13절

주기도를 진실 되게 그 의미대로 기도한다는 것은 혁신적인 의미를 가지고 있습니다. 세상은 자기 자신에게 관심의 초점을 두고 살아갈 것을 강요합니다. 그러나 주기도문은 신자의 무엇에 우선적으로 관심의 초점을 맞추어야 하는가를 보여줍니다. 우리가 세속을 따라 살아갈 때, 우리는 자기 자신의 작은 이름에 최고의 관심을 가지고 우리 자신의 작은 지배권을 확보하려 애쓰며, 자신의 무지하고 어리석은 뜻을 실현하는데 삶의 초점을 맞추고 있습니다. 그러나 우리가 진정 복음화되어 주기도문이 가르치는 정신을 가지고 살아갈 때 우리 삶의 초점은 하나님의 이름에, 그의 나라에, 그의 뜻 실현에 맞춰지게 될 것입니다. 진심으로 이 기도를 드릴 수 있는가, 없는가는 우리 신앙고백의 진위를 구분하는 시금석이 됩니다.

### 1. 하나님의 뜻
뜻이란 의지를 말합니다. 그러므로 하나님이 원하시는 것, 하나님이 가지신 목적, 하나님의 의지를 말합니다.

1) 하나님의 뜻은 하나님의 이름이 거룩히 여김을 받는 것이요, 하나님의 나라가 실현되는 것을 말합니다. 하나님께서는 이 일을 사람을 통해서 하고자 하십니다. 인간은 범죄 하기 전에는 우주 만물을 다스리며 하나님께 영광 돌리는 문화 창조의 사명을 받았지만, 범죄 이후 하나님께 영광 돌리는 문화가 아니라, 하나님을 대적하는 세속적 문화를 발달시키게 되었습니다. 그러므로 하나님의 뜻은 인간으로 하여금 하나님의 거룩한 형상을

다시 회복하게 하고 하나님께 절대 순종하여 거룩한 삶을 살아감으로써 하나님께 영광을 돌리게 하려는 것입니다.

2) 하나님의 뜻은 성경에 밝히 드러나 있습니다.
그러나 자아중심적인 죄인은 그 뜻을 분별하지 못하며, 순종하고자 하는 의지가 없는 사람은 하나님의 뜻을 깨닫지 못합니다(요 7:17). 하나님의 뜻을 준행하려는 의지를 가지고 성경을 사랑하는 사람은 오늘 나에게 향하신 하나님의 뜻을 명백하게 깨닫고 하나님의 인도하심을 받을 수 있습니다.

3) 하나님의 뜻은 절대적인 것과 상대적인 것으로 나누어 생각할 수 있습니다.
(1) 절대적인 것 : 하나님의 말씀과 계명을 지키는 것
(2) 상대적인 것 : 내가 너희를 사랑한 것 같이 너희도 사랑하는 것

## 2. 하늘에서 이룬 것 같이
하늘에서는 천군천사들이 하나님의 뜻을 수행하는 시종을 들고 있습니다. 그들은 신속히, 열심히, 완벽하게, 끊임없이, 자진해서 하나님의 뜻을 준행합니다. 하늘에서는 하나님의 뜻에 대한 추호의 반역도 없습니다. 배반하고 거역하던 무리들은 땅으로 내어 쫓김을 받았습니다.

## 3. 땅에서도 이루어지이다.
이 말씀은 이 땅에서는 하나님의 뜻을 잘 시행되고 있지 않음을 보여 줍니다. 이 땅의 특징은 불순종과 반역입니다. 그 이유는 이 땅에서는 불순종의 영, 마귀의 세력이 잠정적으로 득세하고 있기 때문입니다(엡 2:2). 그러므로 하나님의 백성들은 땅에서도 하나님의 뜻이 이루어지기를 기도해야 하는 것입니다. 여기에서 우리는 기도란 하나님의 뜻이 이루어지는 통로임을 알 수 있습니다.

1) 원망하는 태도나 수동적인 체념에서 "뜻이 이루어지이다" 하는 것이 아

니고 적극적이고 즐거운 뜻으로 소원하는 것입니다.

2) 자아를 부인하고 자기 십자가를 지겠습니다 하는 의미입니다. 참된 기도는 내 뜻을 이루는 것이 아니라, 내 뜻을 버리고 하나님의 뜻을 이룰 수 있도록 자기를 쳐서 복종시키는 것입니다. 다윗은 "내가 주의 뜻 행하기를 즐기오니"(시 40:8)라고 했고, 예수님도 "나의 양식은 나를 보내신 이의 뜻을 행하며 그의 일을 온전히 이루는 이것 이니라"(요 4:34)고 하셨습니다.

3) 날마다 순종하겠습니다 하는 신앙고백입니다.
오늘 내게 알려진 하나님의 뜻(거룩함, 사랑, 항상 기뻐함, 쉬지 않고 기도, 범사에 감사 등)에 순종치 않으면서 이 기도를 드릴 수는 없습니다. 그것은 위선이 될 것입니다. 그러므로 이 기도는 오늘도 순종하며, 더 순종하기를 소원하는 기도입니다. 하나님의 뜻은 순종하는 기도자를 통해서 이루어지는 것입니다.

4) 타락한 세상에 항거하는 것을 의미하는 것입니다.
이 세상에선 어두움의 세력이 방해하기 때문에 하나님의 뜻이 제대로 실현되지 못합니다. 믿음, 사랑, 소망, 화평, 기쁨, 용서, 거룩함, 순결, 고상함 등을 찾기 어렵고 거짓, 불의, 탐욕, 악독, 사기, 살인, 미움, 분쟁, 이혼, 음란 등 각종 죄악과 질병과 죽음이 이 세상을 가득 채우고 있습니다. 요한복음 2장에는 예수님께서 성전에서 행해지는 불의에 대해 항거하는 사건이 나옵니다. 그러므로 "뜻이 이루어지이다" 하는 것은 수동적이고 피동적인 넋두리가 아니고, 하나님의 뜻을 대적하는 어두움의 세력과 적극적이고 능동적인 싸움을 벌이는 것입니다. 모든 신자는 각자가 처한 환경 속에서 어두움의 세력에 대항하여 빛에 속한 선한 싸움을 벌여야 합니다.
하나님의 뜻은 죄에 빠진 우리를 구원하셔서 하나님의 이름이 거룩히 여김을 받으시며 하나님의 나라가 이루어지게 하는 것입니다. 하나님의 뜻은 성경에 구체적으로 상세하게 나타나 있습니다. 하나님의 뜻에 순종하려는 의지를 가지고 성경을 사랑하는 사람은 하나님의 뜻을 밝히 알 수 있습니다. 오늘 내게 밝혀진 하나님의 뜻을 하늘에서 천사들이 수행하듯이 완벽하게, 성실하게, 신속히, 자발적으로 끊임없이 순종해 드려야 합니다. 날마다 내 뜻을 취하여 하나님의 뜻에 대적하는 흑암의 세력에 저항하는 싸움을 싸워야 할 것입니다.

# 6강 일용할 양식을 주시옵고

**본문** : 마태복음 6장 9 ~ 13절

이제 우리는 인간의 육신 생활에 필요한 것을 구하는 부분을 살피게 되었습니다. 현실을 살아가는데 필요한 것 중에 일용한 양식은 물질적 차원의 필요이며 죄 용서는 정신적 차원의 필요이며 시험, 악에서 구함 받는 것은 영적 차원의 필요라고 할 수 있습니다. 인간의 필요를 구하는 것도 하나님의 영광과 밀접한 관계를 가지고 있습니다. 하나님께서는 구체적인 삶의 현장에서 우리 육신의 필요를 채우심으로 영광을 얻고자 합니다. 하나님 아버지께서 우리 현실 생활의 작은 필요까지도 채우시는 것을 체험할 때 좋으신 하나님이심을 더욱 잘 알게 되고, 더욱더 감사 찬송하며 영광을 돌릴 수 있는 것입니다.

## 1. 양식

단순히 음식물만을 의미하는 것이 아니라, 우리가 현실을 살아가면서, 생명을 유지해 나가는데 필요한 모든 것을 포함하는 넓은 의미의 말입니다.(의식주, 건강, 가정, 좋은 정부, 사회, 의료혜택 등) 인간이 인간답게 살아가는 데 있어서 필요한 최소한의 필수품을 말하는 것입니다. 필수품인가 사치품인가 하는 것은 각자의 신앙 양심 속에서 결정할 수 있습니다. 진실로 하나님을 사랑하고, 이웃을 사랑하고자 애쓰는 사람은 이에 대한 기준을 세우는데 어렵지 않을 것입니다. 주님은 가난하게 살아 보셨기에, 인간의 육체적 욕구가 채워지지 못하면 하나님을 영광스럽게 하는 영적 삶을 살 수 없다는 것을 너무나 잘 알고 계셨습니다.

## 2. 일용할

일체의 필요한 것을 구하되, 일용할 것을 구하라고 하셨습니다. 일용할 양식은 사람이 하루를 살아가는데 반드시 필요한 필수품을 말하는 것입니다. 이 구절에서, 간구할 한계를 정해주고 있습니다. 아침에 구하면 오늘 하루 필요한 것이고, 저녁에 기도하면 내일 하루 필요한 것을 구하는 것이 될 것입니다. 이 세상의 누구도 하루 동안에 일용할 것 이외에 더 쓰지 못합니다. 일용할 것으로 만족하지 못하고, 미래를 위해 더 많은 것을 소유하려고 애쓰는 것은 탐심입니다.

이스라엘 사람들은 광야에서 만나를 먹을 때 하루분씩 받았습니다. 그 이상 욕심내어 거두었던 것은 썩어버렸습니다. 이 세상 불신자들은 일용할 것으로 만족하고 안심하지 못합니다. 그러나 신자는 일용할 것으로 만족하고 감사해야 합니다(딤전 6:8). 그렇게 하지 못하는 것은 불신이고 죄입니다. 일용할 양식을 구하되, 우리의 노력과 노동을 게을리해서는 안 됩니다. 하나님은 게으른 자의 피난처가 아닙니다(살후 3:10, 잠 24:30-34). 물론 일할 수 없는 형편의 사람들이 있습니다. 그들을 위해서는 일용할 것 이상을 가지고 있는 사람이 책임을 져야 할 것입니다(딤전 5:8).

## 3. 우리에게

주기도문의 근본정신은 인간중심이 아니라 하나님 중심이며 자기중심이 아니라 공동체 즉, 우리 중심인 것을 기억해야 합니다.
그러므로 주기도문의 "우리"라는 말에 주의해야 합니다. 내가 돈이 없어 난처할 때 하나님께 돈을 주십사 기도하려면 나는 나와 같은 처지의 사람을 기억하고 "우리에게... 주옵소서" 하고 기도해야 합니다. 내가 병들어 고통스러울 때 병 낫기를 기도하면 "우리를 병에서 구하소서" 해야 할 것입니다. 우리에게 부족한 "공동체의식(우리 의식)"을 회복해야 합니다.

## 4. 이 간구가 포함하는 의미

1) 모든 것은 하나님께로부터 온다는 것을 기억해야 한다고 가르쳐 줍니다. 우리가 현실을 살아가면서 누리는 모든 것은 하나님께로부터 온 것입니다(시 24:1, 학 2:8, 시 50:12, 대상 29:14). 그러므로 당장 먹을 것 없는 자가 이 기도를 드린다면 만물의 근원이 되신 하나님께 일용할 것을 요청하는 것이요, 지금 일용할 것이 충분한 자가 이 기도를 드린다면 그것은 지금 누리고 있는 것이 하나님께로부터 오는 것임을 인정하고 감사하는 의미가 들어 있는 것입니다.

2) 우리는 연약한 인간임을 인식하고 오로지 전능하신 하나님만을 의존해야 할 것을 가르치는 것입니다(시 39:4, 90:12).

3) 삶을 하루 단위로 살 것을 가르칩니다.
내일은 내 것이 아닙니다. 오늘만이 내 것으로 주어진 것입니다. 그러므로 오늘 하루 하나님을 의지하고 일용할 양식으로 만족하며 살아야 하는 것입니다. 매일 일용할 것을 구하려고 하나님께 나아감으로 하나님과 교제할 수 있습니다. 하나님 아버지께서는 그것을 원하는 것입니다. 탕자(눅 15장)는 한꺼번에 모든 것을 받기를 원했습니다. 그 결과가 어떠했는지 우리는 잘 알고 있습니다. 우리는 주님 뜻대로 일용할 것만을 구하는 지혜로운 삶을 살아야 할 것입니다(잠 30:7-8). 일용할 것으로 만족하지 못하는 신자는 일생을 염려와 근심 속에서 불행한 삶을 살게 될 것입니다(딤전 6:9-10).

4) 믿음과 행위가 일치할 것을 가르칩니다.
일용할 것 이외에는 형제를 위한 것이므로 내게 여유 있는 것을 형제자매에게 나누어 주는 삶을 살아야 합니다. 형제의 필요를 채워 주는 사랑의 삶을 체험하지 못한 사람은 아직 갈보리 십자가의 사랑이 무엇인지 체험 못한 사람입니다(약 2:15-17). 하나님의 이름을 거룩하게 하고 그 나라와 그 뜻을 이루는 삶을 살기 위해서 육신의 욕구들이 채워져야 합니다. 그러므로 육신이 살아가는데 필요한 양식을 구하는 것은 합법적인 것입니다. 우리는 일용할 것을 날마다 구하는 삶을 통해 하나님과 밀접한 관계를 가지며 살아갈 수 있습니다. 그리고 언제나 나의 필요가 아니라 "우리"의 필요를 기억하며 살아야 할 것입니다.

## 7강 우리 죄를 사하여 주시옵고

**본문** : 마태복음 6장 9 ~ 13절

주님께서는 인간이 이 땅에서 살아가는데 필요한 모든 것을 얻기 위하여 구하라고 가르치고 계십니다. 우리는 일용할 것들을 주님께 구하여 받음으로 하나님께 영광 돌리는 삶을 살아야 합니다.

인간의 간구 가운데 일용할 양식이 육신의 필요라고 한다면 나머지 세 가지 간구(죄 사함, 시험, 악)는 영혼을 위한 필요라고 할 수 있습니다. 육신의 필요를 먼저 구한 것은 육신이 영혼의 집이요 도구이기 때문에, 육신이 정상적으로 유지되지 못하면 영혼이 제대로 활동하지 못하기 때문일 것입니다. "우리 죄를"은 "일용할 양식"을 구하는 기도와 "그리고(and)"로 연결되어 밀접한 관계를 가지고 있습니다. 그 이유는 첫째로, 죄 사함이 없이는 현세에서 누리는 모든 좋은 것이 아무 소용이 없기 때문입니다. 죄 사함 받지 못하고 영원히 멸망할 수밖에 없는 인간이 잘 먹고, 잘 입기만 하는 것은 잔칫날 잔칫상에 올리기 위해 살찌우는 돼지와 같은 신세라 할 수밖에 없습니다. 둘째로, 우리 죄는 하나님께로부터 오는 모든 좋은 것을 막는 장애물이기 때문입니다. "너희 허물이 이러한 일을 물리쳤고 너희 죄가 너희에게 오는 좋은 것을 막았느니라"(렘 5:25, 시 66:18, 잠 28:9,11, 사 59:1-2)

### 1. "우리의 죄"

성경은 모든 사람이 다 죄인이라고 선언합니다(롬 3:23, 시 51:5). 죄는 인간의 전인격을 지배하고 영향을 끼칩니다. 죄는 인간의 모든 불행과 고통의 원흉입니다. 죄로 인해 파괴된 개인의 심령, 가정, 국가, 사회를 어디서나 볼 수 있습니다. 신약에 나타난 "죄"의 용어는 여러 가지가 있는데(하말타아 hamartia, 파라바시스 parabasis, 아노미아 Anonyma, 파라프토마 paraptomah, 오페일레마 ojfeivlhma 등), 본문에 쓰인 단어는 오페일레마(ojfeivlhma)입니다. 이 단어는 '빚'(Debts)을 의미합니다. 빚이란 이행하지 않은 의무를 말합니다. 빚이란 마음에 부담을 가져오므로 평안이 없습니다(사 48:22). 하나님께 대항해서 인간이 지고 있는 빚은 스스로 청산할 수 없을 정도로 엄청난 액수입니다. 흑인이 그 피부색을 고치지 못하고, 표범이 그 반점을 없애지 못하는 것처럼, 악에 익숙한 인생도 악을 버리고 선을 행할 수 없다고 예레미야 선지자를 통해서 하나님은 말씀하셨습니다(렘 13:23). 마태복음 18장에 나오는 예수님의 빚 탕감의 비유는 바로 이것을 잘 말해 줍니다. 일만 달란트의 빚이란 장정이 19만 년 동안 일해야 벌 수 있는 돈입니다(1 달란트= 6000 데나리온, 1 데나리온= 장정 하루 품값). 그러므로 죄에 빠진 인간은 절망적일 수밖에 없습니다.

### 2. "사하여 주시옵고"라고 기도해야 합니다.

우리 스스로 우리 죄를 사하지 못하고 멸망될 수밖에 없는 존재인 고로 하나님께서 친히 죄를 해결해 주시겠다고 하셨습니다.

"내가 그들의 죄악을 사하고 다시는 그 죄를 기억지 아니하리라"(렘 3:34). "나 곧 나는 나를 위하여 네 허물을 도말하는 자니 네 죄를 기억지 아니하리라"(사 43:25). (참고 : 롬 3:24 사 53:6 엡 2:8) 죄는 인간을 영원히 저주합니다. 현실적으로도 양심을 괴롭히고 기쁨과 평안을 빼앗아 갑니다. 정신 병리학자 윌리엄 새들러(William Sadler)는 "깨끗한 양심은 신경병 증세를 막는 위대한 조치다"라고 했습니다. 죄 사함에 대한 욕구는 인간의 심오한 욕구 중의 하나입니다.

1) 죄 사함의 의미는
(1) 너그럽게 보아주신다(롬 3:25).
(2) 죄의 기록을 말살시킨다(사 43:25, 사 44:22, 골 2:14).
(3) 죄의 대가를 십자가에서 대속했다는 것입니다(롬 6:23).

2) 죄 사함의 근거는 오직 예수 그리스도의 십자가입니다.

3) 죄 사함에는 두 가지 면이 있습니다.
(1) 법정적 개념에서 심판장으로서의 용서하심이 있습니다(요 5:24, 골 1:14). 요 13장에서 베드로에게 하신 말씀 중 "목욕"에 해당하는 것입니다.
(2) 아버지로서, 일상적인 죄에서의 용서하심이 있습니다. 목욕을 해도 곧 이어 발에 때가 묻듯이, 죄 사함을 받은 후에도 우리는 거듭 죄에 빠지게 됩니다. 그러므로 날마다 발 씻듯이, 우리는 매일 매 순간마다 죄 사함을 받아야 합니다.

4) 죄 사함을 받기 위해서 우리는 십자가의 공로만 의지하고 자기 죄를 인정하고 고백해야 합니다(요일 1:9).
뿐만 아니라 나에게 빚 진자가 있으면 용서해 주어야 합니다.

## 3. "우리가 우리에게 죄지은 자를 사하여 준 것 같이"

1) 다른 사람을 용서해 준 대가로, 죄를 용서받는다는 의미가 아닙니다(구원은 은혜로).

2) 하나님께서 자녀들을 다루시는 원리를 말씀하십니다.

3) 형제를 용서함은 내가 법정적 개념에서의 용서를 받는 증거라는 것입니다. 형제를 용서하지 못하는 것은 내가 아직 용서받지 못했음을 의미하는 것입니다. 용서 못 하는 것은 "죄"이며 내가 아직 죄 가운데 있음을 뜻합니다(요일 2:9,11).

4) 용서 못 함의 결과
(1) 하나님과의 교제와 교제로 인한 풍성한 삶을 잃게 된다는 것입니다(사 59:1-2, 시 51:8,12).

(2) 건강도 잃게 됩니다(시 32:3, 잠 17:22, 18:14). (각종 신경성 질병의 원인이 됨)

5) 그러므로 우리는 형제의 허물을 진심으로 용서해야 합니다.
왜냐하면
(1) 그것은 주님의 명령이기 때문에(마 5:43, 엡 4:32)
(2) 주님이 본을 보이셨기 때문에(눅 23:34)
(3) 인간의 최고 미덕이기 때문에(잠 19:11)
(4) 하나님의 징계가 있기에(히 12:5-11)
(5) 나도 허물이 많고 또 죄 사함은 받은 자이기(마 18:15-23) 때문입니다.

6) 형제의 허물을 용서할 때, 나는 매일매일의 죄에서 사함 받게 되고, 구원의 감격이 있고, 삶에 넘치는 평안이 있게 됩니다.
다윗처럼 "내 잔이 넘치나이다"라고 고백하는 삶이 될 것입니다(시 23편).
우리는 비록 하나님의 자녀가 되어 영원히 죄 사함 받은 몸이지만(목욕함), 날마다 생활 속에서 짓는 죄 가운데서 사함 받아야 합니다(발 씻음). 매일 발 씻는 용서는 내가 다른 사람의 허물을 용서해 줄 때 하나님께서 베푸시는 은혜입니다. 진심으로 형제를 용서하기 전에는 예배도, 기도도, 봉사도, 어떤 종교적 선행도 하나님께 열납 되지 못함을 기억해야 합니다. 우리의 삶이 풍성해지려면 매일매일 발 씻는 체험이 있어야 합니다. 여러분의 기도 생활에 풍성함이 있습니까? 삶에 풍성함이 있습니까? 없다면 그것은 내 속에 죄가 가로막고 있기 때문일 것입니다. 중심으로 형제를 용서하지 못한 자는 이 기도를 드릴 수 없습니다. 이 기도는 신앙과 행위가 일치할 것을 요구하기 때문입니다. 부디 서로 용서하고 용납하는 삶을 실천해서 하나님의 풍성한 긍휼과 자비와 은혜를 체험하게 되시기를 바랍니다.

## 8강 시험에 들게 하지 마시옵고

**본문** : 마태복음 6장 9 ~ 13절

우리가 살고 있는 세상은 죄악이 가득 찬 곳입니다. 너도나도 죄짓기를 즐겨 하며, 죄짓는 것을 아름답게 묘사하여 죄짓기를 장려합니다. 죄를 짓되 많이 짓고 담대하게 짓는 자가 행세하는 세상이기도 합니다. 또한 범죄 하도록 유혹하는 온갖 시험이 가득 찬 곳입니다. 우리 신자들은 죄 사함 받고, 다시 시험받고 넘어져 죄짓고, 다시 회개하고 죄 사함 받고, 다시 시험받고 하는 식으로 다람쥐 쳇바퀴 돌리듯 죄악의 수레바퀴를 돌리고 있습니다. 돌다 지쳐서 체념 상태에 빠져 죄 가운데 사는 것을 당연시 여기고 살아가는 신자들이 얼마나 많은지 모릅니다. 풍성한 삶이 무엇인지 모른 채 무기력한 삶을 살아가는 모습을 볼 때 안타까운 마음을 금할 수 없습니다. 그러나 신자의 삶이란 거룩하신 주님과 연합하여 죄를 이기고 거룩하게 사는 생활입니다. 날이 가면 갈수록 성결해져야 하는 것입니다. 그래서 주님께서는 죄 사함을 위해서 기도하도록 가르치신 후에 시험에 빠지지 않도록 기도하라고 가르치셨습니다.

### 1. 시험이란 무엇입니까?

1) 하나님께서 하시는 시험입니다(Test).
이것은 하나님께서 그의 백성들을 단련하여 성결케 만드시려고 주시는 연단입니다(욥 23:10, 시 66:10-12). 이런 시험에 대해서는 "온전히 기쁘게 여기라"(약 1:2-3)고 야고보 선생은 말씀했습니다. 왜냐하면 믿음의 시련이 인내를 만들어 내며, 인내를 온전히 이룰 때 풍성한 삶을 살 수 있기 때문입니다.

2) 마귀가 주는 시험입니다(Temptation).
마귀가 악을 행하도록 유혹하는 것을 말합니다. 마귀는 에덴동산에서 아담과 이브를 시험하여 넘어뜨린 이후 우는 사자와 같이 두루 다니며 삼킬 자를 찾는 자(벧전 5:8, 마 24:24)이며, 온 천하를 유혹하는 자(계 12:9)입니다. 종교개혁자 루터(Luther)는 검은 악마, 흰 악마라는 표현을 했습니다. 검은 악마는 누구나 피하려 하지만, 흰 악마는 무서운 줄 모르고 가까이하려 한다는 것입니다. 사탄이 광명의 천사로 나타나서 죄짓도록 유혹할 때는 절대로 죄처럼 보이지 않는다는 것입니다. 마귀는 아주 합리적이고 논리적으로 설득합니다. "이것은 교양 있고 세련된 일, 예술적, 낭만적" 등의 표현을 사용합니다. 깨어있지 않으면 유혹에 넘어갑니다. 또한 마귀는 지름길, 쉬운 길을 제시하기도 합니다.

3) 위의 두 가지를 구분하기 어려운 경우가 많습니다.
욥의 경우 마귀는 욥을 넘어뜨리기 위해서 시험(Temptation) 했고, 하나님께서는 욥을 단련시키기 위해서 시험(Test) 하셨습니다. 요셉의 경우 마귀는 형제들을 통해서 요셉을 해치려고 했지만, 하나님께서는 그것을 이용하여 요셉을 단련하고 후에 이스라엘을 구원할 준비를 하셨던 것입니다. 하나님께서는 주권적 섭리 가운데서 마귀의 시험을 허락하시므로 그것을 이용하여 자기 백성들을 연단하는 기회를 삼으십니다. 반면에 마귀는 하나님이 시험하시는 것을 틈타 신자들을 죄에 빠지게 만들려고 합니다. 그러나 결국에는 언제나 하나님께서 승리하시며 택하신 백성들에게는 모든 것이 합력하여 선을 이루십니다(롬 8:28).

## 2. 왜 시험에 들게 됩니까?

1) 마귀의 시험이든 하나님의 시험이든, 하나님의 주권적 섭리 속에서 우리를 연단하기 위한 목적에서 주어집니다.
인간은 무지하고 교만하여 자기의 죄악됨과 부패, 무능 연약함을 알지 못하며, 인정치 못하고 하나님을 의지하려고 하지 않습니다. 그러므로 하나님께서 우리 자신의 교만과 자기 신뢰심을 깨뜨리고 겸손히 자기를 버리고 범사에 하나님을 의지하게 만드시기 위해서 우리를 시험하십니다. 하나님께서는 우리가 제일 자신 있어 하는 분야에서부터 시험하셔서 그것을 깨뜨리십니다. 시험을 한번 치르고 곧바로 자기 실력을 파악하여 겸손해지는 자가 지혜로운 자입니다. 대부분의 신자들은 시련과 연단의 학교에서 오랫동안 배워야 더 이상 자기를 신뢰하지 않고 하나님만 의지하는 법을 배우게 됩니다. 거기에서 기도와 말씀의 중요성, 하나님 은혜의 절대적인 필요성을 느끼게 됩니다.

2) 자기의 욕심에 이끌릴 때 마귀의 시험에 빠지게 됩니다(약 1:15).
욕심에 빠지게 되면 눈이 흐려져서 올바른 판단력을 상실합니다. 수단 방법 안 가리고 욕심을 채우려 합니다. 욕심은 헤어날 수 없는 깊은 수렁과 같습니다. 에서는 식욕 때문에 장자권을 팔았고, 삼손과 다윗은 색욕에 넘어졌으며, 아나니아와 삽비라는 명예욕에 넘어졌습니다.

3) 무분별하게 자기를 방치하기 때문에 마귀의 밥이 됩니다.
휘발유통을 가진 사람이 불 가까이 가면 위험합니다. 우리의 육은 육신의 정욕과 이생의 자랑으로 뭉쳐진 덩어리라고 볼 수 있습니다. 그러므로 특별한 보호 조치 없이 불같은 세상 속에 내던져진다면 폭발할 수밖에 없습니다. 무분별하게 유혹 받을 수 있는 장소나 모임에 자기를 내어던지면 마귀의 유혹에 질 수밖에 없습니다(잠 4:23, 26:28).

4) 교만하기 때문에 또한 그렇게 됩니다.(잠 16:18, 고전 10:12)
겸손하게 하나님을 의지하지 않고 자기에게 속한 그 무엇을 의지하면 넘어질 수밖에 없습니다.

## 3. 시험을 어떻게 대처할 것인가? -시험에 들게 하지 마시옵고-

<시험에 들기 전에>
(1) 깨어 있어야 합니다(마 26:41).
(2) 피할 것은 피해야 합니다(시 1편).
(3) 적극적으로 마귀를 대적해야 합니다(약 4:7). 무엇으로 대적합니까? 말

씀을 가지고 이겨야 합니다(시 119:9,11 마 4장 예수님의 시험).

<시험에 들었을 때>
감당할 시험만 허락하시고 피할 길을 예비하시는 주님께 도움을 청해야 합니다. 시험에 지는 것은 하나님을 의지하지 않고 또한, 지레 겁먹고 낙심하여 주저앉아 버리기 때문입니다(고전 10:13).

<시험에 졌을 때>
(1) 겸손히 죄를 인정하고(요일 1:9) 십자가만 의지하고 은혜의 보좌 앞에 달려 나가야 합니다(히 4:14-15). 죄악의 흙탕물 속에서 한탄만 하지 말고, 곧장 십자가 보혈의 샘물에 가서 깨끗이 씻어야 합니다.(※기왕에 버린 몸?)
(2) 감사해야 합니다(살전 5:18). 왜요? 자신의 연약함을 깨달았을 뿐 아니라 하나님 은혜의 필요성, 십자가 구원의 귀중함을 발견하는 계기가 되었기 때문입니다.
(3) 겸손하게 하나님만 의지하고 또다시 시험에 들지 않게 기도해야 할 것입니다(마 26:41).

시험은 누구에게나 오는 것입니다. 그리고 우리의 신앙이 성숙해 가는 데 있어서 필요한 것입니다. 하나님께서는 우리의 유익을 위해서 시험(Test) 하십니다. 마귀는 우리를 파멸시키기 위해 시험(Temptation) 합니다. 마귀의 시험에 빠지는 것은 욕심에 이끌리기 때문이며, 교만하기 때문이며, 무분별하게 자신을 방치하기 때문입니다. 그러나 감사하게도 하나님께서는 마귀의 시험까지도 이용하셔서 우리의 유익을 이루어 주실 수 있습니다(롬 8:28). 시험에 들기 전에 깨어 기도해야 합니다. 시험 가운데 들었으면 겸손히 회개하며 주님의 피 묻은 십자가를 붙들고 일어서야 합니다.

## 9강 악에서 구하시옵소서

**본문** : 마태복음 6 장 9 ~ 13절

이제 주기도문의 일곱 가지 간구 중 마지막 간구를 살펴보겠습니다. 이번 간구는 "시험에 들게 하지 마시옵고"와 "다만"이라는 말로 연결되어 있습니다. 시험에 들지 않는데 그칠 것이 아니라, 악의 영역에서 완전히 벗어나 하나님의 완전함 가운데 살 수 있도록 간구하라는 것입니다. 이제 구체적으로 살펴봅시다.

### 1. 악이란?

1) 원문에 의하면 두 가지로 해석될 수 있습니다.
(1) 악한 자(사탄)- 남성 명사로 볼 때, 터툴리안, 오리겐의 견해(초대 교부)
(2) 악, 악한 것- 중성 명사로 볼 때 어거스틴, 루터의 견해
칼빈은 사람에게 하나님의 보호와 구원이 없다면 그가 악한 자에게서나, 악한 것에서 피한다는 것은 불가능하기 때문에 두 가지를 구분할 필요 없이 둘 다 포함하는 뜻이라고 하였습니다.

2) 그러므로 악이란 우리에게 해가 되는 모든 것을 말합니다.
즉, 사탄과 사탄으로 말미암은 모든 악한 일, 악한 환경, 악한 사람, 악한 제도 등을 말한다고 할 수 있습니다. 특히 그 안에 선한 것이라고는 하나도 없는 죄악을 말합니다.

### 2. 구하소서

1) 신자는 모든 악에서 구함 받아야 합니다.
무엇보다도 먼저 악한 자, 곧 사탄에게서 구함 받아야 합니다. 사탄은 가끔 시험에서 죄짓게 하는 정도가 아니라, 우리를 아예 죄악의 포로로 삼으려

고 듭니다. 자칫 잘못하면 새 생명 얻고 하나님의 자녀가 되었으면서도 죄악을 벗어나지 못하고 죄악의 세력에 매여 종노릇 하는, 무기력하고 나약한 삶을 살 수밖에 없게 됩니다. 그러므로 일시적인 시험에 빠지지 않는 것도 중요하지만 근본적으로 죄악에서 벗어나는 것이 더욱 중요합니다.

2) 구한다는 말은 군대 용어로 "포위망에서 풀어주다", "원수에게서 해방시키다"의 뜻입니다.
그러므로 이 말은 "악이 우리를 포위하여 자기 종을 삼으려는 절박한 상황에서 포위망을 깨뜨리고 원수를 멸하여 벗어날 길을 주소서" 하는 내용의 기도가 되는 것입니다.

3) 악에서 구함 받은 것은 온전히 하나님의 권능의 역사에 의해서만 가능합니다.
어두움이 어두움을 물리칠 수 없듯이, 인간에게 속한 그 무엇으로도 악을 물리칠 수 없습니다. 권능은 오직 하나님께만 있습니다. 악과의 싸움에서 이기려는 인간의 모든 제도나 노력이 실패했음은 역사가 증명해 줍니다 (예: 모세, 구제 연맹, 국제연합). 우리는 자신이 악과의 싸움에서 전적으로 무능하다는 사실을 깨닫고 오로지 하나님의 권능만을 의지할 때, 하나님이 도와주셔서 승리케 한다는 사실을 알아야 합니다.
"악에서 구하시옵소서"에는 악한 사탄의 계략을 감지할 수 있는 힘을 구하며, 사탄의 공격에 대적할 능력을 구하는 것이며, 자기 자신을 제어하고 세상의 유혹을 거절할 힘을 구하는 것입니다. 주님께서는 우리가 악에서 보존되기를 기도하셨습니다(요 17:15). 그러므로 우리가 진심으로 악에서 구함 받기를 위해 기도할 때 한량없는 은혜를 주셔서 우리로 감당케 하실 것입니다(엡 3:20).

## 3. 악에서 구함 받는 길
하나님께서는 우리가 악에서 구함 받는 길을 로마서 6장에서 잘 보여 주셨습니다. 롬 6:1~14에 나타난 중요한 단어를 뽑아 공식을 만들어 보겠습니다.

1) 알아야 합니다(6:3).
우리의 옛사람이 예수님과 함께 십자가에 달려 죽었다는 사실을 알아야 합니다.

2) 여겨야 합니다(6:11).
죄에 대하여, 세상에 대하여, 자신의 욕망에 대하여 죽은 자로 여겨야 합니다. 죄의 유혹이 올 때 세상에 대한 욕망이 일어날 때 이렇게 선언해야 합니다. "나는 이미 죄에 대해, 세상에 대해, 욕망에 대해 죽은 자이다. 그러므로 나는 더 이상 죄지을 몸이 없다"(롬 13:14, 갈 2:24, 6:14)

3) 드려야 합니다(6:14).
옛사람을 세상, 죄, 사욕에 대해 죽은 자로 간주하고 오직 내 몸은 하나님만이 쓰실 수 있는 의의 병기로 인정하고 하나님이 원하시는 일에 드려야 합니다. 하나님을 섬기고 사랑하는 일에 바쁘면 죄지을 틈이 없게 됩니다. 하나님께 드리면 그 결과 거룩함의 열매를 맺게 되고 풍성한 삶을 살게 됩니다. 참 자유를 누리게 됩니다(요 8:32, 갈 5:1).
죄 사함 받고 시험에 들지 않는 것도 중요하지만 근본적으로 죄악에서 완전히 벗어나는 것이 더 중요합니다. 죄악에서 완전히 해방되고 참 자유를 누리는 것은 하나님의 권능과 자비와 인도하심을 겸손히 의지할 때 가능합니다.
하나님의 은혜를 의지하는 가운데 그리스도와 함께 나의 옛사람이 십자가에 못 박혔음을 알고 죄에 대해 죽은 자로 여기고, 하나님 섬기는 일에 의의 병기로 드려야 합니다. 그럴 때 죄악에서 해방되고 참 자유를 누릴 수 있게 되는 것입니다.

# 10강 나라와 권세와 영광이 아버지께 영원히

**본문** : 마태복음 6장 9 ~ 13절

이제 우리는 완전한 기도의 모범인 주기도문의 마지막 결론에 도달했습니다. 주기도문은 기도를 들으시는 "하늘에 계신 우리 아버지"를 부름으로 시작했습니다. 먼저 하나님 영광에 관한 것 세 가지를 구했고, 이어서 인간의 필요에 관한 것 네 가지를 구했습니다. 이제 간구를 다 마치고 다시 "하늘에 계신 우리 아버지"께 영광을 돌림으로 종결짓고 있습니다. 참된 기도는 하나님으로 시작해서 하나님으로 끝나는 것입니다. 철저하게 하나님 중심입니다. 참된 신앙은 하나님의 절대적인 주권과 영광에 초점을 맞추는 것입니다(롬 11:36). 주님께서는 이제 마지막 부분에서 우리가 기도할 때 하나님께 돌려 드려야 할 것이 있다고 가르치십니다. 그것은 "찬양"입니다. 이제 이 부분이 가르치는 것을 자세히 살펴봅시다.

### 1. 기도에 있어서 하나님께 돌려 드려야 할 것이 있다는 것입니다.

시편 22편 3절에는 "이스라엘의 찬송 중에 거하시는 주님"이란 말씀이 있습니다. 시편 50편 14, 23절에는 감사의 제사를 드리는 자가 하나님을 영화롭게 한다고 했습니다. 기도에 있어서 감사와 찬송과 영광을 하나님께 돌려 드리는 것이 필수입니다. 찬송은 기도의 절정이며 중심적인 것입니다, 찬양은 하나님과 교통하는 영혼의 언어요 신앙고백입니다. 시편에서 우리는 기도와 찬양이 나눌 수 없도록 밀착되어 있음을 알 수 있습니다. 또한 신구약은 모든 경건한 성도들의 간구와 찬양이 언제나 함께 있었습니다. 하나님이 어떤 분이신지 알게 될 때 찬양은 저절로 나올 수밖에 없는 것입니다. 우리의 믿음과 기도가 성숙되어 갈수록 찬양하는 일이 더욱 많아집니다. 찬양은 하나님의 사랑과 은혜, 절대 주권적인 섭리에 대한 확신과 감사의 표현입니다. 이와 같은 믿음과 감사의 표현으로서의 찬양은 하나님을 기쁘시게 해 드리는 입술의 열매인 것입니다(히 13:15). 그러므로 우리는 기도의 시작에도, 기도 중에도 기도의 마침에도 끊임없이 찬양을 드려야 할 것입니다. 우리의 찬양을 받으시는 분은 오직 삼위일체 되신 하나님뿐이시며, 찬양의 내용은 아버지의 나라와 권세와 영광이 영원한 것을 찬양할 것입니다(참고 : 대상 29:10~13).

## 2. 기도 응답에 대한 확신 근거를 하나님께 두어야 함을 가르치고 있습니다.

13절의 송영이 "대개"라는 말로 도입되고 있는데 "대개"라는 말은 "왜냐하면"(for)의 의미를 가지고 있습니다. 앞에서 드린 일곱 가지 간구에 대한 응답을 요구할 수 있을 뿐 아니라, 확신할 수 있는 근거를 제시하는 의미가 있는 것입니다. "나라와 권세와 영광이 아버지께 영원히 있기 때문에 앞의 간구들을 드릴 수 있고, 또 주님께서 허락해 주실 수 있습니다" 하는 뜻입니다.

1) "나라"가 아버지께 영원히 있사옵니다.
나라는 하나님의 전 우주 통치권을 말합니다. 그러니까 하나님께서는 우주 만물을 자기 뜻대로 지배하실 수 있는 최고 주권자이시기 때문에 그분은 우리의 기도를 이루실 수 있다는 것입니다.

2) "권세"가 아버지께 영원히 있사옵니다.
하나님은 자기의 통치권을 시행하시는 데 있어서 전혀 부족함이 없으신 전능하신 분이시라는 것입니다. 절대적인 권능을 가지신 분이시기에 기도를 받으시고 또 이루실 수 있다는 것입니다.

3) "영광"이 아버지께 영원히 있사옵니다.
"영광"이란, "명예, 칭찬, 명성, 갈채를 받는다."라는 의미입니다. 그러므로 "영광"이 아버지께 있다는 말은 주님의 속성이나 하시는 일이 그 무엇과도 비할 수 없는 절대적으로 높고 크다는 것입니다. "하나님의 영광"을 하나님께서는 절대적으로 지키십니다(사 48:11~12). 하나님께서 영광을 가지고 계시고, 그 영광을 지키시기 때문에 우리가 기도할 때 자기의 영광을 위해서 응답하실 수 있다는 것입니다. 이와 같이 우리가 기도할 때 응답에 대한 주장과 확신의 근거는 자신에 속한 그 무엇에 있는 것이 아니고 하나님 아버지께 있는 것입니다. 이것이 이방인들의 기도와 다른 점입니다. 그러므로 우리는 기도할 때 자신의 의를 내세워서는 안 됩니다(단 9:18-19).

### 3. 기도의 마침은 "아멘."이 되어야 함을 가르치고 있습니다.

"아멘."의 뜻은 "그렇게 될지어다."입니다. 복음서에서는 "진실로"라고 자주 번역됩니다. "아멘."이란, 믿음과 소원의 표현입니다.

우리의 강한 열망을 표현하며, 하나님의 권능과 신실함에 대한 우리의 확신을 표현하는 신앙고백입니다. "아멘." 그 자체가 압축되고 강조된 기원입니다. 하나님의 약속의 신실하심을 의지하여 "그의 나라와 권세와 영광이 영원함"을 믿고, 응답의 풍성함을 확신하고 기대하며 "아멘." 할 때, 하나님께서는 기도에 응답해 주시며, 우리는 하나님 아버지께 영광을 돌리게 되는 것입니다(고후 1:20). 이처럼 기도하며 찬송하는 자는 구체적인 삶의 현장에서 하나님의 통치권에 순종하여 영광 돌리는 삶을 실천해야 할 것입니다.

주님께서는 주기도문을 통해서 기도하는 사람의 마음가짐이 어떠해야 하며, 기도의 내용과 순위는 어떠해야 할 것인지 가르쳐 주셨습니다. 기도란, 아버지께 나아가는 것이며 하나님의 뜻을 이루고 하나님께 영광을 드러내는 통로인 것을 가르치셨습니다.

지금까지 우리는 주기도문을 의미 없이 예배의 마침표로 사용해 왔던 적이 많습니다. 그러나 이제부터는 주기도문을 우리의 기도생활의 지침으로 삼아 올바른 기도생활을 해야 할 것입니다.

## 신앙의 위험신호는 어떻게 오는가?

**1. 교회 가기가 힘겨워지면 믿음이 식어지는 징조입니다.**

신앙생활의 기본은 예배입니다. 예배와 멀어지는 것은 곧 하나님과 멀어지는 것을 의미하는 것이고, 은혜가 소멸되어 간다는 것이고, 하나님의 은혜를 체험할 수 없는 상태에 이르게 된다는 것입니다. 시냇가의 심어진 나무만이 뿌리를 깊이 내릴 수 있고, 언제나 푸르름을 유지할 수 있습니다.

**2. 이 세상 풍습과 타협하면 믿음이 식어지는 징조입니다.**

이 세상 풍습과 타협하는 그 이면에는 매우 합리적인 변명이 뒷받침하고 있습니다. "어쩌다 한두 번 하는 것인데 뭐 별일이야 있겠나." 그런데 한 번이 두 번 되고, 두 번이 세 번 되고 그러다 나중에는 심령이 무감각해지고 맙니다. 세계적인 대 문호 셰익스피어는 그의 책 베니스의 상인에서 이런 말을 했습니다. "악마도 의젓하게 성경을 인용하면서 자기 목적을 성취할 줄 안다." 절대적인 신앙을 가질수록 오히려 형통케 하시는 하나님의 은혜를 체험할 수 있습니다.

**3. 과거의 체험을 기념하는 단계로 기울어지면 믿음이 식어지는 징조인 것입니다.**

"그때가 좋았다"는 식으로 과거의 신앙 체험과 은혜를 추억하고 생각하는 그리스도인이 있습니다. 이것은 그 심령에 은혜가 소멸되고 있다는 증거입니다. 유대인 신학자 반스 하브너(Vance Havner)는 인간의 영적 퇴보를 네 단계로 잘 규명해 주고 있습니다.

"Man ➜ Movement ➜ Machine ➜ Monument"

처음에는 은혜받은 사람이 되다가 나중에는 운동과 활동에 빠지기 쉽고 그다음에는 기계적이 되다가 최종적으로 과거를 기념하는 단계로 전락될 수 있음을 주지 시켜 줍니다. 그러므로 소멸된 내면의 불꽃을 다시 살려서 발작적 신앙이 아니라 발전적 신앙으로 계속 전진해 나가야 합니다.

### 4. 기도의 문이 막히면 믿음이 식어지는 징조입니다.

그리스도인에게 기도는 액세서리가 아니라 가장 강력한 무기입니다. 그러나 동시에 가장 많이 사장되는 안타까운 무기이기도 합니다. 기도를 열심히 심어야 기도의 열매를 거둘 수 있습니다. 따라서 기도의 문이 막히지 않도록 기도에 붙들린 종이 되기 위하여 힘쓰시기 바랍니다. 기도는 그 사람의 영적인 수준입니다. 기도가 안 된다는 것은 그 사람의 영적 자본이 바닥났다는 것을 반증해 주는 것입니다.

### 5. 상대의 단점이 보일 때 믿음이 식어지는 징조입니다.

마귀가 제일 무서워하는 사람은 겸손한 사람입니다. 왜냐하면 겸손한 사람은 하나님만 의존하고 하나님만 의뢰하기 때문입니다. 그런데 상대방의 단점이 보인다는 것은 자신이 교만해지고 있다는 증거이며, 사탄이 쓰기에 합당한 사람으로 바뀌고 있다는 증거가 나타나는 것입니다. 겸손하십시오. 겸손은 하나님의 종임을 확인하는 보증입니다.

### 6. 변명이 많아질 때 믿음이 식어지는 징조입니다.

믿음이 식어지면 "내 입장이 되면 어쩔 수 없다. 내 처지가 되어봐라."라며 스스로를 합리화하려고 합니다. 끊임없는 자기변명에 옹색하게 만들어버립니다.

### 7. 예배시간에 딴전을 피우게 될 때 믿음이 식어지는 징조입니다.

주보를 뒤척인다거나, 성경을 읽는다거나, 수시로 스마트폰을 들여다본다거나, 예배 후에 있는 회의를 준비한다거나, 옆 사람과 글로 대화한다거나 이런 식으로 예배 시간에 딴전을 피우는 것은 믿음이 식어지고 있다는 반증입니다.

### 8. 주일 오전 예배 외에 주중 예배에 참석하지 않는 것은 믿음이 식어지고 있다는 것입니다.

신앙생활의 의무를 저버리는 것은 곧 하나님을 저버리는 것을 의미합니다. 사실 믿음이 식기 시작하면 예배 의무를 저버리는 것쯤은 대수롭지 않게 생각합니다. 여유가 생기면 그때는 예배를 잘 드리겠노라고 말하지 마십시오. 평생 쫓기는 듯이 살다가 죽는 것이 인생입니다. 오늘의 공적 예배에 힘을 다하여 참석하고 그 예배를 통해 하나님이 주시는 은혜를 공급받으면서 어려운 세상을 이기며 살아갈 수 있도록 신앙생활에 힘쓰지 아니하면 하나님 앞에 심각한 불신앙이라는 걸 잊지 마십시오.

### 9. 찬양하기가 힘겨워지면 믿음이 식어지는 징조입니다.

찬송은 설교라는 예배 순서를 기다리는 앞풀이나 설교가 끝난 후 마무리를 하는 뒤풀이도 아니고, 헌금이 다 걷힐 때를 기다리며 부르는 노래도 아닙니다. 성경에 의하면 찬양은 예배와 마찬가지로 살아있는 하나님과의 생생한 교제입니다. 따라서 마음도 싣지 않은 채 뜻도 없고 생각도 없이 간간이 하나님의 이름을 섞어 기도하듯이 찬양할 것이 아니라 영혼에 울려 퍼지는 노래가 될 수 있도록 하십시오.

### 10. 설교시간이 지루해지면 믿음이 식어지는 징조입니다.

주일에 하나님께 예배드리는 것을 사모하여 한 주간을 살아왔다면 설교가 송이 꿀 보다 더 단것이 될 수 있겠지만, 주일을 지키지 않으면 신변에 무슨 위험이 발생할 것만 같은 위기의식이 있어서 마지못해 주일 예배에 참석한다면 하나님의 말씀을 듣는 설교시간은 고도의 테크닉을 갖춘 고문기술자에게 고문을 받는 것 같은 느낌을 지을 수 없을 것입니다. 당신의 예배가 견디기 식의 예배가 되지 않도록 주일을 기다리는 삶을 살아보시기 바랍니다.

### 11. 설교가 주님의 말씀으로 들리지 않고 사람의 말로 들릴 때 믿음이 식어지는 징조입니다.

"저 말씀은 나 들으라고 하는 소리구나", "저 말씀은 아무개 성도가 들었으면 좋겠다" 이런 쪽으로 생각이 기울어진다면 자신의 영혼을 살찌게 할 진리의 말씀을 영원히 들을 수 없습니다.

## 12. 재미있는 설교만 듣기를 원한다면 믿음이 식어지고 있다는 징조입니다.

설교를 들었는데 뱃살을 잡고 웃었던 예화밖에 남는 것이 없다면 이것은 심각한 문제가 아닐 수 없습니다. 왜냐하면 본문과는 상관도 없이 우리의 마음속에 돌아다니는 수많은 예화가 우리의 마음을 바꿔놓을 수 없다는 것은 너무나 당연한 것이기 때문입니다. 설교는 강연이 아니라 우리의 영혼을 수술받는 시간이라는 것을 잊지 말아야 합니다.

## 13. 용서와 화목하기를 힘들어하면 믿음이 식어지고 있다는 징조입니다.

하나님의 은혜를 깨닫고 아는 자라면 다른 사람에 대하여 용서와 화목의 마음을 갖는 것은 지극히 당연한 것입니다.

## 14. 성도에 대한 의무가 힘들어지면 믿음이 식어지고 있다는 징조입니다.

복음을 받고 그리스도인이 되겠노라고 고백하는 것은 이미 그리스도 예수 안에 있는 구원만을 받아들이는 것이 아니라, 그리스도인에게 따르는 마땅한 의무를 다하며 살겠다고 하나님과 교회 앞에, 그리고 자신을 향하여 공적으로 고백한 것입니다. 따라서 예배와 기도, 전도와 봉사에 대하여 태만해지는 것은 하나님을 막보는 행동이나 다름없습니다.

## 15. 예배시간에 조는 것은 믿음이 식어지고 있다는 징조입니다.

사람은 육체를 가진 피조물이기 때문에 때로는 힘들고 피곤하여 졸 수도 있습니다. 그러나 예배시간에 조는 것은 하나님 앞에 심각한 신성모독임을 잊어서는 안 됩니다. 그리고 한두 번이 아니라 반복적으로 졸게 된다면 그것은 육체의 문제가 아니라 영혼의 문제입니다. 영혼이 심각한 병을 앓고 있기 때문에 습관적으로 조는 것입니다.

## 16. 기도원을 자주 가는 것은 믿음이 식어지고 있다는 징조입니다.

어쩌다 한번 영적으로 침체된 자신의 영적 회복을 위하여 기도원을 가는 것은 도움이 될지 모르나 기도원을 습관적으로 가는 것은 결코 신자의 바른 신앙생활이라 말할 수 없습니다. 주님은 교회라는 이름하에 이 땅에 당신의 몸을 남기셨고, 교회를 통하여 역사하시기를 원하시고, 회복하시기를 원하십니다. 주님께서 이 땅에 예배와, 안식과, 치료와, 교제와, 응답의 처소로 남기신 곳은 교회밖에 없다는 것을 꼭 기억하여야 할 것입니다. 주님은 하나님 중심, 성경 중심, 교회 중심의 신앙을 높이 평가하십니다.

### 17. 헌금 드리는 것이 인색해질 때 믿음이 식어지고 있다는 징조입니다.

신앙생활의 기쁨이 있다면 어떤 환경에 처해 있든지 하나님을 위해 넘치도록 물질로 섬길 수 있다는 것입니다. 헌금은 우리의 인생이 하나님 앞에 드려져야 하는 본보기로서 물질을 하나님 앞에 드리는 것입니다. 여기에는 우리가 물질을 의지하고 사는 사람이 아니라 하나님을 의지하고 사는 사람이라는 신앙고백이 포함되어 있습니다. 만약에 사는 것이 물질 덕분이라고 생각하고 있다면 분명히 인색한 헌금에서 벗어날 수 없을 것입니다. 그러나 하나님의 은혜로 산다는 사실을 삶에서 고백한다면 우리는 하나님 앞에 풍성한 헌금생활을 하고야 말 것입니다.

### 18. 목회자의 인격이 보이면 믿음이 식어지고 있다는 징조입니다.

설교를 하나님 말씀되게 하는 것은 설교자의 인격이 아니라 그 설교의 내용입니다. 물론 설교의 내용이 순전한 하나님의 말씀을 반영하고 그것을 설교하는 사람의 인격이 흠모할 만하며 삶이 정결하고 헌신되어 모든 사람들 앞에 존경받는 삶을 살아갈 수 있다면 더할 수 없이 복된 일이지만, 설교자의 인격적인 흠이나 생활의 결함이 우리가 하나님의 말씀이 아닌 것으로 만들거나 거기에 순종하며 살아야 할 의무에서 해방시켜 주는 것은 아닙니다.

### 19. 내세에 대한 신앙이 희미해져 가면 믿음이 식어지고 있다는 징조입니다.

기독교 신앙은 이 땅에서 하늘로 맞닿아 있는 신앙입니다. 지상의 존재가 하늘의 진리를 붙들고, 이 땅에서 저 천국을 바라보며 사는 것입니다. 이 땅에서 하늘에 속한 것을 느껴야만 비로소 세상을 위해 살지 않고 천국을 위해 살 수 있습니다. 혹시 당신이 방만한 삶을 살아가고 있는 것은 내세

신앙이 없기 때문인 것은 아닌지 점검해 보시기 바랍니다.

## 20. 눈물이 메말라 갈 때 믿음이 식어지고 있다는 징조입니다.

죄에 대한 아픔도 없고, 예배 속에서의 하나님과의 만남의 감격도 없고, 기도 속에서도 차가운 가슴으로 형식적인 말만 되풀이하고 있다면, 몸은 종교적인 습관에 매몰되어 있어도 믿음은 이미 화석화되어버린 것이나 마찬가지입니다. 그리스도의 사랑에 감격하여 기도하던 자리가 물같이 쏟아진 마음에서 흘러나온 눈물로 기도한 것이 최근에 언제인지 생각해 보십시오. 휴지 없이 참여한 것을 불안하게 생각할 만큼 당신이 드리는 예배에 십자가의 감격이 마르지 않았던 때가 언제인지를 생각해 보십시오. 하나님의 사랑 앞에 기쁨의 눈물도 없고 슬픔의 흐느낌도 없는 우리라면 우리는 십자가의 사랑으로 죄 사함을 받은 그리스도인이 아닐 수 있습니다.

## 교회 선택의 십계명

교회를 선택하실 때 건물을 보고 아름답거나, 환경이 좋다거나 나쁘다거나, 혹은 규모가 크고 작은 것을 보지 말고, 또는 목회자의 명성이나 외모를 보지 말고 그 안에 담긴 신령한 면을 보십시오.

**1. 예배가 인간 중심의 예배를 드리는가, 하나님 중심의 예배를 드리는가를 꼼꼼히 살펴보시기 바랍니다.**
하나님께서 기뻐하지 않는 예배는 일평생을 다녀도 헛수고가 되므로 하나님 중심의 예배를 드리는 교회를 찾으십시오.

**2. 목회자가 감정 폭발만 시키는가, 성령의 역사로 기도하고 찬송하게 하는가를 살펴보시기 바랍니다.**
감정 폭발은 육신의 스트레스를 해소시킬 수 있어 잠시 기쁠지 몰라도 우리 안에 있는 속사람은 슬퍼하며 쇠약해지기 때문에 성령께서 역사하시는 교회를 찾으십시오.

**3. 목회자가 영광을 받으려고 하는가, 하나님께 영광을 돌리려고 하는가를 살펴보시기 바랍니다.**
사람이 영광을 취하면 하나님께서 은혜와 복을 주시지 않습니다. 그러므로 하나님께 영광을 돌리는 교회를 찾으십시오.

**4. 사람의 철학을 가르치는가, 하나님의 말씀을 가르치는가를 살펴보시기 바랍니다.**
어느 목회자가 하나님의 말씀을 전하지 않는다고 하겠습니까만은 그러나 성경은 읽어놓고 성경을 덮어두고 자기 말, 위인들의 말, 사람들의 말만 한다면…
성도들의 영은 자신도 모르는 사이에 시들어 갑니다. 그러므로 하나님의 말씀(성경), 하나님의 뜻을 전하는 교회를 찾으십시오.

### 5. 성도가 영혼에 만족하는가, 목회자가 권위에 만족하는가를 살펴보시기 바랍니다.

목회자는 화려한 경력과 유창하고 깊이 있는 설교를 하고서 자신은 만족하지만, 성도들은 답답하여 기도원이나 부흥회에 은혜받으러 다녀야 한다면 신앙생활이 고달프기만 하지 영혼의 만족을 얻을 수 없게 되므로 성도들의 영혼을 만족시켜 주는 교회를 찾으십시오.

### 6. 어려운 교회나 개인을 돕는 것이 과시용인가, 사랑으로 하는가를 살펴보시기 바랍니다.

과시는 복을 받지 못할 일이기 때문입니다. 어려운 것을 보고 눈물을 닦으며 마음 아파서 자기의 주머니에 있는 것을 다 주고도 미안하여 오른손이 한 것을 왼손이 모르게 하듯 숨어있는 아름다운 교회를 찾으십시오.

### 7. 주님의 말씀을 이용한 착취를 하는가, 은혜로운 헌금을 드리는가를 살펴보시기 바랍니다.

하나님의 은혜에 감사하여 헌금을 드리고 복을 받는 것은 기독교의 기본적인 경제관으로 기복 신앙이 아닙니다. 그러나 축복을 이용한 착취를 하고, 너무 많은 헌금 종류로 한 푼이라도 더 걷어내려는 방법이나 동원하고, 헌금을 걷어 들이기 위해 부흥회를 하는 교회, 심령이 괴로워 은혜가 안 됩니다. 은혜 충만, 감사 충만하여 헌금하고 싶은 교회를 찾으십시오.

### 8. 율법적인가? 은혜와 사랑으로 하나가 된 교회인가를 살펴보시기 바랍니다.

에베소 교회처럼 은혜는 메마르고, 거룩함만을 주장하고, 조그만 잘못도 용납하지 않는 율법적인 교회가 아니라, 때로는 투정하고 응석을 부리면 받아주고 이해하며, 때로는 약간의 단점도 있지만 허다한 죄를 사랑으로 덮어주고, 상처 입은 심령을 싸매주는 사랑의 끈이 되어 하나로 맺어진 형제자매들의 수평적인 교회를 찾으십시오.

## 9. 목회자의 가정이 화목한가, 위선인가를 살펴보시기 바랍니다.

사모는 목사의 신앙 상태, 마음 상태, 영적 상태와 인격과 삶을 대변하는 대변인입니다.

사모의 입에서 늘 감사의 말이 흘러넘치는가, 불평의 말만 늘어놓는가, 사모의 입에서 감사와 찬양이 가득하고 얼굴에 기쁨이 충만한 모습인 교회는 성도들도 목사님의 가정을 따라 성도들의 가정에 천국이 이루어집니다.

## 10. 목사님의 친구가 누구이며, 어떻게 평가하는가를 살펴보시기 바랍니다.

목사님의 친구가 명예와 권세와 사람보다 하나님이 친구라면 얼마나 좋을까요?

현대 교회는 교회라고 해서 다 주님의 몸 된 교회가 아닙니다.
교회를 가장한 이단 교회도 있고, 다툼과 싸움이 반복되는 교회도 있고, 주님이 안 계신 교회도 있기 때문입니다.
당신의 믿음이 건강하다고 자부하지 마십시오. 아무리 건강한 믿음일지라도 교회를 잘못 선택한 순간 믿음에서 멀어질 수 있습니다.
앞에서 언급한 교회 선택의 십계명이 당신이 교회를 선택하실 때 도움이 되었으면 좋겠습니다.